總策畫　林慶彰　劉楚華
主　編　翟志成

景印香港
新亞研究所

新亞學報

第一至三十卷
第九冊・第五卷・第一期

景印香港新亞研究所《新亞學報》（第一至三十卷）

總策畫　林慶彰　劉楚華
主　編　翟志成
編輯委員　卜永堅　李金強　李學銘
吳　明　何冠環　何廣棪
張宏生　張　健　黃敏浩
劉楚華　鄭宗義　譚景輝
編輯顧問　王汎森　白先勇　杜維明
李明輝　何漢威　柯嘉豪（John H. Kieschnick）
科大衛（David Faure）
信廣來　洪長泰　梁元生
張玉法　張洪年　陳永發
陳　來　陳祖武　黃一農

景印本・編輯小組

景印香港新亞研究所《新亞學報》（第一至三十卷）

黃進興　廖伯源　羅志田

饒宗頤

執行編輯　李啟文　張晏瑞

（以上依姓名筆劃排序）

景印香港新亞研究所《新亞學報》第九冊

第五卷・第一期 目 次

第五卷第一期

新亞學報

新亞研究所

本學報由美國哈佛燕京學社贈資印行特此誌謝

新亞研究所

新亞學報　第五卷　第一期

目錄

新亞學報編輯畧例

（一）本刊宗旨專重研究中國學術，以登載有關中國歷史、文學、哲學、教育、社會、民族、藝術、宗教、禮俗等各項研究性的論文爲限。

（二）本刊由新亞研究所主持編纂。外稿亦所歡迎。

（三）本刊年出兩期，以每年七月十二月爲發行期。

（四）本刊文稿每篇以五萬字爲限；其篇幅過長者，當另出專刊。

（五）本刊所載各稿，其版權及繙譯權，均歸本研究所。

讀詩經

錢穆

目次

景印本・第五卷・第一期

（一）經學與文學

詩書同列五經，抑爲五經中最古、最可信之兩部。儒家自孔孟以來，極重此兩書，常所稱引；然詩三百後世又常目爲中國文學之祖源，認爲係集部中總集之創始。此兩說義各有當。惟經學與文學，性質究有不同。班氏漢書藝文志，以五經爲古者王官之學，乃古人治天下之具；故向來經學家言詩，往往忽略其文學性，而以文學家眼光治詩者、又多忽略其政治性。遂使詩學分道揚鑣，各得其半、亦各失其半，求能會通合一以說之者，其選不豐。本篇乃欲試就此詩經之兩方面綜合說之。竊謂治中國文學史、言中國文學原始，本篇所陳，或是別開新面；而就經學言：亦期能擺脫相傳今古文家法、漢宋門戶之拘縛，與夫辨訂駁難枝節之紛歧，就古人著作眞意，扼要提綱、有所窺見，其是否有當於古人之眞相，則待讀者之論定焉。

今果認詩經乃古代王官之學，爲當時治天下之具；則其書必然與周公有關，必然與周公之制禮作樂有關，必然與西周初期政治上之大措施有關；此爲討論詩經所宜首先決定之第一義。其所以然之故，須通觀本篇以下所陳，實則此乃歷古相傳之舊說。詩經創自周公，本屬古人之定論；其列指某詩某篇爲周公作者，亦甚不少。其間宜有雖非周公親作、而秉承周公之意爲之者，欲求深明古詩眞相，必由此處著眼。惜乎後人入之愈深、求之愈細，篇篇而論之、句句而說之、字字而詳之，而轉於此大綱領所在，放置一旁；於是異說遂滋，流漫益遠，而詩之大義愈荒，此所不得不特爲提出也。

（二）詩之起源

近人言詩，必謂詩之興、當起於民間，此義卽在古人，亦非不知。鄭玄詩譜序謂：詩之興也，諒不於上皇之世。大庭軒轅逮於高辛，其時有亡，載籍亦蔑云焉。虞書曰：詩言志，歌永言，律和聲，然則詩之道放於此乎？是鄭玄推論古詩起源，當在堯舜之際也。孔穎達正義加以闡說，謂：上皇之時，舉代淳朴。田漁而食，與物未殊。其心旣無所感，其志有何可言？故知爾時，未有詩詠。是謂邃古社會文化未啓，僅知謀生，不能有文學之產生。孔氏又云：大庭、神農之別號。大庭以還，漸有樂器。樂器之音，逐人爲辭，則是爲詩之漸，故疑有之也。禮記明堂位曰：土鼓蕢桴葦籥，伊耆氏之樂也。伊耆神農，並與大庭爲一。原夫樂之所起，發於人之性情。性情之生，斯乃自然而有。故嬰兒孩子，則懷嬉戲抃躍之心。玄鶴蒼鸞，亦合歌舞節奏之應。豈由有詩而乃成樂，樂作而必有詩。然則上古之時，徒有謳歌吟呼，縱令土鼓葦籥，必無文字雅頌之聲。又曰：後代之詩，因詩爲樂，上古之樂，必不如此。鄭說旣疑大庭有詩，則書契之前，已有詩矣。此謂古代社會當先有樂，然後乃有文字。在文字未興以前，其時僅可謂有謳歌，不得謂有詩，孔氏此辨甚是。惟虞書實係晚出，而鄭孔皆不能辨，因謂詩起於堯舜之際，此亦不足爲據。惟虞舜以下，卽無嗣響，此則鄭孔亦知之。故鄭氏詩譜序又曰：有夏承之，篇章泯棄，靡有孑遺。迺及商王，不風不雅。是謂夏殷無詩，灼然可見。詩旣起於堯舜之際，何以中斷不續，乃踰千年之久，此實無說可解。故余謂詩當起於西周，虞書云云，不足信也。

〔三〕風雅頌

詩分風雅頌三體。究是先有此三體，而後按此三體、以分別作爲詩篇者乎？抑是創作詩篇之後，乃始加以分類而別爲此三體者乎？依理當如後說，可不深論。蓋必先有詩，而後加以風雅頌之名；決非先有風雅頌之體，而後始遵體以爲詩。此義易明，而所關則大，請繼此而推論之。

今試問所謂風雅頌三體者，其辨究何在？則且先釋此風雅頌三字之字義。頌者：鄭玄注周禮云：頌之言誦也，容也。誦今之德廣以美之。孫詒讓正義云：頌誦容並聲近義通是也。鄭氏詩序又云：頌者、美盛德之形容，以其成功告於神明者也。雅者：劉台拱云：雅、正也。王都之音最正，故以雅名。列國之音不盡正，故以風名。雅之爲言夏也。荀子榮辱篇：越人安越，楚人安楚，君子安雅。又儒效篇云：居楚而楚，居越而越，居夏而夏。雅、夏字通。今案：夏本指西方，故古代西方人語音亦稱雅與夏。左傳季札聞歌秦，曰：此之謂夏聲，其周之舊乎。是周、秦在西，皆夏聲也。李斯亦曰：而呼烏烏，眞秦之聲。楊惲亦曰：家本秦也，能爲秦聲，仰天拊缶，而呼烏烏。烏、雅一聲之轉，蓋雅者乃當時西方人土音。周人得天下，此地之方言與歌聲，遂成爲列國君卿大夫之正言正音，猶後世有京音、有官話，今日有國語也。論語子所雅言，詩書執禮，皆雅言也。鄭玄曰：讀先王典法，必正言其音。詩之在古，本是先王之典法。西周人用西周土音歌詩，卽以雅音歌詩也。孔子誦詩，亦用西方之雅言，不以東方商、魯諸邦語讀之。詩之稱雅，義蓋如此。若是則頌亦雅也，豈有周人歌淸廟之頌而不用雅言者乎。雅亦頌也，如大雅文王之什，豈不亦是美文王之盛德、而爲之形容乎？古人每以雅頌連舉，知此二體所指本無甚大區劃也。風者：風聲、風氣。凡語言、歌唱，有聲氣、有腔調，皆風也。孔疏曰：地理志云：民有剛柔緩急，音聲不同；繫水土之風氣，故謂之風。此解風字義甚得之。季札聞歌齊，曰：美哉！泱泱乎！大風也。大風，亦指聲氣言；猶今云大聲、大氣也。小戴禮王制云：廣谷大川異制，民生其間者異俗。風俗分言，則風指語言聲音，俗指衣服習行之類。合言則相通，故史記謂：詩記山川、谿谷、禽獸、草木、牝牡、雌雄，故長於風，此以風指各地之相異也。周人特標其西土之音曰雅，而混舉各地之方音曰風。可知風雅所指，亦無甚大之區劃，故古人亦常以風雅連文。鼓鐘之詩曰：以雅以南。呂氏春秋音初篇有云：塗山女歌曰：候人兮猗，實始作爲南音，周公召公取風焉，以爲周南召南。高誘注：南音、南方南國之音。蓋南音卽南風也，故二南列於風始。南音可稱爲南風，雅音豈不可稱爲雅風或西風乎？故知風雅二字所指，亦實無大別。

風雅頌三字之原始義訓如上述，其可以相通使用之例證，卽求之詩中亦可得。如大雅崧高之詩明有之，曰：吉甫作誦，其詩孔碩；其風肆好，以贈申伯。小雅節南山之詩亦有之，曰：家父作誦，以究王訩。此所謂作誦，猶作頌也。解者疑雅不可以言頌，故於節南山鄭箋則曰：作此詩而爲王誦；於崧高毛傳則曰：作是工師之誦；又大雅烝民之詩亦曰：吉甫作誦，穆如清風；箋云：吉甫作此工歌之誦。然工歌所誦者是詩，作誦卽是作詩；不當曰作詩爲王誦，亦不得曰作是工師之誦。誦卽指詩，誦又通頌。如左傳聽輿人之頌：原田每每，舍其舊而新是謀。則是刺詩亦可言頌，更何論於諫？更又何論於稱美之辭？是風雅皆得言頌也。卽曰頌是美盛德之形容，則頌亦是詩之賦也。凡形容其人其事而美者可曰頌，其刺者何獨不可曰頌乎。故誦詩亦得曰賦詩也。至曰其風肆好，蓋言其詩之音節甚美也。故曰：吉甫作誦，其詩孔碩，其風肆好。詩指其文辭，風指其音節，皆言此誦此頌也。然則風雅誦三字，義訓本相通，凡詩應可兼得此風雅頌之名，豈不即於詩而有證乎？

然則詩之風雅頌分體，究於何而分之？曰：當分於其詩之用。蓋詩既爲王官所掌，爲當時治天下之具，則詩必有用，義居可見。頌者、用之宗廟，雅則用之朝廷。二南則鄉人用之爲鄉樂，后夫人用之、謂之房中之樂，王之燕居用之、謂之燕樂；名異實同，政府、鄉人、上下皆得用之，以此與雅頌異。風雅頌之分，即分於其詩之用；蓋因詩之所用之場合異，其體亦不得不異。言詩者當先求其用，而後詩三百之所以爲古代王官之學，與其所以爲周公治天下之具者，其義始顯；此義尤不可不首先鄭重指出也。

孔氏正義亦言之，曰：風雅頌者，皆是施政之名。又曰：風雅之詩，緣政而作，政既不同，詩亦異體。其說甚是。惟今詩之編制，先風、次小雅、次大雅、又次乃及頌，則應屬後起。若以詩之制作言，其次第正當與今之編制相反；當先頌、次大雅、又次小雅、最後乃及風，始有當於詩三百逐次創作之順序，此義當續詳於下論詩之有四始而可見。

（四）四始

四始者，史記謂：關雎之亂、以爲風始，鹿鳴爲小雅始，文王爲大雅始，清廟爲頌始，此所謂四始也。章懷太子註後漢書郎顗傳亦云然。惟鄭志答張逸云：風也、小雅也、大雅也、頌也，此四者、人君行之則興，廢之則衰；後人遂謂風之與二雅與頌，其序不相襲，故謂之四始。非有更爲風雅頌之始者。鄭氏此說，似不可信，蓋是不得四始之義而强說之。惟論四始，亦當倒轉其次第，當言清廟爲頌始，文王爲大雅始，鹿鳴爲小雅始，關雎爲風始；而後始可明詩之四始之眞義。

王褒講德論有曰：周公咏文王之德，而作清廟，建爲頌首。班固漢書郊祀志亦曰：周公相成王，王道大洽，制禮作樂；郊祀后稷以配天，宗祀文王于明堂以配上帝；四海之內，各以其職來助祭。蔡邕獨斷有曰：清廟、洛邑既成，諸侯朝見，宗祀文王之所歌也。而伏生尙書大傳洛誥篇言此尤明備。其言曰：周公將作禮樂，先營洛以觀天下之心，曰：示之以力役猶至，況導之以禮樂乎。然後敢作禮樂，合和四海而致諸侯，以奉祭祀太廟之中。又曰：天下諸侯悉來，進受命於周，而退，見文武之尸者，千七百七十三諸侯，皆莫不磬折玉音、金聲柔色。然後周公與升歌清廟而弦文武，諸侯在廟中者，伋然淵其志、和其情，愀然若復見文武之身；然後曰：嗟子乎！此蓋吾先君文武之風也夫。及執俎抗鼎，執刀執匕者，負廧而歌；憤於其情，發於中而樂節文，故周人追祖文王而宗武王也。是兩漢諸儒，固無不知清廟之頌之爲周公之所作，以及周公之所以作清廟之頌之用意。尤其當西周新王初建、天下一統，周公之所爲，在當時對於西方諸侯心理影響精微之所及，而造成西周一代之盛，其創製禮樂與當時政治之關係，漢儒之學，遠有師承；大義微言，猶有在者。蓋周人以兵革得天下，而周公必以歸之於天命，又必以歸之於文德；故必謂膺天命者爲文王，乃追尊以爲周人開國得天下之始。而又揄揚其功烈德澤，製爲詩篇，播之弦誦；使四方諸侯來祀文王者，皆有以深感而默喩焉。夫而後可以漸消當時殷周對抗敵立之宿嫌，上尊天、下尊文王，凡皆以爲天下之斯民，而後天下運於一心，而周室長治久安之基亦於是焉奠定。此非周公之聖，無克有此；而清廟爲頌始之微旨，亦必自此而可窺也。

惟頌之爲體，施於宗廟，歌於祭祀；其音節體制，亦當肅穆清靜，朱弦疏越、一唱三歎，又嫌於揄揚歌詠之未能竭其辭，而後乃始有大雅文王之什，以彌縫其缺；此大雅之所以必繼頌而有作也。朱子曰：正小雅、燕饗之樂；正大雅、會朝之樂，受釐陳戒之辭也。故或歡欣和說以盡羣下之情，或恭敬齊莊以發先王之德；辭氣不同，音節亦異，多周公制作時所定。其說是也。蓋宗廟祭祀，限於體制，辭不能盡，故又爲大雅會朝之樂以鋪陳之也。

漢書翼奉上疏曰：周至成王，有上賢之材；因文武之業，以周召爲輔。有司各敬其事，在位莫非其人。天下甫二世耳，然周公猶作詩書、深戒成王，以恐失天下。其詩則曰：殷之未喪師，克配上帝，宜鑒于殷，駿命不易。此漢儒以大雅文王之詩爲周公作之證。卽如翼奉之所引，亦非周公必莫能爲此言也。

又漢書劉向疏曰：王者必通三統，明天命所授者博，非獨一姓。孔子論詩、至於殷士膚敏，祼將于京；喟然歎曰：大哉天命，善不可不傳于子孫。是以富貴無常，不如是、則王公其何以戒愼，民萌其何以勸勉。蓋傷微子之事周、而痛殷之亡也。今按周公文王之詩，指陳天命之無常，使前朝殷士無所怨，使新王周臣不敢怠。而劉向顧謂孔子痛殷之亡者，蓋向自漢之宗室，心惘於漢室之將衰，懷苞桑之憂，故特言之如此。讀者可自得其意，不當因辭害旨也。

文王之詩又曰：穆穆文王，於緝熙敬止，假哉天命，有商孫子，商之孫子，其麗不億，上帝既命，侯于周服。侯服于周，天命靡常。殷士膚敏，祼將于京。厥作祼將，常服黼冔，王之藎臣，無念爾祖。無念爾祖，聿修厥德。永言配命，自求多福。殷之未喪師，克配上帝。宜鑒于殷，駿命不易。蓋當時來助祭者，尚多殷之遺臣。詩曰王之藎臣，無念爾祖者；此輩藎臣，正是商之孫子，侯服于周者也。爾祖，卽指商之列祖列宗言。謂苟念爾祖，則當知天命之靡常。惟當永言配命，而自求多福也。王之藎臣之王，則斥成王言。是此詩雖美文王，而既戒殷士，又戒時王，而正告以駿命之不易。其在當時，自非周公，又誰敷可以作此詩而爲此語者？故知此詩之必出於周公爲無疑也。

又國語韋昭注以文王爲兩君相見之樂。有曰：文王大明緜爲兩君相見之樂者，周公欲昭其先王之德於天下。是知當時大雅文王之詩，不必定在大祭後始歌之。凡諸侯來見天子，及兩諸侯相見，皆可歌文王。在周公制禮之意，惟欲使天下人心，尊向周室，而專以尊文王爲號召，其義豈不躍然可見乎？

小雅始鹿鳴者，鹿鳴之詩曰：呦呦鹿鳴，食野之苹，我有嘉賓，鼓瑟吹笙；吹笙鼓簧，承筐是將，人之好我，示我周行。此等詩顯與大雅與頌不同，蓋屬一種交際應酬之詩也。毛傳鹿鳴之什，鹿鳴燕羣臣嘉賓也。四牡，勞使臣之來也。皇皇者華，君遣使臣也。常棣，燕兄弟也。伐木，燕朋友故舊也。采薇，遣戍役也。出車，勞還卒也。凡此之類，皆因事命篇，而所謂周公之以禮治天下，蓋凡遇有事，則必爲之制禮；有禮，則必爲之作樂，有樂，則必爲之歌詩。有詩，則必爲之通情好而寓敎誨焉，此周公當時創製禮樂之深旨也。其如勞使臣之來，遣使臣之往，與夫燕兄弟故舊，遣戍役、勞還卒，其事不必常有。獨燕羣臣嘉賓，此乃常禮，又最盛大，故凡此諸詩，宜以鹿鳴爲首。亦可知此諸詩之編製，亦自以鹿鳴爲首也。鹿鳴之詩，卽非作於周公，亦必周公命其同時能詩者爲之，其事亦可想見。今試設思，當時四方諸侯，既來助祭於周之宗廟，親聆清廟之頌，退而有大朝會，又親聆大雅文王之詩。於是於其離去，周天子又親加宴饗，工歌鹿鳴之詩以慰勞之。既曰：我有旨酒，以燕樂嘉賓之心。又曰：人之好我，示我周行。其殷勤之厚意，好德之虛懷，豈不使來爲之賓者、各有以悅服於其中而長使之有以盡忠竭誠於我乎？故必知鹿鳴之爲小雅始，其事乃與淸廟爲頌始，文王爲大雅始之義，相通互足、而成爲一時之大政。而後周公在當時制禮作樂之眞義乃始顯。至於其下四牡皇皇者華諸篇，既不必出於一手，亦不必成於一時；要皆師鹿鳴之意而繼之有作，其大體亦自可推見，誠可不必一一爲之作無證之强說也。

又按左昭十年傳：魯始用人於亳社，臧武仲在齊聞之，曰：周公其不饗魯祭乎？周公饗義，魯無義。詩曰：德音孔昭，示民不恌，恌之謂甚矣。德音孔昭二語見鹿鳴。魏源詩古微因謂：臧武仲以鹿鳴爲周公述文王詩。竊謂據此而謂臧武仲以鹿鳴爲周公詩，或之可也；謂其述文王，則殊未必信。舊說又以天保以上爲文武治內，采薇以下三篇爲治外；此皆不足深信者。今既知頌始淸廟，大雅始文王，皆周公營洛邑、制禮作樂時所創製；豈有小雅鹿鳴諸詩獨遠起文武之際之理？然則鹿鳴之作應在大雅與頌之後，又自可知。論古之事，固不必一一有據以爲之說，而其大體宜可推尋而知者，如此等處是也。

周公既遇事必爲之制禮作樂焉，而婚姻乃人事之至大者，又其事通乎貴賤上下，宜不可以無禮。於是有關雎爲風始。荀子大略篇有云：國風之好色也，傳曰盈其欲而不愆其止，其誠可比於金石，其聲可納於宗廟。淮南王離騷傳亦曰：國風好色而不淫。其實皆指關雎也。史記外戚世家亦云：自古受命帝王，及繼體守文之君，非獨內德茂也，蓋亦有外戚之助焉。夏之興也以塗山，而桀之亡也以妹喜；殷之興也以有娀，紂之殺也嬖妲己；周之興也以大任，而幽王之禽也淫於褒姒。故詩始關雎，夫婦之際，人道之大倫也。此說風始關雎之義，甚爲明當。蓋淸廟文王，所以明天人之際，定君臣之分也。小雅鹿鳴，所以通上下之情。而風之關雎，則所以正閨房之內，立人道之大倫也。周公之所以治天下，其道可謂畢具於是矣。

漢書匡衡傳有云：臣聞家室之道修，則天下之理得；故詩始國風。此亦猶云詩始關雎也。故又曰：臣聞之師曰

：匹配之際，生民之始，萬福之原，婚姻之禮正，然後品物遂而天命全；孔子論詩，以關雎爲始。匡氏此說，後世失其解，遂謂孔子定關雎爲風始，不知詩有四始，其事早定於周公，而豈待於孔子之時乎？且匡氏曰：詩始關雎，亦不得牽四始爲說。故知孔子定關雎爲風始之說不可信也。

後儒論關雎，莫善於宋儒伊川程氏。其言曰：關雎后妃之德，非指人言；周公作樂章以風化天下，自天子至庶人，正家之道當然。其或以爲文王詩者，言惟文王后妃、足以當此。淸儒戴震亦曰：關雎求賢妃也。求之不得，難之也。難之也者，重之也。周南首關雎，召南首鵲巢，明事之當然，無過於此。關雎之言夫婦，猶鹿鳴之言君臣。歌之房中燕饗，俾人知君臣夫婦之正，非指一人一事爲之也。然後人又有謂古人絕無言周公作關雎者，魏源詩古微云：國風不應有王朝公卿之作，但作自風人，采自周公分陝之時，定於周公作樂之日；故世說亦以關雎爲周公作，而晉時魯韓尙存，當有所本。竊謂魏氏此說，謂國風不應有王朝公卿之作，語實有誤；其辨詳下。至謂關雎定於周公之時，卽上引呂氏春秋亦已明言之。周公召公取風焉，以爲周南召南。此先秦舊說，豈不猶早於漢儒之有魯韓家法乎？則縱謂關雎非周公親作，亦必是周公采之於南國之風。其所采恐亦以音節爲主，而其文字則必所特製，而建以爲風始也。

匡衡之疏又曰：臣竊考國風之詩，周南召南，被聖賢之化深，故篤於行而廉於色。蓋文王之時，三分天下有其二，以服事殷。其時二南疆域已爲周有，故周公采二南之樂風以爲詩，亦卽所以彰文王之德化也。故詩之四始，其事皆與文王之德有關：如淸廟、如文王、如關雎，已顯然矣。惟鹿鳴之歌，雖不必指文王，然四方諸侯之來周而助祭者，既是祭祀歌淸廟，會朝歌文王，皆爲文王來；則宴饗而歌鹿鳴，亦足以使文王之德、洋溢淪浹於天下之人心，而不煩直歌及於文王之身矣。此尤可以見詩人之深旨也。

近代說詩者，又多以關雎爲當時民間自由戀愛之詩，直認爲是一種民間歌，此尤不足信。詩不云乎，琴瑟友之，鐘鼓樂之。不僅遠在西周初年，卽下値春秋之中葉、詩三百之時代將次告終之際，當時社會民間，其實際生活情況，曷嘗能有琴瑟鐘鼓之備？又如葛覃之詩，曰：言告師氏，言告言歸。當春秋時民間，又曷能任何一女子，而特有女師之制乎？故縱謂二南諸詩中，有采自當時之江漢南疆者，殆亦采其聲樂與題材者爲多；其文辭、則必多由王朝諸臣之改作、之潤色，而不得仍以當時之民歌爲說也。

（五）生民之什

四始之義既明，請再進而論大雅生民之什。周人之有天下，實不始於文王，而周公必斷自文王始。再上溯之，周人之遠祖，亦實不始於后稷，而周公必斷爲自后稷始。此又周公治天下之深義所寓，不可不稍加以發明。

何以謂周人之遠祖，實不始於后稷，請卽以生民之詩爲證。生民之詩有曰：厥初生民，時維姜嫄，生民如何，克禋克祀，以弗無子。履帝武敏歆，攸介攸止，載震載夙，載生載育，時維后稷。是后稷明有母，母曰姜嫄，是必姜姓之女來嫁於周者，是姜嫄亦明有夫。故曰克禋克祀，以弗無子。此乃既嫁未生子而求有子，故爲此禋祀也。亦豈有處女未嫁無夫，而遽求有子，遽自禋祀，以弗無子之理。故卽據詩文，自知姜嫄有夫，姜嫄有夫，卽是后稷有父也。

不僅惟是。鄭玄曰：古者必立郊禖，玄鳥至之日，以太牢祠於郊禖；以祓除其無子之疾、而得其福。是當后稷未生時，已有禋祀之禮，則社會文化承演已久，生民之由來必甚遠矣。故知周之遠祖，實不始於后稷也。

詩又有之，曰：誕寘之隘巷，牛羊腓字之。誕寘之平林，會伐平林。誕寘之寒冰，鳥覆翼之。鳥乃去矣，后稷呱矣。實覃實訏，厥聲載路。是后稷方生，其家應有僕妾，其鄰有隘巷。有牛羊、必有牧人，有平林、必有伐木者；復有道路、池塘，生聚已甚繁，固無所謂厥初生民也。

抑詩又有之，曰：誕實匍匐，克岐克嶷，以就口食。蓺之荏菽，荏菽旆旆，禾役穟穟，麻麥幪幪。太史公史記說之曰：棄爲兒時，其遊戲好種殖麻麥，麻麥美。及爲成人，遂好耕農，堯舉以爲農師。此卽詩所謂卽有邰家室也，是后稷初生時，並已先有農事也。

然則詩文既如是，何以又曰厥初生民，時維姜嫄乎？故知周人自后稷前，已遠有原始，特周公斷以后稷爲周人之原始也。小戴禮有言，萬物本於天，人本於祖，周人則截取后稷以爲之祖。后稷本有父，其父仍必有父，如此追溯而上，厥初生民，究爲何人？詩商頌玄鳥之詩曰：天命玄鳥，降而生商，宅殷土芒芒。是商人奉玄鳥爲始祖也。不僅商人，世界各民族奉鳥獸爲先祖者，實多有之。此皆淪人道，降與萬物爲類也。後人遂謂：簡狄以玄鳥至之日，祈於郊禖而生契。則是以周人之推說其始祖之降生者轉說商人。不知商人之說，乃人類之原始祖；周人之說，則與原始祖不同。特以后稷教民稼穡，生事所賴，人文大啟，乃因而尊奉之、截取以爲人類之始祖也。此可謂之人文祖，非原始祖。惟既經截取，則不當再溯其父，故曰履帝武敏歆，攸介攸止，載震載夙，載生載育，時維后稷。是后稷雖有父，而其生並不專由父，乃天降后稷，以福斯民也。

何以知周人之祖后稷，必斷自周公？中庸之書有之，曰：周公郊祀后稷以配天，宗祀文王於明堂，以配上帝。

漢書郊祀志亦云：周公相成王，王道大洽，制禮作樂；郊祀后稷以配天，宗祀文王於明堂，以配上帝。四海之內，各以其職來助祭。此乃周公制禮作樂之最大綱領，其事已詳論在前，故知周人之祖后稷，必自周公斷之也。卽謂周人之祖后稷，事在周公前，然必至於周公而其制始定。禮樂既作，其義大顯，此則據於詩而可知。故知周人以文王爲始有天下，與其以后稷爲始祖，皆一代禮樂之大關節所在，其事非周公則莫能定也。

故周頌清廟之什有思文，其詩曰：思文后稷，克配彼天。立我烝民，莫匪爾極。貽我來牟，帝命率育，無此疆爾界，陳常于時夏。蔡邕獨斷有云：思文祀后稷配天之所歌也。是清廟之後，繼之有文王，正猶思文之後，繼之有生民也。蓋后稷之德之所以克配彼天者，由其敎民稼穡，使民得粒食。四海之生民，則孰不有賴於農事以爲生？而后稷乃發明此農事者，既已因其所發明以徧養夫天下之民，故凡天下之民，亦不當復有此疆爾界之別，惟當以共陳此常功於斯夏爲務也。故依周公之說，周人之有天下，近之自文王，遠之自后稷，皆以文德，率育斯民。其德足以配天，故得膺天命而王。則苟知畏天者，自知無與周爭王之可能也。中庸又言之曰：郊社之禮，所以事上帝也。宗廟之禮，所以祀乎其先也。明乎郊社之禮，禘嘗之義，治國其如示諸掌乎。蓋人孰不有先，人孰不戴天；而周人之先，克配彼天，則宜其有天下，而天下人亦自無不服。此周公之詩與禮，所以能深入人心，而先得夫人心之同然者；此周公之所以能以詩禮治天下、而亦周公之所以爲聖人也。

（六）豳詩七月

周公之遠尊后稷，猶有其重視農業、重視民生之深意存焉。此觀於周公之戒成王以毋逸而可知。請繼是再論豳詩之七月。左傳季札觀豳，曰：其周公之東乎？毛序：七月，陳王業也。周公遭變故、陳后稷先公風化之所由致王業之艱難也。鄭箋：周公遭變者，管蔡流言，辟居東都。今按尙書金縢云：武王旣喪，管叔及其羣弟流言於國，周公曰：我之弗辟，無以告我先王。周公居東二年，則罪人斯得。此直言居東，不言東都，蓋周公之居東，實卽居豳也。逸周書度邑解有云：武王旣封諸侯，徵九牧之君，登汾阜、望商邑而永歎。還至東周，終夜憂勞不寢。汾卽邠也，邠卽豳也。豳爲公劉所居，其地實在豐鎬踰河而東，說詳余舊著周初地理考。周公踰河而東，討三監，蓋居晉南之豳，卽武王往日所登之汾阜也。七月之詩用夏時，春秋時惟晉用夏時，此亦七月乃晉南汾域之詩之證也。

今按：七月旣是周公陳王業，此亦可謂屬於周公之事矣。書金縢又云：周公居東二年，罪人斯得，於後公乃爲詩以貽王，名之鴟鴞。史記魯世家亦云：周公奉成王之命，興師東伐，遂誅管叔、殺武庚，歸報成王，乃爲詩貽王，命之曰鴟鴞。毛序亦言：鴟鴞，周公救亂也。成王未知周公之志，公乃爲詩以遺王，名之曰鴟鴞焉。此皆言鴟鴞爲周公作也。又毛序：東山，周公東征也。朱子曰：周公東征旣歸，因作此詩以勞歸士。序又曰：君子之於人，序其情而閔其勞，所以說也。說以使民，民忘其死，其惟東山乎？朱子說之曰：詩之所言，皆其軍士之心之所願，而不敢言者。上之人乃先其未發而歌詠以勞苦之，則其歡欣感激之情爲何如哉！蓋古之勞詩皆如此，其上下之際，情志交孚，雖家人父子之相語，無以過之；此其所以維持鞏固數十百年　而無一旦土崩之患也。此謂東山之詩亦周公作也。其下破斧伐柯九罭狼跋，毛傳皆曰美周公。然則豳詩七篇，皆當屬之周公。此殆周公作詩之最在前者，而雅頌諸篇猶在後。太史公自叙謂：詩三百、大抵聖賢發憤之所爲作也。此人皆意有所鬱結，不得通其道。史公此說，似不足以言詩之四始，詩之四始，皆周公所作；而周公作詩，猶有前於詩之四始者。是卽七月鴟鴞諸篇，則眞史公之所謂其意有所鬱結，不得通其道，乃發憤而爲之也。又觀於破斧諸篇，則不僅周公能詩，即周公之從者亦能詩。故知今詩之雅頌，凡出周公之時者，縱有非周公之親筆，亦必多有周公命其意，而由周公之從者爲之，則亦無異乎是周公之爲之也。

關於豳詩七篇之編製：孔疏有云：七月陳豳公之政，鴟鴞以下不陳豳事，亦繫豳者：以七月是周公之事，既爲豳風，鴟鴞以下，亦是周公之事；尊周公使專一國，故幷爲豳風也。又曰：鄭志張逸問，豳七月專詠周公之德、宜在雅，今在風何？答曰：以周公專爲一國，上冠先公之業，亦爲優矣；所以在風下，次於雅前，在於雅分，周公不得專之。逸言詠周公之德者，據鴟鴞以下發問也。鄭言上冠先公之業，謂以七月冠諸篇也。故周公之德繫先公之業，於是周公爲優矣。次之風後雅前者，言周公德高於諸侯，事同於王政，處諸國之後，不與諸國爲倫。次之小雅之前，言其近堪爲雅，使周公專有此善也。

孔疏此說，頗屬牽强。周公之作爲豳詩，其事尙在詩有四始之前。其時尙無雅頌與關雎。雅頌之與關雎，皆爲王政所係。豳詩則周公私人之事，義不當與雅頌並列，故編者取以次頌雅關雎之後；自爲一部，明不與王政相關。故詩之初興，有頌有雅，有南有豳，其時則尙無國風之目。此雅頌南豳之四部，皆成於周公之手，故附豳於雅頌與南之後。若謂使周公專有一國，此乃據後說前，非當時實況也。若謂鴟鴞東山諸體近雅，則狼跋諸詩不又近頌乎？如是論之，豳之七詩，實兼有風雅頌之三體；而專以宜在雅爲問，亦未是也，更亦何有所謂風後雅前之說乎？

逮其後、詩篇愈多，曰風、曰雅、曰頌，皆已褎然成帙，而豳詩常僅七篇，不能續有所增；且於例亦不宜以此七篇之詩別爲一編，乃以改附於二南風詩之末，而稱之曰變風焉。明其本與風詩有辨也。豳詩爲變風之說，從來說經諸儒，皆無妥善之解釋，由於說詩者皆就詩三百已成定編之後說之；不悟在未臻三百首以前，詩之編製，亦有變動。而豳詩之列於風末，目爲變風者，則必在詩之編集有所變動之際；並不自初卽然，亦不當在詩三百已成定編之後，則事雖無證，理猶可推也。

詩之始有編定，必先頌、次大雅、次小雅、又次二南，而以豳詩七篇附其後。後有十五國風，又經改編、而先南後豳，循而未改。諸國之風，乃皆以列入於南後豳前，而復顚倒雅頌，轉列風後，於是豳詩遂若特次於小雅之前矣。如鄭氏之說，豳之所以在風下而次雅前者，其說雖出於漢儒，而亦豈可信守乎？

其次有一問題當附帶論及者，厥爲豳分風雅頌之說。周官春官之籥章有云：中春晝擊土鼓，龡豳詩以逆暑，中秋夜迎寒亦如之。凡國祈年于田祖，則龡豳雅擊土鼓以樂田畯。國祭蜡，則龡豳頌，擊土鼓以息老物。乃有所謂豳雅、豳頌之稱，而後儒莫知其何指。鄭康成卽以七月一詩分屬風雅頌爲三節，後儒多疑之，謂其決不可信。惟宋翔鳳辨之，曰：迎寒暑則宜風，故謂之豳詩；祈年則宜雅，故謂之豳雅；息老物則宜頌，故謂之豳頌。鄭君於詩中各取其類以明之，非分某章爲雅、某章爲頌也。胡承珙亦曰：細繹注意，蓋籥章於每祭皆歌七月全詩，而取義各異。宋胡之說，殆爲得之。竊謂風雅頌之分，本分於其詩之用。周公爲七月，其事尙在有風雅頌之前；故七月一詩，在周公創作之時，本無當屬於風雅頌任何一體之意。而後人特樂用此詩，亦因此詩既爲周公之作，而周人重農，上自天子、下迄民間，於農事既有種種之禮節；七月之詩，乃遇事而用之，其爲用之廣，今雖無可一一確指，然猶可想像。周官縱出戰國晚年，然豳雅豳頌之說，疑亦有其來歷，不得以後世失傳，遂擯之於不論不議之列也。

朱子詩集傳論此云：豳雅豳頌，未見其篇章之所在，故鄭氏三分七月之詩以當之；其道情思者爲風，正禮節者為雅，樂成功者為頌。然一篇之詩，首尾相應，乃剟取其一節而偏用之，恐無此理。或疑本有是詩而亡之，或又疑但以七月全篇、隨事而變其音節，以為風或雅與頌，則於理為通，而事亦可行。如又不然，則雅頌之中，凡為農事而作者，皆可冠以豳號；其說具於大田良耜諸篇，讀者擇焉可也。今按朱子以楚茨諸詩為豳之雅，噫嘻諸詩為豳之頌。此諸詩雖言田事，固未見有豳稱，實難依據，然朱子說經如此等處，備列異說，不加論定，存疑待考，實最可法。周官籥章之文，如鄭君之徧通齊魯韓毛四家，於此亦僅能推測說之，豈有後人去古逾遠，而轉可必得一定說者。正為定說之不可必得，而後參酌衆說、擇一而從，此亦後人說經所宜有。且朱子之說，可謂已導宋胡之先路矣。乃皮錫瑞氏經學通論，拘守今文家法，輕蔑周官，謂此等皆無裨經義，其眞僞是非，可以不論；治經者當先掃除一切單文孤證疑似之文，則心力不分，而經義易斷，此若言之成理。然又何知其無裨經義而一切置之乎？故此終非說經之正途也。

朱子所謂隨事而變其音節云云，孫詒讓周禮正義又申說之，云：風雅頌以體異，而入樂則以聲異。此經云吹豳詩者，謂以豳之土音為聲，即其本聲也。吹豳雅者，謂以王畿之正音為聲。吹豳頌者，謂以宮廟大樂之音為聲。其聲雖殊，而為七月之詩則一也。今按詩之入樂，風雅頌之為聲必異，此亦無可疑者。惟周官此章云籥章掌土鼓豳籥。小戴禮明堂位有曰：土鼓蒯桴葦籥，伊耆氏之樂。馬瑞辰曰：籥章以掌籥為專司，故首言豳籥，蓋籥後世始用竹，伊耆氏止以葦為之，豳籥即葦籥也。不曰葦而曰豳，蓋豳人習之。馬氏此說殆是。此蓋豳人習俗，以土鼓葦籥祈年，周公居豳，觀其俗而有感，作為七月之詩，而仍以土鼓葦籥入樂也。此豳樂之所為異於雅、而與二南同列於風詩也。其後雖迎寒暑祈年息老物皆歌七月，若有類於風雅頌之各有其用，然同是土鼓葦籥，則其音終近於豳人之土風，並不能如西周之雅頌。孫氏之說，疑未是也。

抑猶有說者：周官明曰豳詩、豳雅、豳頌，固未言豳風也。蓋豳詩之成，其時最早，猶在風雅頌分體之前。自有四始，詩分雅頌南豳，前三者皆屬於王室，惟豳詩則爲周公之事，故以附之雅頌南之後，其時宜不名爲豳風。至其附編於國風之後，事益後起，凡此均已詳論於前。然則周官作者或謂豳詩體近雅頌，故遇其用近雅者稱豳雅，用近頌則稱豳頌；而其本稱則僅曰豳詩，固未呼之曰豳風也。此亦近似臆測無證，姑述所疑以備一說。因其與討論詩之分體與編製有關，故不憚姑此詳說之也。

（七）詩之正變

繼此請言詩之美刺正變。漢書禮樂志有云：昔殷周之雅頌，乃上本有娀姜嫄，卨、稷始生，元王、公劉、古公、太伯、王季、姜女、太任、太似之德，乃及成湯、文、武受命，武丁、成、康、宣王中興，下及輔佐阿衡、周、召、太公、申伯、召虎、仲山甫之屬，君臣男女，有功德者，靡不褒揚功德。既信美矣，褒揚之聲、盈乎天地之間，是以光名著於當世，遺譽垂于無窮也。蓋詩之體、起於美頌先德，詩之用、等於國之有史；故西周之有詩，乃西周一代治平之具、政教之典。班氏之說，可謂深得其旨矣。惜班氏不知詩起於西周，雅頌創自周公，而兼殷周並言之，則昧失古詩之眞相。太史公史記則曰：天下稱頌周公，言其能論歌文武之德，達太王王季文王之思慮，以此較之班氏，遠爲允愜矣。

由於上說，美者詩之正，刺者詩之變，無可疑者。惟亦有美頌之詩、而亦列於變，如變小雅有美宣王中興之詩之類是也。竊謂詩之正變，若就詩體言，則美者其正，而刺者其變；然就詩之年代先後言，則凡詩之在前者皆正，而繼起在後者皆變。詩之先起，本爲頌美先德，故美者詩之正也。及其後、時移世易，詩之所爲作者變、而刺多於頌，故曰詩之變，而雖其時頌美之詩，亦列變中也。故所謂詩之正變者，乃指詩之產生及其編製之年代先後言。凡西周成康以前之詩皆正，其時則有美無刺；厲宣以下繼起之詩皆謂之變，其時則刺多於美云爾。鄭氏詩譜序云：孔子錄懿王夷王時詩，訖於陳靈公淫亂之事，謂之變風、變雅。是亦謂變風變雅起於懿王以後也。惟謂孔子錄之，則疑未盡然。然又有可說者，豳風七篇有關周公之詩，其年代於詩三百篇中當屬最前，而亦列於變；此又當別說，而其說已詳於前。蓋此七篇本附四始之後，其後詩之編定既有正有變，故遂抃豳詩而目之爲變。是亦由其編定在後而得此變稱也。

且不僅詩之產生先有美、後有刺，卽說詩者亦然。其先莫不言詩之爲頌美，而繼起說詩者又多稱詩爲諷刺，同一詩也，而謂之美、謂之刺，此又說詩者之變也。如齊魯韓三家，莫不以關雎鹿鳴爲怨刺之詩是已。不僅惟是、左傳吳季札觀於魯，爲之歌小雅，曰：美哉！思而不貳，怨而不怒，其周德之衰乎！猶有先王之遺民焉。若左傳所載季札之言可信，是在孔子前，已多以怨刺言詩矣，卽季札亦然，又何待於後起齊魯韓諸儒之說經而始然乎？故淮南氾論訓亦曰：王道缺而詩作，周室廢、禮義壞而春秋作；詩、春秋，學之美者也，皆衰世之造也。此皆以衰世之意說詩之證也。太史公亦謂仁義陵遲，鹿鳴刺焉。王符潛夫論有曰：忽養賢而鹿鳴思。夫同一鹿鳴之詩，當西周之初歌之，則人懷周德，見其好賢而能養，自衰世歌之，則因詩反以生怨，見前王能養賢，而今不然。卽如關雎亦然，在西周盛世歌之，則以彰德化之美；自衰亂之世歌之，豈不徒以刺今之不然乎？故太史公又謂：周道缺，詩人本之衽席，關雎作也。故知三家說鹿鳴關雎爲怨刺，義無不當。惟若拘於家法，必謂鹿鳴關雎有刺無美，疑其皆屬衰世晚出之詩，而懷疑及於詩有四始之大義，則所失實遠耳。

抑又有說者：如小雅小旻之什，多臣子自傷不偶，各寫遭際，各抒胸懷，此固未必是刺，而要之是詩之變。又如都人士、桑扈兩什，其間已儘多風體。此亦見文章之變，關乎氣運，卽此可見小雅之益變而爲風，而風詩之後起，亦於此而可知矣。

請繼此論變風。夫詩之初興，有頌、有雅、有南、南亦謂之風，於是而有四始，如是而已。雅頌既無所謂正變，風亦無所謂正變也。自豳之七詩列於南後，雅有正變，而豳亦目之爲變風焉。然風有正變，猶無國風之稱也。顧亭林日知錄謂：南豳雅頌爲四詩，而列國之風附焉，此詩之本序也。顧氏又謂二南豳大小雅周頌，皆西周之詩，其餘十二國風，則東周之詩也。顧氏以南豳雅頌爲四詩，固失之；然其論十二國風後起，則甚是。蓋諸國有詩，其事皆在後；其先列國本無詩，則烏得有國風之目乎？俟諸國有詩，乃有國風之目；以附於二南，遂謂二南亦國名，此又失之。國風既後起，故其詩雖各有美刺，亦皆列爲變風也。

（八）詩三百完成之三時期

故今詩三百首之完成，當可分爲三期。第一期當西周之初年，其詩大體創自周公，其時雖已有風雅頌三體，而風僅二南，其地位遠較雅頌爲次，故可謂是詩之雅頌時期。此時期卽止於成王之末，故曰成康沒而頌聲寢也。成康以後，因無頌、因亦無雅；蓋雅頌本相與以爲用，皆所以爲治平之具、政敎之本。今治平已衰，政敎已熄，故成康以後、歷昭穆共懿孝夷之世皆無詩也。其第二期在厲宣幽之世，此當謂之變雅時期。其時已無頌，而繼大小雅而作者，皆列爲變雅。蓋詩本主於頌美，而今乃兼美刺，故謂之變也。豳詩之在西周初期，當附於南雅頌之末；至是乃改隸於二南而目爲變風焉，此殆因有變雅，故乃謂之變風也。其第三期起自平王東遷，列國各有詩，此時期可謂之國風時期，亦可謂之變風時期。至是則不僅無頌，而二雅亦全滅，而風詩亦變；至於益變而有商魯之頌，其實則猶之同時列國之風之變而已爾。而居然亦稱頌，則誠矣見王政之已熄也。

抑余於變風變雅猶有說。毛傳國風序有云：一國之事繫一人之本謂之風，言天下之事、形四方之風謂之雅。孔疏云：一人者、作詩之人，其作詩者，道己一人之心耳。要所言一人之心，乃是一國之心。詩人覽一國之意以爲己心，故一國之事繫此一人使言之也。但所言者，直是諸侯之政行風化於一國，故謂之風，以其狹故也。言天下之事，亦謂一人言之。詩人總天下之心，四方風俗，以爲己意，而詠歌王政；故作詩道說天下之事，發見四方之風，所言者乃是天子之政施齊正於天下，故謂之雅，以其廣故也。今按：朱子曰：頌用之宗廟，雅用之朝廷，風用之於鄉人及房中之樂。又曰：正小雅、燕饗之樂，正大雅、會朝之樂，多周公制作時所定。其說是矣。然朱子之說，可以說詩之正，未足以說詩之變也。如毛氏之說，則正所以說詩之變，而亦未足以說詩之正也。當周公之制作，爲王政之用而有詩，則未有所謂詩人也，逮於詩之變而詩人作焉。彼詩人者，因前之有詩而承襲爲之，在彼特有感而發，不必爲王政之用而作也。故謂之雅者、其實不必爲朝廷之用，謂之風、亦不必爲鄉人與房中之樂。後之說詩者，乃因詩人之作意，而加以分別：謂其所言繫乎一國，故屬之風；繫乎天下，故屬之雅。此顯與周公制禮作樂時之有詩，事大不同；故謂之變風變雅爾。而風與雅之變，其間尙有辨。蓋當厲宣幽之時，未嘗無諸侯君卿大夫之作者，以其詩之猶統於王朝，故謂之爲變雅。至於東遷以後，縱亦有周室王朝之作者，以其詩之分散在列國、而不復有所統，故雖王國之詩亦同謂之變風也。淮南王有曰：國風好色而不淫，小雅怨誹而不亂，若離騷者可謂兼之矣。蓋屈子之作離騷，正是所謂詩人一人之作，故以繼變小雅與國風爲說也。至於周公之作爲雅頌，與詩之有四始，此乃一代新王之大政大禮，而豈可與後代詩人一人之作同類而說之乎。此又詩之有正變所分之大義所關，而惜乎前人尙未有能發此義者。則以前儒說詩，多不注意於分別詩之制作時期，而常包舉全詩三百首，認爲一體而并說之故也。

（九）詩亡而後春秋作

詩三百演變完成之時序既明，而後詩亡而春秋作之義亦可得而言。孟子曰：王者之迹熄而詩亡，詩亡然後春秋作。此孟子以孔子繼周公也。蓋周公之創爲雅頌，乃一代王者之大典，所以爲治平之具、政教之本，而孔子之作春秋，其義猶是也。然則孟子之所謂詩亡，乃指雅頌言也。趙岐注以頌聲不作爲亡，朱注以黍離降爲國風而雅亡爲亡。如余上之所論，雅頌本相與爲用，則趙朱之說，其義仍可相通。鄭氏詩譜則曰：於是王室之尊與諸侯無異，其詩不能復雅，故貶之謂之王國之變風。陸德明謂：平王東遷，政遂微弱，詩不能復雅，下列稱風。孔穎達謂：王爵雖在，政教纔行於畿內，化之所及，與諸侯相似。風雅繫政廣狹，王爵雖尊，猶以政狹入風。凡此數說，言雅之變而爲風，皆辭旨明晰，若王政能推及於諸侯，是王朝之詩能雅矣。若王政不下逮，僅與諸侯相似，則雖王朝之詩，亦謂之風，故曰不能雅也。孟子之所謂詩亡，卽指雅亡言。使詩猶能雅，卽是王政尙存，孔子何得作春秋以自居於王者之事乎？故知朱子之注，遠承前儒，確不可破。其他諸說紛紛，必以風雅全亡爲詩亡，謂當至陳靈株林之詩始得謂詩亡者，斯斷乎其不足信矣。蓋厲宣幽之有變雅，王迹雖衰，猶未全熄也。至於國風之興，則王迹已全熄，雖亦有詩，而詩之作意已大變，故不得不謂之詩亡也。公羊傳說春秋功德云：撥亂世反諸正，莫近於春秋。反諸正、卽謂反之詩之雅頌之正耳。故周公之詩興於治平，孔子之春秋興於衰亂。時代不同，所以爲著作者亦不同；實則相反而相成，此古人言詩亡而春秋作之大義。周孔之所以爲後儒所並尊，亦由此也。

顧亭林日知錄又云：二南豳雅頌皆西周之詩，至於幽王而止，十二國風則東周之詩。王者之迹熄指詩亡、西周之詩亡也，詩亡而列國之事迹不可得見，於是晉乘楚檮杌魯春秋作焉。是之謂詩亡然後春秋作也。竊謂顧氏之說甚精，而語有未晰。當西周時，不僅列國無詩，卽王室亦不見有史，周之有史，殆在宣王之後，其先則雅頌卽一代之史也。周之既東，不僅列國有詩、並亦有史，然時移勢易，列國之詩，與西周之詩不同；顧氏謂詩亡而列國之事迹不可得見，正見國風之不能與小雅相比例也。孔子曰：如有用我者，我其爲東周乎。其作春秋，亦曰其事齊桓晉文。孔子以史繼詩之深旨，顧氏獨發之，而惜乎其言之若有未盡。蓋春秋王者之事，正因其遠承西周之雅頌，後儒不能明其義，而專注意於孔子作春秋與夫詩亡之年代，故乃以株林說詩亡，則甚矣其爲淺見矣。

（一〇）采詩與刪詩

繼此又有當辨者，則所謂采詩之官之說是也。夫苟有采詩之官，其所采、宜以屬於列國之風者爲多。顧何以於西周之初，其時王政方隆；下及厲宣幽之世，王政雖不如前，而固天下一統，其政尚在、未盡墜地。當時采詩之官，所爲何事，何以十二國風之詩，乃盡在東遷之後乎。且周之既東，若猶有采詩之官，采此各國之詩。則所謂貶之謂王國之變風者，又是何人所貶；豈有王朝猶能采詩於列國，而顧自貶王朝之詩以下儕於列國之風之事？此皆無義可通也。

故知當詩之初興，其時風詩僅有二南，未嘗有諸國之風也。至於二南之或名風，抑僅名南，此非問題所在，可不論。鄭氏注周禮有云：風言聖賢治道之遺化。孫詒讓曰：周初止有正風，故專據聖賢遺化說之，是亦謂周初本未有諸國之風也。其時既無諸國之風，亦可知王朝本無采詩之官矣。逮於厲宣幽之世，而有變雅之作，其時則豳詩遂列於變風。然其時之所謂風，亦僅二南與豳，未有諸國風詩也。因無諸國風詩，故知其時在王朝，亦仍未有采詩之官。既在西周時，王朝未有采詩之官，豈有東遷以後，王政不行，而顧乃有此官之設置乎？此又大可疑者。

小戴禮王制有云：天子五年一巡守，命太師陳詩以觀民風，此若爲太師有采詩之責矣。然其所言詩，主於風，不及雅頌。而詩之興起，明明雅頌在先；在西周之初，可謂二南與豳之外尚無風，則此太師所陳，最多可謂是各地之歌謠，決非如今詩三百中之詩篇。抑且王制作於漢儒，巡守之制既不可信，謂於巡守所至而太師陳詩，其說之不可信，亦不待辨矣。

主古有采詩之官者，又或據左傳襄十四年師曠對晉侯之說爲證。師曠曰：史爲書，瞽爲詩，工誦箴諫，大夫規誨，士傳言，庶人謗。故夏書曰：遒人以木鐸徇於路，官師相規，工執藝事以諫。然左傳此文殊可疑：在師曠時，果有此夏書否？一可疑也。遒人以木鐸徇路，果卽爲采詩之官否？二可疑也。采詩之官、若果遠起夏時，則夏殷二代之詩，何以全無存者？三可疑也。且師曠明謂瞽爲詩，士傳言，庶人謗；是詩在太師，不在民間。師曠之引夏書，亦只謂遒人以木鐸行路所采，乃士庶人之謗言；如是說之，尚可與厲王監謗，子產不毀鄉校諸說相通，又烏得以采詩與木鐸徇路相附會乎？

且左氏此文亦實與周語厲王監謗篇相類似。周語召公之言曰：天子聽政，使公卿至於列士獻詩，瞽獻典、史獻書，師箴、瞍賦、矇誦，百工諫，庶人傳語，以較左氏之文似爲妥愜。蓋瞽之所獻，乃爲樂典；而詩則必獻自公卿列士，太師非作詩之人，更無論於庶人。晉語亦有之，范文子曰：使工誦諫於朝，在列者獻詩使勿兜，風聽臚言於市，辨妖祥於淫，考百事於朝，問謗譽於路。韋昭曰：列、位也，謂公卿至於列士，是亦謂獻詩者乃在位之公卿列士。工卽矇瞍，僅能誦前世已有之篇。市有傳言，路有謗譽，亦不謂詩之所興，卽在市路民間也。則根據左氏內外傳之語，當時詩在上、不在下，豈不明白可證乎？而王制之說，所謂太師陳詩觀風者，自益見其爲晚世歧出之言，不足信矣。

抑且王制陳詩觀風之說，亦不如左昭二十一年所載泠州鳩天子省風以作樂之說爲較可據。泠州鳩之言曰：夫樂、天子之職也，夫音、樂之輿也。而鐘、音之器也。天子省風以作樂，器以鍾之，輿以行之。蓋古者詩與樂皆掌於王官，皆在上不在下，皆所以爲一王治平之具。卽如泠州鳩之言，其義亦可見。晉語師曠亦言之，曰：夫樂以開山川之風，以耀德於廣遠。風德以廣之，風山川以遠之，風物以聽之。修詩以詠之，修禮以節之。師曠此語，可以說明二南之所以爲風之義。據師曠之語，亦知關雎非民間詩；而所謂鐘鼓樂之者，非民間之禮。而二南之所以列爲風詩、與雅頌並尊，關雎之爲詩之四始，其義皆可由師曠語推而明之。決非當西周之初、其時已有采詩之官。方王室巡守，至於南疆，太師遂采南國之詩、如關雎之類而陳之，以爲王者觀風之助；如王制之所云，其爲後起之說，可不辨而明矣。

采詩之官之說既可疑，而孔子刪詩之說亦自見其不可信。崔述考信錄有云：國風自二南豳以外，多衰世之音。小雅大半作於宣幽之世。夷王以前寥寥無幾。果每君皆有詩，孔子不應盡刪其盛而獨存其衰。且武丁以前之頌，豈遽不如周；而六百年之風雅，豈無一二可取，孔子何爲而盡刪之。據崔氏說，亦可見詩起於西周，雅頌乃周公首創，殷商之世尙未有詩。而今詩三百，顯分三時期。孔子若刪詩，不應如此刪法，使某一期獨存，而某一期全刪。故崔氏又曰：孔子原無刪詩之事，古者風尙簡質，作者本不多，又以竹寫之，其傳不廣，故世愈遠則詩愈少，孔子所得，止有此數，此可謂允愜之推想也。

既無采詩之官，又無刪詩之事，今詩三百首，又是誰爲之編集而保存之？竊謂詩本以入樂，故太師樂官卽是掌詩之人。當春秋時、列國各有樂師，彼輩固當保存西周王室傳統以來之雅頌；而當時列國競造新詩，播之弦歌，亦必互相傳遞，一如列國史官之各自傳遞其本國大事之例；故詩之結集，卽結集於此輩樂師之手。吳季札觀樂於魯，卽觀於魯之太師；孔子自衞返魯而樂正，亦卽就於魯之太師而有以正之也。孫詒讓周禮正義卷四十五大師下有云：國語魯語云：昔正考父校商之名頌十二篇於周太師，以那爲首。漢書食貨志云：孟春之月，行人振木鐸徇於路，以采詩；獻之太師，比其音律，以聞於天子。則凡錄詩入樂，通掌於太師，其言是矣。惟行人采詩之說爲不可信。隋書經籍志有云：幽厲板蕩，怨刺並興，其後王澤竭而詩亡，魯太師摯次而錄之。此說宜有所承。惟太師摯之所錄，不僅王澤之雅詩，亦有列國之風篇。則隋志猶嫌未盡耳。

至論風詩之興衰，方周之東遷、迄於春秋初期，此際似列國風詩驟盛，稍下卽不振；故齊風終於襄公，唐風終於獻公，桓文創霸，而齊晉已不復有詩。而列國卿大夫、聘問宴饗賦詩之風則方盛，及孔子之生，賦詩之風亦將衰。此皆觀於左氏之記載而可知。故今詩三百之結集，當早在季札觀樂時已大定。方其成編之時，列國風詩正盛行，而西周雅頌不復爲時人重視；故太師編詩，亦以國風居首，而雅頌轉隨其後也。

（一一）魯頌商頌及十二國風

若以上所窺測，粗有當於當時之情勢；則繼此可以推論者，首爲魯宋之無風。蓋魯爲周公之後，周之東遷，而有周禮盡在於魯之說；亦有謂成王以周公有大勳勞於天下，故賜伯禽以天子之禮樂者。故知西周雅頌舊什，惟魯獨備；而魯人泰僭，漫加使用，如三家者以雍徹之類是也。孔子謂自衞返魯而後樂正，雅頌各得其所者，乃謂考正西周雅頌原所使用之傳統與其來歷。非謂雅頌已不復存，亦非謂雅頌已不復用，更非謂本無雅頌之名，由孔子而始定其名。正爲禮樂自諸侯出，魯之君卿大夫使用雅頌謬亂失其所，故孔子考而正之。後人失其解，乃謂孔子未正樂之前，雅頌必多失次，而何以左傳載季札觀樂在孔子正樂前，而十五國風雅頌皆秩然不紊。周禮春官大師疏引鄭衆左氏春秋注有云：孔子自衞反魯，在哀公十一年，當此時、雅頌未定，而云爲歌大小雅頌者，傳家據已定錄之。又詩譜序疏引襄二十九年左傳服虔注有云：哀公十一年，孔子自衞反魯，然後樂正，雅頌各得其所。距此六十二歲，當時雅頌未定，而云爲之歌小雅大雅頌者，傳家據已定錄之。凡此皆不識孔子正樂之義，故乃爲此曲說。然正惟魯人常樂行用西周雅頌舊什，故獨不造爲新詩；今國風無魯，顧有魯頌，亦此故也。方玉潤詩經原始云：魯頌駉實近雅，有駜泮水則兼風，閟宮且開漢賦之先，是詩變爲騷，騷變爲賦之漸。是知稱頌者特其名，論其詩體，固不掩其隨氣運而爲轉變之大體，終亦無可異於當時列國之風詩也。

魯之外有宋，宋爲殷後，其國人常有與周代興之意。今詩魯頌之後有商頌，三家詩謂是正考父美宋襄公，殆是也。當時魯宋兩國皆無風，而顧皆有頌，蓋魯自居爲周後，當襲西周舊統；宋自負爲商後，當與周爲代興；故皆模倣西周王室作爲頌美之詩，而獨不見有風詩也。若謂國風皆起民間，則何以魯宋民間無詩，又復無說可通矣。清代如魏源、皮錫瑞之徒，乃以當時今文學家之成見，謂兩頌之先魯後殷正猶春秋之新周故宋，謂詩之三頌有春秋存三統之義；則尤曲說之曲說，不足辨。而猶存其說於此，特以見自來說詩者之多妄，警學者不可不愼擇也。

至於列國諸風之次第，自來亦多歧說。今姑引孔穎達正義之說而試加以闡述。孔氏之言曰：周召、風之正經，固當爲首；自衞以下十有餘國，編次先後，舊無明說。蓋邶鄘衞土地旣廣，詩又早作，故以爲變風之首。平王東遷，王爵猶存，不可過後於諸侯，故次衞。鄭桓武夾輔平王，故次王。齊則異姓諸侯，又以太公之後，國土仍大，故次鄭。魏國雖小，經虞舜之舊封，有夏禹之遺化，故次齊。唐者、叔虞之後，故次魏。秦爲强國，故次唐。陳以三恪之尊，國無令主，故次秦。檜曹則國小而君奢，民勞而政僻，次之於末。豳者周公之事，次於衆國之後，非諸國之例。竊謂國風之次第，首二南而殿豳，說已詳前。其他十二國，依孔疏次第，可分衞王鄭爲一類，齊一類，魏唐秦爲又一類，陳一類，檜曹爲又一類。何以說之。蓋邶鄘衞承自殷之故都，其地文物，當西周之初，殆較豐鎬尤勝，武王封其弟康叔。大雅蕩之什有抑，乃衞武公自儆之詩。小雅桑扈之什有賓之初筵亦衞武公詩。楚語左史倚相有曰：衞武公倚几有誦訓之諫，宴居有師工之誦。又曰：史不失書，矇不失誦。則衞之有詩，胎息自西周，與雅頌舊什，最有淵源，故列以爲國風之始也。以王次衞，則以周之東遷，政敎雖微，要之乃西周正統所垂也。以鄭次王者，周之東遷，晉鄭焉依；鄭之於王爲最親，其地密邇東都，其遷國也晩，亦尙有西周之遺緒焉。故當春秋初葉，國風開始，王人以外，衞鄭最居前列，如衞人賦碩人，許穆夫人賦載馳，鄭人賦淸人，其事皆備載於左傳。故衞王鄭之風合爲一類也。

齊者、泱泱大國，表東海；又太公之後，於周最爲懿親，染周之風敎亦深，爲又一類。魏唐皆周初封國，其地近豳，周公曾居之，豳風所肇，必有影響。秦、有岐豐之地，西周舊聲，猶有留存焉者，唐爲與魏當又一類。左傳記春秋列國君卿大夫賦詩，始見於魯僖二十三年，晉公子重耳在秦賦河水，秦伯賦六月，秦晉兩國染濡於詩敎之有素，此可徵矣。若據晉語：秦伯賦采菽，公子賦黍苗，秦伯又賦鳩飛，然後公子賦河水，秦伯賦六月，較之左氏所載，益見美富。可知當時秦晉賦詩，其事照映於一世，傳誦於後代，故爲秉筆之士所樂於稱道記述也。而秦風又皆國君之事，無閭巷之風；黃鳥之詠，明見於左傳。此皆秦人浸淫於西周詩敎之證。餘則檜滅於鄭，曹近於衞，檜、曹猶鄭衞之附庸也。凡此諸邦，苟其有詩，其言皆雅言，其樂亦雅樂也；此皆西周雅頌之遺聲，支流與裔，生於一本，實亦無以見其有所大相異。故余謂風亦猶雅，無大區別也。

十二國風中，惟陳較特出。陳乃舜後，列於三恪，似與周之風敎，稍見濶隔，不能如上舉衞王諸風關係之密切。漢書地理志，周武王封舜後嬀滿於陳，是爲胡公，妻以元女大姬，婦人尊貴，好祭祀、用史巫，故其俗巫鬼。陳詩曰：坎其擊鼓，宛邱之下。無冬無夏，值其鷺羽。又曰：東門之枌，宛邱之栩，子仲之子，婆娑其下。此其風也。鄭氏詩譜亦謂大姬好巫覡歌舞，民俗化之。昔人譏其說，謂文王后妃之德，化及南國；大姬親孫女，乃開陳地數百年敝習乎。因怪朱子喜闢漢儒，而於此獨加信用。竊謂蓋陳俗自如此，而說詩者妄以歸之大姬也。蓋陳在南方，其民信巫鬼，好戶外歌舞、多詠男女之事；與二南地望、分襲淮漢，以較河域諸夏，其風俗自爲相近。昔周公之所以特取於二南之歌以爲風詩者，正以其民俗好音樂、擅歌舞，多男女情悅之辭，故采取以爲鄉樂之用。此十二國風中之陳，論其淵源，獨與二南最爲親接。又下乃有屈原之楚辭，其地望亦與二南爲近；鄭樵謂江漢之間，二南之地，詩之所起在此，屈宋多生江漢，其說是也。余別有楚辭地理考詳論之。今試尙論當時之風俗才性，西人所長在實際之政教，而文學風情則得於南方之啟瀹者爲多。故十二國風中有陳，其事顯爲突出，其所詠固是南方之風土習俗；至其雅化而有詩，則或是由大姬之故。至於其他諸國無詩，則以其被受西周之文教本不深，固不爲王朝采詩之官足迹所未到也。

本此推論，知十二國風，其輕靈者遠承二南，莊重者遙師雅頌，皆自西周一脈相傳而下。惟其由頌而雅、而風，乃遞降而愈下、而益分；國風之作者，殆甚多仍是列國之卿大夫，薰陶於西周文教傳統，其詩之創作與流行，仍多在上不在下，實不如朱子所想像，謂其多來自民間也。

然則十二國風何不卽止於陳，而顧以檜與曹承其後，竊謂宋儒之說於此或有可取。朱子詩集傳引程子曰：易剝之爲卦，諸陽消剝已盡，獨有上九一爻尙存，如碩大之果不見食，將有復生之理。陽無可盡，變於上則生於下，詩匪風下泉，所以居變風之終也。又引陳傅良之言曰：檜亡東周之始，曹亡春秋之終，聖人於變風之極，係之以思治之詩，以示循環之理，以言亂之可治，變之可正也。竊意檜之風凡四篇，終以匪風，其詩曰：誰將西歸，懷之好音；蓋傷王室之不復西也。此與王風首黍離，蓋皆閔周室之顚覆也。曹風亦四篇，終以下泉，其詩曰：愾我寤歎，念彼周京。又曰：四國有王，郇伯勞之。此亦言王室之陵夷，而並傷霸業之不振也。蓋王室之東，所以有國風；而霸業之不振，斯國風亦將熄。宋儒以亂極思治說之，殆非無理。今雖不知究是何人定此十二國風之次序，要之以檜曹匪風下泉之詩終，則宜非無意而然。而觀於匪風下泉之詩，亦可見風詩之多出於當時列國君卿大夫士之手，仍多與當時政事有關。固不當謂風詩乃小夫賤隸、婦人女子之言，如鄭樵氏之說，而近人又輕以民間歌辭說之，則更見其無當也。

（一二）詩序

繼此乃可論詩序之可信與不可信。夫四家說詩，已各不同，毛氏一家之序，豈可盡信，然亦有不可盡棄不信者。蓋詩必出於有關係而作，此大體可信者。惟年遠代湮，每一詩必求其關係之云何，此則難免於盡信。朱子詩集傳一意擺脫毛序，亦所謂齊固失之，楚亦未得也。馬端臨非之，其說曰：書序可廢，而詩序不可廢。雅頌之序可廢，而十五國風之序不可廢。蓋風之爲體、比興之辭多於敘述，風諭之意浮於指斥。有反復詠歎，聯章累句，而無一言敘作之之意者。黍離之序，以爲閔周室宮廟之顛覆，而其詩語不過慨歎禾黍之苗穗而已。此詩之不言所作，而賴序以明者也。今以文公詩傳考之，其指以爲男女淫佚奔誘而自作詩以序其事者，凡二十有四。如桑中、東門之墠、溱洧、東方之日、東門之池、東門之楊、月出，序以爲刺淫，而朱公以爲淫者所自作。如靜女、木瓜、采葛、丘中有麻、將仲子、遵大路、有女同車、山有扶蘇、蘀兮、狡童、褰裳、丰、風雨、子衿、揚之水、出其東門、野有蔓草，序本別指他事，而文公亦以爲淫者所自作。孔子曰：思無邪。如文公之說，則雖詩辭之正者，亦必以邪視之。如木瓜序以爲美齊桓，采葛爲懼讒，遵大路、風雨爲思君子，褰裳爲思見正，子衿爲刺學校廢，揚之水爲閔無臣，而文公俱指爲淫奔謔浪要約贈答之辭。左傳載列國聘享賦詩，固多斷章取義，然其大不倫者，亦以來譏誚。如鄭伯有賦鶉之奔奔，楚令尹子圍賦大明，及穆叔不拜肆夏，寧武子不拜彤弓之類是也。然鄭伯如晉，子展賦將仲子。鄭伯享趙孟，子太叔賦野有蔓草。鄭六卿餞韓宣子，子齹賦野有蔓草，子太叔賦褰裳，子游賦風雨，子旗賦有女同車，子柳賦蘀兮，此六詩、皆文公所斥以爲淫奔之人所作。然賦之者見善於叔向趙武韓起，不聞被譏，乃知鄭衞之詩，未嘗不施於燕享；而此六詩之旨意訓詁，不當如文公之說也。

今按馬氏之說，事證明晰，殆難否認。方玉潤詩經原始，謂鄭風大抵皆君臣朋友師弟子夫婦互相思慕之辭，其類淫詩者，僅將仲子及溱洧兩篇，然將仲子乃寓言、非眞情，卽使其眞，亦爲貞女謝男之辭。溱洧則刺淫，非淫者自作。又曰：邶詩皆忠臣智士孝子良朋棄婦義弟之所爲，中間淫亂之詩，僅靜女、新臺二篇，又刺淫之作，非淫奔者比。又曰：衞詩十篇，無一淫者。今按：史記樂書云：雅頌之音理而民正，鄭衞之曲動而心淫；雅頌鄭衞淫正之辨，其來久矣。論語不云乎，放鄭聲、鄭聲淫，然此不當以疑鄭風乃淫詩，並以爲卽淫者所自作也。惟論語載孔子說詩：豈不爾思，室是遠爾，而曰不思而已矣，夫何遠之有。此實千古說詩之最得詩人意趣者。所以曰：詩三百、一言蔽之，曰思無邪。若知馬氏意，必謂三百首詩無一句一字不出於正思，此亦恐非孔子之本意；而朱子必斷以爲淫詩，又斷以爲女悅男之言，則其誤顯然，誠宜如馬氏之譏。蓋朱子之誤，亦誤於相傳采詩之官之說而來。而於孔疏所謂詩人覽一國之意以爲己心，故一國之事繫此一人使言之；如此曉暢正大之說，反蔑棄而不用，此誠大賢用心亦復有失，所不能復爲之諱也。

然則詩三百、徹頭徹尾皆成於當時之貴族階層，先在中央王室，流衍而及於列國君卿大夫之手。又其詩多於當時之政治場合中有其實際之應用，雖因於世運之隆污，政局之治亂，而其詩之內容與風格、有不免隨之而爲變者；

然要之詩之與政，雙方有其不可分離之關係。故詩三百在當時，被目爲王官之學；其傳及後世，被列爲五經之一，其主要意義乃在此。此則無論如何，所不當漫忽或否認之一重要事實也。

（一三）孔門之詩教

詩之與政，既有如此密切之關係，故在當時、政治之情勢變，而詩之內容及其使用之途徑與方式亦隨而變。此爲周代歷史上一至明顯之事實。下逮春秋中葉，政治情勢已與西周初年詩方興時大不同；而詩之爲變之途徑，亦不得不窮；而其時則詩三百之結集亦告完成，詩之發展遂以停止。此下儒家崛起，孔門教學以詩書爲兩大要典。然孔子論詩，實亦多非詩初興時周公創作之本義所在。孔子雖甚重禮樂，極推周公；然周公在西周初年制禮作樂時之情勢，至孔子時已全不存在。故孔子雖言自衞反魯而樂正，雅頌各得其所；然孔子亦隨於時宜，固不見有主張恢復周公時雅頌使用之眞實意想。僅曰：誦詩三百，授之以政，不達。使於四方，不能專對，雖多、亦奚以爲。如是而已。是孔子之於詩，其備見於論語者，亦僅就春秋中期以下之實際情況，求其當時普通可行用者而言。至於西周初葉、周公創爲雅頌之一番特殊情勢與特殊意義，轉不見孔子對之特有闡述。然孔子平時則必稱道及此，故使後儒有所承述，此就前引漢儒之說而可證。惟孔子之主要用意已不在此，論語編者、記孔子之言，亦以有關於孔子之一家言者爲主。若孔子述古之語，則轉付闕如；豈有孔子平日教其弟子，乃盡於論語所見云云，而更無一語及於古人陳迹之闡釋乎？故知後來如莊周之徒，譏評孔門設教，乃謂其僅知先王之陳迹，而不知其所以迹，其說亦荒唐而不實也。

論語記孔子敎其子伯魚，亦僅曰：不學詩，無以言。又曰：不爲周南召南，猶正牆面而立。可見孔子論詩與周公之創作雅頌，用意已遠有距離。毋寧孔子之於詩，重視其對於私人道德心性之修養，乃更重於其在政治上之實際使用。故曰：小子何莫學於詩，詩可以興、可以觀、可以羣、可以怨，邇之事父，遠之事君，多識於鳥獸草木之名。又曰：興於詩，立於禮，成於樂。又曰：詩三百、一言以蔽之曰：思無邪。又曰：關雎樂而不淫，哀而不傷。凡孔門論詩要旨，畢具於此矣。故詩至於孔門，遂成爲敎育工具而非政治工具；至少其敎育的意義與價值更超於政治的意義與價值之上；此一變遷，亦論詩者所不可不知也。

至於就文學立場論詩，其事更遠起在後。卽如屈原之創爲離騷，其動機亦起於政治。屈原之有作，乃一本於其忠君愛國之心之誠有所不得已，猶不失小雅怨刺遺風。在屈子心中，亦何嘗自居如後世一文人，既不得意於政，乃求以文自見乎？純文學觀念之興起，其事遠在後。故謂詩經乃一文學總集，此仍屬後世人觀念，古人決無此想法也。

然詩經終不失爲中國最早一部文學書，不僅在文學史上有其不可否認之地位；抑且詩經本身之文學價值，亦將永不磨滅，永受後人之崇重，則因詩三百，其本身本都是一種甚深美之文學作品也。惟周公運使此種深美之文學作品於政治，孔子又轉用之於敎育，遂使後人不敢僅以文學目詩經。抑且循此以下，縱使其爲一項極精美之文學作品，亦必仍求其能與政敎有關，亦必仍求其能對政敎有用。此一要求，遂成爲此下中國文學史上一傳統觀念；而此項觀念，則正是汲源於詩經。知乎此，則無怪詩經之永爲後代文人所仰慕師法，而奉以爲歷久不祧之文學鼻祖矣。

（一四）賦比興

今欲進而探求詩經之文學價值，則請就詩之賦比興三義而試略加闡述之。賦比興之說，亦始見於周官，周官以風賦比興雅頌爲六詩。毛傳本之曰：詩有正義焉，一曰風、二曰賦、三曰比、四曰興、五曰雅、六曰頌。孔穎達正義云：風雅頌者，詩篇之異體；賦比興者，詩文之異辭。賦比興是詩之所用，風雅頌是詩之成形，用彼三事，成此三事，故同稱爲義。又曰：六義次第如此者，以詩之四始，以風爲先，風之所用，以賦比興爲之辭。故於風之下卽次賦比興，然後次以雅頌。雅頌亦以賦比興爲之，旣見賦比興於風之下，明雅頌亦同之。後人同遵其說，成伯璵手詩指說云：賦比興是詩人制作之情，風雅頌是詩人所歌之用，卽猶孔疏之說也。

至論賦比興三者之辨，鄭氏曰：賦之言鋪，直鋪陳今之政教善惡；比，見今之失，不敢斥言，取比類以言之。興，見今之美，嫌於媚諛，取善事以喻勸之。孔氏云：比云見今之失，取比類以言之，謂刺詩之比也。興云見今之美，取善事以勸之，謂美詩之興也。其實美刺俱有比興。又曰：詩皆用之於樂，言之者無罪。賦則直陳其事。於比興云不敢斥言，嫌於媚諛者，據其辭不指斥，若有嫌懼之意，其實作文之體、理自當然，非有所嫌懼也。

今按：周官言六詩，毛傳言六義，甚滋後儒聚訟，今惟當一本孔氏正義之說以爲定。蓋詩自分風雅頌三體，而詩人之用辭以達其作詩之旨者，則又可分賦比興三類以爲說也。詩之初興，惟有雅頌，體本近史；自今言之，此卽中國古代一種史詩也。欲知西周一代之史迹，惟有求之西周一代之詩篇，詩卽史也。故知詩體本宜以賦爲主，而時亦兼用比興者，孔氏曰：作文之體理自當爾，此言精美，可謂妙達詩人之意矣。蓋詩人之不僅直敘其事，而必以比興達之，此乃一種文學上之要求；而詩三百之所以得成其爲中國古代最深美之文學作品者，亦正爲其能用比興以遣辭。故孔氏之謂作文之體，理自當爾，乃彌見其涵義深允也。成伯璵云：賦比興是詩人制作之情，風雅頌是詩人所歌之用。蓋必有得於詩人制作之情，乃始可以悟及於作文之體理自當爾之深意也。

詩爲中國遠古文學之鼻祖，其妙在能用比興；而此後中國文學繼起之妙者，亦莫不善用比興。此義後人發揮之者甚多，卽如朱子楚辭集注亦曰：楚人之詞，其寓情草木，託意男女，以極游觀之適者，變風之流也。其叙事陳情，感今懷古，以不忘乎君臣之義者，變雅之類也。其語祀神歌舞之盛，則幾乎頌，而其變也又有甚焉。其爲賦、則如騷經首章之云也。比則香草器物之類也。興則託物興詞，初不取義，如九歌沅芷澧蘭，以興思公子而未敢言之屬也。朱子指陳楚辭之繼承詩經，正在其善用比興，可謂妙得文心矣。繼此以往，唐詩宋詞，苟其得臻於中國文學之上乘、得列爲中國文學之正宗者，幾乎無不善用比興，幾乎無不妙得詩三百所用比興之深情密旨；此事知者已多，可無論矣。抑且不僅於韻文爲然，卽就中國此下之散文史論，凡散文作品之獲成爲文學正宗與上乘者，亦莫不用比興。舉其例尤顯著者如莊子，莊周寓言，其外貌近賦，其內情亦比興也。朱子所謂幾乎頌而其變又有甚焉者，惟莊周之書最能躋此境界。蓋周書之寓言，其體則史，其用則詩；其辭若賦之直鋪，而其意則莫非比興之別有所指也。

循莊周之書而上推之，卽孔子論語，其文情之妙者，亦莫不用比興，卽如歲寒然後知松柏之後凋也；子在川上，曰：逝者如斯夫，不捨晝夜；此亦因用比興，故皆有詩意。讀者循此求之，論語遺辭之善用比興處，實有不勝枚舉者。凡此後中國散文，其獲臻於上乘之作，爲人視奉爲文章正宗者，實亦莫不有詩意，亦莫非由於善用比興而獲躋此境界也。

鄭氏言比興，誤在於每詩言之。如指某詩爲賦、某詩爲比是也，如此則將見詩之爲興者特少。鄭氏似不知賦比興之用法，卽在詩句中亦隨處可見，當逐句說之，不必定舉詩之一首而總說之也。每一詩中，苟其不用比興，則幾乎不能成詩，亦可謂凡詩則莫不有比興。蓋每一詩皆賦也，不僅敘事是賦，言志亦是賦。而每詩於其所賦中，則莫不用比興，此孔疏所謂作文之體理自當爾，所以爲特出之卓見也。

昔人嘗舉詩三百中最妙者，謂莫如昔我往矣，楊柳依依，今我來思，雨雪霏霏之句。此兩句顯然是賦，然亦用比興。楊柳之依依，雨雪之霏霏，則莫非借以比興征人之心情也。抑且往則楊柳依依，來而雨雪霏霏；一往一來，風景懸隔，時光不留，歲月變異，則亦莫非比興征人之心情也。若作詩者僅以直鋪之賦言之，何不曰：昔我之往，時在初春，今我之來，已屆深冬乎。然如此直鋪，而情味索然矣。故無往而不見有比興者，詩也。又何可強作三分以爲說乎？

至論比興二者之分別，昔人亦多爭議。朱子曰：詩中說興處多近比，如關雎麟趾皆是興而兼比，然雖近比，其體却只是興。蓋朱子之意，謂若逐句看之，則關關雎鳩是比，麟之趾亦是比。若通其詩之全篇觀之，則又是興也。今按淮南子關雎興于鳥而君子美之，取其雌雄之不乘居也。鹿鳴興於獸而君子大之，取其得食而相呼也。此與朱子說可相通。而宋儒胡致堂極稱河南李仲蒙之說，謂其分賦比興三義最善。其言曰：敘物以言情謂之賦，情盡物也。索物以託情，謂之比，情附物者也。觸物以起情謂之興，物動情者也。故物有剛柔緩急榮悴得失之不齊，則詩人之情性亦各有所寓。非先辨乎物，則不足以考情性。情性可考，然後可以明禮義而觀乎詩矣。竊謂此說尤可貴者，乃在不失中國傳統以性情說詩之要旨。可與上引成伯璵之說謂賦比興是詩人制作之情者相發明。亦正以詩人之作，可以得人性情之眞之正，故周公創以用之於政治，孔子轉以用之於教育，而皆收莫大之效也。

然詩人之言性情，不直白言之，而必託於物起於物而言之者，此中尤有深義。竊謂詩三百之善用比興，正見中國古人性情之温柔敦厚，凡後人所謂萬物一體、天人相應、民胞物與諸觀念，爲儒家所鄭重闡發者，其實在古詩人之比興中，早已透露其端倪矣。故中庸曰：鳶飛戾天，魚躍于淵，君子之道察乎天地。此見人心廣大，俯仰皆是。詩情卽哲理之所本，人心卽天意之所在。論語孔子曰：知者樂水，仁者樂山。此已明白開示藝術與道德，人文與自然最高合一之妙趣矣。下至佛家禪宗亦云：青青翠竹，鬱鬱黃花，盡見佛性；是亦此種心智之一脈相承而來者。而在古代思想中，道家有莊周，儒家有易，其所陳精義，尤多從觀物比興來。故知詩三百之多用比興，正見中國人心智中蘊此妙趣，有其甚深之根柢。故凡周情孔思，見爲深切之至而又自然之至者；凡其所陳，亦可謂皆從觀物比興來。故比興之義之在詩，抑不僅在詩，實當十分重視，尙不止如孔穎達所謂作文之體理自當爾而已也。

故賦比興三者，實不僅是作詩之方法，而乃詩人本領之根源所在也。此三者中，尤以興爲要。古人云：登高能賦，乃爲大夫；蓋登高必當有所興，有所興、自當卽所興以爲比而賦之。周官六詩之說，本不可爲典要；其說殆自孔子言詩可以興，可以觀而來。蓋觀於物，始有興。詩人有作、則皆觀於物而起興者；而讀詩者又因於詩人之所觀所賦而別有所興焉，此詩教之所以爲深至也。易大傳又有云：古者庖犧氏之王天下也，仰則觀象於天，俯則觀法於地，觀鳥獸之文與地之宜；近取諸身，遠取諸物，於是始作八卦，以通神明之德，以類萬物之情。易傳雖言哲理，然此實一種詩人之心智性情也。類萬物之情者卽比，而通神明之德者則興也。學於詩而能觀能興，此詩之啟發人之性靈者所以爲深至，而孔子之言、所以尤爲抉發詩三百之最精義之深處所在。故詩之在六籍中，不僅與書禮通，亦復與易春秋相通；後世集部，宜乎難超其範圍耳。

（一五）淫奔詩與民間詩

既明於詩之賦比興之義，則朱子以國風鄭衛之詩爲多男女淫奔之辭，並謂此等淫奔之辭，多不出於男子之口，而出於女子之口者，其誤自不待辨。蓋朱子誤以比興爲直鋪之賦，則宜其有此疑也。皮錫瑞詩經通論論此極允愜，其言曰：朱子以詩之六義說楚詞，以託意男女爲變風之流，沅芷澧蘭、思公子而未敢言爲興。其於楚詞之託男女近於褻狎而不莊者，未嘗以男女淫邪解之；何獨於風詩之託男女近於褻狎而不莊者，必盡以男女淫邪解之乎？後世詩人得風人之遺者，非止楚詞，漢唐諸家近於比興者，陳沆詩比興箋已發明之。初唐四子託於男女者，何景明明月篇序已顯白之。古詩如傅毅孤竹、張衡同聲、繁欽同情、曹植美女，雖未知其於君臣朋友何所寄託，要之必非實言男女。唐詩如張籍君知妾有夫一篇，乃在幕中却李師道聘作，託於節婦而非節婦。朱慶餘洞房昨夜停紅燭一篇，乃登第後謝薦擧作，託於新嫁娘而非新嫁娘。卽如李商隱之無題，韓偓之香奩，解者亦以爲感慨身世，非言閨房。以及唐宋詩餘，温飛卿之菩薩蠻，感士不遇。韋莊之菩薩蠻，留蜀思唐。馮延巳之蝶戀花，忠愛纏綿。歐陽修之蝶戀花爲韓范作，張惠言詞選已明釋之。此皆詞近閨房，實非男女；言在此而意在彼，可謂之接迹風人者。不疑此而反疑風人，豈非不知類乎？

皮氏此論，可謂深允。呂氏春秋晉人欲攻鄭，令叔向聘焉。子產爲之詩曰：子惠思我，褰裳涉洧。子不我思，豈無他士。左昭十六年，餞韓宣子，子太叔賦褰裳。宣子曰：起在此，敢勤子至於他人。褰裳之詩，未必果是子產作。然比興之義，明白如此，又寧可必信朱子之所謂乃淫女之語其所私乎？惟皮氏又引漢書食貨志，謂男女有不得其所者，因相與歌詠，各言其傷，春秋之月，羣居者將散，行人振木鐸徇于路以采詩，獻之大師，比其音律，以聞于天子。又引何休公羊解詁，曰：男女有所怨恨，相從而歌，飢者歌其食，勞者歌其事。男年六十，女年五十，無子者，官衣食之，使之民間求詩。鄉移於邑，邑移於國，國以聞之天子。因謂據此二說，則國風實有民間男女之作。采詩之說，已辨在前。班何晚在東京之世，益出左傳王制後甚遠。彼自以漢之樂府采自民間而移以說國風，其誤不煩再辨。今皮氏謂作者爲民間男女，而其怨刺者不必皆男女淫邪之事；則又是另一種勉強游移之說，仍不可以不辨也。

蓋二南之與豳，其成詩遠在詩經結集之第一期。今所收二南之詩共二十五篇，其間容有采自江漢南國之民間歌謠，而由西周王朝卿士製爲詩篇播之弦樂者；其時亦容可有采詩之事，而非遽有采詩之官之制度之設立。至於其他十二國風，其詩篇多半已入春秋，晚在詩經結集之第三期。卽謂西周一代曾有采詩之官之制度之設立，下逮平王東遷，此項制度殆已不復存在。其時則王朝之尊嚴已失，斷不能再有以聞于天子之約束存在。故知班何之說，出之傳說想像，未可據以爲在當時實有此制度也。

且縱退而言之，卽謂十二國風中，其詩亦有出自民間者，此亦當下至於當時士之一階層而止。當春秋時，列國均已有士階層之興起，此一階層實是上附於卿大夫貴族階層，而非下屬於民間庶人階層者。今詩之編集，既明稱之曰國風，顯與民間歌謠有別，故謂此等詩篇，縱有出之當時士階層之手，亦不得便謂出自民間，況其所歌詠，本不爲男女淫邪之事，而別有其所怨刺乎。故知近人盛稱鄭樵、朱熹，必以後起民間文學觀念說詩，實多見其扞格而難通也。

然則詩經三百首，雖其結集時期有不同，雖國風起於春秋、其性質與西周初年之雅頌有別，要之同爲出於其時王朝與列國卿大夫之手，最下當止於士之一階層。要之爲當時社會上層之產物，與當時政府有關，不得以民間歌謠與近人所謂平民文學之觀念相比附，此則斷斷然者。尙論中國文學史之起源，此一特殊之點，尤當深切注意，不可忽也。

今再證之於左傳，如僖二十八年，聽輿人之誦曰：原田每每，舍其舊而新是謀。襄三十年，輿人誦之曰：取我衣冠而褚之，取我田疇而伍之，孰殺子產，吾其與之。及三年，又誦之曰：我有子弟，子產誨之；我有田疇，子產殖之；子產而死，誰其嗣之。此皆出輿人，傳文僅稱曰誦，不言賦詩也。又如宣二年，城者謳曰：睅其目，皤其腹，棄甲而復。于思于思，棄甲復來。襄十七年，築者謳曰：澤門之皙，實興我役；邑中之黔，實慰我心。此則僅稱謳，亦不言賦詩；此卽前引孔穎達所謂謳歌與詩詠之辨也。又如隱元年，公入而賦，大隧之中，其樂也融融。姜出而賦，大隧之外，其樂也泄泄。僖五年，退而賦曰：狐裘尨茸，一國三公，吾誰適從。此則明出乎君后卿臣當時貴族階級之口，然傳文亦僅稱曰賦，不遽以爲所賦之是詩。必如衞人賦碩人，鄭人賦淸人之例，其所賦乃始列入今詩三百首之列。而如上引輿人之誦，城築人之謳，與夫鄭伯母子與晉士蔿之所賦，雖見於傳文，固未嘗得入詩三百之列。又旁證之於國語，晉語有優施之歌，又惠公時有輿人之誦，又有國人之誦，當時又有童謠，如檿弧箕服，丙之晨，鸜鵒來巢；其辭皆備載於內外傳，然皆不目爲詩，不入於詩三百之數。縱使其辭亦復經人之潤飾，然在當時不以入於詩列，則其事顯然。論詩者試就此思之，自知當時所得目之爲詩者，固自有其繩尺、標準，不得徑與里巷歌謠，甚至男女淫奔，隨口吟呼，一概而等視之。此又不可不爲之鄭重辨別也。

（一六）中國文學史上之雅俗問題

何以於此必鄭重而辨別之，蓋又連帶涉及另一問題，此卽以下中國文學史上極有影響之所謂雅俗問題是也。劉向說苑鄂君汎舟於新波之中，榜枻越人擁楫而歌。歌辭曰：濫兮抃草，濫予昌枑，澤予昌州，州𩜾州焉乎，秦胥胥縵予乎，昭澶秦踰、滲惿隨河湖。鄂君曰：吾不知越歌，子試爲我楚說之。於是乃召越譯，乃楚說之。曰：今夕何夕兮，搴中洲流。今日何日兮，得與王子同舟。蒙羞被好兮，不訾詬恥。心幾頑而不絕兮，知得王子。山有木兮木有枝，心說君兮君不知。於是鄂君乃揄脩袂，行而擁之，舉繡被而覆之。說苑此一故事，厥爲中國文學史上所謂雅俗問題一最基本、最適切之說明。方西周之初興，一封建一統的新王朝雖創立，而因疆境之遼濶，其各地方言，紛歧隔絕之情狀，殆難想像。所賴以爲當時政教統一之助者，惟文字之力爲大。而周公又憑藉於滲透以音樂歌唱而爲文字之傳播。故西周初年詩之爲用，不論在當時之政治上，乃至在此下中國之文化歷史上，其影響所及，皆遠較其同時存在之書之功用爲尤深宏而廣大。故縱謂中國五經，其影響後世最大者，當首推詩經，此語亦決不爲過。惟既謂之詩，則自當與謳歌有分別，上引孔穎達疏已言之。卽就關雎二南言，江漢之區，固可謂是中國古代詩篇之最先發源地區、或活躍地區，然周召之取風焉以爲二南之詩者，固不僅采其聲歌，尤必改鑄其文辭。今傳二南二十五篇，或部份酌取南人之歌意，或部分全襲南人之歌句；然至少必經一番文字之雅譯工夫，然後乃能獲得當時全國各地之普遍共喻，而後始具有文學的價值。此則一經思索，卽可想像得之。故今人所謂民間歌、或俗文學等新觀念，在近人論文學，固不妨高抬其聲價，以爲惟此乃始爲文學之眞源。然如說苑所舉，此榜枻越人之擁楫而歌，歌辭縱妙，苟非越譯而楚說之，試問又何能入鄂君之心、而獲其共喻耶。實則如今夕何夕云云，所謂楚說之者，已是一種雅譯；不僅楚人喻之，卽凡屬雅歌詩所傳播之區域，亦無不喻。卽如屈原楚辭，雖篇中多用楚語，其實亦已雅化，故能成爲中國文學史上一偉大之作品。若使西周以來數百年間，楚人不被雅化、仍以俗謳自閉，則屈原之所爲，亦僅以楚人作楚歌，亦將如此榜枻越人然。土音俗謳，終限於地方性，決不能廣播及於他方；更何論傳之後世之久遠。詩三百之產生，距今已踰兩千五百年乃至三千年之久；然使近代一初中小學生、粗識文字，此三百首中爲彼所能曉喻者，殆亦不少。如云：一日不見，如三秋兮。如云：有子七人，莫慰母心。如云：日之夕兮，牛羊下來。如云：碩鼠碩鼠，毋食我黍。一部詩經中，此類不勝枚舉；豈非如今一小學生，只略識文字，一經指點，便可瞭然乎？此三百首詩句之所以能平易明白如此，則正爲有文字之雅化，而仍滋今人之誤會，乃謂此皆當時之民歌耳，此皆當時流行各地之一套通俗歌辭耳；不悟若不經文字雅化工夫，各地民歌、卽限於各地之地方性，何能臻此平易明白。說苑所舉越人之歌，正是一好例。乃近人妄謂此等詩句、卽是古人之白話詩，若果如此，爾雅一書便可不作，揚子雲方言之類，盡屬無聊。各地白話，便已是文學之上乘，而文字雅化，轉成縛障；苟稍治中國文學與中國史者，豈肯承認此說乎？

卽在中國之古代，語言文字，早已分途；語言附着於土俗，文字方臻於大雅。文學作品，則必仗雅化之文字爲媒介、爲工具，斷無卽憑語言可以直接成爲文學之事。如必謂古詩卽當時之社會民歌，民間俗曲，則如關關雎鳩，在河之洲；此一洲字，究是文字、抑語言乎？縱謂此洲字乃本當時南國土語，然在後世，此一土語、亦久已失傳，故毛氏之傳曰：水中可居者曰洲。此見在漢時，苟說水中可居，則人人共喻；若只說一洲字，則未必人人能曉，因此必煩爲之作注。又如蔽芾甘棠，勿翦勿伐，召伯所茇。鄭箋云：茇、草舍也。此一茇字，又豈歌者之土語乎？抑詩人之用字乎？詩三百、推此類以求之，其性質亦居可見。又若謂：今時無此語，即此文字已死，已死之文字、即不當再入文學。然則凡求成爲文學作品者，豈必皆人人共喻，不須有注而後可乎？則試問今人若再爲此二詩，此在河之洲、召伯所茇二語，又當如何改作？若肯經此烹鍊，便知苟不雅化，即難成語。即中國今日之語言，亦已久經文字雅化之陶洗而來也。又且古人土語，豈出口盡爲四言，整齊劃一，如關關雎鳩，在河之洲，窈窕淑女，君子好逑之類乎？又豈古人文字技能之訓練，教育程度之普及，遠勝後代；而謂此十二國風皆采自民間誰何男女直心出口之所歌乎。故知詩經之得爲中國文學史上之不祧遠祖，永爲後人所尊奉，斷不可不認必有一番文字雅化之工夫。而近人偏欲以俗文學白話詩說之，一涉雅字，便感蹙額病心、深滋不樂。此後有所謂新文學者我不知，若抱此態度而研治中國已往之文學史，我見其必扞格而難通；即開始對此三百首詩，亦便見其將無法可通也。

在中國亦非無俗文學，惟俗文學之在中國，其發展則較遲、較後起。此乃由於中國文字之獨特性、及中國立國形態與其歷史傳統之獨特性，而使中國文學之發展，亦有其獨特之途徑。抑且中國之有俗文學，在其開始之際、即已孕育於極濃厚之雅文學傳統之內，而多吸收有雅文學之舊產。故在中國，乃由雅文學而發展出俗文學者，乃以雅文學爲淵源、而以俗文學爲分流，乃以雅文學爲根幹、而以俗文學爲枝條者。換言之、在中國後起之方言白話中，早已浸染有不少之雅言成分爲其主要之骨幹。由文學史之發展言，乃非由白話形成爲文言，實乃由文言而形成爲白話者。不論今日中國各地之白話、其中包孕有極多之文言成分，即就宋元時代之白話文學言，其中豈非早已包孕有許多自古相傳之文言成分乎。由此言之，則在中國文學史上，不僅文言先起，白話晚出；而且文言文學易於推廣、因亦易於持久，而白話文學則終以限於地域而轉易死亡。故近人讀宋元白話作品，反覺艱深難曉；轉不如讀古詩三百首之更易瞭解。此豈非關於雅俗得失一至易曉瞭之明證乎？

（一七）中國文學上之原始特點

中國文學史上此一特徵苟已把握，則知詩經三百首，大體乃成於當時之貴族上層，卽少數獲有文字教育修養者之手。此卽荀子所謂：越人安越，楚人安楚，君子安雅。謂之楚人、越人者，指民間言。謂之君子，則指上層貴族士大夫言。而文學必經雅化，必出於上層貴族士大夫君子之手；其事易見，自無可疑。而詩三百之所以終爲古代王官之學，與實際政治結有不解緣之來歷，亦可不煩辨難而論定。中國古代學術，自王官學轉而爲百家言。故此詩經三百首亦自周公之以政治意義爲主者，轉變至於孔子、而遂成爲以教育意義爲主。此一演變，亦本篇特所發揮。竊謂一經指出，事亦易明，可不煩更有所申述也。

然則中國文學開始，乃由一種實際社會應用之需要而來，乃必與當時之政治教化有關聯。此一傳統，影響及於後來文學之繼起，因此中國文學史上之純文學觀念乃出現特遲。抑且文學正統，必以有關人羣、有關政教、有關實際應用與事效者爲主；因此凡屬如神話、小說、戲劇之類，在中國文學史上均屬後起，且均不被目爲文學之正統。此乃研治中國文學史者所必需注意之大綱領、大節目，此乃不爭之事實。抑且不獨文學爲然，卽藝術與音樂亦莫不然，甚至如哲學思想乃亦復然；一切興起，皆與民生實用相聯。此乃我中華民族歷史文化體系如此，固非文學一項爲獨然也。故凡研治文學史者，必聯屬於此民族之全史而研治之，必聯屬於此民族文化之全體系；必於瞭解此民族之全史進程及其文化之全體系所關而研治之。必求能着眼於此民族之全史之文化大體系之特有貌相，與其特有精神；乃可把握此民族之個性與特點，而後對於其全部文學史過程乃能有眞知灼見，以確實發揮其獨特內在之眞相。而豈捃摭其他民族之不同進展，皮毛比附，或爲出主入奴之偏見，以輕肆譏彈者所能勝任乎？

然則詩三百雖爲中國人歷古以來所傳誦，雖自古迄今經學諸儒以及詩文詞曲諸大家、對此三百首之探討發掘，已甚精卓。論其著述，汗牛不能載，充棟不能盡。而繼今以往，因於新觀點、而生新問題，賡續鑽研，實大有餘地可容。本篇所陳，亦僅爲之作一種發凡起例而已。粗疏忽略，未精未盡處，則敬以俟諸來者，區區之意，固非於近人論詩，好尋瑕釁而多此指摘也。

論兩漢迄南北朝河西之開發與儒學釋教之進展

曹仕邦

引言

上編

第一章　兩漢時河西之落後
第二章　曹魏之興農與立學
附錄一　漢靈帝以後至晉初涼土州郡縣之改隸與增置
附錄二　曹魏綏靖河西大事記
第三章　五涼之立國與河西之地利
第四章　自人才之表現見儒學在河西之發展
一　東漢之河西人才
二　曹魏西晉之河西人才
三　五涼時之河西人才

下編

引言

自漢末迄唐，中國擾亂不治者三百餘年，其間以黃河流域受禍最烈。然而隋唐統一盛運之再臨，則由屢經屠剝之北方所完成，此蓋北朝制度與文教皆足以造樹統一全國之基礎，非徒恃北兵善戰也。尤以永嘉亂後，中原文物捨隨流人南移江左外，復得以保存於河西五郡，爲貞下起元，關鍵所繫。河西保存學術文化之說，首發於王船山先生，讀通鑑論卷八略云：「永嘉之亂，能守先王之訓典者，皆全身以去，西依張氏於河西。拓拔燾禮聘殷勤，而諸儒始東。闞駰、劉昞、索敞，師表人倫，爲北方所矜式。流風所被，施於上下，拓拔氏乃革面而襲先王之文物，宇文氏承之，而隋以一天下。蘇綽李諤定隋之治具，關朗王通開唐之文教，皆自此昉也。」旨哉先生之言也。其事既揭，陳寅恪先生著隋唐制度淵源略論稿，於河西諸儒所從事之學術，及其影響北朝與隋唐文化者，亦論列頗詳，其事益爲人所知矣。仕邦得讀二先生書，遂啟今日對本題研究之興趣焉。

河西之貢獻，得王陳二先生申論，固近於題無餘義者矣，然謂其以一隅之地而能存天下之廢緒者，余初則甚惑之。晉室南渡，版圖猶有中國之半，大江南北，自漢吳而後，已非厥田下下之土，故江東文采，爲世所稱者，亦緣於地廣而利溥也。河西則不然，五郡故地僅有今寧夏一省，甘肅黃河北岸地與青海西寧一帶，而寧夏多砂磧，青海多汎洳，其中川渠交錯之腴土，唯有今稱「河西走廊」之狹長地帶耳。且古代河西斗絕於羌胡中，今新疆則西域，青海則羌，外蒙則匈奴或鮮卑也。此孤處戎狄交侵而地利有限之一隅，竟曾承擔保存學術文化之重任？然此猶僅論其一方面耳，若自釋典究之，則河西貢獻於中國文化者，實不止此。蓋五郡本屬中西交通孔道，佛教東漸，此爲主要途徑，當地所受之沾染非淺。永嘉而後，諸涼皆佛教國，沮渠氏父子更屬護法之名王，大爲僧侶所歸依。及二秦關中譯場遭赫連劫毀，涼土遂成佛經翻譯中心。則河西以有限之地利，當時不獨供儒士之資廩，復給沙門之齋供，北方儒釋二統之不墜，端賴乎此。其地之經濟何以能勝此重任，王陳二公皆未有以解釋之。

及去歲讀三國志，始知未經曹魏經營，以前之河西，不特農業式微，教化亦復不振，夫學術與宗教之存在與發展有賴於經濟者至切，河西自東漢末邊患已寧，今復見勸耕垂訓，教養兼施，則其以一隅而能承二氏之統者，豈非造基於曹氏歟？因詳覈諸史，爰及內典，反覆研究，而其事乃益明。曹氏剏之，張氏繼之，自張氏而後，河西爲羣雄角逐之場，似無安定之環境以資建設矣。而前後二涼，猶全有河西，後之三涼，各割一二郡而王，於攻守戰伐之餘，復能弦歌興學，施助庵寺。於是僑土諸儒，得以講誦不輟，傳業千人，蕃漢沙門，亦得梵唄禮讚，翻譯宣釋。事非偶然矣，蓋自三國至南北朝，積數百年之慘淡經營，河西始克臻於此境也。

賴漢儒舊學傳誦於斯，得下開隋唐文治之盛，世已論之矣。實則諸儒音釋訓詁之學，亦適爲轉梵爲漢所必需，涼州沙門挾其習自儒家者，或譯經境內，或宏法中原，各有其成就，高僧傳載涼僧特多，殆緣斯故。而涅槃經既出涼土，人人得成佛之義，始獲一明確之依據，非徒轟動當時，且亦振鑠千古，况涼僧譯經，復有多種，則其地沙門貢獻於中國文化者，亦不下於儒生也。農業自給有餘，始成其保存儒釋二統之功，儒業矩矱不失，譯經始達言符梵本之效，足證經濟、學術與宗教三事互相聯貫，欲考河西一隅所以能有承前啟後之功者，固不可偏其一而不論也。

其事既明，乃摭錄所得資料，草成茲文，以儒釋不便並談，故分上下兩編，上編自河西入漢，以迄五涼之終，論其地經濟與儒學之發展。經濟與儒學本難牽合，然古人通經致用，歷代河西之牧守，莫有不讀儒書，遵聖賢之遺訓者，則五郡之繁榮，乃由儒生實行其學說所促進，此與諸儒傳誦孜孜，亦殊途而同歸耳，故合論之。下編獨論五涼佛教之發展，蓋兩漢時其地佛教情況史既闕載，而必先有上編所論之二因素，釋門始得光大於此邊陲之地也。由是河西自胡貉之區漸臻文明之過程，既得一脈絡可尋，而涼僧何以譯經有成且明諳外學，亦知其淵源所在也。

涼土之佛教，湯錫予先生漢魏兩晉南北朝佛教史及日本羽溪了諦氏西域之佛教均有論及，或格於體例，或牽於題目，皆未能作有系統之論列。拙文下編之作，僅欲貫串其地佛教發展之過程，偶有一二論列，爲前人所未道及者，亦緣於題目不同之結果耳，非敢別立新義，與先達抗禮也。

第一章　兩漢時河西之落後

河西五郡，乃漢與西域交通之唯一通路，經數百載東西文化之交流，其地想當甚爲開通，而其實不然，河西終兩漢之世仍見爲閉塞落後。後漢書卷六五張奐傳曰：

……（延熹二年）梁冀被誅，奐以故吏免官……在家四歲，復拜武威太守……其俗多妖忌，凡二月五月產子及與父母同月生者悉殺之……。

又卷五八蓋勳傳曰：

……中平元年……刺史宋梟……患多寇叛，謂勳曰，涼州寡於學術，故屢致反暴。今欲多寫孝經，令家家習之，庶或使人知義……。

奐以延熹二年因梁冀之誅而免官，冀被誅在八月，見桓帝紀，則奐在家四歲後拜武威太守當在延熹六年，是降至漢末造，河西仍有殺嬰之陋俗。靈帝中平元年（公元一八四）更後於延熹六年（公元一六三）凡廿三載，而東漢久已家傳戶誦之孝經猶未流通，此皆教化未洽之證也。張奐蓋勳同屬漢末西州人傑，爲當時中原所稱，其故鄉尙閉塞若此，蓋兩漢四百年來，未能對五郡刻意經營，遂致其文化水準，遠遜於內地焉。

史記卷一三〇太史公自序稱：「……漢既通使大夏，而西極遠蠻，引領內向，欲觀中國……」，五郡乃西極遠蠻來觀中國必由之路，今謂漢人向未留意五郡，豈不謬乎？此非將歷史上種種因素加以分析闡明，不能證吾言非虛也。

初，河西爲月氏所居，匈奴破走之而有其地，及武帝開塞出擊，霍去病軍至祁連，匈奴昆邪王以地降漢，其事之經過史記李霍列傳與大宛列傳載之甚備，可無多論。此事誠爲漢與匈奴戰爭中一絕大收穫，史稱斷匈奴之右臂，所謂斷右臂者，絕其西方之援也。鹽鐵論卷八西域篇曰：

……大夫曰……胡西役大宛康居之屬，南與羣羌通，先帝推讓（讓當作攘），斥奪廣饒之地，建張掖以西，隔絕羌胡，瓜分其援。是以西域之國，皆內拒匈奴，斷其右臂……。

西域與羌同爲匈奴之與國，西域對匈奴僅作物質上之供應（註一），而羌人則爲其助戰之鬥士。漢書卷六武帝本紀曰：

……元狩二年（公元前一二一）……匈奴昆邪王殺休屠王，并將其衆合四萬餘人來降，……以其地爲武威，酒泉郡……元鼎五年（公元前百十一）……九月……西羌衆十萬人反，與匈奴通使，攻故安（當作安故），圍枹罕。匈奴入五原，殺太守。六年，冬，十月，發隴西，天水，安定騎士及中尉，河南，河內卒十萬人，遣將軍李息，郎中令徐自爲征西羌平之……。

河西爲漢有之後，南北仍能夾攻漢土，則未入版圖前，羌與匈奴之勾結可知。漢藉河西以圖西域而匈奴軍需之援絕，五郡橫梗羌胡之中而匈奴兵源之援絕，後卒收漠北無王庭之効，其關係可謂大矣。近之言史者好論河西於中西鑿空之貢獻，而每略其入漢之軍事意義。

河西既爲漢拒匈奴之前線，其重要性不下朔方郡，然自元鼎而後，羌患日熾，讀漢書卷六九趙充國傳及有關史傳可知，匈奴亦屢欲收復其右地（註二），則其地所受之壓力，實較朔方爲甚。漢書卷二六地理志曰：「……初置四郡，以通西域，隔絕南羌匈奴……保邊塞，二千石治之，咸以兵馬爲務……」，是漢之經營五郡，以軍事爲先也。而河西既有永久佔領之必要，則軍事之餘，當建設郡縣，徙民實之，更繼之以屯田。然斯二者終西漢之世，其成效均不著，今先論其徙民。

河西居民，原住者本屬匈奴，西羌，月氏（註三）等胡族，而漢之移民，亦率皆貧民與罪犯，漢書地理志稱：

……武帝……初置四郡……其民或以關東下貧，或以報怨過當，或以誖逆亡道，家屬徙焉……（註四）。

所徙者既非漢人中之優秀份子，對羌胡自難產生同化力。且其地後又爲降羌收容之所，後漢書卷七七西羌傳曰：

建武九年（公元三三）……司徒掾班彪上言，今涼州部皆有降羌，羌胡被髮左衽，而與漢人雜處，習俗既異，言語不通。數與小吏黠人所見侵奪，窮恚無聊，故致反叛……。

據後漢書卷四〇班彪傳稱：「……更始敗，三輔大亂，時隗囂擁衆天水，彪乃避難從之……彪既疾囂……遂避地河西，河西大將軍竇融以爲從事……」，彪既嘗居隴右與河西，當親見涼州之情況，而其所言如此，可見終前漢一代，五郡猶爲文化甚低之漢胡雜處之區也。

繼論其屯田。屯田「內有亡費之利，外有守禦之備」（註五），故漢頗注意河西之水利。漢書卷二九溝洫志稱：

……河西酒泉，皆引河及川谷以溉田……。

又卷一四地理志載張掖郡觻得縣本注稱：

千金渠西至樂涫，入澤中。

又敦煌郡效穀縣，顏注引桑欽說：

孝武元封六年，濟南崔不意為魚澤尉，教力田以勤效，得穀因立為縣名。

又同郡龍勒縣本注稱：

氐置水出南羌中，東北入澤，溉民田。

漢人開渠灌溉，卒得效穀之益，趙充國屯田金城，遂破羌寇（註六），則屯田之意義大矣。勞貞一先生謂河西建郡乃西漢屯田之成績（註七），信焉。惟其時河西經濟之負擔，捨通供南北兩面守禦之費外，復須給養西域遠國之來使。漢書卷九六西域傳曰：

……成帝時……都護郭舜數上言……敦煌，酒泉小郡及南道八國（註八），給使者往來人馬驢橐駝食，皆苦之……。

是以其經濟亦頗拮据，維持五郡乃成為漢中央政府之一項負擔。鹽鐵論卷三輕重篇曰：

……文學曰，邊郡山居谷處，陰陽不和，寒凍裂地，衝風飄鹵，沙石凝積，地勢無所宜……轉倉廩之委，飛府庫之財，以給邊民。中國困於繇賦，邊民苦於戍禦。力耕不便種糴，無桑麻之利，仰中國絲絮而後衣……。

又卷四地廣篇曰：

……文學曰，秦之用兵，可謂極矣。蒙恬斥境，可謂遠矣。今踰蒙恬之塞，立郡縣寇虜之地，地彌遠而民滋勞。朔方以西，長安以北，新郡之功，外城之費，不可勝計……。

輕重篇所述蓋泛指北邊，地廣篇所指者乃「朔方以西，長安以北」之新郡而「踰蒙恬之塞」者，按蒙恬斥地僅及於隴西一帶（註九），故知所論者爲河西也。自當時廷議對邊郡耗費之怨懟推想，五郡之屯田殆未足以自給矣。漢書地理志述其地之物產云：

……地廣民稀，水屮宜畜牧，故涼州之畜，爲天下饒……穀糴常賤……。

五郡既建之後，仍以畜產稱饒，卽當地猶爲遊牧經濟之生活，所謂「穀糴常賤」者，大抵其地多羌胡，羌胡以羶酪爲餐，穀物非其所重，而漢民則戶口有限，需求不廣耳，非謂穀物常有盈餘也。

縱觀前漢之世，河西之文化與經濟兩端，皆未能與內地諸郡相比倫。然其地既長久對抗羌胡之交侵，「邊民不解甲弛弩，介冑而耕耘，鉏耰而候望……丁壯弧弦而出門，老者超越而守葆」（註一〇），且地勢孤懸，與中原尚有一河之隔，是以官民力求團結以自保，漢書地理志述其地之生活云：

……酒禮之會，上下通焉，吏民相親……賢於內郡，此政寬厚，吏不苛刻之所致也……。

所謂「吏不苛刻」者，班孟堅或寓譏貶當時內地酷吏殘民之意，而河西實亦有吏循政寬之必要，蓋其地外有强敵寇擾之驚，內有羌胡譁變之虞，環境特殊，有以促成之也。惟其如是，當王莽亂政而中國分崩之際，河西遂能發揮其自保之能力，於大亂中倖存。其事備見於後漢書卷二三竇融傳，云：

……王莽末……融以軍降更始大司馬趙萌，萌……薦融爲鉅鹿太守。融見更始新立，東方尙擾，不欲出關，而高祖父嘗爲張掖太守，從祖父爲護羌校尉，從弟亦爲武威太守，累世在河西，知其土俗。獨謂兄弟曰，天下安危未可知，河西殷富，帶河爲固，張掖屬國精兵萬騎，一旦緩急，杜絕河津，足以自守……兄弟皆然之。融於是日往守萌……萌爲言更始，乃得爲張掖屬國都尉……既到，撫結雄傑，懷輯羌虜，甚得其歡心，河西翕然歸之。時酒泉太守梁統，金城太守庫鈞，張掖都尉竺曾，敦煌都尉辛肜，並州郡英俊，融皆與爲厚善。及更始敗，融與梁統等計議曰，今天下擾亂……河西斗絕在羌胡中，不同心戮力，則不能自守。權均力齊，復無以相率，當推一人爲大將軍，共全五郡……咸以融世任河西，爲吏人所敬向，乃推融行河西五郡大將軍事……居屬國領都尉職如故，置從事監察五郡。河西民俗質樸，而融等政亦寬和，上下相親，晏然富殖。修兵馬，習戰射，明烽燧之警，羌胡犯塞，融輒自將與諸郡相救，皆如符要……安定北地上郡流人，避凶飢歸之者不絕……。

融傳所述之五郡聯盟互保，即河西自衞能力之最高表現也。又五郡地本「廣饒」（註一一），今復「晏然富殖」，則融等對其地之經濟當有所興革矣。

竇融梁統等於建武五年（公元二九）歸附光武，若東漢能憑藉其已造之基礎而擴張之，則羌禍或可及早消彌，而河西之繁榮，亦不待曹魏之世也。然東漢非獨不此之圖，反有放棄涼州之議，其議竟發軔於建武十一年（公元三五）。

後漢書卷二四馬援傳曰：

……涼州自王莽末，西羌寇邊，遂入居塞內。金城屬縣，多爲虜有……（建武）十一年夏……時朝臣以金城破羌以西，塗遠多寇，議欲棄之。援上言破羌之西，城多完牢，易可依固，其田土肥壤，灌溉流通，如令羌在湟中，則爲害不休，不可弃也……。

援傳謂朝臣所欲棄者僅爲金城屬縣，而其議發於漢收復涼州之後七年，則其後闔州皆棄之主張，實造端於此。蓋東漢建都洛陽，不似西漢時京畿卽在羌患威脅之三輔中，對羌人之逼害當未如西漢所感之切，是以放棄邊鄙之意，萌發遂早。惟東漢初年，固嘗對涼州稍有建設者。

馬援傳續曰：

……於是詔武威太守，令悉還金城客民，歸者三千餘口，使各反舊邑。援奏爲置長吏，繕城郭，起塢堠，開導水田，勸以耕牧，郡中樂業……。

又卷七六任延傳曰：

……建武初，……詔徵爲九眞太守……延視事四年……拜武威太守……郡北當匈奴，南接種羌，民畏寇抄，多廢田業。延到，選集武略之士千人，明其賞罰，令將雜種胡騎，休屠，黃石，屯要害。其有警急，逆擊追討，虜恆多殘傷，遂絕不敢出。河西舊少雨澤，乃爲置水官吏，修理溝渠，皆蒙其利……。

又卷八七西羌傳曰：

……和帝永元……十二年（公元一〇〇）……金城太守侯霸……出塞……斬首四百餘級……種人瓦解……。明年……西海及大小楡谷左右無復羌寇。隃麋相曹鳳上言……臣愚以爲宜及此時建復西海郡縣，規固二楡，廣設屯田，隔塞羌胡交關之路……又殖穀富邊，省委輸之役，國家可以無西方之憂。於是拜鳳爲金城西部都尉，將徙士屯龍耆。後金城長史上官鴻上開置歸義建威屯田二十七部，侯霸復上置東西邯屯田五部，增留逢二部，帝皆從之，列屯夾河，合三十四部。其功垂立，至永初中，諸羌叛，乃罷……。

金城面臨拒羌之前線，其地據援傳本已屬「田土肥壤，灌溉流通」之區，更經開導而至「郡中樂業」。任延之行事捨消滅羌胡之寇鈔外，亦頗能建設武威之水利。曹鳳之計劃實欲繼援等之後，使金城能獨當羌寇，省委輸之役。自此數端窺之，則河西天賦本佳，事實可爲，無奈中央無意邊陲之心理繼續滋長，卒有安帝永初四年（公元一一〇）棄涼之議，而鳳等遂功敗垂成焉。

棄涼之議，發自龐參，而大將軍鄧騭主之。後漢書卷五一龐參傳曰：

……永初……四年，羌寇轉盛，兵費日廣，且連年不登，穀石萬餘。參奏記於鄧騭曰，今……外傷羌虜，內困徵賦……縣官不足，輒貸於民，民已窮矣，將從誰求，名救金城，而實困三輔，三輔既困，還復爲金城之禍矣……夫拓境不寧，無益於疆……三輔山原曠遠，民庶稀疏，故縣丘城，可居者多，今宜徙邊郡不能自存者入居諸陵，田戍故縣。孤城絕郡，以權徙之，轉運遠費，聚而近之，徭役煩數，休而息之，此善之善者也……。

龐參謂廢涼州爲善善之策者，蓋以軍費支出浩大，徭役轉劇，故視諸郡爲疣疽，欲去之而後快也。　賓四師謂西漢立國姿勢爲進取，東漢立國姿勢爲退守，後之國力已不如前（註一二），觀龐參之議，師所說誠確論也。

故棄涼州之議以虞詡反對，公卿皆從其言而止，而後漢書卷五八虞詡傳載詡之說云：

……先帝開拓土宇，劬勞後定，而今憚小費，舉而弃之，涼州既弃，卽以三輔爲塞，三輔爲塞，則園陵單外……觀其習兵壯勇，實過餘州，今羌胡所以不敢入據三輔，爲心腹之害者，以涼州在後故也。其土人所以推鋒執銳，無反顧之心者，爲臣屬於漢故也。若弃其境域，徙其人庶，安土重遷，必生異志。如使豪雄相聚，席捲而東，雖賁育爲卒，大公爲將，猶恐不足當禦……。

虞詡持論之重點，在涼州「習兵壯勇」一端，意謂宜用此慣處邊患之軍民獨任羌寇。其議雖是，而實挾有推委邊事之消極心理，故爲朝廷上下所肯聽。嗣後羌患日烈者，卽緣於東漢對邊事無一積極澈底之計劃之故。涼州既以能任邊患而存，各郡當亦惟以兵馬是務以拒羌騎，更無暇注意其內政矣。雖然，其間固未嘗無留心民事之良吏也，後漢紀卷一九順帝紀曰：

永和四年（公元一三九）……第五訪，字仲謀，京兆人也，初爲新都令……遷張掖太守，民飢，米石數千，訪開倉廩賑之，不待上詔。謂掾吏曰，民命在溝壑，太守權以救之，由是一郡得存。從輕騎循行田畝，勸民耕農，其年穀石百錢……。

後漢書卷六五張奐傳曰：

……（延熹六年）復拜武威太守，平均徭賦，率厲散敗，常爲諸郡最，河西由是而全……遷度遼將軍……。

若訪，奐二君者，對邊事可謂留意矣，然此爲良吏偶一臨郡之政績，非中央長期課勸之效也。如第五訪後漢書卷七六有傳，僅載其開倉救飢，勸耕之事闕焉。豈范尉宗不知其事哉，以事僅偶見，故略之耳。張奐既遷度遼將軍，遂不聞有後繼者。及靈帝中平元年（公元一八四）邊章等揭蘗涼州，棄涼之議又興矣，事雖以傅燮廷爭而止（註一二），亦可見自安帝以降，政府始終無意於涼土也。是以涼州各郡，始終難比當時內郡，尤以河西五郡爲然，故張奐、蓋勳二傳所載，至是亦可得其適當之解釋矣。

綜觀兩漢之世，前漢則草創未就，又格於形勢，後漢則國力遜前，更牽於人事，是以河西始終滯留於文化水準甚低之邊疆狀態。後其地能承擔保存文化之重任者，乃曹魏開發以後之事也。

註一　漢書卷九六西域傳曰：「……西域諸國大率土著，有城郭田畜，與匈奴烏孫異俗，故皆役屬匈奴。匈奴西邊日逐王，置僮僕都尉，使領西域，常居焉耆，危須，尉黎間，賦稅諸國，取富給焉……。」烏孫雖在西域而與匈奴有隙，故漢以和親結之，使同拒匈奴，史記大宛列傳載之甚備，是匈奴向未獲烏孫控弦之士助陣，則西域對匈奴之供應，實以物質爲限也。

註二　漢書卷九四匈奴傳曰：「……太初三年……其秋匈奴大入雲中……又使右賢王入酒泉，張掖，略數千人，會任文擊救，盡復失其所有（中略）。（元鳳二年），單于使犂汙王窺邊，言酒泉張掖兵益弱，出兵試擊，冀可復得其地……右賢王犂汙王四千騎，分三隊入日勒，屋蘭，番和。張掖太守；屬國都尉發兵擊，大破之……自是後匈奴不敢入張掖……。」是匈奴未嘗一日忘其右地也，良以二援已絕，力有所未及耳。括號中之紀年，依清王先謙補注。

註三　後漢書卷八七西羌傳曰：「湟中月氏胡，其先大月氏之別也，舊在張掖，酒泉地……及驃騎將軍霍去病取河西地，開湟中，於是月氏來降，與漢人錯居……被服，衣食，言語略與羌同……號曰義從胡……。」據此則河西入漢後，月氏仍有留於故地，與漢人雜居者矣。

註四　漢書卷六六劉屈氂傳謂巫蠱之禍，「吏士劫略者皆徙敦煌郡」，又卷七十陳湯傳曰：「……湯與（齊）萬年俱徙敦煌。」此皆足作地理志之註脚。又後漢書卷四六郭躬傳曰：「……章和元年，赦天下繫囚在四月丙子以前減死罪一等，勿笞詣金城郡……」又卷四七梁慬傳：曰「……父諷……後失（竇）憲意，髡輸武威……」，後漢紀卷一〇明帝紀曰：「十七年秋，八月丙寅，詔宥武威，張掖，酒泉，敦煌囚繫……」，則降至東漢，河西仍為流放之地也。

註五，六　俱見漢書卷六九趙充國傳。

註七　見所著魏晉南北朝史之緒論，而屯田之管理與租收，貞一先生另有漢簡中的河西經濟一文論之。

註八　漢書西域傳曰：「自玉門陽關出西域有兩道，從鄯善傍南山北波河西行，至莎車為南道」，所謂南道八國，當指自鄯善至莎車間諸國，如婼羌；且末等是也。

註九　史記卷八八蒙恬列傳曰：「蒙恬將三十萬衆，北逐戎狄，收河南，築長城，因地形用制險塞，起臨洮，至遼東……。」而臨洮據漢書地理志屬黃河南岸之隴西郡，可見恬所收者乃漢涼州之河南五郡地也。

註一〇　語見鹽鐵論卷八和親篇。

註一一　語見鹽鐵論卷八西域篇。

註一二　見國史大綱第十一章，統一政府之對外，第一節兩漢國力之比較。

註一三　見後漢書卷五八傅燮傳。

第二章　曹魏之興農與立學

東漢時河西之文化雖遠遜中原，而其武力之發展，則與日俱增，終而導致大變。蓋諸郡既對抗羌胡垂數百載，故士民「習兵壯勇，實過餘州」，虞詡遠在安帝時已提出若涼州「豪雄相聚，席捲而東」，則「雖賁育為卒，大公爲將，猶恐不足以當禦」之警告，降至東漢之末，此一趨勢發展更甚，其情況之嚴重，可自鄭泰說董卓之說辭中窺之。其辭載三國志魏志卷一六鄭渾傳裴注引張璠漢紀中，云：

……中國自光武以來，無雞鳴犬吠之驚，百姓忘戰日久……關西諸郡……自頃以來，數與胡戰、婦女載戟挾矛，弦弓負矢，況其悍夫……。

即婦女亦能持兵而鬥，亦可見當地悍風，天下難與其匹矣。諸州諸郡既向少獲國家之照顧，地方經濟本非豐裕，羌患未絕之前，猶有外來威脅牽制邊民，使其無心外騖。及段熲百八十戰而羌患悉平，於建寧三年（公元一七〇）班師之後，威脅一旦解除，此慣戰之邊民遂在豪雄倡導之下，發動亂事。三國志魏志卷一武帝本紀曰：

光和末……金城邊章，韓遂殺刺史郡守以叛，衆十餘萬，天下騷動……。

後漢書卷八靈帝本紀曰：

……中平元年（公元一八四）……湟中義從胡北宮伯玉與先零羌叛，以金城人邊章，韓遂爲軍帥，攻殺護羌校尉伶徵，金城太守陳懿……。

按光和末爲六年（公元一八三），次年即中平元年，二書紀年僅相差一歲。而章遂等起事所以天下騷動者，非唯擁衆十餘萬，亦以其挾羌胡與俱也。章遂起事之同時，東方亦有黃巾之亂，故漢無力分兵以討之（註一），其後董卓挾涼州勁兵入洛陽而導致大亂（註二），羣雄逐鹿中原，涼州武力遂得更有以發展，於是潼關以西，皆涼州鐵騎長矛活動之所（註三）。降至建安十三年赤壁之戰後，曹氏始揮軍西進以止欲出潼關之涼州武力。

曹氏先破遂超，進而掃蕩據河西之麴演等，前後凡十三年（自建安十六年至黃初四年，公元二一一——二二三），始有其地。曹氏所以費如許工夫以佔領之者，若僅謀開闢疆宇，則幷州有棄地千里之事（註四），幷州可棄而涼州不可棄者，蓋「涼州絕遠，南接蜀寇」（註五）也。

魏蜀有不兩立之勢，諸葛亮隆中定策之時，涼州爲所擬目標之一（註六），劉備於建安十九年（公元二一四）據有益州，報孫權曰：「取得涼州，當以荊州相與」（註七），此固屬推托之辭，而蜀之有意涼州，可自如下之事實見之。

三國志魏志卷一五張既傳裴注引典略曰：

……韓遂在湟中……謂（成公）英曰，今親戚離叛，人衆轉少，當從羌中西南詣蜀耳……會遂死，英降太祖……。

又蜀志卷三五諸葛亮傳曰：

（建興）六年（公元二二八）……亮身率諸軍攻祁山……南安，天水，安定三郡叛魏應亮，關中響震……。

又卷三六馬超傳曰：

……超……奔漢中依張魯……聞先主圍劉璋於成都，密書請降……先主爲漢中王，拜超爲左將軍，假節。章武元年（公元二二一）遷驃騎將軍，領涼州牧……二年卒……。

又卷四四姜維傳曰：

姜維字伯約，天水兾人也……建興六年，丞相諸葛亮軍向祁山……維等乃俱詣諸葛亮……亮與留府長史張裔，參軍蔣琬書曰：姜伯約……其人涼州上士也……亮卒……延熙……六年（公元（二四三）遷鎭西大將軍，涼州刺史……維自以練西方風俗……欲誘諸羌胡以爲羽翼，謂自隴以西，可斷而有也……。

又卷四五楊戲傳附王嗣傳曰：

王嗣……稍遷西安圍督，文山太守，加安遠將軍。綏集羌胡，悉咸歸服，諸種素桀惡者，皆來首降，嗣待以恩信，時北境得以寧靜。大將軍姜維每出北征，羌胡出牛羊氈毦及義穀裨軍糧，國賴其資……。

據魏志武帝本紀，麴演等斬送韓遂首在建安二十年，而十九年劉備已據蜀，則韓遂兵敗所欲歸者爲先主也。蜀後主建興六年當魏明帝太和二年，亮出祁山而隴右三郡猶反叛以應亮，雖或三郡人尙心存漢室（註八），若彼此消息不通，又安敢驟然發難？此皆蜀與涼州聲氣相通之證也。又先主世委馬超；後主世委姜維任涼州牧，職雖遙領，而使涼州降將繫此銜，豈無兼併涼土之念？姜維來降，諸葛亮喜得涼州上士者，卽此意也。又姜維欲誘羌胡爲羽翼，而汶山地接雍涼，卽用作收容羌胡之所。凡此種種，皆證蜀覬涼州久矣。

蓋涼州乃天下名馬勁卒之所出，得之可爲恢宏漢室一大助，不然亦可籠絡豪雄，夾攻魏土。設若曹魏放棄河西，僅以消滅韓馬等大股武力爲已足，而任令和鸞麴演等縱橫五郡（註九），則亮大可不必屢出祁山，僅以一將軍印綬拜之，自隴以西，决非曹氏所有。故張既綏定河西，文帝謂「使吾長無西顧之念矣」（註一〇），其言最足以說明河西之重要性，實不下於隴右關中也。是以漢之涼州至曹魏分爲雍涼（註一一），復置一鎮西將軍持節督二州諸軍事者（註一二），正以涼土面臨距蜀之前線，故分州設防，而委重臣監之也。

三國志魏志二七徐邈傳曰：

明帝……以邈爲涼州刺史，至値諸葛亮出祁山，隴右三郡反，邈輒遣參軍及金城太守等擊南安賊，破之…

……。

時隴右爲雍州，而涼州刺史發兵助其平亂，前線大軍得無後顧之憂，正分州設防之效也。

曹魏之國防有賴於河西者既甚於兩漢，故其設施皆針對其致亂之根源，先整齊其經濟使邊民有樂生之意，再立學明訓以移其悍風，始其事者爲蘇則。

三國志魏志卷一六蘇則傳曰：

蘇則字文師，扶風武功人也……太祖征張魯……使爲軍導，魯破……徙爲金城太守。是時喪亂之後，吏民流散飢窮，戶口損耗。則撫循之甚謹，外招懷羌胡，得其牛羊以養貧老，與民分糧而食，旬月之間，流民皆歸，得數千家。乃明爲禁令，有干犯者輒戮，其從教者必賞。親自教民耕種，其歲大豐收，由是歸附者日多……。

破張魯在建安二十年，同年滅韓遂而進窺五郡，蘇則施其善政緊接於大軍收地之後，則此一政策進行甚亟。及明帝世，河西悉平，遂進行全面之建設。

三國志魏志卷二七徐邈傳曰：

徐邈字景山，燕國薊人也……文帝踐阼，歷譙相，平陽；安平太守，潁川典農中郎將，所在著稱……明帝……以邈爲涼州刺史，使持節領護羌校尉……河右少雨，常苦乏穀，邈上修武威酒泉鹽池以收虜穀（註一三），又廣開水田，募貧民佃之，家家豐足，食庫盈溢。乃支度州界軍用之餘，以市金帛犬馬，通供中國之費，以漸收斂民間私仗，藏之府庫。然後率以仁義，立學明訓，禁厚葬，斷淫祀，進善黜惡，風化大行，百姓歸心焉。西域流通，荒戎入貢，皆邈勛也……邈與羌胡從事，不問小過，若犯大罪，先告部帥，使知應死者，乃斬以徇，是以信服畏威。賞賜皆散與將士，無入家者……彈邪繩枉，州界肅清。正始元年，還爲大司農……。

邈結好羌胡，固不欲其生事，亦免爲蜀所吸收，與厚愛士卒，同屬軍事上之措施。至其內政方面，則爲廣開水田（註一四），既供州界軍用之資，復使一境家家豐足，倉庫盈溢，邊民遂不思亂，然後漸次收其私仗，使不得持兵逞强，更立學明訓，導以禮儀，卒至風化大行。民風既變，河西內外俱安，邈之勛可謂大矣。

邈傳不過舉其施政之大綱，至於屬下太守執行之情形，可自倉慈傳中稍窺其一斑。三國志魏志卷一六慈傳曰：倉慈字孝仁，淮南人也……建安中，太祖開募屯田於淮南，以慈爲綏集都尉……太和中，遷敦煌太守。郡在西陲，以喪亂隔絕，曠無太守二十歲，大姓雄張，遂以爲俗，前太守尹奉等循故而已，無所匡革。慈到抑挫權右，撫恤貧羸，甚得其理。舊大族田地有餘而小民無立錐之土，慈皆隨口割賦，稍稍使畢其本直……又常日西域雜胡欲來貢獻，而諸豪族多逆斷絕，既與貿遷，欺詐侮易，多不得分明。胡常怨望，慈皆勞之，欲詣洛者爲封過，所欲從郡還者官爲平取，輒以府見物與共交市，使吏民護送道路，由是民夷翕然稱其德惠……。

按，徐邈蒞任而亮出祁山，則邈任刺史在太和二年（公元二二八），至邵陵厲公正始元年（公元二四〇）入爲大司農。而倉慈「太和中遷敦煌太守」，當係邈之下屬。邈與慈赴涼州前，皆嘗知內地屯田事（邈爲典農中郎將，慈爲綏集都尉），是河西之行政，需有典農經驗之人才也。慈傳既稱前太守皆循故而已，慈到始痛加匡革，亦見涼州普遍恢復秩序，爲徐邈任刺史後之事也。

徐邈内調而後，繼任之刺史多失載，淸萬斯同著魏方鎭年表，以萬氏讀書之博，搜索之精，於徐邈之後亦僅穫一李憙而已。然諸葛亮屢出無功，姜維乃轉而專謀五郡（註一五），蜀之壓力既增，曹魏對河西之經營更不能廢，後之牧守，均循徐邈之遺規而施政。倉慈傳裴注引魏略曰：

天水王遷承代慈，雖循其迹，不能及也。金城趙基承遷後，復不如遷。至嘉平中，安定皇甫隆代基爲太守。初敦煌不甚曉田，常灌溉滀水使極濡洽，然後乃耕。又不曉作耬犂，用水。及種，人牛功力既費，而收穀更少。隆到敎作耬犂，又敎衍溉，歲終率計，其所省庸力過半，得穀加五。又敦煌俗，婦人作裙攣縮如羊腸，用布一疋，隆又禁改之，所省復不訾。故敦煌人以爲隆剛斷嚴毅不及於慈，至於勤恪愛惠，爲下興利，可以亞之。

晉書卷八六張軌傳曰：

……（軌）於是大城姑臧……初漢末博士敦煌侯瑾謂其門人曰，後城西泉水當竭，有雙闕起其上，與東門相望……至魏嘉平中，郡官果起學館，築雙闕于泉上……。

又卷九四范粲傳曰：

范粲字承明，陳留外黃人……及宣帝輔政，遷武威太守。到郡選良吏，立學校，勸農桑。是時戎夷頗侵疆埸，粲明設防備，敵不敢犯，西域流通，無烽燧之警。又郡壤富實，珍玩充積，粲檢制之，息其華侈……。

皇甫隆敎民耕作於敦煌，武威郡守立學於姑臧皆在嘉平中，按嘉平元年（公元二四九）去正始元年凡十載，故知皆徐邈去任後之事。司馬宣王輔政據魏志明帝紀在景初三年帝崩之後，則范粲到官亦在邵陵厲公之世，軌傳之「武威郡官」或卽粲矣。據上引諸條觀之，徐邈任內河西之政事固尚有未竟之功，而據魏略述皇甫隆前後敦煌之農事，則兩漢時河西之未穫充份開發，更得一佳證矣。

然河西嗣經曹魏一代，固已教化大行，農業日盛，民且有華侈之習。而其地本來之畜牧業，其重要性仍未失，晉書卷八九麴允傳曰：

麴允，金城人也，與游氏世爲豪族。西州爲之語曰，麴與游，牛羊不數頭，南開朱門，北望青樓。洛陽傾覆……允時爲安夷護軍，始平太守……。

西州豪族至晉猶以「牛羊不數頭」論其財富，則畜產仍極繁衍矣。但農業之勃興，究屬一大因緣，故徐邈與皇甫隆之行事，復爲晉書食貨志所收，以其遺惠於晉實大也。諸公所造之基礎，本屬國防上不得不然之措施，而其後河西能挽儒釋二統於崩壞之際，實亦有賴於斯者，則非諸公始料所及者也。

附錄一　漢靈帝以後至晉初涼土州郡縣之改隸與增置

（一）涼州轄地，續漢書郡國志稱統河南之隴西，漢陽（卽天水），武都，安定，北地五郡及河西之金城，武威，張掖，酒泉，敦煌五郡與張掖屬國，張掖居延屬國，共十郡二屬國。至獻帝時有所改變，後漢書卷九獻帝本紀曰：「興平元年，夏六月，丙子，分河西四郡爲廱州……。」如此則河南諸郡爲涼州矣，此爲第一次之雍涼分治。又曰：「建安十八年，正月庚寅，復禹貢九州……。」章懷注引獻帝春秋曰：「……省司隸校尉及涼州，以其郡國幷為雍州……。」又通鑑卷六漢紀建安十八年胡注稱：「涼州所統，悉入雍州，又以司州之京兆入焉……。」換言之，卽無涼州，自京兆至敦煌皆屬雍州。此一行政區域之糾合至魏初又變，三國志卷一五張既傳曰：「……是時不置涼州，自三輔拒西域皆屬雍州。文帝卽王位，初置涼州，以安定太守鄒岐為刺史……。」按文帝卽王位在太祖崩後，卽延康元年（公元二二〇）十月以前也。據晉書地理志，此次劃分為河南諸郡屬雍州，河西諸郡屬涼州，至晉不改。

（二）自漢獻帝以後，河西非五郡而為八郡，新三郡或自舊郡分出，或由屬國升格：

甲　西平郡：三國志魏志卷一六杜畿傳曰：「……建安中……太祖以畿為……護羌校尉，使持節領西平太守……。」西平郡始見於此，郡當在建安中置矣。晉書地理志稱其郡領臨羌，安夷二縣，二縣本屬金城，則西平當由金城分出。

乙　西　郡：清吳增僅著三國郡縣表稱：「建安中，分張掖日勒縣立。」揚守敬考證云：「……考建安初，分河西四郡置雍州，尙無西郡，則西郡立於分置雍州之後矣。」

丙　西海郡：晉書地理志云：「故屬張掖，獻帝興平二年，武威太守張雅請置，統縣一，居延。」按漢時張掖居延屬國亦僅有居延一縣，可見本郡由屬國升格。

新郡既皆由舊郡分出，是河西雖獨立為州，其土地並未擴大也。

附錄二　曹魏綏靖河西大事記

建安二十年　武威顏俊，張掖和鸞，酒泉黃華，西平麴演等並舉郡反，雍州刺史張既持「兩存而鬥」之策以待其斃，歲餘果互相殘殺。

延康元年　初置涼州，張掖張進舉兵拒刺史鄒岐，黃華麴演等應之，羌胡又從進等寇鈔，河西唯敦煌張恭守節不叛，且發兵迎太守尹奉之官。進等後爲金城太守蘇則勒兵所破。

黃初二年　涼州盧水胡伊健妓妾，治元多等反，鎭西將軍曹眞主持綏靖，刺史張既，護軍夏侯儒，將軍費曜等大破之。

黃初三年　酒泉蘇衡反，與羌豪鄰戴及丁令胡等勾結，張既與夏侯儒擊平之。其後西平麴光反，既懸賞誘其黨內亂，光部果斬送光首。

註一　時漢室固非無意平亂者，如北宮伯玉於中平二年卽爲司空張溫所破，見靈帝紀。邊章韓遂等較爲强勁，刺史左昌，宋梟等討之皆不克，見後漢書卷五八蓋勳傳。中平四年（公元一八七），涼州刺史耿鄙率六郡兵討韓遂，卒亦敗覆，見同卷傅燮傳。燮論耿鄙必敗之理由曰：「今卒不習之人，越大隴之阻，將十舉十危。而賊聞大軍將到，必萬人一心，邊兵多勇，其鋒難當，而新合之衆，上下未和，萬一內變，雖悔無及。」耿鄙所率者爲「不習之人」，亦見其時漢無法抽調精兵以討涼州之叛亂矣。

註二　董卓挾涼兵入洛，關東諸將皆非其敵，蓋董卓軍中有羌胡成份也。三國志魏志卷六董卓傳裴注引獻帝起居注稱李傕謂皇甫酈曰：「郭（汜）多盜馬虜耳」，按「虜」乃漢人對異族之蔑稱，李郭同爲卓之部將，汜軍多羌胡，是卓本挾羌胡而來也。然董卓嘗討韓遂，而爲羌胡所敗，涼州之不易剋平，又得一證矣。

註　三　三國志魏志卷一武帝本紀裴注引魏書：「……關西兵疆，習長矛……。」又引曹瞞傳：「公將過河，前隊適渡，（馬）超等掩至……張郃等……共引公下船……超等騎追射之，矢如雨下……。」是涼州兵擅騎射及長矛也。

註　四　三國志魏志卷一武帝本紀曰：「建安二十年春，正月……省雲中，定襄，五原，朔方郡，郡置一縣領其民，合以爲新興郡……。」通鑑魏紀卷七二明帝青龍元年胡注曰：「建安二十年，集塞下荒地置新興郡，自陘嶺以北並棄之，故以句注（山名）爲塞。」晉書卷一四地理志曰：「建安十八年，省入冀州，二十年，始集塞下荒地立新興郡……魏黃初元年，復置幷州，自陘嶺以北幷棄之，至晉因而不改……」曹魏棄陘嶺以北，所棄者幾及一州，又至晉因而不改，卽陘北土地，始終未收復也。

註　五　見三國志魏志卷二七徐邈傳。

註　六　三國志蜀志卷三五諸葛亮傳載「隆中對策」中有「若跨有荆益，保其巖阻，西和諸戎……」之語，跨有荆益而西和諸戎，卽爭取自湟中至河西一帶之羌胡也。

註　七　見三國志蜀志卷三二先主傳，吳志卷四七孫權傳。而年代則前者稱在二十年，後者稱在十九年。

註　八　諸葛亮傳裴注引魏略曰：「始國家以蜀中惟有劉備，備既死數歲……而卒聞亮出，朝野恐懼，隴右祁山尤甚，故三郡同時應亮。」所謂隴右恐懼者，誣辭耳。

註　九　見附錄二。

註一〇　見三國志魏志卷一五張既傳。

註一一　見附錄一。

註一二　三國志魏志卷九曹眞傳曰：「……文帝卽王位，以眞爲鎭西將軍，假節都督雍涼州諸軍事……。」鎭西將軍之置自此始。其後晉代魏祚，亦緣於司馬宣王任都督此二州，始能把持曹魏軍事之系統也。

註一三　邈傳言武威酒泉皆有鹽池，而此等鹽池至今仍爲河西走廊資源之一。明駝著河西見聞記曰：「蘇武山的東麓，有一個三五里見方的鹽池，鹽池中共有五千多井……每年春季，鹽戶把井內的舊土挖去，用新土來塡好，一經大雨，井內便生滷水，經過日光的曬曝……白色的土鹽就出來了……鎭番是河西各縣食鹽的主要供給地，除了蘇武山鹽池以外，還有湯家海子鹽池……雅布頓鹽池……西南和武威交界的地方，還有馬蓮泉鹽池……。」鎭番既近武威縣，則古代當屬武威郡地。而其所謂鹽池，實不若吾人想像中之自鹹湖汲水以煑曬食鹽也。

註一四　張君約歷代屯田考有收徐邈之事蹟，謂邈於河西所行者爲屯田，以其供州界軍用也。其言甚是，但證以倉慈傳，則是時亦多民田。

註一五　三國志蜀志卷四四姜維傳曰：「……（建興）十二年，亮卒，維還成都……（延熙）十年……是歲出隴西南安金城界……十二年，假維節，復出西平……。」

第三章　五涼之立國與河西之地利

河西自曹魏而後，其地已非落後之邊疆矣，然降至晉初，其開發之成果曾受損失，此乃由於鮮卑之入侵。

三國志魏志卷三〇鮮卑傳裴注引魏書云：

……檀石槐既立……兵馬甚盛……盡據匈奴故地，東西萬二千餘里。南北七千餘里。桓帝時，使匈奴中郎將張奐征之不克……乃分其地爲中東西三部……從上谷以西至敦煌西接烏孫……。

鮮卑之西部於桓靈之際已比鄰於河西，其種落不特已滲入五郡，且已爲不法之事（註一）。及三國鼎峙，魏之軍事重心置於雍涼，故鮮卑慴不敢動，三國志遂無其爲患河西之記載。至晉代魏祚，蜀國已滅，晉移其全力以討東吳，五郡既虛，鮮卑乃告發難。

魏書卷九九鮮卑禿髮烏孤傳稱：

鮮卑禿髮烏孤，八世祖匹孤自塞北遷于河西……五世祖樹機能……晉泰始中，殺秦州刺史胡烈於高斛堆，敗涼州刺史蘇愉于金山。咸寧中，又斬涼州刺史揚欣於丹嶺，盡有涼州之地……。

晉書卷三武帝本紀有泰始七年「以車騎將軍賈充爲都督秦涼二州諸軍事」之語，則樹機能起事始於泰始七年也。本紀又云：「咸寧五年春，正月，虜帥樹機能攻陷涼州，乙丑，使討虜將軍武威太守馬隆擊之……十二月……大破斬之，涼州平……。」（註二）

自泰始七年至咸寧五年（公元二七一——二七九），鮮卑擾攘西北凡九年，而其「盡有涼州之地」者不過一年之暫而已，卽使曾遭鮮卑大掠，其損失未必甚重，況晉之復元工作進行亦速，晉書卷九〇范晷傳曰：

范晷字彥長，南陽順陽人也……出爲涼刺史，轉雍州。于時西土荒毀，氐羌蹈藉，田桑失收，百姓困弊，晷傾心化導，勸以農桑，所部甚賴之，元康中加左將軍，卒於官……。

晉於元康中加左將軍，元康爲惠帝年號，則其任二州刺史在武帝咸寧以後。又必在涼州興復有成，始轉雍州也。晉既化導勸耕，徐邈等建樹於河西者遂得以不毀。

又晉初曾有大蝗，晉書卷二六食貨志稱：

……及惠帝之後，政教陵夷，至於永嘉，喪亂彌甚。雍州以東，人多飢乏，更相鬻賣，奔迸流移，不可勝數。幽，并，司，冀，秦，雍六州大蝗，草木及牛馬毛皆盡……

蝗災與飢饉遍及北方六州，秦雍與涼土接壤，而河西未被波及，困頓之區，皆在境外，故始據其地而王之張軌，乃得享曹魏之遺惠焉。

張氏乘永嘉之亂，竊據河西，其始亦須挫抑鮮卑，始能立足斯土（註三），及境內既寧，晉書卷八六本傳述軌在河西之設施爲：

……以宋配、陰充，氾瑗，陰澹爲股肱謀主，徵九郡胄子五百人立學校，始置崇文祭酒，位視別駕，春秋行鄉射之禮……初漢末金城人陽成遠殺太守以叛，郡人馮忠赴尸號哭，嘔血而死。張掖人吳詠爲護軍校尉馬賢所辟，後爲太尉龐參掾，參賢相誣罪應死，各引詠爲證，詠計理無兩直，遂自刎而死，參賢慙悔，自相和釋。軌皆祭其墓而旌其子孫……參軍索輔言於軌曰，古以金貝，皮幣爲貨，息穀帛量度之耗。二漢制五銖錢，通易不滯。泰治中，河西荒廢，遂不用錢，裂匹以爲段數，縑布既壞，市易又難，徒壞女工，不任衣用，弊之甚也。今中州雖亂，此方安全，宜復五銖，以濟通變之會。軌納之，立制準布用錢，錢遂大行，人賴其利……。

析言之，張軌之設施爲（一）建立學校以作育人材，（二）推行禮制，表彰忠烈，（三）恢復貨幣制度。

關於（一）事，曹魏時徐邈已嘗「立學明訓」，軌傳亦載魏嘉平中武威建學館之事，前章皆嘗引之，故河西之有學校非始於張氏。

關於（二）事，徐邈傳已稱邈在河西「率以仁義……進善黜惡，風化大行」，軌特更進一步表彰忠烈，爲州人樹一模範耳。

關於（三）事，參軍索輔謂「泰治中，河西荒廢，遂不用錢」，自漢迄晉，無以泰治爲年號者，則「泰治」實卽「泰始」也。而河西之不行錢自曹魏已然，不關乎鮮卑之蹂躪。蓋錢幣之流行，與商業關係至大，漢末董卓亂政以降，西域與中國貿易停頓，至魏明帝世始恢復之，然其時係以物物交換方式進行之，三國志倉慈傳謂「西域雜胡……所欲從郡還者官爲平取，輒以府見物與共交市」是也。此固與魏之廢錢有關（註四），亦見貿易遠遜兩漢也。

然西域雜胡既經常往來，又得郡官予以方便，則河西對外貿易必愈來愈盛，至晉初已感裂帛代錢之不便，是以張軌行錢，而「人賴其利」焉（註六）。茲復有二事可證其時對外貿易之進行不斷者，晉書卷八六張駿傳曰：

……西域諸國獻汗血馬，火浣布，犎牛，孔雀，巨象及諸珍異二百餘品……。

又卷一二二呂纂載記曰：

……卽序胡安據盜發張駿墓，見駿貌如生，得眞珠簏，琉璃榼，白玉樽，赤玉簫，紫玉笛，珊瑚鞭，馬腦鍾，水陸奇珍，不可勝紀……。

西域既貢駿以異獸，陪葬物復有奇珍，雖謂其陪葬物亦同為西域所獻，然孔雀，巨象，眞珍，珊瑚等產於印度及南海（註七），絕非鄰接河西之西域諸國（今新疆一帶）所能有，此必經輾轉之貿易始達於西域而輸入前涼，西域有商業即河西有商業，蓋諸國對前涼既賓服而非敵對（後見），則慣常進行於民間貿易自無停頓之理也。前涼對外貿易不絕，亦承曹魏之舊耳。

又軌傳所述諸事，無一為關乎隴畝者，張駿傳稱：

……駿境內嘗大飢，穀價踊貴，市長譚詳請出倉穀與百姓，秋收三倍徵之。從事陰據諫曰……今詳欲因人之飢，以要三倍，反裘傷皮，未足諭之。駿納之……。

前涼有傷農之慮，其有賴於農業者亦至切矣。而其不必亟亟於開渠量畝者，以曹氏啟之在前，范粲復之於後，故大可坐享其成耳。

綜合前四點觀之，前涼之立國既承曹魏已造之基礎，故匡革甚微，自其用錢一事，足見河西自身之潛力，已能推動地方之發展。前涼立國既未有篳簬襤褸之勞，故「及京都陷……中州避難來者日月相繼」（晉書張軌傳），且「于時天下喪亂，秦雍之民死者十八九，唯涼州獨全。寔自恃衆彊，轉為驕恣」（魏書卷九九張寔傳）焉。

河西地利本豐，加以前涼政治修明，遂有餘力擴張土地，晉書張駿傳稱及駿即位而「西域並降」，兼而「盡有隴西之地」。前涼既得黃河南岸為其緩衝，於是與劉石間之戰爭遂有鮮有擾及河右，即其最危急之一役，石虎軍鋒固已越過金城，然僅踰姑臧城南之洪池嶺即為謝艾所遏，尋且退還河南矣（見晉書張重華傳）。東晉太元元年（公元三七六）張天錫降於苻堅之前，曾於金昌城作最後一戰，金昌城據通鑑卷一〇四晉紀孝武帝太元元年胡注稱「在赤岸西北」，赤岸之位置，水經注卷二河水曰：「……大河又東，逕赤岸北，卽河夾岸也。秦州記曰，枹罕有河夾岸，岸廣四十丈……。」又晉書地理志曰：「……張軌爲涼州刺史，分西平界置晉興郡，統晉興，枹罕……。」西平由金城分出，前已述之，則金昌城亦在姑臧之南矣。

終前涼一代之對外戰爭，其戰線向未逾姑臧，武威以北諸郡未擾，卽曹魏所建樹者，前涼能守而勿失也。此一經濟文化之遺產，予後四涼嘉惠實大。

苻秦既有河西，曾令中州與涼土居民互徙，晉書卷一一三苻堅載記曰：

……天錫……降於軍門……堅……徙豪右七千餘戶于關中……餘皆安堵如故……。

又卷八七西涼武昭王李玄盛傳曰：

初苻堅建元之末，徙江漢之人萬餘戶于敦煌，中州之人有田疇不闢者亦徙七千餘戶……。

苻氏所以有互徙之舉者，意在驅新附之人離其故土，以消其反側之念耳。而其徙中州「有田疇不闢」之人，則有令其墾田於敦煌，使成西進基地之意也（註八）。惟前秦以淝水一戰而覆亡，其開發事業蓋未及進行，四涼已起而啟河西之動亂矣。

晉書卷一四地理志曰：

……天錫降於苻氏，其地尋爲呂光所據，呂光都於姑臧……及呂隆降於姚興，其地三分：

武昭王爲西涼，建號於敦煌。

禿髮烏孤爲南涼，建號於樂都。

沮渠蒙遜爲北涼，建號於張掖，而分據河西五郡。

河西既諸涼分立（註九），彼此皆憧憬於呂光三河王之光榮，均有兼併之意，由是此一永嘉以來之安樂土，遂軍無歲寧矣。諸涼既同有此心，自應充實本身經濟以爲進取之資者。晉書李玄盛傳曰：

……遣宋繇東伐涼興，并擊玉門已西諸城，皆下之，遂屯玉門，陽關。廣田積穀，爲東伐之資……玄盛既遷酒泉，乃敦勸稼穡，羣僚以年穀頻登，百姓樂業，請勒銘酒泉，玄盛許之……。

又卷一二六禿髮利鹿孤載記曰：

……其將鍮勿崙進曰……宜署晉人於諸城，勸課農桑，以供軍國之用……利鹿孤然其言，於是率師伐呂隆，大破之……。

然捨此二者而外，更無有關之記載見於史策，反之相斫而至地方殘破之記載則屢見，茲擇其大者而言之。

晉書卷一二二呂隆載記曰：

……姑臧穀價踊貴，斗值錢五千文，人相食，餓死者十餘萬口，城門晝閉，樵採路絕。百姓請出城乞爲夷虜奴婢日有數百，隆懼沮動人情，盡坑之，於是積尸盈于衢路……。

又卷一二六禿髮利鹿孤載紀曰：

……呂隆爲沮渠蒙遜所伐，遣使乞師，利鹿孤引羣下議之，尚書左丞婆衍崙曰，今姑臧飢荒殘弊，穀石萬錢，野無青草，資食無取……。

又同卷禿髮傉檀載記曰：

……（姚）興……遣其將姚弼及斂成等，率步騎三萬來伐……弼至姑臧，屯于西苑，州人王鍾，宋鍾，王娥等密為內應，候人執其使送之，傉檀欲誅其元首，前軍伊力延侯曰：今强敵在外，內有姦豎，兵交勢蹙，禍難不輕，宜悉坑之，以安內外。傉檀從之，殺五千餘人，以婦女為軍賞。命諸郡縣悉驅牛羊於野，斂成縱兵虜掠，傉檀遣……將率騎分擊，大敗之……。

其他殺戮擄掠之事復不勝枚舉，至有「農失三時之業，百姓戶不粒食」（註一〇）之劫。然諸涼皆非有全河西也，所據者各唯一二郡，而地方又變亂頻仍，其所以資立國者，猶是河西固有之農牧經濟也。若自諸涼戰史着眼，此種證據實歷歷可尋。晉書卷八七西涼後主李士業傳曰：

……蒙遜大伐士業……大芟秋稼而還……。

又卷一二二呂纂載記曰：

……纂……度浩亹河，為鹿孤弟傉檀所敗，遂西襲張掖。姜紀諫曰，方今盛夏，百姓廢農，所利既少，所喪者多，若師至嶺西，虜必乘虛寇掠都下……。

又同卷呂隆載記曰：

……蒙遜又伐隆，隆擊敗之。蒙遜請和結盟，留穀萬餘斛以振飢人……。

又卷一二六禿髮傉檀載記曰：

……傉檀以姚興之盛，又密圖姑臧，乃……遣參軍關尙聘于興……於是率師伐沮渠蒙遜，次于氐池，蒙遜嬰城固守，芟其禾苗，至於赤泉而還。獻興馬三千匹，羊三萬頭……傉檀率騎二萬，運穀四萬石以給西郡……。

宋書卷九八大沮渠蒙遜傳曰：

……段業……使蒙遜將萬人攻（呂）光弟子純於西郡，經旬不剋，乃引水灌城，窘急乞降，執之以歸……。

魏書卷九九涼王李暠傳曰：

……歆弟敦煌太守恂復自立于敦煌，稱冠軍將軍，涼州刺史。蒙遜攻恂于敦煌，三面起堤，以水灌城……。

呂纂出兵，姜紀亟亟以廢農爲諫，蒙遜結盟，留穀萬斛，傉檀輸穀於西郡，蒙遜芟稼於敦煌，此皆河西農事不廢之證也。又傉檀進討蒙遜，歸而獻姚興羊馬以萬計，其事若與縱牛羊以誘斂成一事幷觀之，則是時河西畜類仍極繁衍，故魏世祖剋平五郡，仍以其地爲牧場也（註一一）。

至於蒙遜二次引水灌城，其事大堪注意，蓋前二章引陳志徐邈傳與范書任延傳皆言河右少雨，蒙遜能在少雨之內陸地帶行耗水甚鉅之水攻戰術，則當地水源應不成問題。又攻敦煌時築堤驅水，此種技術又非農業發達之區不能有，是其地灌溉系統當亦甚完備矣。然則果如是乎？此可自魏書卷三五崔浩傳中窺其一斑。據云：

……尚書古弼，李順之徒皆曰，自溫圉河以西，至姑臧城南天梯山上，冬有積雪，深一丈餘，至春夏消液下流成川，引以漑灌。彼聞軍至，決此渠口，水不通流，則致渴乏。去城百里之內，赤地無草……浩曰，漢書地理志稱涼州之畜爲天下饒，若無水草，何以畜牧。又漢人爲居，終不於無水草之地，築城郭立郡縣也。又雪之消液，纔不斂塵，何得通渠引漕，漑灌數百萬頃乎，此言大詆誣於人矣。李順等復曰，耳聞不如目見，吾曹目見，何可共辯。浩曰，汝曹受人金錢，欲爲之辭，謂我目不見，便可欺也……於是遂討涼州而平之，多饒水草，如浩所言……。

元魏進軍涼州前之廷爭如此，及平涼之後，適如崔浩所言，似李順等言不符其實矣。惟順等稱涼州水源靠「雪之消液」者不特古時如此，即今日亦如此，試引近人地理著述以證之。

清陶保廉辛卯侍行記卷四云：

十月二十日卯，發永昌，半里出西門，拳石冰塊，徧地磙礦。夏秋南山融雪，引以灌田，今皆凍矣。（自注云）：城南百里外，山峯緜亘，隨在異名，皆祁連也。冰雪深積，春後漸融，萬壑傾注，迤邐成河，分引多渠，灌田萬頃……。

二十四日在甘州……甘州少雨，恃祁連積雪以潤田疇。蓋山木陰森，雪不驟化，夏日漸融，流入弱水，引爲五十二渠，利至溥也……。

李儀祉先生西北水利問題（註一二）云：

西北山嶺，拔海既高，故空中溼氣，易於凝結爲雪爲冰，迨春晴日融，則油然下注，爲澗爲池。引於田間，膏潤無比……祁連山之北，合黎山及龍首山之南，爲弱水流域，皆雪水注南山（祁連）之麓，滙萃而成者也……甘（張掖）、肅（酒泉）、涼（武威）三州之富，攸賴於是，涼州產稻尤佳……西北諸地賴雪水以供灌溉者甚多，如賀蘭積雪之於寧夏，及阿拉善積雪之於甘、涼、肅及安西……。

河西水源既皆出於雪山流潴，則李順所陳者，正屬其地水利之眞實情況也。然順等自謂目見而知，又何以反不及崔浩由讀史而知之眞確？魏書卷三六李順傳曰：

……沮渠蒙遜以河西內附，世祖欲精簡行人，崔浩曰……李順即其人也……順凡使涼州十有二返，世祖稱其能。而蒙遜數與順遊宴，頗有悖慢之言，恐順東還泄之朝廷，尋以金寶納順懷中，故蒙遜罪釁得不聞徹。浩知之……。

順使涼州十有二返，其親見河西情況者非虛，特以受涼王金寶，未肯盡言其實，反作「去城百里之內，赤地無草」之危言（註一三），欲止世祖出兵耳。其所言「天梯山上，冬有積雪，深一丈餘，至春夏消液下流成川，引以溉灌」，若揆以今日之資料，則均屬事實。又曰：「彼聞軍至，決此渠口，水不通流」，亦證其時河西已有完善之水利工程也。良以崔浩未見高山積雪層，便據平地雪量，謂不足以資衍溉。及平涼之後，「……車駕至姑臧，乃詔恭宗曰，姑臧城東西門外流泉（註一四）合於城北，其大如河，自餘溝渠流入澤中，其間乃無燥地。澤草茂盛，可供大軍數年」（註一五），世祖以姑臧能駐大軍，已感滿足，未更對全境水利作進一步之探究，故便似李順等所言全僞耳。

今既爬梳崔浩傳所述而得此寶貴之資料，則蒙遜二次驅水攻城，亦得以證明非水利與農業技術皆發達之地不能有。敦煌農業情況屢見史傳，能有此不爲奇，而攻西郡亦用同一戰術，西郡不比敦煌，該郡遲至漢末三國之際始置，且郡內事史傳向少述及，今同有水攻之事，其西郡亦川渠交錯，一若敦煌者乎？然則河西各郡縣，均已具備高度之農業經濟條件，崔浩謂「溉灌數百萬頃」非盡屬張大其辭也（註一六），故取其中一二郡，已足以自立而建國，且能繼續培養學術與宗教，使皆成中國之大主流焉。

諸涼與農之事僅二見，其不必急於此務者可知，然其既乏農業建設之記載而富農業發展之痕蹟，此實由兩漢屯成以來，中經曹魏之開發，更由前涼之守成而建立之農業基礎所賜，非成於一旦者也。

魏書卷四四伊馛傳曰：

……世祖之將討涼州也，議者咸諫……馛言於世祖曰，若涼州無水草，何得爲國，議者不可用也……。

諸涼立國之條件爲何，當時人亦嘗感困惑，非獨吾人也。馛一武夫，僅見北涼能立國而想其水草必豐，固未能上溯其根源者也。余以綜覽諸史，更番檢覈，卒得其發展之淵源，而釋其疑焉。

註一　後漢書卷四八翟輔傳附孫砏傳稱：

……中平二年……武威太守趙冲，亦率鮮卑征討叛羌，斬獲醜虜，既不足言，而鮮卑越溢，多爲不法。裁以軍令，則忿戾作亂，制御小緩，則陸掠殘害，劫居人，鈔商旅，噉人牛羊，掠人兵馬……。

註二　晉破樹機能之軍事過程，詳見晉書卷五七馬隆傳。以其事非本文所欲論，故從略。

註三　晉書張軌傳稱：

……軌以時方多難，陰圖據河西……於是求爲涼州。公卿亦舉軌才堪御遠，永寧初，出爲護羌校尉，涼州刺史。于時鮮卑反叛，寇盜從橫，軌到官卽討破之，斬首萬餘級，遂威著西州，化行河右……永興中，鮮卑若羅，拔能皆爲寇，軌遣司馬宋配擊之，斬拔能，俘十餘萬口，威名大震……。

註四　通典卷八食貨志曰：「文帝黃初二年，罷五銖錢，使百姓以穀帛爲市買，至明帝代……人間巧僞漸多，競溼穀以要利，作薄絹以爲市，雖處以嚴刑，而不能禁也。司馬芝等舉朝大議，以爲用錢非徒豐國，亦所以省刑，今更鑄五銖，於事爲便。帝乃更立五銖，至晉用之，不聞有所改創。」云，是魏明帝嘗恢復行錢矣，然據三國志倉慈傳及晉書張軌傳，則西北邊區，自魏至西晉，仍未行錢也。

註五　北宋徐競著宣和奉使高麗圖經，其卷三貿易條曰：「高麗故事，每人使至則爲大市……蓋其俗無居肆……各以其所有，用以交易。無泉貨之法，惟紵布銀瓶，以準其直。至日用微物，不及匹両者，則以米計錙而償之。然民久安其俗，自以爲便也。中間朝廷賜予錢寶、今皆藏之府庫，時出以示官屬傳玩焉。」高麗於北宋時仍閉塞，無宋使來卽無「大市」，在對外貿易不發達之情況下，得錢反無所用，惟供賞玩焉。以此例彼，曹魏時河西之貿易當作如是觀，是以明帝行錢而河西尙作物物之交換也。

註六　勞貞一先生以爲曹魏所以廢錢者，以主要之銅礦在南方，魏不產銅，故無法鑄錢云。見魏晉南北朝史七章南北朝的經濟問題。而張軌能行錢五郡者，則以河西有銅也。太平御覽卷十二引崔鴻北涼錄曰：「先酒泉南有銅駝出，大雨雪，沮渠蒙遜遣工取之，得銅數萬斤。」此條見御覽天部之雪類而非珍寶部之銅類，然河西必有銅礦，始有此類之記載也。如是則張軌行錢，當不致無銅可鑄。以河西之銅通供曹魏九州行錢，容或未足，而僅給前涼一隅之流通，或尙堪應付也。

註七　史記大宛列傳已稱「身毒……其民乘象以戰」，漢書卷九六西域傳曰：「罽賓國……出封牛……象……孔爵……珠璣，珊瑚……。」按罽賓卽今印度北部之克什米爾，是孔雀與象產於印度也。惟罽賓陸國，當無海產之珠璣與珊瑚，大抵爲商賈所輸耳。通典卷一八八邊防篇中，其述南海之部有云：「黃支國，漢時通焉，在南海日南之南三萬里……自武帝以來皆獻見，有明珠……大珠至圍二寸以下，而至圓者置之平地，終日不停。」又太平御覽卷八〇七引宋紀：「大明六年，鬱林郡獻珊瑚連理樹，」又引述異記：「鬱林郡有珊瑚市，海客市珊瑚處也……。」是二物亦產於南海也。諸物之產地，古籍載之已備矣。

註　八　晉書卷一二二呂光載記曰：「……堅既平山東，士馬强盛，遂有圖西域之志。乃授光使持節都督西討諸軍事……總兵七萬，鐵騎五千以討西域……光撫寧西域，威恩甚著，桀黠胡王昔所未賓者，不遠萬里，皆來歸附……。」是苻堅有經略西戎之志也。

註　九　河西五郡之分裂，實自後涼啟之。蓋呂光挾前秦圖霸西域之勁兵，乘苻堅之喪而自立於涼土，光從征諸將亦有見獵心喜者，如彭晃，徐炅，康寧等皆阻兵割據。光又非河西舊人，當地之舊有勢力如王穆，郭馨，郭瑀，段業等遂乘時崛起。同時光又未能善撫胡族，以至鮮卑禿髮氏，盧水胡沮渠氏皆與之爲敵。光討其叛將致精兵盡耗，遂無力綏靖河西起義諸人，分裂之端既啟，段業之敦煌太守李暠，復分業之地而自立，由是一隅之地四涼並峙。及呂隆於晉安帝元興二年（公元四〇三）降於後秦，河西仍三涼相峙，以迄於南涼見滅於西秦，西涼見併於蒙遜，終而北涼亦爲元魏所有焉。（雜見魏晉二書有關之列傳載記）

註一〇　見晉書卷一二九沮渠蒙遜載記。

註一一　見魏書卷一一〇食貨志。

註一二　文見萬有文庫本李書田氏所編之中國水利問題一書之第四編。

註一三　清馮一鵬塞外雜識曰：「武威郡卽今涼州府……涼州砂磧之區，近域四面皆沙石……然頗宜于果木，而梨爲最……。」姑臧附近有砂磧乃事實，然未至去城百里皆赤地無草耳。

註一四　「流泉」二字據武英殿刋本，百衲本魏書作「涌泉」，北史則二本皆作「涌泉」，似湧泉爲合矣。然湧泉爲地下水，流泉則或由雪液下注而生，二者大相逕庭，若以「涌泉」爲合，則崔浩傳載李順所言者皆可置而不論矣。然嘗親至武威者，皆不稱其地有地下水也，如清裴景福流戍新疆，道經河西，著河海崑崙錄，裴氏親履武威及張掖，而文中獨提及張掖之地下水，據稱：「甘州自三四月後，地質柔軟，以足蹂之，隨有水出，城內房屋牆脚，多不堅實。田內開渠，自然有泉溢出，近河灘處，枝流小渠，縱橫礙路，皆放田水入河者也……」（卷三），又清馮一鵬塞外雜識云：「張掖郡，卽今甘州府，池塘寬廣，樹木繁茂，地下清泉，所在湧出……」，則地下水雖爲河右另一水源，以其與姑臧地理情況不合，故寧從殿本。或問：辛卯侍行記乃膾炙人口之西北地理著述，何以陶氏不言張掖之地下水也？對曰：裴氏至其地在春季，而陶氏則在冬季，氣候已變，其時或無地下水溢出也。

註一五　見魏書卷四恭宗景穆帝本紀。

註十六　李儀祉先生西北水利問題頁二一五，稱河西用雪水灌溉者有：

（一）民勤縣　十六渠，漑三十萬畝。
（二）張掖縣　二十四渠，漑四十七萬七百五十畝。
（三）東樂縣　八渠，漑十六萬四千四百三十畝。
（四）山丹縣　八渠，漑十三萬七千五百畝。
（五）臨澤縣　十渠，漑十萬七千四百三十畝。
（六）武威縣　十渠漑四萬四千一百八十畝。
（七）高台縣　六渠，漑十九萬四千二百八十畝。

（八）安西縣　六渠，溉三萬三千三百畝。

（九）敦煌縣　十渠，溉十二萬畝。

共計爲一百四十五萬一千八百七十畝。河西田疇可謂盛矣，然此一資料乃根據甘肅省建設廳之調查，李氏本人已覺其失之過大。又河西在清末尚未墾之佳壤，辛卯侍行記卷五討來河條自注稱：「……諸獵人云，從金佛寺入山，坎坷逼仄，約五日程，至討來川，豁然開朗，水草豐茂，原隰從未耕犂，故泥土黏固，滙流澄澈，多鱗莫魚，舉杆可㦸，野牛出飲，羣以千計，彌望沃野，勝於酒泉……」云云，此或爲獵人所增飾，而河西有棄地者必也。今其地尚未盡行開闢，而古代能有保存文化之盛事，斯可佩矣。

第四章　自人才之表現見儒學在河西之發展

賓四師有言，經濟之發展所反映於社會文化方面者，則爲人才之升降云（註一），我國文化精神在儒學，通經讀史以謀致用，固屬儒生之本份，盡忠守節以報國家，亦儒家之行事也。本編前三章對河西經濟之發展述論已備，茲就正史所載之河西人、自其人之學術事功以見當地漸臻文明之過程焉。

又採納諸人復以時代先後而取捨有別，自漢迄晉初，河西人史爲立傳者有限，故見一傳則錄一人，而不問其成就若何。及永嘉以後，學術中心既移於此，五郡人才鼎盛，則但採其有功於學術文化者，以軍功事功顯者雖有傳不錄（註二）。蓋本章僅欲探討儒學進展之跡，非敢傳涼土先賢也。

一、東漢之河西人才

河西入漢而後，漢人之移殖者率皆貧民與罪犯，首章已嘗論之。雖謂下貧與囚繫難對羌胡產生同化力，而流徒中實亦有飽學之士。漢書卷七五李尋傳曰：

……初成帝時，齊人甘忠可詐造天官歷包元太平經十二卷，以言漢家逢天地之大終，當更受命於天，忠可以教重平夏賀良，容丘丁廣世……哀帝初立，司隸校尉解光，亦以明經通災異得幸。白賀良等所挾忠可書事……賀良等皆待詔……數召見，陳說漢歷中衰，當更受命……哀帝久寢疾，幾其有益，遂從賀良等議……賀良等復欲妄變政事……，上以其言亡驗，遂下賀良等吏……皆伏誅。尋及解光，減死一等，徙敦煌郡。

漢書地理志謂誖逆亡道者徙河西，解光正罹此罪者也。光之結局不可知，或終老於斯矣。以光為例，學者既有被罪而渡其餘生於邊郡者，則雖以帶罪之身，亦或可傳其所學於絕域，況漢法峻急，學士獲罪者又豈獨解光哉，特以光挨逭於大獄，故見於史耳。

同時西漢末已普遍建置學校，漢書卷一二平帝本紀曰：

……始元三年（公元三）夏，安漢公（王莽）……立學官。郡國曰學，縣，道，邑，侯國曰校，校學置經師一人。鄉曰庠，聚曰序，序庠置孝經師一人……。

鄭樵通志，卽據此條稱漢之立學始於是年。河西既有學者徙居，復有學校之設，然終西漢一代，迄未能產生人材。若考其原因，則上述二者皆有問題，蓋學者以帶罪之身，能否容許設帳以授，史籍中未見其痕蹟。而王莽行事多誇誕不實，所謂立學是否一紙具文？前引蓋勳傳稱至東漢末造，孝經尚未流通於此，則起碼之庠序猶見闕焉。即謂立學之事非虛，流徒亦得設帳，而邊郡向未獲察舉制度之沾溉。通典卷一三選舉云：

……舊制大郡口五六十萬舉孝廉二人，小郡二十萬幷有蠻夷者亦舉二人。和帝以爲不均，下公卿會議。司徒丁鴻，司空劉芳上言……蠻夷雜錯，不得爲數目，今郡國率二十萬口歲舉廉孝一人，四十萬二人……帝從之。又制緣邊郡口十萬以上歲舉孝廉一人，不滿十萬二歲舉一人，五萬以下三歲一人……。

和帝修改此一制度已在東漢世，則察舉雖武帝建元初已行，而緣邊郡迄未獲享其權利。兩漢屬郎吏社會，　賓四師已嘗論之（註三），則邊民雖或能受教育，亦無法出身。

考邊民所以不獲察舉者，以其開發者多屬流徒，雖數百年而後，其後代猶爲中州所歧視。後漢書卷六五張奐傳曰：

……三州清定，論功當封，奐不事宦官，故賞遂不行，唯賜錢二十萬，除家一人爲郎；並辭不受，而願徙屬弘農華陰。舊制邊人不得內移，唯奐因功特聽，故始爲弘農人焉……。

據此則邊民本不許內移，奐以清定三州大功，寧捨二十萬錢之賜與除家屬爲郎之利，而願徙屬弘農，此必由於邊民地位本低，故奐急欲爲中原人也。此事發生於東漢之末，則西漢時中州歧視邊人可想，河西人之不獲察舉者，大可得其故矣。

和帝既添緣邊郡之察舉，河西終獲沾溉於此制度下矣。實則光武時之地方官已注意作育人才。後漢書卷七六任延傳曰：

任延字長孫，南陽宛人也……建武初，詔徵爲九眞太守……延視事四年……拜武威太守……延到……遣立校官，自掾吏子孫，皆令詣學受業，復其徭役。章句既通，悉顯拔榮進之，郡遂有儒雅之士……。

郡人多通章句，武威漸有儒雅之士矣，河西其他各郡如何，今不可知，然學校之漸次建置者必矣。然察舉與學校既立，而降至桓靈之世，始有「涼州三明」之出現，作育人才實不易爲也。

「涼州三明」見後漢書卷六五段熲傳，蓋皇甫規字威明，張奐字然明，熲字紀明，三人同屬一州而名位幷盛，京師以此稱之也。「三明」中規爲安定人，奐與熲始係河西人，故唯述二人之事蹟。熲傳曰：

段熲字紀明，武威姑臧人……西域都護會宗之從曾孫也，熲少便習弓馬……長乃折節好古學。初舉孝廉爲憲陵園丞，陽陵令，所在能政，遷遼東屬國都尉……永壽二年（公元一五六），桓帝……拜爲中郎將……建寧元年（公元一六八）……拜熲破羌將軍……熲乃被甲先登，士卒無敢後者，羌遂大敗……二年……熲追至……窮山深谷之中，處處破之……於是東羌悉平，凡百八十戰……三年春，徵還京師……軍至拜侍中……明年，代李咸爲太尉……復爲司隸校尉……光和二年（公元一七九），代橋玄爲太尉……。

又同卷張奐傳曰：

張奐字然明，敦煌酒泉人也。父惇，爲漢陽太守。奐少遊三輔，師事太尉朱寵，學歐陽尙書。初牟氏章句浮辭繁多，有四十五萬餘言，奐減爲九萬言，後辟大將軍梁冀府，乃上書桓帝，奏其章句，詔下東觀。以疾去官，復舉賢良對策第一，擢拜議郞。永壽元年（公元一五五）遷安定屬國都尉。初到職而南匈奴……寇美稷，東羌復舉種應之，而奐壁唯有二百許人……進屯長城……使南匈奴不得交通東羌……郡界以寧……復拜武威太守……（延熹）九年（公元一六六）春，徵拜大司農，鮮卑聞奐去，其夏遂招結南匈奴、烏桓……東羌……共寇武威張掖……復拜爲護匈奴中郎將，以九卿秩督幽，幷，涼三州及度遼，烏桓二營，兼察刺史二千石能否……三州清定……建寧元年（公元一六八）……遷少府，又拜大司農……卒不肯當……閉門不出，養徒千人，著尙書記難三十餘萬言……所著銘，頌書，敎誡，述志，對章，章表二十四篇……。

奐與熲可謂名位幷盛矣。然二人相較，熲唯以軍功顯，奐則復擅學術，著作甚豐富，又嘗爲賢良對策第一，其成就内郡人且不易得焉。段熲傳稱熲乃段會宗之從曾孫，據漢書卷四〇段會宗傳，會宗天水上邽人，非武威人也。蓋會宗客死烏孫，其家屬返漢關而後，遂停居河西，不再返歸原籍，久之其後代乃成河西人。此種情況當不獨段氏一家如此，若然，則河西居民不盡屬貧民，罪犯及蠻夷也。是河西之能產生人才非獨關察舉之普及與學校之設置，亦賴居民素質之提高也。

就學術與事功言，河西人才復得二人。

後漢書卷五八蓋勳傳曰：

蓋勳字元固，敦煌廣至人也，家世二千石，初舉孝廉爲漢陽長史……中平元年（公元一八四），北地羌胡與邊章等寇亂隴右……勳數有戰功……（刺史宋梟欲多寫孝經），勳諫曰，昔太公封齊，崔杼殺君，伯禽侯魯，慶父簒位，此二國豈乏學者，今不急靜難之術，遽爲非常之事，既足結怨一州，又當取笑朝廷，勳不知其可也。梟不從，遂奏行之，果被詔書詰責……後刺史楊雍卽表勳領漢陽太守……靈帝召見……與宗正劉虞，佐軍校尉袁紹同典禁兵……。

又卷八〇侯瑾傳曰：

侯瑾字子瑜，敦煌人也。少孤依宗人居，性篤學，恒傭作爲資，暮還，輒爇（章懷注：爇，古然字）柴以讀書，常以禮自牧，獨處一房如對嚴賓焉。州郡累召，公車有道徵，並稱疾不到，作矯世論以譏切當時，而徙入山中，覃思著述，以莫知於世故，作應賓難以自寄，又案漢記撰中興以後事爲皇德傳三十篇，行於世。餘所作雜文數十篇，多亡失。河西人敬其才而不名之，皆稱爲侯君云。

就上述諸人觀之，段熲，蓋勳皆由察舉出身，嘗經太學之教育，故純有軍功之熲與勳能好古學及引經義喻事，張奐就學名師，無待論矣。此固屬和帝添緣邊郡察舉之後效，而侯瑾不應州郡累召，終身未離五郡，其學術成就如此，可知其時河西就普遍而言，其文化水準或未及內郡（如蓋勳傳之「多寫孝經」及張奐傳中之妖忌），而地方上之庠序，則頗具造就人材之能力，故終能產生如侯君之儒士。河西經數百年之漢化，其進展雖或緩慢，而實至東漢之季世，已擺脫胡貉邊疆風習，進入文明之域矣，上之所述乃其開端也。

二、曹魏西晉之河西人才

河西文化既經奐、熲、勳、瑾出而露其曙光，至漢魏之際，乃有一河西人卓然崛起於亂世而垂其不朽之事功，其人厥爲賈詡。三國志卷一〇詡傳曰：

賈詡字文和，武威姑臧人也。少時人莫知，唯漢陽閻忠異之，謂詡有良平之奇。察孝廉爲郎……董卓入洛陽，詡以太尉掾爲平津都尉，遷討虜校尉。卓壻中郎將牛輔屯陝，詡在輔軍。卓敗，輔又死，衆恐懼，校尉李傕，郭汜，張濟等欲解散，間行歸鄉里。詡曰，聞長安中議，欲盡誅涼州人，而諸君棄衆單行，卽一亭長能束君矣；不如率衆而西，所在收兵，以攻長安，爲董公報仇。幸而事濟，奉國家以征天下，若不濟，走未後也。衆以爲然，傕乃西攻長安……傕汜等鬥長安中……傕等和，出天子，祐護大臣，詡有力焉……是時將軍段煨屯華陰，與詡同郡，遂去傕託煨……張繡在南陽，詡陰結繡，繡遣人迎詡……是後太祖拒袁紹於官渡，紹遣人招繡，幷與詡書結援，繡欲許之……詡曰，不如從曹公……繡從之，率衆歸太祖……袁紹圍太祖於官渡，太祖糧方盡，問詡計焉出，詡曰，公明勝紹，勇勝紹，用人勝紹，決機勝紹，有此四勝，而半年不定者，但顧萬全故也。必決其機，須臾可定也。太祖曰善，乃幷兵出圍，擊紹三十餘里營破之，紹軍大潰，河北平……建安十三年，太祖破荆州，欲順江東下，詡諫……太祖不從，軍遂無利。太祖後與韓遂馬超戰於渭南……又問詡計策，詡曰，離之而已……承用詡謀……卒破超遂……是時文帝爲五官將，而臨菑侯植才名方盛，各有黨與，有奪宗之議。文帝使人問詡自固之術。詡曰，願將軍恢崇德度，躬素士之業，朝夕孜孜，不違子道，如此而已。文帝從之，深自砥礪。太祖又嘗屏除左右問詡，詡嘿然不對，太祖曰，與卿言而不答，何也。詡曰……思袁本初，劉景升父子也。太祖大笑，於是太子遂定……文帝卽位，以詡爲大尉……。

觀其本傳所述；李郭之亂由詡導演，官渡決勝謀由詡出；收復河西由詡定策，曹魏君位繼承亦由詡影響。其人縱或未能與諸葛亮齊名，而曹氏能據九州之地（註四），謀策幾全出詡手，其功不在荀彧下也，較之奐、熲則遠過矣。

捨賈詡外，見諸史策者復有數人：

三國志卷一五張既傳曰：

……既臨（雍涼）二州十餘年，政惠著聞，所禮……酒泉龐淯，敦煌張恭、周生烈等，終皆有名位……。

又卷一八龐淯傳曰：

龐淯字子冀，酒泉表氏人也。初以涼州從事，守破羌長，會武威太守張猛反，殺刺史邯鄲商……淯聞之，棄官……衷七首，欲因見殺猛，猛知其義士，勑遣不殺，由是以忠烈聞。太守徐揖請爲主薄。後郡人黃昂反，圍城，淯棄妻子夜踰城出圍，告急於張掖敦煌二郡……軍未至而郡城邑已陷，揖死。淯乃收斂揖喪，送還本郡，行服三年乃還。太祖聞之，辟爲掾屬。文帝踐阼，拜駙馬都尉，遷西海太守，賜爵關內侯，後徵拜中散大夫，薨……。

又同卷閻温傳附張恭傳曰：

……先是河右擾亂，隔絕不通，敦煌太守馬艾卒官，府又無丞。功曹張恭，素有學行，郡人推行長史事，因信甚著。乃遣子就，東詣太祖請太守。時酒泉黃華，張掖張進各據其郡……就至酒泉，爲華所拘執，劫以白刃，就終不回，私與恭疏曰……經國之臣，寧懷妻孥邪，今大軍垂至，但當促兵以掎之耳……恭卽遣從弟華攻酒泉……別遣鐵騎二百……徑出張掖北河，逢迎太守尹奉。於是張進須黃華之助，華欲救進，而西顧恭兵，恐急擊其後，遂詣金城太守蘇則降，就竟平安，奉得之官。黃初二年，下詔褒揚，賜恭爵關內侯，拜西域戊巳校尉；……太和中卒，贈執金吾。就後爲金城太守，父子著稱西州。

又卷一三王朗傳附王肅傳曰：

……自魏初徵士，敦煌周生烈……亦歷注經傳，頗傳於世。

裴注：「臣松之按，此人姓周生，名烈，何晏論語集解有烈義例，餘所著述見晉武帝中經簿。」

龐淯以忠烈聞，周生烈以經學著，張恭守節拒賊，曹氏卒有河西，是三子誠宜爲張既所禮，而終皆有名位矣。諸人皆顯其學術事功於魏明帝之前，猶屬東漢教育之成績，及徐邈於其地「立學明訓」而後，最先見於史策之人才，厥爲段灼，晉書卷四八灼傳曰：

段灼字休然，敦煌人也。世爲西土著姓，果直有才辯。少仕州郡，稍遷鄧艾鎭西司馬，從艾破蜀有功，封關內侯，累遷議郎。武帝卽位，灼上疏追理艾曰……帝省表，甚嘉其意。後復陳時宜曰……灼書奏，帝覽而異焉，擢爲明威將軍，魏興太守，卒于官。

段灼致仕在鄧艾破蜀之時，則其受學當在魏明帝全有河西之後，其所上追理鄧艾疏及時宜五事，不特文采燦然，亦對上古三代至兩漢之史事，靡不諳熟，惜原文過長，且淸嚴可均全晉文卷六六全部收錄，故不贅引之。邈等立學明訓之遺規持續不斷，至晉初更有「敦煌五龍」生焉。

晉書卷六〇索靖傳曰：

索靖字幼安，敦煌人也。累世官族，父湛，北地太守。靖少有逸羣之量，與鄉人氾衷，張甝，索紾，索永俱詣太學，馳名海內，號稱敦煌五龍。四人並早亡，唯靖該博經史，兼通內緯……傳玄張華與靖一面，皆厚與之相結。拜駙馬都尉，出爲西域戊巳校尉長史。太子僕同郡張勃特表以靖才藝絕人，宜在臺閣，不宜遠出邊塞。武帝納之，擢爲尙書郎，與襄陽羅尙，河南潘岳，吳郡顧榮同官，咸器服焉。靖與尙書令衞瓘俱以善草書知名，帝愛之，擢筆勝靖，然有楷法，遠不能及靖……惠帝即位，賜爵關內侯……及趙王倫篡位，靖應三王義舉，以左衛將軍討孫秀有功，加散騎常侍，遷後將軍。太安末，河間王顒舉兵向洛陽，拜靖使持節監洛城諸軍事游擊將軍，領雍秦涼義兵與賊戰，大破之，靖亦被傷而卒，追贈太常……靖著五行三統正驗論，辯理陰陽氣運，又撰索子，晉詩各二十卷，又作草書狀……。

靖之學術與事功，實不亞於漢時張奐，雖他四龍早喪，彼一身之成就已足為河西人榮矣。且中州南北之俊秀，皆爭與交遊，深相器服，方之漢代河西人飽受歧視，至張奐以大功始獲內徙弘農，其地位不啻霄壤矣。雖謂時移勢易，亦未始非曹魏立學明訓之効也。

降至永嘉之亂，中州望風迎降，奔迸四散之際，其起兵勤王，作最後掙扎者，亦河西之豪傑也。

索靖傳附子綝傳曰：

綝字巨秀……舉秀才郎中……入為黃門侍郎，出參征西軍事，轉長安令……及成都王穎劫遷惠帝幸鄴，穎為王浚所破，帝遂播越。河間王顒使張方及綝東迎乘輿……劉聰侵掠關東，以綝為奮威將軍以禦之……綝有威恩，華夷嚮服……及懷帝蒙塵，長安又陷……乃赴安定，與雍州刺史賈疋……等糾令義眾，頻破賊黨，脩復舊館，遷定宗廟……與閻鼎立秦王為皇太子，及即尊位，是為愍帝……後劉曜又率眾圍京城，綝與麴允固守長安……城中飢窘，人相食，死亡，奔逃不可制，唯涼州義眾千人守死不移。帝……送牋降於曜……綝隨帝至平陽，劉聰……戮之於東市。

又同卷賈疋傳曰：

賈疋字彥度，武威人，魏太尉詡之曾孫也。少有志略，器望甚偉……特爲武夫之所瞻仰，願爲致命。初辟公府，遂歷顯職，遷安定太守……愍帝以疋爲驃騎將軍（註五），雍州刺史……疋帥戎晉二萬餘人，將伐長安……劉曜中流矢走……遂迎秦王，奉爲皇太子。後……羣胡攻之，疋敗走，夜墮于澗……時人咸痛惜之。

又卷八九麴允傳曰：

麴允，金城人也……世爲豪族……洛陽傾覆……允時爲安夷護軍，始平太守……會賈疋爲屠各所殺，允代其任。愍帝卽尊位……允爲大都督，驃騎將軍……允性仁厚，無威斷，吳皮王隱之徒，无賴凶人，皆加重爵……諸將驕恣，恩不及下……人情頗離，由是羌胡跋扈，關中淆亂。劉曜復攻長安，百姓飢甚，死者大半。久之，城中窘逼，帝將出降，歎曰，誤我事者麴索二公也……。

長安淪陷之前，唯涼州義衆守死不移，何涼州之多義士也！索、賈、麴皆河西大姓，豈同率其宗族以赴義耶？惜賈疋早喪，綝、允皆忠烈有餘而材略不足，卒至中原變色。愍帝出降，有麴索二公誤我事之歎焉。

三、五涼時之河西人才

永嘉亂後，張氏據五郡自立，史稱前涼。前涼承曹魏之經濟與教育基礎，更憑山河之固，遂有偏安之局（註六），因而「中州避難來者日月相繼」。避難人中不乏家學淵源之士，挾其學術俱來者。三國志卷一六杜畿傳曰：

杜畿字伯侯，京兆杜陵人也……文帝……踐祚，進封樂亭侯……子恕嗣。恕字務伯……著體論八篇，又著興性論一篇……恕子預……。

裴注引杜氏新書曰：

人倫之大綱，莫重於君臣，立身之基本，莫大於言行……夫禮，萬物之躰也，萬物皆得其躰，無有不善，故謂之躰論。

裴氏又云：

預字元凱，司馬宣王女婿，王隱晉書稱預智謀淵博……大觀羣典，謂公羊穀梁詭辯之言。又非先儒說左氏，未究丘明意而橫以二傳亂之，乃錯綜微言，著春秋左氏經傳集解，又參考衆家，謂之釋例，又作盟會圖，春秋長歷，備成一家之學……。

宋書卷六五杜驥傳曰：

杜驥字度世，京兆杜陵人也。高祖預，晉征南將軍。曾祖躭，避難河西，因仕張氏。苻堅平涼州，父祖始還關中，兄坦，頗涉史傳……。

魏書卷九一江式傳曰：

江式字法安，陳留濟陽人。六世祖瓊，字孟琚，晉馮翊太守，善蟲篆，訓詁。永嘉大亂，瓊棄官西投張軌，子孫因居涼土，世傳家業……。

晉書卷九四郭荷傳曰：

郭荷字承休，略陽人也。六世祖整，安順之世，公府八辟，公車五徵皆不就。自整及荷，世以經學致位。荷明究羣籍，特善史書（註七），不應州郡之命。張祚遣使……徵爲博士祭酒……及至，署太子友。荷上疏乞還，祚許之，遣以安車蒲輪，送還張掖東山。年八十四卒，謚曰玄德先生。

杜就京兆人，晉代郡屬雍州。江瓊陳留人，晉代郡屬兗州，而瓊服官馮翊，則其避難亦自雍入涼也。郭荷略陽人，晉代郡屬秦州，荷「送還張掖東山」而非返略陽，當亦僑寓河西矣。秦雍流人旣挾我國正統學術而西，而五郡自東漢以來，已曾屢產學士，至晉初其人或東遊以逐名位，當中土紛擾之際，亦有去官歸鄉里者。

晉書卷九四氾騰傳曰：

氾騰字無忌，敦煌人也。舉孝廉除郎中，屬天下兵亂，去官還家……散家財五十萬以施宗族，柴門灌園，琴書自適……。

又卷九五索紞傳曰：

索紞字叔徹，敦煌人也。少游京師，受業太學，博綜經籍，遂爲通儒。明陰陽天文，善術數占候。司徒辟除郎中，知中國將亂，避世而歸……。

河西旣有中州學士來投，復得本土儒者賦歸，經二者之融合，學術中心遂轉移於西北一隅焉。蓋僑士諸儒，旣遭逢亂世而蹔居斯土，前涼張氏世代儒學（註八），對儒士尊崇備至，諸儒苟存性命之餘，遂安心居此傳業，自喪亂以還，太學毀墜，其地乃能繼續培養學術，嗣後大師輩出，涼土號爲多士，中國文化之事業由是不墜。前期河西人才多以事功顯，後則以學術勝矣。茲依其先後述之。

晉書卷九四索襲傳曰：

索襲字偉祖，敦煌人也。虛靖好學，不應州郡之命，舉孝廉，賢良方正，皆以疾辭。游思於陰陽之術，著天文地理十餘篇，多所啟發……張茂時，敦煌太守陰澹奇而造焉，經日忘反，出而歎曰，索先生碩德名儒，眞可以諮大義……卒時年七十九，澹素服會葬……謚曰玄居先生。

又同卷宋纖傳曰：

宋纖字令艾，敦煌效穀人也。少有遠操，沉靖不與世交，隱居于酒泉南山。明究經緯，弟子受業三千餘人。不應州郡辟命，惟與陰顒齊好友善。張祚時，太守楊宣畫其象於閣上，出入視之……纖注論語及爲詩頌數萬言，年八十，篤學不倦。張祚後遣使者張興，備禮徵爲太子友……太子太和以執友禮造之，纖稱疾不見……卒時年八十二，謚曰玄虛先生。

又同卷郭瑀傳曰：

郭瑀字元瑜，敦煌人也。少有超俗之操，東遊張掖，師事郭荷，盡傳其業。精通經義，雅辯談論，多才藝，善屬文。荷卒，瑀以爲父生之，師成之，君爵之，而五服之制，師不重服，蓋聖人謙也。遂服斬衰，廬墓三年。禮畢，隱于臨松薤谷……作春秋墨說，孝經錯緯，弟子著錄千餘人……。

又同卷祈嘉傳曰：

祈嘉字孔賓，酒泉人也。少清貧好學……西至敦煌，依學官誦書。貧無衣食，爲書生厮養以自給，遂博通經傳，精究大義，西游海渚，教授門生百餘人，張重華徵爲儒林祭酒。性和裕，教授不倦。依孝經作二九神經。在朝卿士，郡縣守令彭和正等受業獨拜牀下者二千餘人。天錫謂爲先生而不名之，竟以壽終。

諸「先生」本身成就之高，無待論矣，而傳業輒動數千人，且有朝官郡守拜牀下之事，則其成就又豈及身而止？河西蕞爾之區耳，其學風之盛如此，方之江東文采，不遑多讓。而涼土所從事者皆正宗之儒學，又豈江左玄虛之徒，所能望其軒脊！是以至張氏之季世，遂隱然有自居正統之意。郭瑀傳載張天錫遺書於瑀曰：

……孤忝承時運，負荷大業……今九服分爲狄場，二都盡爲戎穴，天子僻陋，江東名教，淪於左衽……先生懷濟世之才，坐視而不救，其於仁智，孤竊惑焉……。

正是此種心理之表現也。

及苻秦既屋涼社，徙其豪右七千餘戶，如杜驥父子之入關中，即其例也。幸諸儒未在遷徙之列，郭瑀傳又曰：

……及天錫滅，苻堅又以安車徵瑀定禮儀，會父喪而止。太守辛章，遣書生三百人就受業焉。及苻氏之末，略陽王穆起兵酒泉……遣使招瑀，瑀……乃與敦煌索嘏，起兵五千，運粟三萬石東應王穆……。

瑀雖受苻堅徵聘，而始終未離故土，是其例也。設若苻氏強挾之而東，則河西所保存之儒學，或隨淝水之戰而湮滅於中原矣。良以諸儒未遷，故降至諸涼割裂之時，河西之學術仍能繼續滋長，未爲時局所干擾，卒而有更輝煌之成就。茲就諸涼之人才以見：

魏書卷五二宋繇傳曰：

宋繇字體業，敦煌人也。曾祖配，祖悌，世仕張軌子孫。父僚，張玄靚龍驤將軍，武興太守。繇生而僚爲張邕所誅，五歲喪母，事伯母張氏，以孝聞。八歲而張氏卒，居喪過禮。繇少有志尙，喟然謂妹夫張彥曰，門戶傾覆，負荷在繇，不衒膽自厲，何以繼承先業。遂隨彥至酒泉，追師就學。閉室誦書，晝夜不倦，博通經史，諸子羣言，靡不覽綜。呂光時舉秀才，除郎中。後奔段業……繇以業無經濟遠略，西奔李暠，歷位通顯。家無餘財，雅好儒學，雖在兵難之間，講誦不廢。每聞儒士在門，常倒屣出迎，停寢政事，引談經籍，尤明斷決，時事亦無滯也。沮渠蒙遜平酒泉，於緜室得書數千卷，鹽米數十斛而已。蒙遜歎曰，孤不喜剋李歆，欣得宋繇耳……蒙遜之將死也，以子牧犍委託之……世祖并涼州，從牧犍至京師……。

又同卷張湛傳曰：

張湛字子然，一字仲玄，敦煌人，魏執金吾恭九世孫也。湛弱冠知名涼土，好學能屬文，沖素有大志。仕沮渠蒙遜黃門侍郎，兵馬尚書。涼州平，入國……司徒崔浩識而禮之，浩注易，敘曰，國家西平河右，敦煌張湛，金城宗欽，武威段承根，三人皆儒者，並有儁才，見稱於西州……其見稱如此……。

又同卷宗欽傳：

宗欽字景若，金城人也。父燮，字文友，呂光太常卿。欽少而好學，有儒者之風，博綜羣言，聲著河右。仕沮渠蒙遜爲中書郎，世子洗馬……世祖平涼州，入國，賜爵臥樹男，加鷹揚將軍，拜著作郎……欽在河西撰蒙遜記十卷……。

又同卷段承根傳曰：

段承根，武威姑臧人，自云漢太尉熲九世孫也。父暉，字長祚……師事歐陽湯……乞伏熾磐以暉爲輔國大將軍，涼州刺史……磐子暮末襲位，國政衰亂，暉父子奔吐谷渾慕璝，慕璝內附，暉與承根歸國……承根好學，機辯有文思，而性行疏薄……司徒崔浩見而奇之，以爲才堪著述……甚爲敦煌公李寶所敬待……。

又同卷闞駰傳：

闞駰字玄陰，敦煌人也。祖倞，有名於西土，父玖，爲一時秀士……駰博通經律，聰敏過人，三史羣言，經目則誦，時人謂之宿讀。注王朗易傳，學者藉以通經，撰十三州志，行於世。蒙遜甚重之，常侍左右，訪以政治損益。拜祕書考課郎中，給文吏三十人，典校經籍，刊定諸子三千餘卷……牧犍待之彌重……姑臧平，樂平王丕鎭涼州，引爲從事郎中，王薨之後，還京師……。

又同卷劉昞傳曰：

劉昞字延明，敦煌人也。父寶，字子玉，以儒學稱。昞年十四，就博士郭瑀學，瑀時有弟子五百餘人，通經業者八十餘人，瑀……以女妻之。昞後隱居酒泉，不應州郡之命，弟子受業者五百餘人，李暠私署徵爲儒林祭酒從事郎中……雖有政務，手不釋卷……昞以三史文繁，著略記百三十篇八十四卷，涼書十卷，敦煌實錄二十卷，方言三卷，靖恭堂銘一卷，注周易，韓子人物志，黃石公三略，並行於世。蒙遜平酒泉，拜祕書郎，專管注記，築陸沉觀於西苑，躬往禮焉。號玄處先生，學徒數百，月致羊酒。牧犍尊爲國師，親自致拜，命官屬以下，皆北面受業焉。時同郡索敞，陰興爲助教，並以文學見舉……世祖平涼州，士民東遷……詔諸年七十以上聽留本鄉，一子扶養。昞年老矣，在姑臧歲餘，思鄉而返，至涼州四百里韮窟，遇疾而卒……。

又同卷趙柔傳曰：

趙柔字元順金城人也。少以德行才學知名河右，沮渠牧犍時爲金部郎。世祖平涼州，內徙京師……。

又同卷索敞傳曰：

索敞字巨振，敦煌人，爲劉昞助教。專心經籍，盡能傳昞之業。涼州平，入國，以儒學見拔爲中書博士，篤勤訓授，肅而有禮，京師大族貴遊之子，皆敬憚威嚴，多所成益。前後顯達，位至尚書牧守者數十人，皆受業於敞，敞遂講授十餘年。敞以喪服散在衆篇，遂撰比爲喪服要記……。

又同卷陰仲達傳曰：

陰仲達，武威姑臧人。祖訓，字處道，仕李嵩爲武威太守。父華，字季文，姑臧令。仲達少以文學知名，世祖平涼州，內徙代都，司徒崔浩啟仲達與段承根，云二人俱涼土才華，同修國史，除祕書著作郎，卒。

又卷六〇程駿傳曰：

程駿字驎駒，本廣平曲安人也。六世祖良，晉都水使者，坐事流于涼州。祖肇，呂光民部尚書。駿少孤貧，居喪以孝稱。師事劉昞，性機敏好學，晝夜無倦，昞謂門人曰，舉一隅而以三隅反者，此子亞之也。駿謂昞曰，今世名教之儒，咸謂老莊其言虛誕不切實要、弗可以經世，駿意以爲不然。夫老子著抱一之言，莊生申性本之旨……人若乖一則煩僞生，爽性則沖眞喪。昞曰，卿年尙稚，言若老成，美哉。由是聲譽益播。沮渠牧犍擢爲東宮侍講。太延五年，世祖平涼，遷于京師，爲司徒崔浩所知……。

又卷九一江式傳曰：

江式……六世祖瓊……西投張軌……祖彊……涼州平，內徙代京，上書三十餘法，各有體例。又獻經史諸子千餘卷，由是擢拜中書博士……父紹興，高允奏爲祕書郎，掌國史二十餘年……式少專家學……篆體尤工……。

自上引諸傳觀之，諸涼人材之衆，學風之盛，又遠過前涼之世矣。然諸儒於涼土割裂之際，其成就反踰於前，此亦與諸涼君主之居地有關也。

晉書卷八七西涼武昭王李玄盛傳曰：

武昭王諱暠，字玄盛，小字長生，隴西成紀人，姓李氏，漢前將軍廣之十六世孫也……世爲西州右姓……祖弇，仕張軌爲武衞將軍，安世亭侯，父昶，幼有令名……玄盛生而好學……通涉經史，尤善文義。及長，頗習武藝，誦孫吳兵法。嘗與呂光太史令郭黁及其同母弟宋繇同宿……。

又卷一二六禿髮烏孤載記曰：

禿髮烏孤，河西鮮卑人也……八世祖匹孤，率其部自塞北遷于河西……。

又同卷禿髮利鹿孤載記曰：

……利鹿孤謂其羣下曰，吾無經濟之才……二三君子，其極言無諱，吾將覽焉。祠部郎中史暠對曰……今取士必先弓馬，文章學藝爲無用之條……孔子曰，不學禮，無以立。宜建學校，開庠序，選耆德碩儒以訓冑子。利鹿孤善之，於是以田玄沖，趙誕爲博士祭酒以教冑子……。

又卷一二九沮渠蒙遜載記曰：

沮渠蒙遜，臨松盧水胡人也。其先世爲匈奴左沮渠，遂以官爲氏焉。蒙遜博涉羣史，頗曉天文，雄傑有英略，滑稽善權變，梁熙呂光皆奇而憚之……。

李暠原籍隴西，而其祖李弇爲張軌臣，當已移居姑臧，傳稱暠與郭黁宋繇同宿，是其證也。禿髮、沮渠，世居涼土之胡人也。久受河西儒學之薰陶，是以蒙遜「博涉羣史、頗曉天文」，南涼君主雖無學術，然亦能延儒立學。

換言之，此數君者捨後涼呂氏外，皆河西人。王船山先生譏禿髮沮渠為「蠢動喙息之酋長」，又謂「非草竊一隅之夷能尊道也，儒者自立其綱維而莫能亂也」（註九），考諸史實則未盡然，大抵船山先生身膺亡國之禍，於戎狄皆深惡痛絕，遂發此偏激之論耳。

唯其諸涼君主皆受儒學薰陶（註一〇），故均知敬禮學士，任用高賢，諸儒往往歷事數涼者亦由於此。而諸儒於是得以從容誘掖，屢代相承，不唯家學得以延綿，若郭瑀者，其學術上可溯於郭荷之六世祖整，下可及於劉昞、索敞、程駿、陰興，師承之脈絡歷歷可稽。歷位通顯如宋繇者猶倒屣迎儒，引談經籍，是以兵難之間，講誦不廢焉。

晉書卷一二六禿髮傉檀載記曰：

……（韋）宗還長安，言於（姚）興曰，涼州雖殘弊之後，風化未頹……憑山河之固，未可圖也……。

「涼州殘弊」指諸涼相斫，良以「風化未頹」，姚興終不能更有寸進，河西之能獨存於亂世而不糜亂者，豈諸儒矩矱不失，保存傳統之學術文化，故特為蒼天所眷顧歟？

元魏既平河右，諸儒內遷，胡身之稱「魏之儒風，及平涼之後始振」（註一一）。陳寅恪先生以為諸儒所以備受元魏重臣如崔浩，高允等所景崇，而樂為薦拔者，以河西尚能保存典午中朝學術之遺說，與浩等中州漢人僅存之家學冥會，故漢魏至隋唐五百年間，其文化能一脈相承云（註一二）。

諸家之論，固已備及河西對北朝隋唐文化之支配，而不知其對南朝亦實有影響。宋書卷九八大沮渠蒙遜傳曰：

……太祖元嘉三年（公元四二五）……遣使奉表請周易及子集諸書，太祖竝賜之，合四百七十五卷。蒙遜又就司徒王弘求搜神記，弘寫與之……十年崇遜卒……子茂虔（註一三）……襲崇遜號……河西人趙歐善歷筭。十四年，茂虔奉表獻方物，幷獻

周生子十三卷。

△時務論十二卷。

三國總略二十卷。

俗問十卷。

△十三州志十卷。

文檢六卷。

四科傳四卷。

△敦煌實錄十卷。

△涼書十卷。

△漢皇德傳二十五卷。

王典七卷。

魏駮九卷。

△謝艾集八卷。

古今字二卷。

△乘邱先生三卷。

△周髀一卷。

皇帝王歷三合紀一卷。

△趙敺傳幷甲寅元歷一卷。

孔子讚一卷。

合一百五十四卷。茂虔又求晉趙起居注諸雜書數十件，太祖賜之……。

北涼獻書十九種，隋書經籍志著錄者九種（有「△」號者見隋志）。又十九種中，知爲河西人之著述者爲：（一）漢末博士侯瑾之漢皇德傳，（二）曹魏徵士周生烈之周生子，（三）前涼名將謝艾之文集（註一四），（四）北涼大儒劉昞之敦煌實錄與涼書及闞駰之十三州志，（五）北涼趙敺之敺傳幷甲寅元歷（註一五）。其非涼人著述，經清姚振宗氏考證而知其本末者有漢代之數學書周髀與魏晉時楊偉著之時務論及乘邱先生書（註一六）。至於古今字一書，疑卽張揖之古今字詁（註一七），魏駁似屬曹魏廷議之記錄（註一八），餘無考。

由北涼獻書之目錄，知河西前賢著述得以保存，則世家學術守而勿失，又得一證矣。牧犍獻書之前，嘗遜曾向宋臺請書四百餘卷，則北涼獻出者必爲劉宋所無，其對舊籍之庋藏亦富，闞駰能刋定經籍諸子數千卷，良有以也。諸書傳至南朝，史特詳其書目卷數，亦見當時之備受重視矣。如是則河西之儒學，又豈獨嘉惠北朝哉，特其影響不若北朝之甚耳。

註　一　見國史大綱第三八章南北經濟文化之轉移上。

註二　如車濟，宋矩，晉書卷八九忠義傳有傳，二公守死不降，爲前涼盡節，可謂壯矣。惟以僅有忠義一端，史不言其學術，則其對歷史之貢獻較之郭瑀祈嘉等則遠遜矣，故不錄。又如魏書卷三三之賈彝，武威姑臧人也，然其六世祖賈敷自曹魏世已移住幽州，與諸涼無涉，卷四三之唐和，乃西涼名將，振威西域，後降元魏，又剋平蔥右，然僅以武功顯耳，皆不採。又有雖爲涼人而時代遠去五涼者，如魏書卷五三之李沖，卷七九之范紹，雖擅學術而不錄，以其學術之師承，與河西儒學無涉也。又如卷九四之趙黑，本涼州之隸戶，後爲宦者，其人雖屬閹寺，而行事忠鯁，不讓良臣，但黑生而涼州入魏；又同卷之賈粲，酒泉人，頗涉書記，而其坐事腐刑已去北涼覆亡凡五十年，故亦不錄。

註三　見國史大綱第八章統一政府文治之演進及國史新論之中國歷史上之考試制度。

註四　宋書卷三五州郡志曰：「及三國鼎峙，吳得揚荆交三州，蜀得益州，魏氏猶得九焉。」所謂魏得其九者，指冀，青，徐，袞，豫，幽，涼，并八州及司隸校尉也。

註五　賈疋傳先稱「愍帝以疋爲驃騎將軍」，後稱「遂迎秦王爲皇太子」。按秦王卽位始爲愍帝，恐前句之「愍帝」乃「懷帝」之誤也。

註六　晉書卷八六張寔傳曰：「……初永嘉中，長安謠曰：秦川血沒腕，唯有涼州倚柱觀，至是謠言驗矣……。」

註七　郭荷傳中之「史書」或指一種書法，唐長孺氏以爲「史書」卽行押書，（見魏晉南北朝史論叢頁三五五），勞貞一先生則以爲乃隸書（見漢代的史書與尺牘一文，載大陸雜誌第廿一期），而荷之再傳弟子劉昞曾著涼書與敦煌實錄，則「史書」指荷之書法固可，指荷之史學亦可。

註　八　晉書卷八六張氏諸傳曰：

張軌……家世孝廉，以儒學顯……中書監張華與軌論經義……。

張寔……學尙明察，敬賢愛士……。

張茂……虛靖好學，不以世利嬰心。

張駿……十歲能屬文……。

張祚……博學雄武，有政事之才……。

張天錫……少有文才，流譽遠近……。

又御覽卷一二四引崔鴻十六國春秋前涼錄曰：

……（張）重華讌羣寮于閑豫庭，講論經義……。

前涼九主中，史著其學術者七主，亦見其家學淵源也。

註　九　語見讀通鑑論卷八。

註一〇　晉書卷一二二呂光載記曰：「呂光字世明，略陽氐人也……不樂讀書，唯好鷹馬……著作郎段業以光未能揚清激濁，賢愚殊貫，因……作表志詩，九歎，七諷十六篇以諷焉，光覽而悅之……。」呂光雖非河西人，又不樂讀書，然能欣賞詩賦，則亦非不知儒學爲何物者也。

註一一　見通鑑卷百十一晉紀安帝隆安三年注。

註一二　詳見隋唐制度淵源略論稿二禮儀篇。

註一三　茂虔卽牧犍，皆胡音之異譯。

註一四　謝艾正史無傳，其人事跡見晉書卷八六張重華傳，逐石虎西侵之師者卽艾也。艾臨陣乘軺車，冠白幅，書生冠服，大有孔明遺風，洵儒將也，以功封福祿伯。

註一五　趙敺正史無傳，清姚振宗隋書經籍志考證據阮氏疇人傳，知敺乃北朝術家之宗，則其人實亦河西之大儒也。

註一六　隋書經藉志稱：「梁有桑邱先生書二卷，晉征南將軍楊偉撰，亡。」姚氏考證曰：「案乘邱先生卽此桑邱先生也，生下當有書字。」

註一七　隋書經藉志有「古今字詁三卷，張揖撰。」而魏書卷九一江式傳載式上表於魏宣武帝曰：「……魏初博士清河張揖著埤倉，廣雅，古今字詁……。」江氏嘗獻書千餘卷於魏，則河西當有其書，若然，牧犍獻古今字詁于劉宋，事有可能。然姚據宗氏於河西所獻見於隋志者皆詳爲考證，獨此書則但引江式傳以明其來源，而未說明書卽北凉所獻，似姚氏亦未敢斷其書卽古今字也。

註一八　隋志有「漢朝議駮三十卷，應劭撰。」又有「晉駮事四卷。」則魏駮當屬此類。

第五章　方言與學術——河西譯業之因緣

我國之佛教，其始非由印度直接輸入，而實緣於西域諸佛教國之媒介。此點梁任公；湯錫予二先生已于指出（註一），至於西域弘法之情形，復有日本羽溪了諦氏西域之佛教一書詳爲述論，可無多論。佛教既經西域輸入則，佛經之翻譯，非特轉梵爲漢，卽對西域之語言文字，亦須有以通曉之。祐錄卷一三竺法護傳曰：

> 竺法護，其先月支人也，世居敦煌郡。年八歲，出家事外國沙門高座爲師……篤志好學，萬里尋師，是以博覽六經，涉獵百家之言……是時晉武帝之世，寺廟圖像，雖崇京邑，而方等深經，蘊在西域。護乃慨然發憤，志弘大道。遂隨師至西域，遊歷諸國。外國異言三十有六種，書亦如之，護皆遍學，貫綜詁訓，音義字體，無不備曉。遂大賫梵本，還歸中夏。自敦煌至長安，沿路傳譯，寫爲晉文。所獲大小乘經，賢劫，大哀，正法華，普耀等，凡一百四十九部……終身譯寫，勞不告惓。經法之所以廣流中華者，護之力也……。

護公遍習域外語文，故其譯業爲後世所稱。而河西五郡，自漢以來，向爲中西交通之孔道，五郡居民以地理上之方便，每易習曉異國語文。祐錄卷一三曇摩難提傳曰：

> ……竺佛念，涼州人也……家世河西，通習方語，故能交譯華梵，宣法關渭……。

祐公以竺佛念「家世河西」爲其通習方語之背景（註二），則河西人對翻譯方面，確較之內地人稍佔方便，然河西能繼關中而成北方象運中心者，非獨緣於當地人通異言也。蓋寫爲「晉文」則關乎本國學術之修養。護公亦以「博覽六經，涉獵百家之言」始導佛法之廣流中華也。惟護公譯經時在混一之世，當能於中原追師就學（註三），而河西之弘法已在天下分崩，道路隔絕之後，則其能轉梵爲漢，實賴當地所保存之學術文化也。

河西於永嘉亂後爲秦雍流人所歸，因而遂負擔保存文化之重任，上篇已嘗言之，於此從略。惟正統之儒學能否與釋教結合？船山先生嘗斥江左諸儒爲玄虛之徒，而美河西諸儒能守先王之訓典（註四），則儒士不當與佛教發生干連矣。然魏書卷五二趙柔傳曰：

趙柔字元順，金城人也。少以德行才學知名河右，沮渠牧犍時爲金部郎。世祖平涼州，內徙京師……隴西王源賀採佛經幽旨作祇洹精舍圖偈六卷，柔爲之注解，咸得理衷，爲當時僑僧所欽味焉……。

是儒士固嘗結緣於佛學矣。但柔之致仕已在沮渠氏弘法之時，注圖偈亦於元魏平涼之後，其習染佛學或與環境有關。而北涼遠在建號之初，已從事譯經（詳本篇七章），然則儒士與釋子交往甚早乎？

高僧傳卷一〇晉羅浮山單道開傳曰：

單道開，姓孟，敦煌人。少懷棲隱，誦經四十餘萬言。絕穀餌柏實，柏實難得，復服松脂，後服細石子……或時多少噉薑椒。如是七年，後不畏寒暑，冬袒夏溫，晝夜不臥。始同學十人，共契服食，十年之外，或死或退，唯開全志……以石虎建武十二年，從西平來……時太史奏虎云，有仙人星現，當有高士入境。虎普勅州郡，有異人令啟聞。其年冬十一月，秦州刺史上表送開……。

晉書卷九四郭瑀傳曰：

郭瑀字元瑜，敦煌人也……師事郭荷，盡傳其業。精通經義……荷卒……遂服斬衰，廬墓三年。禮畢，隱于臨松薤谷，鑿石窟而居，服柏實以輕身……弟子著錄千餘人。張天錫遣使者……徵之……。

單道開與郭瑀同郡，一爲沙門，一爲儒士，職業雖不同，而皆棲隱，皆服柏實，行事何其相類也！又與開公同時棲隱服柏實者共有十僧，似爲其時涼僧修習之一種禪法。

高僧卷一二宋廣漢釋法成傳曰：

釋法成，涼州人，十六出家，學通經律。不餌五穀，唯食松柏脂，孤居巖穴，習禪爲務。元嘉中，東海王懷素，出守巴西，聞風遣迎……。

降至劉宋之初，涼僧猶有修此法者，是其證也。然棲隱不餌五穀之事，佛法東漸前漢士實已有之，史漢載張良從赤松子遊，學辟穀輕身，卽爲習知之事也。如是則沙門反習此法於儒生耶？而二人皆前涼時人，又同郡，則儒士與沙門實有往還之可能，可不論修習此法乃沙門影響儒士，抑亦儒士影響僧伽也。夫如是，沙門以能接近儒士而效其治經讀史，則其通曉外學固宜矣。

至於方言學術與佛教三者之結合，可自竺佛念身上見之。祐錄卷一五佛念法師傳曰：

竺佛念，涼州人也。弱年出家，志業堅淸，外和內朗，有通敏之鑒。諷習衆經，粗涉外學，其蒼雅詁訓，尤所明練。少好遊方，備貫風俗，家世河西（註五），洞曉方語，華梵音義，莫不兼解……。

念公家世河西而洞曉方語，固無疑問，其「蒼雅訓詁，尤所明練」者，「蒼」指蒼頡，「雅」指爾雅，皆小學之篇名，意卽中國之訓詁學也。梵文亦有音義詁訓之學（註六），故祐公特爲標示，以免淆混。而永嘉亂後，我國小學之傳統，能保存一脈於河西，見魏書卷九一江式傳。式於魏宣武帝延昌三年（公元五一九）上表請依許愼說文以撰集古來文字，表中對文字流變述說甚詳，略云：

汝南許愼，嗟時人之好奇，歎儒俗之穿鑿，惋文毀於譽，痛字敗於訾，故撰說文解字十五篇。魏初博士淸河張揖著埤蒼，廣雅，古今字詁。陳留邯鄲淳亦與揖同時，特善倉雅，許氏字指。又有京兆韋誕，河東衛覬，二家竝號能篆。晉世任城呂忱表上字林六卷，尋其況趣，附托許愼說文，而按偶章句，隱別古籀奇惑之字，文得正隸，不差篆意也。忱弟放，別倣故左校令李登聲類之法，作韻集五卷。臣六世祖瓊，家世陳留，往晉之初，與從兄應元，俱受學於衞覬，古篆之法，倉；雅；方言；說文之誼，當時竝收善譽。値洛陽之亂，避地河西，數世傳業，斯業所以不墜也。

式自謂家由衞覬所傳，覬之學雖未必源於許愼（註七），而江氏實已奉說文爲圭臬矣。又河西大儒輩出，音釋訓詁爲治經所必習，通曉此道者亦豈獨江氏，特江氏專守斯業耳。竺佛念家世河右，其明練於文字之學，固有其因緣也。

方言與學術既見其結合於僧侶之一身，此一結合對譯經之貢獻又何如？祐錄念傳續曰：

……符堅僞建元之中，外國沙門僧伽跋澄及曇摩難提入長安，堅祕書郎趙政，請跋澄出婆須蜜經梵本，當時名德莫能傳譯，衆咸推念。於是澄執梵文，念譯漢語，質斷疑義，音字方明……至建元二十年，政復請曇摩難提出增一阿鋡及中阿鋡，於長安城內集義學沙門，請念爲譯，敷析研覈，二載乃訖，二鋡光顯，念之力也。至姚興弘始之初，經學甚盛，念續出菩薩瓔珞，十住斷結及曜胎經，中陰經。於符姚二代爲譯人之宗，自世高，支謙以後莫踰於念，關中僧衆咸共嘉焉。後卒於長安，遠近白黑莫不歎惜。

念公事業不在涼土而光顯於二秦，傳不載其何時入關，所記譯經年代亦未盡確。祐錄卷一三曇摩難提傳稱二含譯於建元二十年，又卷九錄釋道安作增一阿含序所載亦同，知二含譯於二十年固無問題。而卷一三僧伽跋澄傳稱跋澄等於建元十九年譯阿毘曇毘婆沙，明年始出婆須蜜胡本，又卷一〇錄未詳作者之婆須蜜集序稱：「建元二十年……以三月五日出，至七月十三日乃訖……」，是婆須蜜經復譯於二十年也。婆須蜜之譯既未足一年而畢，增一阿含序謂「……歲在甲申夏出，至來年春乃訖……」，則三經之譯同始於一年，時間上無大衝突也。

祐錄卷一〇錄釋道安作阿毘曇序曰：

……建元十九年，罽賓沙門僧伽禘婆，誦此經甚利，來詣長安。比丘釋法和請令出之，佛念譯傳，慧力，僧茂筆受……。

如是則阿毘曇比婆沙之譯，念公未預其事者，以佐譯阿毘曇心（註八）之故，非十九年時未來也。而念在關中之譯事，最早見於建元十五年（公元三七九）。

祐錄卷一一錄關中近出尼二種壇文夏坐雜十二事幷雜事共卷前中後三記曰：

卷初記云，太歲在己卯，鶉尾之歲，十一月十一日，在長安出此比丘尼大戒，其月二十六日訖……曇摩侍傳，佛念執梵，慧常筆受。

卷後又記云：秦建元十五年十一月五日，歲在鶉尾，比丘僧純，曇充從丘茲高德沙門佛圖舌彌許，得此授比丘尼戒儀及二歲戒儀……。

祐錄所載有關竺佛念在長安者，以此條爲最早，按前涼亡於苻秦建元十二年（公元三七六），念公始預譯事後此三載，則其入關當亦在張氏覆亡後矣。本傳稱婆須蜜梵本初出，「當時名德莫能傳譯，衆咸推念」者，大抵翻譯比丘尼大戒之時，念公表現甚佳，再預阿毘曇心譯出，復爲衆所欽味，故諸僧咸薦焉。

念公所以備受推崇者，以其既善傳言，復精外學也。念所習之蒼雅訓詁，實爲轉梵爲漢之津梁，其事前未聞人言及，不可不於此述之。高僧傳卷三譯經篇論曰：

……夷夏不同，音韻殊隔，自非精括詁訓，領會良難，屬有支謙，聶承遠，竺佛念，釋寶雲，竺叔蘭，無羅乂等，並妙善梵漢之音，故能盡翻譯之致。一言三復，辭旨分明……。

蓋我國對佛經之翻譯，自東漢以來，捨三國時康僧會嘗主張不譯胡音而外，均音義俱譯者（註九）。佛祖統紀卷四三太平興國五年條述譯場之組織曰：

……第四書字梵學僧，審聽梵文，書成華字，猶是梵音。第五筆受，翻梵音成華言……。

聽梵音而書成華字者，譯音也。翻梵音成華言者，譯義也。統紀所載雖為北宋太宗時之譯場，而所奉行者乃實漢魏以迄隋唐譯場之遺規也。祐錄卷八錄長安釋僧叡作大品經序曰：

……究摩羅什法師……手執胡本，口宣秦言，兩釋異音，交辯文旨。秦王躬攬舊經，驗其得失……胡音失者，正之以天竺。秦名謬者，定之以字義。不可變者，卽而書之。是以異名斌然，胡音殆半，斯實匠者之公謹，筆受之重慎也……。

所謂秦名謬定之以字義者，固屬中國訓詁之應用，而胡音失正之以天竺，雖謂質正於印度之聲明，但梵音既書成華字，若無訓詁之知識，又從何擇華字以轉梵音哉！

又卷一〇錄釋道安法師鞞婆沙序曰：

……趙郎謂譯人曰：爾雅有釋古釋言者，明古今不同也。昔來出經者，多嫌胡言方質而改適今俗，此政所不取也。何者，傳胡為秦，以不閑方言，求知辭趣耳，何嫌文質……經之巧質有自來矣。唯傳事不盡，乃譯人之咎耳……。

趙政者，亦關中譯場之中堅也（註一〇），政所咎者雖乃漢末三國時譯經但求辭藻華美，不得眞旨，而其引爾雅以喻華梵之異，則從事轉梵為漢之名德，必皆習知訓詁之學，政始用之譬事也。政又謂傳胡為秦之目的在求知辭趣，故翻梵音為華言之時，用字猶需審慎，陳三藏眞諦著攝大乘論序曰：

……一章一句，備盡研覈，釋義若竟，方乃著文。然翻譯事殊難，不可存於華綺，若一字參差，則理趣胡越。乃可令質而得義，不可使文而失旨……。

此序可謂深得趙郎遺意，而一字參差且不可，足見擇字之用心矣。

訓詁與翻譯之關係，今既知其大略，然訓詁應用之實際情形則何如，釋典浩如煙海，收集其實例頗不易，但今有一眼前資料，可藉此稍窺其一斑，此卽梁、續二高僧傳所記之番僧名字也。爰引之以見：

竺曇摩羅刹	此云法護	（高僧傳卷一）
曇柯迦羅	此云法時	（同前）
曇摩難提	此云法喜	（同前）
曇摩流支	此云法樂	（同前）
曇摩耶舍	此云法明	（同前）
曇摩蜜多	此云法秀	（高僧傳卷三）
曇無竭	此云法勇	（同前）
達摩般若	此云法智	（續高僧傳卷二闍那崛多傳）
達摩笈多	此言法密	（續高僧傳卷二）

僧伽跋澄　此云衆現　（高僧傳卷一）
僧伽提婆　此言衆天　（同前）
僧伽跋摩　此云衆鎧　（高僧傳卷三）
僧伽波羅　梁言僧養　（續高僧傳卷一）
佛陀耶舍　此云覺明　（高僧傳卷二）
佛馱跋陀羅　此云覺賢　（同前）
鳩摩羅什　此云童壽　（同前）
佛馱什　此云覺壽　（高僧傳卷三）
浮陀跋摩　此云覺鎧　（同前）
佛陀扇多　魏言覺定　（續高僧傳卷一菩提流支傳）。
求那跋陀羅　此云功德賢　（高僧傳卷三）
求那跋摩　此云功德鎧　（同前）
闍那崛多　此言德志　（續高僧傳卷二）
菩提流支　魏言道希　（續高僧傳卷一）
般若流支　魏言智希　（續傳同卷菩提流支傳）
攘那跋陀羅　周言智賢　（同前）

畺良耶舍　此云時稱　（高僧傳卷三）

闍那耶舍　周言藏稱　（續傳卷一菩提流支傳）

那連提黎耶舍　此言尊稱　（同前）

上所引之上句皆依梵音所書之漢字，下句皆依梵文所譯之漢義，今可歸納其通例于下：

「曇摩」有「曇柯」，「曇無」，「達摩」之異譯，而皆以漢之「法」字釋之。

「佛陀」有「浮陀」，「佛馱」之異譯，而皆以漢之「覺」字釋之。

「求那」有「闍那」之異譯，而漢義或爲「功德」一辭，或簡作「德」，或作「藏」。

「跋摩」一字，漢義皆作「鎧」。

「什」一字，漢義皆爲「壽」。

「跋陀羅」一字，漢義皆爲「賢」。

「般若」一字，漢義皆爲「智」。

「僧伽」一字，漢義皆爲「衆」。

「耶舍」一字，漢義或作「明」，或作「稱」。

「流支」一字，漢義或作「希」，或作「樂」。

就二書所記番僧名字以爲例，實滄海之舉一滴耳，而其例外者甚少。其音譯之異者，緣於譯人有居地南北與時代先後之分別。其義譯之異者，所異之字皆不可互訓，此或梵文本有音近而義違之字也。今不諳彼方語文，僅據此土已譯之本，實無以究其得失。而上引者有一事至爲明顯，則爲義譯方面，捨「求那」譯作「功德」屬二字而外，皆是一字，可見轉梵爲漢之原則，爲用此土一字易彼土一字，若本土此字不能達梵文彼字之原意，始不得已而用二三字以表達之。如是則非有訓詁之知識，深明此方每一字之本義及引伸，假借，轉注諸義，不能盡翻譯之致也。由於翻譯之需要，僧徒不能不涉獵字書，後卒有正，續一切經音義，翻譯名義集諸書之撰述，足與儒者爭光，更供緇素後學所資取焉。訓詁與翻譯之關係既明，亦知僧祐何以特爲標示竺佛念蒼雅訓詁之修養也。

然念公得爲二秦譯人之宗者，則非徒挾方言與學術而爲人所倚重也。蓋前秦譯場由道安主持，而安公於前秦建元廿一年（公元三八五）已卒（註一一），鳩摩羅什至後秦弘始六年（公元四〇四）始來，中間眞空凡二十載，雖有法和趙政能繼道安遺志，而二人不通梵語（註一二），能傳譯者唯有念耳。

祐錄卷七錄竺佛念造王子法益壞目因緣經序曰：

……秦尙書令輔國將軍……司隸校尉姚旻者，南安郡人也……愍永惑之亘救，傷愚黨之不寤……故請天竺沙門曇摩難提，出斯緣本。秦建初六年（公元三九一），歲在辛卯，於安定城三月十八日出，至二十五日乃訖。梵本三百四十三首盧也，傳爲漢文，一萬八千言，佛念譯音……。

建初爲姚萇年號，後秦初起時據地安定，其六年仍與苻登相斫，而竺佛念等已去苻氏而從之，則後秦能承接前秦之譯場，念公與有力焉。

念公卒於何年，本傳不載。祐錄卷九錄釋僧肇作長阿含序曰：

……以弘始十二年，歲上章掩茂，請罽賓三藏沙門佛陀耶舍，出律藏四分四十卷，十四年訖。十五年歲昭陽奮若，出此長阿含訖。涼州沙門佛念爲譯，秦國道士道含筆受……。是弘始十五年，念仍健在。湯錫予先生謂鳩摩羅什卒於是年（註一三），佛念之卒當猶在其後。念公於二秦譯場非獨承前啟後，更亦始終盡心，誠北統之中堅也。自其一人之成就若此，則涼土日後能成傳譯之中心者，大可知其故矣。

註一　見中國佛教研究十八篇及漢魏兩晉南北朝佛教史。

註二　現保存之名僧傳目錄，置竺佛念於「尋法出經苦節傳」之首，豈念之方語乃遊方域外而習者耶？然念既爲河西人，則其「通曉方語」乃由於曾遊西域；抑由於五郡人常與胡戎接觸而通習之，均與「家世河西」一語無抵觸也。

註三　祐錄卷七錄未詳作者之須眞天子經記曰：「太始二年十一月八日，於長安青門內白馬寺中，天竺菩薩曇摩羅察口授出之，時傳言者：安元惠，帛元信……」，曇摩羅察卽法護，見高僧傳。其譯經需人傳言，湯錫予先生認爲泰始二年時，護仍未能晉言（見佛教史頁一五八，一五九）。按護公雖世居敦煌，然究爲月支人，八歲出家，或卽隨師往西域，而非如本傳所稱之在博覽六經後始西行，則護初無接觸漢學之機會，故返中國之後，仍未能晉言，事亦可能。然卽使護西行前未通漢學，而其歸後在長安立寺譯經，關中爲學術之區，河西於永嘉亂後保存文化，亦以秦雍流人來歸之故。則護未曉晉言在歸國之初，博覽六經在晏居長安之後，則經記與本傳無衝突之處，特本傳敘事往往不分先後耳。

註四　見讀通鑑論卷八。

註五　「河西」原作「西河」，高僧傳卷一念傳亦然。惟西河乃幷州一郡，非屬涼州，而前引祐錄曇摩難提傳述念公事蹟稱其「家世河西，通習方語」，是知西河乃河西之倒植，若念家世西河，西河非中西交通孔道，何得洞曉方語，故乙之如上。

註六　玄奘大唐西域記卷二序說稱：「詳夫天竺之稱……舊云身毒，或曰賢豆，今從正音，宜云印度……詳其文字，梵天所製，原始垂則，四十七言，遇物合成，隨事轉用，流演枝派，其源浸廣，因地隨人，微有改變。語其大較，未異本源。而中印度特爲詳正，辭調和雅，與天同音，氣韻淸亮，爲人軌則。鄰境異國，習謬成訓，競欲澆俗，莫守淳風……而開蒙誘進……七歲之後，漸授五明大論，一曰聲明，釋詁訓學，詮目流別……。」梵文之原始字僅四十七言，而可遇物合成，隨事轉用，實爲拼音文字。其中捨中印度音義較爲純正外，他處皆習謬成訓，而莫守淳風，產生不少之異音異義，故需先明其字之本原，方能明其所指，此印度音義訓詁之學所以生也。又「訓詁」一辭，當由華人套用成語，然印度之聲明學究爲研究字音字義者，以漢之「訓詁」稱之，亦頗允當。此亦由於華人譯經向用訓詁學，故遂稱印度之文字學爲訓詁也。

註七　衞覬孫衞恒著四書體勢，亦論小學源流，內容大致與江式所上魏主表中語相同，見三國志卷二一劉劭傳裴注引文章叙錄及晉書卷三六衞瓘傳。而文中無一語涉及許愼者，故疑衞氏之學初不讀說文。

註八　祐錄卷一三僧伽提婆傳謂提婆「尤善阿毘曇心」，提婆卽禘婆之異譯，故知經名「阿毘曇心」也

註九　此事湯錫予先生佛敎史已嘗論及，見第六，十二兩章，又謂音義俱譯成定制者，實緣於道安之主張直譯云。

註一〇　趙政爲道安之得力助手，佛法光流華夏，政之功不在竺佛念下也，其人生平附見於高僧傳卷一曇摩難提傳。

註一一　見祐錄卷一五及高僧傳卷五，安公畢生事業，湯錫予先生佛教史述論已詳，見第八、九兩章，於此從略。

註一二　法和高僧傳卷五有傳，慧皎之叙和公與趙政，皆不言二人曉梵文。

註一三　見佛教史第十章之鳩摩羅什年表（頁三〇四）。

第六章　前涼之佛教　後、南、西涼附

古中西交通恆經河西，蕃漢沙門之進出亦多採此途，則其地所受佛教之沾溉當匪淺，如高僧竺法護，即世居敦煌之月支人也。而魏書卷一一四釋老志稱：

……涼州自張軌後，世信佛教。敦煌地接西域，道俗得交。其舊式村塢，相屬多有塔寺……。

若釋老志所言者是，豈晉永嘉以前，其地非世信佛教耶？或曰，此指張氏王室耳，非謂民間也。然試檢晉魏二書有關前涼之記載，固未見張氏敬信之迹，反之晉書卷八六張茂傳稱：

……茂築靈鈞臺，周輪八十餘堵，基高九仞……太府主簿馬魴諫曰，今世難未夷，唯當弘尙道素，不宜勞役，崇飾臺榭……。

其事甚似元魏時寇謙之所築之靜輪宮（註一），而馬魴先諫以當「弘尙道素」，復稱「不宜勞役」，「道素」豈指黃老之無爲耶？若然，則張氏反有信仰道教之可能。

高僧傳卷四晉敦煌竺法乘傳曰：

竺法乘，未詳何許人……依竺法護爲沙彌……乘後西到敦煌，立寺延學，忘身爲道，誨而不倦。而夫豺狼革心，戎狄知禮，大化西行，乘之力也……。

傳稱「大化西行，乘之力也」，寶唱名僧傳目錄之第六爲「僞趙敦煌竺法乘」，不論其所指爲前趙抑後趙，乘公當屬前涼時人，豈河西之有佛法果出於乘之西到敦煌歟？

然影印宋本磧砂藏第四百二十九册樓有修行道地經，共八卷，其卷八之末記翻譯經過云：

罽賓文士竺侯征若……賫此經本，來至敦煌。是時月支菩薩沙門法護……究天竺語，又暢晉言，於此相值，共演之。其筆受者弟子沙門法乘，月支法寶，賢者李應，榮承，索烏子，剡遲，時通武，支晉，支寶等三十餘人，咸共勸助，以太康五年二月二十三日始訖正。書寫者榮攜業，侯無英也。其經上下二十七品，分爲六卷，向六萬言，於是衆賢各各布置。

此條爲今本大藏經所無，彌足珍貴。是經之筆受者爲護公弟子法乘，按弟子法號由師所錫，同師之弟子不會同名，則此法乘卽僧傳之法乘也。乘公遠在太康五年（公元二八四）卽已隨師譯經於敦煌，且同時佐譯之蕃漢白黑共三十餘人，則河西有佛教非始於張氏建號河西，復非始於乘之西行也。僧傳所述，大抵爲乘日後之功德，而皎公飾以美辭耳。

然河西佛法雖存在甚早，而張軌據地而後，復有巫道之信仰在焉。晉書卷八六張寔傳曰：

……京兆人劉弘者，挾左道客居天梯第五山，然燈懸鏡於山穴中，爲光明以惑百姓，受道者千餘人，寔左右皆事之……。

又卷九五郭麐傳曰：

郭麐，西平人也。少明老易，仕郡主簿。張天錫末年，苻氏每有西伐之問，太守趙凝使麐筮之……時人服其神驗……後以（呂）光年老，知其將敗，遂與光僕射王祥起兵作亂。百姓聞麐起兵，咸以聖人起事，事無不成，故相率從之……。

又卷一二二呂光載記曰：

……麐之叛也，得光孫八人于東苑。及軍敗，恚甚，悉投之于鋒刃之上，枝分節解，飲血盟衆，衆皆掩目不忍視之，麐悠然自若……。

寔傳所載明稱「左道」，郭麐軍敗而肢解小兒；飲其血以盟衆，亦大有邪教意味。惟永嘉亂後，秦雍流人多來此避難，挾左道客之劉弘明爲京兆人，則河西之有巫道或受外來之影響。然自郭麐敗後，更不聞有挾道術以起事者，則巫道雖或流行於一時，而佛教之地位未爲所奪，前涼之世，屢產高僧，如單道開，竺佛念等，前章已嘗述之，揆之僧傳知爲前涼沙門者復有二人。

高僧傳卷四晉敦煌于道邃傳曰：

于道邃，敦煌人。少而失蔭，叔親養之……至年十六出家，事蘭公爲弟子。學業高明，內外該覽，善方藥，美書札，洞諳殊俗，尤巧談論……護公常稱邃高簡雅素，有古人之風，若不無年，方爲大法梁棟矣。後與蘭公俱過江，謝慶緒大相推重……後隨蘭適西域，於交阯遇疾而終，春秋三十有一矣。郗超圖寫其形，支遁爲著銘鑽……。

又卷一二晉始豐赤城山竺曇猷傳曰：

竺曇猷，或云法猷，敦煌人。少苦行，習禪定。後遊江左，止剡之石城山……後移始豐赤城山石室坐禪……禪學造者十有餘人，王羲之聞而故往，仰峯高揭，致敬而返。赤城巖與天台瀑布，靈溪四明，並相連屬……猷以太元之末，卒於山室……。

二僧本傳不載乃何時人，亦無過江之年代。湯錫予先生稱于道邃之師于法蘭嘗與法護同隱長安山中（註二），今邃傳稱邃過江之前曾爲法護所稱，先生之推論當合，其過江亦在永嘉之後。竺曇猷雖歿於晉武帝太元之末，太元共廿一年，其卒遠在前涼滅後凡廿年，然猷過江後尚能遇王羲之，王羲之遊山水於會稽在晉穆帝永和九年，赤城山與天台山相通，而皆在會稽郡內，則猷公遇羲之，約當前涼張祚之世，是二僧之受戒，不能在前涼之後也。

涼土既屢產高僧而外，張氏之季世復有譯經之事，尤見其地法輪常轉也。祐錄卷七錄未詳作者之首楞嚴後記曰：

咸和三年，歲在癸酉，涼州刺史張天錫，在州出此首楞嚴經。于時有月支優婆塞支施崙，手執梵本，支博綜衆經，於方等，三昧特善，其志業大乘學也。出首楞嚴，須賴，上金光首，如幻三昧。時在涼州，州內正聽堂湛露軒下集。時譯者龜茲王子帛延，善晉梵音，延博解羣籍，內外兼綜。受者常侍西海趙瀟，會水令馬亦，內侍來恭政。此三人皆是俊德，有心道德。時在坐沙門釋慧常，釋進行。涼州自屬辭，辭旨如本，不加文飾……文質兼唯聖有之耳。

是經為天錫「自屬辭」，天錫文才為遠近所譽（註三），雖謂不加文飾，想亦不致其文字糾纏難讀也。

惟經記所誌之年代可議，蓋晉成帝咸和三年當前涼張茂在位之五年（公元三二八），去張天錫卽位前卅三年，又干支復為戊子而非癸酉。智昇開元錄卷四曰：

……優婆塞支施崙，月支人也……奉經來遊，達於涼土，張公見而重之，請令翻譯。以咸安三年癸酉，於涼州湛露軒下，出須賴等經四部，龜茲王世子帛延傳語……。

咸安為晉簡文帝年號，僅二年，繼為孝武帝寧康元年（公元三七三），歲在癸酉，則其時南北異地，未知晉已改元而仍書咸安，未足為異，是首楞嚴後記之「咸和」乃「咸安」之訛也。

又後記僅錄經名，不詳卷數。開元錄卷四又云：

……外國人優婆塞一人，譯經四部合六卷。優婆塞支施崙。

須賴經一卷，

如幻三昧經二卷，

上金光首一卷，

首楞嚴經二卷……。

而前涼所譯者實不止此，長房錄卷九北涼錄曰：

大忍辱經十卷

不退轉經四卷

金剛三昧經一卷
金輪王經一卷
賢劫五百佛名一卷

右五部合一十七卷，是沙門僧祐新集釋道安涼土異經，今還附入涼世目錄，爲失譯源，庶知時代。

長房錄所載失譯人名經既嘗爲道安涼土錄所收，則當屬前涼世（註四）矣。又未知何人所譯而保存於涼土者復有光讚經與漸備經。

祐錄卷九錄未詳作者之漸備經十住胡名幷書叙云：

……元康七年十一月二十一日，沙門法護，在長安市西寺中出漸備經……不知何以遂逸在涼州，不行於世……此同如慧常等涼州來疏，正似涼州出，未詳其故。或乃護公在長安時，經未流宣，唯持至涼州，乃未能詳審。泰元元年，歲在丙子，五月二十四日，此經達襄陽。釋慧常以酉年因此經寄牙市人康兒轉至長安，長安法華遣人送至牙市，牙市人送達襄陽，付沙門釋道安……漸備經……與光讚俱來……首楞嚴，須賴，並皆與漸備俱至……。

書叙行文稍有糾纒重覆之病，而大致可明其所言，光讚及漸備皆慧常於酉年與首楞嚴同時自涼州寄出，酉年指晉寧康元年之癸酉，蓋諸經於三年後之丙子達襄陽可證。湯錫予先生疑法護於永嘉亂後避地涼州，晚出諸經多存於五郡（註五），豈湛露軒中多屬護公傳燈之弟子耶？又書叙不記二經卷數，祐錄卷二載「光讚經十卷」及「漸備一切智經十卷」，是二經皆十卷。前涼譯場譯出與保存者，今知爲十一部四十三卷。

前涼既滅，後涼繼興。祐錄卷一四鳩摩羅什傳曰：

……停涼積年，呂光父子既不弘道，故蘊其經法，無所宣化……。

呂光父子雖不弘道，然什公能作預言，爲光父子示吉凶（註六），故對沙門亦頗好感，且呂氏亦非絕不奉法者。太平御覽卷四三九引後涼錄曰：

初，呂紹之死也，美人敦煌張氏，年十四，爲沙門。清辯有姿色，呂隆見而悅之，遣中書郎斐敏說之，張氏善言理，敏爲之屈。隆親逼之，張氏曰：欽樂至法，故投身道門。且一辱於人，誓不毀節。今逼如此，豈非命也。昇門樓自投於地，二脛俱折，口誦佛經，俄而卒。

此事晉書卷九六列女傳亦載，而無張氏之籍貫。張氏既屬敦煌人，其信佛當與居地有關。呂氏家人既有敬信者，想什傳謂呂光父子不弘道；或僅指其無譯經宣講之事業耳。

呂氏而後，三涼分立，其君主皆涼人，故俱有弘法之事，今先論南涼。

高僧傳卷一一晉西平釋曇霍傳曰：

釋曇霍者，未詳何許人，蔬食苦行，常居塚間樹下，轉以神力化物。時河西鮮卑偷髮（註七）利鹿孤，僭據西平，自稱爲王，號年建和。建和二年（公元四○一）十一月，霍從河南來，至自西平。持一錫杖……行疾如風，力者追之，恆困不及。言人生死貴賤，毫釐無爽。人或藏其錫杖，霍閉目少時，立知其處……因之事佛者甚衆。鹿孤有弟傉檀，假署車騎，權傾僞國，性猜忌，多所賊害。霍每謂檀曰，當修善行道，爲後世橋梁。檀曰，僕先世以來，恭事名山大川，今一旦奉佛，恐違先人之旨，公若能七日不食，顏色如常，是爲佛道神明，僕當奉之。乃使人幽守七日，而霍無飢渴之色。檀遣沙門智行，密持餅遺霍，霍曰，吾嘗誰欺，而欺國王耶。檀深奇之，厚加敬仰，因此改信，節殺興慈。國人既蒙其祐，咸稱曰大師，出入街巷，百姓並迎為之禮……。

曇霍於南涼中葉始自河南來，西平人感其神異而奉佛，傉檀亦因此改信，似南涼王室及民間皆向非信奉釋教者。豈南涼建國於西平，西平乃郭黁之故鄉，其地道術甚盛，故佛法不振乎？然傉檀嘗遣沙門智行持食誘霍，是傉檀本亦接近釋子，特睹霍之神異後，遂更深加敬仰，而節殺興慈耳。又前章引魏書趙柔傳中有「隴西王源賀，採佛經幽旨作祇洹精舍圖偈六卷」之語，魏書卷四一源賀傳曰：

源賀，自署河西王禿髮傉檀之子也。傉檀為乞伏熾磐所滅，賀自樂都來奔……世祖……謂賀曰，卿與朕同源，因事分姓，今可為源氏。……。

是賀本南涼王裔也。賀能從事有關佛教之著述，其亦霍公宣化之效歟？

繼論西涼，西涼李氏建號敦煌，釋老志稱「敦煌地接西域，道俗得交，其舊式村塢，相屬多有塔寺」，且晉武帝世已產法護。竺法乘西行，止於是郡。單道開，于道邃，竺曇猷皆本郡人，則該郡之佛教當甚發達。然遍檢羣書，皆無李氏敬信之迹，豈西涼君主不信佛教歟？

法顯佛國記曰：

法顯……以弘始二年，歲在己亥，與慧景，道整，慧應，慧嵬等……初發跡長安，度隴至乾歸國夏坐。夏坐訖，前至褥檀國，度養樓山至張掖鎮。張掖大亂，道路不通，張掖王慇勤，遂留為作檀越。於是與智嚴，慧簡，僧紹，寶雲，僧景等相遇，欣於同志，便共夏坐，夏坐訖復進到敦煌……共停一月餘日……敦煌太守李浩，供給度沙河……。

按姚秦弘始二年爲庚子，元年始爲己亥。祐錄僧傳皆稱顯發迹於晉隆安三年，是年卽己亥歲，則顯啟行之歲當依干支。湯錫予先生佛敎史稱顯行於弘始元年，卽據此而發。然又稱顯所遇之敦煌太守李浩卽李暠，則對湯氏斷顯啟行於弘始元年一點，不能無疑。蓋顯經兩夏坐而至敦煌，僧徒於每年四月十六至七月十六閉戶靜修曰夏坐（註八），換言之，顯等自長安至敦煌，或行或止，路程共分三段，費時二年。此三段路程之距離如何，據辛卯侍行記卷三小注曰：

自陝西省城西北至甘肅省城一千四百三十二里。

此卽自長安至西秦（乾歸國）之距離也。又卷四小注曰：

自蘭州西北至甘州一千有三十六里。

此卽自西秦經南涼（傉檀國）而至張掖鎮之距離也。又卷五小注曰：

自甘州西北，經肅州，安西至哈密共一千八百八十二里。

此卽自張掖至敦煌以迄於西域之距離也。三程共計，爲四千三百五十里。而其所須之時日如何，北史卷九七西域傳曰：「高昌者……去敦煌十三日行……」，高昌卽今之吐魯番，其地至敦煌在古代亦不足半月也。若揆以侍行記所誌之日程，則爲：

自長安啟程時在光緒十七年九月十四，至蘭州在十月初二，共計十九日。

自蘭州啟程在十月十一日，至甘州（張掖）在二十三日，共計十三日。

自甘州啟程在十月二十五日，至安西縣（註九）在十一月初十日，共計十六日。

合計自長安至敦煌，共爲四十八日。陶氏父子西行之時，交通工具猶爲騾馬之屬，則昔日法顯所行路線之道里及日程，亦可藉此推算，因行程之緩急相仿也。若顯在秋季出發，則不必在西秦夏坐，可見顯乃在春季出發，其夏坐在啟程之同年。繼之顯經南涼至張掖，値張掖大亂，始留該地夏坐，西秦至張掖既爲十三日之行程，雖或顯在南涼時曾稍事勾留，而若無亂事，則大可不必夏坐而逕往敦煌矣。是此次之夏坐，在出發之翌年。

至於張掖有何亂事，顯書未有明載，魏書卷九九盧水胡沮渠蒙遜傳曰：

……呂光殺其伯父西平太守羅仇，蒙遜聚衆萬餘，屯於金山，與從兄晉昌太守男成，共推建康太守段業爲使持節大都督……稱神璽元年。業以蒙遜爲張掖太守……業自稱涼王……天興四年，蒙遜內不自安……因舉兵攻殺業，私署使持節大都督大將軍……張掖公。號年永安，居張掖……。

元魏天興四年（公元四〇一）爲辛丑，當姚秦弘始三年。捨是年之革命，前後數年間張掖無復有足以當佛國記所稱之亂事，則顯書所指之張掖王當爲蒙遜，如此顯公反當於弘始二年發迹長安矣。

顯於張掖夏坐迄卽赴敦煌，今知其需時半月，卽使停留該郡「一月餘日」，其出關仍在辛丑歲之九月初。李暠於前一年之庚子歲已獨立，西涼復無一名「李浩」之敦煌太守，是「浩」卽「暠」，大抵以音同爲傳抄者所誤耳，湯氏之說是也。惟顯於暠建號之次年仍稱之曰「敦煌太守」，湯氏未予解釋，今試釋之于下。

晉書卷八七西涼武昭王李玄盛傳曰：

武昭王諱暠，字玄盛……呂光末，京兆段業自稱涼州牧，以敦煌太守趙郡孟敏爲沙州刺史，署玄盛效穀令。敏尋卒，敦煌護軍馮翊郭謙，沙州治中敦煌索遷等……推爲寧朔將軍，敦煌太守……稱藩于業……隆安四年，晉昌太守唐瑤移檄六郡，推玄盛爲大都督大將軍……玄盛乃赦其境內，建年爲庚子……遂屯玉門陽關，廣田積穀，爲東伐之資……。

晉隆安四年（公元四〇〇）爲庚子，暠既曾爲業臣，今有異圖，當自祕其獨立之消息，使業不爲之備，故庚子歲而建號曰庚子，是故意混年號與干支爲一，使人不察其已建號也。玄盛傳又曰：

……義熙元年，玄盛改元爲建初，遣舍人黃始，梁興，間行奉表詣闕，曰……妄臣無庸，輒依竇融故事，迫臣以義，上臣大都督……昔在春秋，諸侯宗周，國皆稱元，以布時令，今天臺邈遠，正朔未加……輒冠年建初，以崇國憲……玄盛遂遷居于酒泉……。

義熙元年（公元四〇五）爲乙巳，在庚子歲後五年，讀暠表所陳，始知暠視「建初」爲其冠年之始。豈是年已據有酒泉，國勢大張，故敢公然稱號耶？如此則前五年所用之「庚子」實非正式頒布者，是以顯於西涼庚子二年仍稱暠曰敦煌太守，其故在此。暠既供給沙門西行之資，當屬敬信之人也。玄盛傳又曰：

……又以前表未報，復遣沙門法泉，間行奉表……。

暠以結援東晉之重任委諸沙門，固利用沙門以遊方爲掩護，亦可見西涼君主與佛教關係之密切矣。

天竺高僧曇無讖，爲北涼譯經事業之靈魂，而其未抵姑臧前，亦曾停居此國。

祐錄卷八錄涼州釋道朗作大涅槃經序曰：

……天竺沙門曇摩讖者，中天竺人，婆羅門種。天懷秀拔，領鑒明邃，機辯清勝，內外兼綜。將乘運流化，先至敦煌，停止數載。大沮渠河西王者……每思弘大道……讖既達此，以玄始十年，歲次大梁，十月二十三日，河西王勸令請譯……。

又同卷錄未詳作者之大涅槃經記曰：

……有天竺沙門曇無讖，廣學博見，道俗兼綜。遊方觀化，先在敦煌。河西王宿植洪業……躬統士衆，西定敦煌，會遇其人，神解悟識，請迎詣州，安止內苑……。

是讖公曾居西涼也。

讖在敦煌曾譯經，祐錄卷二經錄之部有「菩薩戒本一卷」，小注曰：「別錄云，敦煌出」，湯錫予先生佛敎史以爲此乃讖在西涼所譯者。祐錄卷一四曇無讖傳曰：

……乃齎大涅槃經本前分十二卷，幷菩薩戒經、菩薩戒本奔龜茲。龜茲國多小乘學，不信涅槃，遂至姑臧，止於傳舍……蒙遜素奉大法，志在弘通，請令出其經本。讖以未參土言，又無傳譯，恐言舛於理，不許。於是學語三年，翻爲漢言，方共譯寫……次譯大集，大雲……幷前所出菩薩戒經，菩薩戒本，垂二十部……。

讖傳雖未言明「學語三年」後，最初譯寫者爲何經，而高僧傳卷二本傳稱：「……於是學語三年，方譯寫初分十卷……」，初分卽前分，故知乃大涅槃經也。讖在北涼最先譯出者既屬該經，則其「前所出菩薩戒經，菩薩戒本」當指譯於抵姑臧以前者，是別錄所言可靠，讖在西涼果曾譯經矣。

又讖傳「學語三年」之說，湯氏以讖能在敦煌譯經，視爲妄誤，而對讖通漢語之故，未予解釋。

北史卷九七西域傳曰：

……高昌者……張軌，呂光，沮渠蒙遜據河西，皆置太守以統之……國有八城，皆有華人……。

西域土地既嘗有爲諸涼郡縣者，故亦頗染華風，如高昌者八城皆有華人，則華語華文當流行域外，故讖在西域時已習此不爲奇。即指讖之華學不由西域，學語之說爲確，則幷其留居敦煌之時日算之，亦不止三年也。西涼人材鼎盛，如宋繇，劉昞等大儒亦嘗仕李暠（見上編），讖之華學與此不無關係也。

至於北涼弘法，乃我國佛教史上之大事，其譯經事業復流芳千古，事非本章所能盡，故於次二章詳論之。今所以先言諸涼佛教之情況者，蓋欲明北涼弘法之淵源，亦欲明弘法之盛事乃涼土之共業。蒙遜統一涼州，其佛事始振，是其證也。

註一　寇謙之築靜輪宮事，見魏書卷一一四釋老志與水經注卷一三㶟水。

註二　見佛教史頁一六四。湯氏所據者爲法苑珠林卷六三引冥祥記，云：「晉沙門于法蘭，高陽人也，十五而出家…寺于深巖……竺護，敦煌人也，風神情宇，亦蘭之次……亦養徒山中……。」同時名僧傳目錄稱「長安山寺于法蘭」，而祐錄僧傳亦稱法護隱于長安山中，故云。于法蘭，高僧傳卷四有傳。

註三　晉書卷八六張天錫傳曰：「……天錫少有文才，流譽遠近……。」世說新語卷上之上言語篇曰：「張天錫……既爲苻堅所禽，用爲侍中。後於壽陽俱敗至都，爲孝武帝所器，每入言論，無不竟日……。」天錫歸江左文物之鄉，猶爲人主所器者，亦以能文善論之故也。

註四　道安爲前秦僧人，則其涼土錄所能收者僅爲法護在涼州所譯與前涼譯出者，然自長房錄置諸經於北涼錄而後，道宣內典錄，靖邁經圖，智昇開元錄皆從之不改。按長房錄不收前涼支施崙所譯，猶可說也，而諸錄既同收湛露軒諸經，則此不應入北涼錄，諸錄皆失檢。

註五　見佛教史頁一六一。湯氏謂護世居敦煌，應西遁而不東邁。然既稱護與于法蘭同隱，蘭既能偕徒道邃東行（見高僧傳卷四本傳），護又何獨不能東邁乎？良以諸記紛紜，實難下斷語也。

註六　其事祐錄僧傳皆記載之甚詳，不贅。

註七　「偷髮」卽「禿髮」，沙門諱「禿」，故皎公易「禿」爲「偷」耳。

註八　夏坐一稱夏安居，此制之興，蓋天竺夏季蟲蟻滋繁，沙門若出外遊方，恐踐殺之而不覺。又時爲雨季，多水潦之害，遊方恐遇不測，故寧到寺閉戶靜修，反獲進益。四分律卷三七安居揵度云：「……有二種安居，有前安居，有後安居。若在前安居應住前三月，若後安居應住後三月……。」唐道宣四分律刪繁補闕行事鈔卷上四安居策修篇釋之曰：「……初四月十六日是前安居，十七日已去至五月十五日名中安居，五月十六日名後安居，故律有三種安居……前安居者住前三月，後安居者住後三月。雖不云中三月，然文中具明前後日數，中間不辨，於理自明……皆三月住，以數滿九十日……。」據此則安居實分三種，前安居始於四月十六，而四月十七至五月十五日間之每一日開始者稱中安居，五月十六日開始者稱後安居，皆以數滿九十日爲度。換言之，卽前安居自四月十六至七月十六，餘類推。宣律師乃律宗始祖，行事鈔復爲南山開宗所賴，其言最可信，但沙門是否三安居任擇其一？彌沙塞部和醯五分律卷一八安居法曰：「……佛言……有二種安居……若無事聽前安居，有事聽後安居……。」如是則實以前安居爲正，中後二安居不過爲有事不及參加者留一地步耳。故四月十七至五月十五每一日均爲中安居之始者，俾沙門有一月之時間趕程歸寺也。宋元照四分律行事鈔資持記卷上四釋安居篇曰：「形心攝靜曰安、要期在住曰居……夏時不坐，則失一歲……。」則過五月十六，本年內不能再行安居之制，是此制以後安居開始之日爲極限也。沙門所以必需歸寺靜修者，蓋夏坐訖有自恣，自恣者，向本寺大衆宣講本人於三月修持間之心得也。

註　九　陶氏父子西行不經敦煌縣，在今安西縣逕往哈密，侍行記卷五稱安西敦煌之距離爲七十里，而自安西至吐魯番，起訖爲十一月十一日至十二月初二日，共廿二日云。如是則北史載「高昌者，去敦煌十三日行」未免覺其太驟矣。豈古代驛道保養完善，故其行程較之清末猶爲便捷耶。

第七章　沮渠氏之敬信與其護法之機緣

河西佛法廣被，前章已嘗論之矣，而北涼能繼承二秦掌佛教之北統者，則其捨涼土本身之條件外，復有其他機緣，有以襄成之也。

諸涼君主雖亦有敬信之迹，而莫有篤信若沮渠氏者，佛國記中之張掖王，前章已考知爲沮渠蒙遜，蒙遜於創業之際已能殷勤禮僧，爲諸涼君主所未有者也。

祐錄卷一四沮渠安陽侯傳曰：

沮渠安陽侯者……河西王蒙遜之從弟也……安陽爲人強志疏通，敏朗有智鑒。涉獵書記，善於談論。幼稟五戒，銳意內典。所讀衆經，卽能諷誦……。

安陽侯名字祐錄失載，據長房錄卷九知侯名京聲。侯既「幼稟五戒」，則沮渠氏家族與佛結緣甚早矣，然高僧傳卷二晉河西曇無讖傳曰：

……蒙遜有從弟沮渠安陽侯者……因讖入河西，弘闡佛法，安陽乃銳意內典，奉持五禁……。

如是豈京聲之敬信，乃讖公入河西以後之事邪，而讖於北涼玄始十年（公元四二一）始來也。

靖邁古今譯經圖紀卷三曰：

北涼沮渠氏都姑臧。

沙門釋道龔……以北涼河西王神璽永初（初當作安，下同）年間，於張掖爲蒙遜譯悲華經一部十卷。寶梁經一部二卷。

沙門法衆，高昌郡人，亦以北涼沮渠氏永初年中，於張掖爲河西王蒙遜譯大方等檀特陀羅尼經一部四卷。

沙門僧伽陀，西域人……以北涼沮渠永初年中，於張掖爲蒙遜譯慧上菩薩問大善權經一部二卷……。

諸經皆譯於蒙遜建號之初（註一），如悲華寶梁且譯於段業蒙遜禪代之際，是沮渠氏與佛結緣，固不待讖公之來，京聲「幼稟五戒」之時代，當依祐錄。

沮渠氏之敬信雖非始於讖之東來，而其對僧徒之崇敬，仍可自蒙遜對讖公之寵信窺之。

高僧傳卷二晉河西曇無讖傳曰：

……至遜僞承玄六年，蒙遜濟河伐乞伏暮末於枹罕，以世子興國爲前驅，爲末軍所敗，興國擒焉。後乞伏失守，暮末與興國俱獲於赫連勃勃，後爲吐谷渾所破，興國遂爲亂兵所殺。遜大怒，謂事佛無應，即欲遣斥沙門，五十已下皆令罷道。蒙遜先爲母造丈六石像，像遂泣涕流淚，讖又格言致諫，遜乃改心而悔焉。時魏虜拓跋燾，聞讖有道術，遣使迎請，且告遜曰，若不遣讖，便即加兵。遜既事讖日久，未忍聽去。後又遣僞太常高平公李順，策拜蒙遜爲使持節侍中，都督涼州西域諸軍事，太傅驃騎大將軍，涼州牧，涼王，加九錫之禮。又命遜曰，聞彼有曇摩讖法師，博通多識，羅什之流，祕咒神驗，澄公之匹，朕思欲講道，可馳驛送之。……遜謂順曰……此是門師，當與之俱死，實不惜殘年……遜既吝讖不遣，又迫魏之强，至遜義和三年三月，讖因請西行，更尋涅槃後分，遜忿其欲去，乃密圖害讖，僞以資糧發遣，厚贈寶貨……比發，遜果遣刺客於路害之……。

蒙遜喪子而幾破佛，卒由讖公諫止之。元魏以厚爵相遺，蒙遜仍屢拒遣讖，至謂「此是門師，當與之俱死」，卒至戮之而不令入魏，其對沙門之寵溺，亦可見矣。

涼王對讖公之尊崇如此，至於不能羅致之高僧，亦復千里致敬。高僧傳卷七宋京師彭城寺釋僧弼傳曰：

釋僧弼，本吳人……少與龍光，曇幹，同遊長安，從什受學……什加賞特深，使頒預參譯……後南居楚郢十餘年，訓誘經戒，大化江表。河西王沮渠蒙遜，遠挹風名，遣使通敬，䞋遺相續。後下都止彭城寺，文皇器重，每延講說……。

由是大爲僧侶嚮往，跋涉來投。

高僧傳卷一二魏平城釋玄高傳曰：

釋玄高姓魏，本名靈育，馮翊萬年人也……年十二，辭親入山……改名玄高，聰敏生知，學不加思。至年十五，已爲山僧說法。受戒已後，專精禪律。聞關右有浮馱跋陀禪師，在石羊寺弘法，高往師之，旬日之中，妙通禪法，跋陀歎曰，善哉佛子，乃能深悟如此。於是卑顏推遜，不受師禮。高乃杖策西秦，隱居麥積山。山學百餘人，崇其義訓，稟其禪道。時有長安沙門釋曇弘，秦地高僧，隱在此山，與高相會，以同業友善。時乞佛熾槃跨有隴西，西接涼土，有外國禪師曇無毗，來入其國，領徒立衆，訓以禪道。然三昧正受，既深且妙，隴右之僧，稟承蓋寡，高乃欲以己率衆，即從毗受法，旬日之中，毗乃反啟其志……河南化畢，進遊涼土，沮渠蒙遜深相敬事，集會英賓，發高勝解。時西海有樊會，僧印，亦從高受學……。

同書卷一三宋江陵釋僧隱傳曰：

釋僧隱，姓李，秦州隴西人，家世正信，隱年八歲出家，便能長齋。至年十二蔬食，及受具戒，執操彌堅。常遊心律苑，妙通十誦，誦法華，維摩。聞西涼州有玄高法師，禪慧兼舉，乃負笈從之，於是學盡禪門，深解律要……。

祐錄卷一四曇摩蜜多傳曰：

曇摩蜜多，齊言法秀，罽賓人也……罽賓多出聖達，屢值明師，博貫羣經，特深禪法，所得之要，極其微奧……周歷諸國，遂適龜茲……居數年……遂渡流沙，進到敦煌。於曠野之地，建立精舍，植㮈（即柰）千株，房閣池林，極其嚴淨。頃之復適涼州，仍於公府舊寺，更營堂房。學徒濟濟，禪業甚盛。常以江左王畿，志欲傳法，以宋元嘉元年，展轉至蜀，俄而出峽，停止荆州……。

玄高僧隱，華僧之入涼者也。法秀以元嘉元年（公元四二四）離涼土，當蒙遜玄始十三年，其到敦煌當在北涼之初。涼土大爲中西僧侶所歸，則其弘法之盛事，乃僑土諸僧合作之結果也。

涼土能成象運之中心，君主敬信與沙門滙萃固屬其成功之因素，然境外復有一巨變，有以促成之，此乃赫連勃勃之破佛。

赫連破佛之事，正史不載，獨見僧傳。高僧傳卷八壽春石磵寺釋僧導傳曰：

釋僧導，京兆人……後宋高祖西伐長安，擒獲僞主，蕩清關內，既素籍導名，迺要與相見……高祖旆旆東歸，留子桂陽公義眞鎭關中，臨別謂導曰，兒年小留鎭，願法師時能顧懷。義眞後爲西虜勃勃赫連所逼，出自關南。中途擾敗，醜虜乘凶，追騎將及，導率弟子數百人，遏於中路，謂追騎曰，劉公以此子見託，貧道今當以死送之，會不可得，不煩相追，羣寇駭其神氣，遂迴鋒而返……卒以獲免……高祖感之，因令子姪內外師焉……會虜滅佛法，沙門避難投之者數百，悉給衣食，其有死於虜者，皆設會行香，爲之流涕哀慟……。

又同卷宋山陰靈嘉寺釋超進傳曰：

釋超進，本姓顓頊氏，長安人。篤志精勤，幼而敦學，大小諸經，並加綜採。神性和敏，戒行嚴潔。故年在未立，而振譽關中。及西虜勃勃赫連寇陷長安，人情危擾，法事罷廢，進避地東下，止於京師……。

又卷一一晉西平釋曇霍傳曰：

釋曇霍……從河南來，至自西平……至晉義熙三年（公元四〇七），傉檀爲勃勃所破，涼土兵亂，不知所之。

又同卷魏長安釋曇始傳曰：

釋曇始，關中人。自出家以後，多有異迹……晉末，朔方凶奴赫連勃勃破獲關中，斬戮無數。時始亦遇害，而刃不能傷，勃勃嗟之，普赦沙門，悉皆不殺……。

觀上所引諸傳（註二），勃勃破壞者不獨關中，且亦及於南涼，若並觀前引曇無讖傳所述，則復有西秦。關中佛法既遭屠剝，僧衆南奔，而北涼則始未被波及（註三）。

祐錄卷一四佛陀耶舍傳曰：

……幷出長阿含經，減百萬言，涼州沙門竺佛念譯爲秦言，道含執筆，至十五年解坐。（姚）興嚫耶舍布絹萬疋，不受……耶舍後還外國，至罽賓，尋得虛空藏經一卷，寄賈客傳與涼州諸僧，後不知所終。

耶舍在關中最後一次翻譯在弘始十五年，去姚秦之滅前五年，西歸之後，得虛空藏經，僅傳與涼州諸僧而不送長安之譯場，如其時道路尙通，經當能到長安，一若漸備經之自涼州寄長安，再自長安寄襄陽也。豈其時勃勃已殺戮沙門，故是經僅能達涼州而止邪？若然，則涼土繼承二秦爲北統之所在，又得一旁證矣。

北涼既未爲赫連所擾，是以佛法昌隆，僧徒之盛，可自其覆亡前用僧兵禦敵一事見之。

續高僧傳卷二五魏涼州沙門釋僧朗傳曰：

釋僧朗，涼州人。魏虜攻城，城民素少，乃逼斥道人，用充軍旅，隊別秉之。及轒轀所擬，舉城同陷。取登城僧三千人，至軍將見魏主所，謂曰，道人當坐禪行道，乃復作賊，深當顯戮，明日斬之。至期，食時赤氣數丈，貫日直度。天師寇謙之，爲帝所信，奏曰，上天降異，正爲道人，實非本心，願不須殺。帝弟赤豎王亦同謙請，乃下勅止之。猶虜掠散配役徒，唯朗等數僧別付帳下……。

元魏攻涼，沮渠牧犍以姑臧民少，遂逼僧侶助戰，亦可見沙門在涼土人口中所佔之比重矣。

魏書卷一一四釋老志曰：

……太延中，涼州平，徙其國人於京邑，沙門佛事皆與俱東，象教彌增矣……。元魏佛法之振，固在平涼之後矣，而觀朗傳所述，則沙門以助戰之怨，其初亦飽受虐待也。幸北涼既爲佛教之中心，名德沙門甚衆，故終乃弘興象教於北朝焉。

註　一　三僧所譯諸經，祐錄，長房錄，内典錄皆著錄，然僅知爲晉安帝世所出，開元錄固已知譯於蒙遜永安年間，而不知寶梁悲華二經，且譯於段業之神璽與蒙遜之永安間也。又智昇著書多沿靖邁之舊，故獨採經圖之說焉。

註　二　僧導曇始二傳，湯氏佛教史已嘗提及，而誤書曇始爲「曇怨」，按高僧傳與名僧傳抄均未見曇怨其人，故諍之於此。

註　三　南涼爲西秦所滅，見晉書卷一二五，一二六載記，其地始終非北涼所有，則南涼佛法雖見擾於赫連勃勃，亦對北涼無影響也。

第八章　北涼譯業與河西僑僧

北涼弘法之機緣，前章已嘗論之，而其能成爲佛教之中心者，則以其有不朽之譯經事業，非徒能養沙門也。沮渠氏之譯業，肇端甚早，段業蒙遜禪代之間，已有道龔等三僧於張掖爲其譯出四部十八卷。其時立國伊始，故所成者有限。至玄始十年，蒙遜已統一河西，沙門來歸者漸衆，而曇無讖亦入姑臧，於是北涼乃以政府之力量，發動大規模之譯事。

祐錄卷一四曇無讖傳：

曇無讖，中天竺人也。讖六歲遭父憂，隨母傭織毾㲪爲業。見沙門達摩耶舍，齊言法明，道俗所宗，豐於利養，其母羨之，故以讖爲其弟子。……誦經日得萬餘言。初學小乘，兼覽五明諸論。講說精辯，莫能詶抗。後遇白頭禪師，共讖論議，習業既異，交爭十旬，讖雖攻難鋒起，而禪師終不肯屈。讖服其精理……禪師即授以樹皮涅槃經本，讖尋讀驚悟，方自慚恨，以爲坎井之識，久迷大方。於是集衆悔過，遂專業大乘。年二十，誦大小乘經二百餘萬言……乃齎大涅槃經本前分十二卷，並菩薩戒經，菩薩戒本……至姑臧……河西王沮渠蒙遜……請令出其經本……是時沙門慧嵩，道朗，獨步河西。值其宣出法藏，深相推重，轉易梵文，嵩公筆受。道俗數百人疑難縱橫，讖臨機釋滯，未嘗留礙。嵩朗等更請廣出餘經，次譯大集，大雲，大虛空藏，海龍王，金光明，悲華，優婆塞戒，菩薩地持，並前所出菩薩戒經，菩薩戒本，垂二十部。讖以涅槃經本品數未足，還國尋求……後於于闐更得經本，復還姑臧譯之，續爲三十六卷焉……。

讖公之譯涅槃，湯錫予先生許爲開中國佛理之一派（註一）。初竺道生於江左倡人皆得成佛之義，爲大衆所擯，後涅槃大本傳至南京，始證生公之說與如來眞諦不謀而合（註二）。於是南朝義學諸僧，皆羣趨涅槃之學（註三），蔚爲大盛。涅槃之譯出能有如許之成就者，蓋讖公本屬涅槃之大師，而復有譯場爲之助也。

我國古代佛經之翻譯，大多經由譯場，取其愼密也。譯場之情形，湯錫予先生述論已備（註四），不贅。今讖所譯諸經，皆經「道俗數百人疑難縱橫，讖臨機釋滯」，此種盛況必譯場始能有。祐錄卷九錄優波塞戒經記之出經後記曰：

太歲在丙寅，夏四月二十三日，河西王世子；撫軍將軍錄尙書事大沮渠興國，與諸優婆塞等五百餘人，共於都城之內，請天竺法師曇摩讖，譯此在家菩薩戒，至秋七月二十三日都訖，秦沙門道養筆受。

北涼玄始十五年爲丙寅，譯優婆塞戒事讖傳亦見，後記謂有「諸優婆塞五百餘人」參預其事，亦讖公有譯場佐譯之旁證也。唯其所譯諸經概出於譯場，經聽講數百人疑難縱橫，反覆研討經義，及詞旨如本，一無疑義，方乃著文。故讖公所譯，非特風靡當時，且亦傳誦迄今也。

及讖公以見疑於蒙遜而被戮，涼土之譯場，至牧犍繼位之後復有盛舉，此卽毘婆沙論之翻譯。祐錄卷一〇錄釋道挻作毘婆沙經序曰：

……大沮渠河西王者……雖迹纓紛務，而神棲玄境……有沙門道泰，才敏自天，冲氣疏朗，博關奇趣，遠參異言……杖策冒險，爰至葱西，綜攬梵文，義承高旨，并獲其胡本十萬餘偈。既達涼境，王卽欲令宣譯，然懼環中之固，將或未盡，所以側席虛衿，企囑明勝。時有天竺沙門浮陀跋摩，周流敷化，會至涼境。其人開悟淵博，神懷深邃，研味鑽仰，喻不可測。遂以乙丑之歲四月中旬，於涼城內苑閑豫宮寺，請令傳譯理味。沙門智嵩，道朗等三百餘人考文詳義，務存本旨……王親屢迴御駕，陶其幽趣，使文當理詣，片言有寄。至丁卯歲七月上旬都訖，通一百卷。會涼城覆沒，淪湮遐境，所出經本零落殆盡。今涼王信向發中，深探幽趣……其年歲首更寫已出本六十卷，今送至宋臺宣布……挻以後緣得參聽末……。

道挻謂毘婆沙論始譯於乙丑歲，完成於丁卯歲。按乙丑歲當蒙遜玄始十四年，丁卯歲當十六年，豈此論譯於蒙遜世耶？惟蒙遜健在之時，北涼未滅，而序稱譯畢之後卽「會涼城覆沒，淪湮遐境」，捨牧犍承和七年（公元四三八）爲元魏所滅而外，無事足以當之。祐錄卷二經錄之部有「阿毘曇毘婆沙六十卷」，小注云：「丁丑歲四月出，己卯歲七月訖」，丁丑爲牧犍承和五年，己卯爲七年，經當譯於牧犍時。

高僧傳卷三宋河西浮陀跋摩傳曰：

……以犍承和五年，歲次丁丑，四月八日，卽宋元嘉十四年，於涼州城內閑豫宮中，請跋摩譯焉。泰卽筆受，沙門慧嵩道朗，與義學僧三百餘人考正文義……沙門道挻爲之作序。有頃，魏虜……西伐……。

是皎公亦視此經譯於牧犍之世也。經序之誤，似傳抄時易「丁」爲「乙」，復易「己」爲「丁」而生者也。然僧傳稱道挻作序在翻譯完成之後，隨卽涼土被兵，今經序中述及北涼滅亡之事，則當撰於傾覆之後矣。又云此經寫送南朝，出於「今涼王」之意，北涼之社既屋，何得更有涼王？經序作於何時，實大堪研究矣。現姑暫置之不論，請先言譯於毘婆沙論後之賢愚經。

祐錄卷九錄釋僧祐新撰賢愚經記曰：

……河西沙門釋曇學，威德等，凡有八僧。結志遊方，遠尋經典，於于闐大寺遇般遮于瑟之會。般遮于瑟者，漢言五年一切大衆集也。三藏諸學，各弘法寶，說經講律，依業而教。學等八僧，隨緣分聽，於是競習胡音，折以漢義，精思通譯，各書所聞，還至高昌，乃集爲一部。既而踰越流沙，齎到涼州，于時沙門釋慧朗，河西宗匠，道業淵博，總持方等。以爲此經所記源在譬喻，譬喻所明，兼載善惡，善惡相翻則賢愚之分也。前代傳經已多譬喩，故因事改名，號曰賢愚焉。元嘉二十二年，歲在乙酉，始集此經，京師天安寺沙門釋弘宗者……此經初至，隨師河西，時爲沙彌，年始十四，親預斯集，躬睹其事。洎梁天監四年（公元五一〇），春秋八十有四，凡六十四臘……經至中國，則七十年矣。祐總集經藏……躬往諮問，面質其事……。

長房，內典二錄皆置賢愚經於「北涼錄」中，開元錄譏之，其卷四云：

……長房，內典二錄云，於其涼代復有沙門曇覺，於高昌國譯賢愚經一部，即當宋元嘉二十二年也。今謂不然，元嘉十六年己卯，涼國已絕，如何二十二年乙酉，仍有譯經，故知二錄誤也。今依靖邁經圖，編在元魏之代。魏宋雖並，宋居建業，魏都恆安，以地而論，合屬魏錄。

按宋元嘉二十二年當元魏太平眞君六年（公元四四四），若以高昌在北而論，智昇之說可謂切矣。而昇不知北涼已絕，西域復有一涼國也。

魏書卷九九盧水胡沮渠蒙遜傳附子無諱，安周傳曰：

……初牧犍之敗也，弟樂都太守安周南奔吐谷渾，世祖遣鎮南將軍奚眷討之。牧犍弟酒泉太守無諱奔晉昌，乃使弋陽公元絜守酒泉。眞君初，無諱圍酒泉……二年……南陽公奚眷討酒泉克之。無諱遂謀渡流沙，遣安周擊鄯善……三年春，鄯善王比龍奔且末，其世子乃從安周，鄯善大亂，無諱遂渡流沙，士卒渴死者大半，仍據鄯善。先是高昌太守闞爽爲李寶舅唐契所攻，聞無諱住鄯善，遣使詐降，欲令無諱與唐契相擊。無諱留安周住鄯善，從焉耆東北趣高昌，會蠕蠕殺唐契，爽拒無諱，諱將衞興奴詐誘爽，遂屠其城，爽奔蠕蠕，無諱因留高昌。五年，夏，無諱病死，安周代立，後爲蠕蠕國所幷。

史載沮渠無諱、安周兄弟於西域建國之事如此。宋書卷九八氐胡傳曰：「……無諱自率萬餘家，棄敦煌西就安周……」，若據僧史所載，則隨無諱西行者捨平民而外，復有沙門。高僧傳卷一三宋高昌釋法進傳曰：

釋法進，或曰道進，或曰法迎。姓唐，涼州張掖人。幼而精苦習誦，有超邁之德，爲沮渠蒙遜所重。遜卒，子景環爲胡寇所破，問進曰，今欲轉略高昌，爲可剋不。進曰，必捷，是憂災餓耳。迴軍卽定。後三年，景環卒，弟安周續立，但歲餓荒，死者無限，周既事進，進屢從求乞，以賑貧飢……進弟子僧遵，姓趙，高昌人，善十誦律，蔬食節行，誦法華，勝鬘，金剛般若。又篤厲門人，常懺悔爲業。

蒙遜無子名景環，大抵乃無諱之誤，僧傳撰於偏安之朝，容或有傳聞之訛耳。無諱兄弟既爲敬信之人，且當時復有沙門從之轉進高昌，其中當有譯場之舊人，諸僧於劫餘之後，遂重組譯場於高昌，賢愚之譯，卽高昌譯場之成績也（註五）。長房內典二錄置本經於「北涼錄」中，是無誤也，反之開元錄置之元魏之錄，似覺不洽，蓋魏太平眞君五年已下詔禁養沙門，七年毀佛，安得夾於其間之六年復有譯經之事？且高昌於是年地非屬魏，安周後爲蠕蠕所併，亦與魏無涉，置之魏錄，未免對史事探究未深矣。

安周偏據危城，喘息之餘，卽復興立譯業，已屬難得，諸僧流亡之中，猶不忘翻譯宣釋，以啟頑愚，其志業之貞毅又何如耶！北涼之譯業既猶得保存於高昌，則毘婆沙經序中所述北涼覆亡後之「今涼王」，當爲安周矣。是道挻經序撰於高昌，僧傳稱作於涼土者誤，挻既曾得參「聽末」，亦閑豫宮寺之舊人也。

賢愚經記稱有沙門釋弘宗，沖年嘗親預斯經之譯，經亦由彼携來，其毘婆沙論亦宗公携來者耶？不然，無諱、安周皆貢方物於宋（註六），經亦可附貢品傳至南朝也。

日本羽溪了諦氏著西域之佛教，對沮渠氏建國高昌與賢愚經之翻譯皆有論及（註七），而未作有系統之敘說，蓋研究目的不同也，今以考證經序中「今涼王」一問題，兼論述高昌之譯場如上。

北涼譯出諸經，今多有存者，諸經文義流暢，詞簡而意達，慧皎所謂「言符法本，理愜三印」者也（註八）。蓋河西乃學術之中心，而僧衆多擅外學也。參譯高僧，今知其名字者有慧嵩，道朗，道養，道泰，道挺，慧朗（註九），威德，曇學等，皆無傳。雖衆師無傳，而其學術亦可稍有以窺之，如毘婆沙經序稱道泰「才敏自天，沖氣疎朗，博關奇趣，遠參異言」，泰所譯大丈夫論與入大乘論，今存。經序作於道挺，讀之可見其人之文采。

高僧傳卷一三齊蜀齊后山釋玄暢傳曰：

釋玄暢，姓趙，河西金城人……後遇玄高，事為弟子……洞曉經律，深入禪要，占紀吉凶，靡不誠驗。墳索子氏，多所該涉，至於世技雜能，罕不畢備……。

玄暢洞曉經律，深入禪要而外，既通墳索子氏，復曉世技雜能，誠內外兼擅者也。暢為玄高弟子，當與嵩朗等同時，是時涼僧之多才藝，又得一證矣。

至於嵩朗二僧，譯場始終由其主持，則雖僧史乏傳，其事跡當有傳者，今先言道朗。

道朗事蹟，至隋吉藏撰大乘玄論，其卷三佛性十門之二明異釋門始云：

……河西道朗法師，與曇無讖法師共翻涅槃經，親承三藏，作涅槃義疏，釋佛性義。正以中道為佛性，爾後諸師，皆依朗法師義疏，得講涅槃，乃至釋佛性義……。

朗公既撰義疏，後學諸師皆依疏以講佛性，則朗之著述不獨一大涅槃經序也。惜義疏今日不存，幸經序猶存於祐錄，尚可一睹朗公之文采焉。

繼言慧嵩，魏書卷一一四釋老志曰：

……有賓罽沙門曇無讖，習諸經論，於姑臧與沙門智嵩（註一〇）等譯涅槃經十餘部……智嵩亦爽悟，篤志經籍。後乃以新出經論，於涼土敎授，辯論幽旨，作涅槃義記。戒行峻整，門人齊肅。知涼土將有兵役，與門徒數人欲往胡地，道路飢饉，絕糧積日，弟子求得禽獸肉，請嵩彊食，嵩以戒自誓，遂餓死於酒泉之西山弟子積薪焚其屍，骸骨灰燼，唯舌獨全，色狀不變，時人以爲誦說功報……。

嵩公撰涅槃義記，與朗公同屬義學沙門，嵩寧餓死而不肯破戒食肉，其志業之堅貞，良可佩也。又嵩既敎授新經領徒立衆，想朗公門下當亦弗弱。此涼土齊名之二僧，朗公事跡不彰而文章得傳，嵩公義記不存而生平得述，雖皆爲僧史所略，而今日猶得以稍知其遺事者，豈亦出經誦說之功報歟？

涼土參譯諸僧，旣皆學行兼備，故譯業之完善，固無待論，所可論者，則爲其譯場之淵源耳。

前已言之，北涼繼二秦已墮之譯業在赫連毀佛之後，勃勃屠戮關中之時，姚秦僧侶無有西投蒙遜者，蓋北涼與夏爲敵國，故沙門僅能南奔江左也。涼土既無逍遙園之舊人，雖前涼時已有譯場，而規模粗具，實未足以發展成爲「道俗數百人疑難縱橫」之大譯場。及張氏降後，譯場解散，繼霸河西之後涼復無譯業。北涼建號之初，雖有道龔等三僧譯經於張掖，然諸錄皆未言及其有譯場爲助也。蒙遜遣使通敬於千里外之僧弼，似亦利僧弼嘗從鳩摩羅什受學，故欲其來相助耳，而弼卒不來，詳見前章。至於大譯之興，自曇無讖入姑臧始。惟讖在天竺西域之時，向未有譯經之經驗，況組織譯場乎？又玄高來自西秦，乞伏氏嘗譯經於苑川，諸錄多有西秦之錄（註一一），惟西秦非北方主要之譯場，高公復非善譯者，北涼似非效法於此。然則河西能出現一不遜關中之譯場，其故安在，曰，其或關係於慧嵩乎？

慧嵩佐譯涅槃時之任務爲「筆受」，而苻秦在關中之譯場亦有一專典「筆受」之慧嵩。該僧屢見祐錄，爰引之以見：

祐錄卷一〇錄未詳作者之僧伽羅刹經序曰：

……建元二十年（公元三八四），罽賓沙門僧伽跋澄，賷此經本，來詣長安。武威太守趙文業，請令出焉。佛念爲譯，慧嵩筆受……。

又同卷錄未詳作者之婆須蜜集序曰：

……罽賓沙門僧伽跋澄，以秦建元二十年，轉此經一部來詣長安。武威太守趙政文業者，學不厭士也，求令出之。佛念譯傳，跋澄，難陀，禘婆三人執梵本，慧嵩筆受。

又卷九錄釋道安作增一阿含序曰：

……有外國沙門曇摩難提者，兜佉勒國人……誦二阿含……以秦建元二十年，來詣長安，外國鄉人，咸皆善之。武威太守趙文業，求令出焉。佛念譯傳，曇嵩筆受，歲在甲申上夏出，至來年春乃訖，爲四十卷。分爲上下部，上部二十六卷，全無遺忘，下部十五卷，失其錄偈也……。

又卷一三曇摩難提傳曰：

……（趙）政於長安城內，集義學僧寫出兩經梵本，方始翻譯。佛念傳譯，慧嵩筆受，自夏訖春，綿歷二年方訖。

讀上所引資料，得二共通點，（一）慧嵩筆受諸經，皆譯於苻秦建元二十年，（二）慧嵩筆受諸經，傳譯人皆爲佛念。雖增一阿含序稱筆受者爲「曇嵩」，而難提傳則曰「慧嵩」，是二含亦慧嵩筆受，師名爲道安誤書而經由僧祐訂正者也。此慧嵩卽涼州之慧嵩歟？沙門同名者甚衆，其人或非涼土之嵩公，然長安之慧嵩於建元二十年後卽不再見，本篇首章引王子法益壞目因緣經序，乃竺佛念於姚秦初年譯出該經而自造之序文，序中卽未有一語及於慧嵩。雖然，沙門之爲經序，往往不提同譯之人，如慧嵩道朗在河西始終合作，而朗公所撰之大涅槃經序，卽無一語及嵩公者。惟長安之慧嵩於後秦初失載之後，至姚氏弘始之末，北涼玄始之中，忽有一慧嵩出而主河西之譯事，而曇無讖未入姑臧以前，慧嵩已「獨步河西」，豈長安之慧嵩西投蒙遜耶？自鳩摩羅什東來之後，長安譯場頗有糾紛，佛馱跋陀橫爲秦僧所擯（註一二），其著者也。竺佛念以「洞曉方語」及「蒼雅訓詁，尤所明練」而得爲二秦譯場之不倒翁，慧嵩則或亦橫爲秦僧所擯，事未可料也。

雖然，二僧或同名耳，然二人既未在同一時間出現於兩地，且二人又同任譯經之「筆受」，據此敢謂長安之慧嵩卽河西之慧嵩，而其「獨步河西」，亦以嘗參預前秦之譯場，故特受白黑之所重。若余之推斷爲合，則北涼之繼承二秦譯經事業者，實有其淵源可溯，非此起彼落之謂也。而河西譯場之組織與維持，必出嵩公之策劃。惜史闕有間，未有更佳史料，以佐吾說也。

續高僧傳卷七有彭城沙門釋慧嵩傳，言慧嵩乃高昌人，高昌嘗爲北涼郡縣，豈嵩公有道宣爲其作傳耶？然此慧嵩卒於高齊天保年間，去北涼傾覆已百年，是嵩公同名之後輩耳。

附錄　北涼出經表

此表初依祐錄，長房錄，內典錄，經圖，開元錄訂之。按祐錄撰於偏安之朝，故成書雖早而收經有漏，且卷數每與諸錄異。開元錄撰於最後，且智昇對諸經多有考證，則其經目與卷數當最準確，然以大藏經校之，則今存本卷數反有同於祐錄者，故增「今存」一項，記大藏經所收之卷數，又增「部屬」一項，明現存經在大藏中之類別，庶幾五錄所載經目卷數，存佚得以詳之。

然大藏經分類緣於閱藏知津，而知津分類本多不當，如長房錄乃目錄書而置之傳記類，陳援菴先生已嘗辨之，見中國佛教史籍概論頁五，而大藏經仍置之史傳之部，因循而未改，故今之所以引用大藏經之分類者，僅欲便於尋檢而已。

譯人	經名	出經 時代	出經 地點	卷數 祐錄	卷數 房錄	卷數 內典錄	卷數 經圖	卷數 開元錄	卷數 今存	部屬	備註
道龔	寶梁經	神璽永安間	張掖	二	二	二	二	二	二	寶積	（註一）
	悲華經		張掖		十	十	十	十			
法衆	大方等檀特陀羅尼經	永安中	張掖	四	四	四	四	四	四	密教	
僧伽陀	慧上菩薩問大善權經	永安中	張掖		二	二	二	二			
曇無讖	菩薩戒本	玄始十年前	敦煌	一	一	一	一	一	一	律部	
	菩薩戒經	玄始十年前	敦煌	八	八	八	八	八			（註二）
	大般涅槃經	玄始十年後	姑臧	三十六	四十	四十	四十	四十	四十	涅槃	（註三）
	方等大集經	同前	同前	二十九	三十一	三十一	三十一	三十	六十	大集	（註四）
	大方廣三戒經	同前	同前					三	三	寶積	
	悲華經	同前	同前	十	十	十	十	十	十	本緣	（註五）
	菩薩地持經	同前	同前	八	十	十	十	十	十	瑜伽	
	優婆塞戒經	同前	同前	七	十	十	六	七	七	律部	
	方等大雲經	同前	同前	四	六	六	六	六	六	涅槃	

曇無讖	方等王虛空藏經	同前	同前	五	五	五	五	五		
	佛所行讚經	同前	同前		五	五	五	五	五	本緣	(註六)
	金光明經	同前	同前	四	四	四	四	四	四	經集	
	海龍王經	同前	同前	四	四	四	四	四			(註七)
	楞伽經	同前	同前		四	四	四	四			
	信善經	同前	同前		二	二	二	二			(註八)
	無爲道經	同前	同前		二	二	二	二			
	勝鬘經	同前	同前		一	無卷數	一	一			(註九)
	羅摩伽經	同前	同前		一	一	一	一			
	須眞天子經	同前	同前		一	無卷數	一	一			
	居士請僧福田經	同前	同前		一	無卷數	一	一			
	文陀竭王經	同前	同前		一	無卷數	一	一	一	阿含	
	功德寶光菩薩經	同前	同前		一	無卷數	一	一			
	腹中女聽經	同前	同前		一	無卷數	一	一	一	經集	(註一〇)

曇無讖	決定罪福經	同前	同前		一	無卷數	一	一			
曇無讖	菩薩戒壇文	同前	同前	一	一	無卷數	一	一			
曇無讖	優婆塞戒本	同前	同前					一			
浮陀跋摩	阿毘曇毘婆沙論	承和五年	姑臧	六十	六十	六十	六十	六十	六十	毘曇	
智猛	般泥洹經	承和中	玉門		二十	二十	二十	二十			
沮渠京聲	禪法要解	承和中	涼州		二	二	二	二			
道泰	入大乘論	承和中	涼州			二	二	二	二	論集	
道泰	大丈夫論	承和中	涼州				二	二	二	中觀	
盛法	菩薩投身餓虎起塔因緣經	不詳	涼州					一			
曇學與威德等	賢愚經	宋元嘉二十二年	高昌	十三	十五	十五	十五	十三	十三	本緣	（註二）

註一　見佛教史頁三九四。

註二　詳見高僧傳卷七宋京師龍光寺竺道生傳。

註三　涅槃經大本傳至南朝，沙門諷習此經者甚衆，湯錫予先生佛教史特立南方涅槃佛性諸說一章（頁六七七至七一七），而北朝涅槃之學實亦頗盛、玆就梁、續二高僧傳中所載六朝治涅槃之僧衆以見。今先言南朝：宋代有寶林（道生傳），慧觀，曇無成，僧莊（僧徹傳），僧含（上皆見高僧傳卷七）。靜林（道亮傳），僧籥（梵敏傳），慧定（道温傳），曇斌，超進，法瑤（上皆見高僧傳卷八），法莊（高僧傳卷十四）。齊代有僧鍾，道盛（皆見高僧傳卷八），僧慧，僧宗，法安，道慧（法安傳），僧印（上皆見高僧傳卷九），慧預（高僧傳卷十四）。梁代有智秀，寶亮（高僧傳卷九），道琳（高僧傳卷十四），僧朗（續高僧傳卷一寶唱傳），法令，智藏（續高僧傳卷六），慧超，慧皎，道登（續高僧傳卷七），曇准（續高僧傳卷八）。陳代有慧勇，寶瓊（續高僧傳卷九）。繼言北朝，元魏有慧靜（高僧傳卷七），僧淵，道登，曇度（高僧傳卷八）。北齊有僧範，道憑，靈詢，法上，道愼（續高僧傳卷十），僧稠，（續高僧傳卷十九），法常（續高僧傳卷二十），僧安（續高僧傳卷三十五）。北周有慧善（續高僧傳卷十），寶海（續高僧傳卷十一）。至於南北儒士之治此經者且未錄焉，亦見其盛矣。

註四　見佛教史第十二章，頁四〇〇至四一一。

註五　讀賢愚經記之文，似經之結集在河西，然元嘉廿二年北涼已滅。想僧祐撰經記時，其消息得於弘宗，而弘宗年已八十餘，對集經舊事之印象難免迷糊，便逕稱經之結集在河西？抑劉宋以河西王名號授無諱兄弟，南朝遂稱高昌曰河西？就時間言，賢愚經決不能在五郡譯出。

註六　宋書卷五文帝紀曰：「元嘉二十年（公元四四二）……是歲河西國……遣使獻方物……」，又卷九八氐胡傳曰：「……元嘉十九年（公元四四一）……無諱復據高昌，遣常侍氾儁奉表使京師，獻方物……無諱卒，弟安周立，二十一年（公元四四三）詔曰，故征西大將軍河西王無諱弟安周……宜加榮授……可使持節……都督涼河沙三州諸軍事……涼州刺史河西王。世祖大明三年（公元四五〇），安周奉獻方物。」是其兄弟皆向南朝進貢，而受劉宋之封號也。

註　七　見第四章于闐國之佛教與第六章疏勒國及高昌國之佛教，而置賢愚屬「高昌國」之譯業。按無諱兄弟雖據高昌，實北涼政權之延續，宋文帝以河西王封之可證，故稱涼國方合。

註　八　高僧傳卷三譯經篇論語。

註　九　賢愚經記謂賢愚之名由河西宗匠「釋慧朗」所定，而「慧朗」乃「總持方等」之高僧。曇學等携經至涼州，當在北涼未滅之時，其時主譯場事者爲慧嵩與道朗，而二僧往往相提並論，簡稱「嵩朗」，如曇無讖傳稱「嵩朗更請廣出餘經」是也。豈慧朗卽二僧之合稱耶？然古人稱僧例稱名下一字，慧嵩不可稱「慧」，豈僧祐向弘宗徵詢賢愚結集經過之時，宗公年已八十，故人名字或已記憶不清，致誤「嵩朗」爲「慧朗」歟？然事無佐證，故仍視慧朗爲另一人，而別於嵩朗二僧焉。

註一〇　師之名祐錄僧傳皆作慧嵩，釋老志與毘婆沙經序皆作智嵩，師旣北朝人物，而魏書撰於北齊，經序撰於高昌，同屬北方之記載，豈「智嵩」乃其本名，「慧嵩」則南朝之傳訛邪？然智與慧二字可互通，如續高僧傳卷一陳揚都金陵沙門釋法泰傳曰：「釋法泰……與慧愷，僧宗，法忍等知名梁代……有天竺沙門眞諦……途出嶺南，爲廣州刺史歐陽頠固留……因欲傳授……泰遂與宗、愷等不憚艱辛，遠尋三藏，於廣州制旨寺筆受文義……」又本傳附智愷傳曰：「……智愷，俗姓曹氏……初與法泰等前後異發，同往嶺表，奉祈眞諦……。」同一傳中，同一沙門而先稱「慧愷」，繼曰「智愷」，以此爲例，則師名上一字大可不必深究矣。

註一一　長房錄卷九曰：「……乞伏國仁，隴西鮮卑，世居苑川，爲南單于。前秦敗後，遂稱秦王，仍都子城。尊事沙門，時遇聖堅行化達彼，仁加崇敬，恩禮甚隆，旣播釋風，仍令翻譯……右一十四部合二十一卷，晉孝武帝世，沙門聖堅於河南國爲乞伏乾歸譯……」，史載西秦譯經之事止此，其後內典，經圖，開元諸錄，對西秦譯經事蹟未能有所增添。

註一二　見祐錄佛大䟦陀傳，寶雲傳，智嚴傳與慧遠傳，高僧傳同。

附出經表小注

（註一）　大藏經作寶梁聚會。

（註二）　祐錄曇無讖傳言菩薩戒經譯於涅槃以前，本篇六章已有考證，故置之於玄始十年前，與菩薩戒本同視爲譯於敦煌者。

（註三）　祐錄作「玄始十年十月二十三日譯出」，內典錄作「玄始三年出，十年訖」，今已知曇無讖於玄始十年三月蒙遜破西涼之後始入北涼，安得三十六卷於不足一年內譯出，故置之玄始十年後。

（註四）　今本大集經，乃隋代僧就合北涼曇無讖，劉宋智嚴，寶雲，隋那連提耶舍四僧所譯爲一部，都六十卷。其中卷一至卷廿六爲曇無讖譯，卷廿七至三十爲智嚴與寶雲譯，卷卅一，卅二復爲讖譯。若以今卷數爲準，則識公所譯者爲廿八卷。玆就經中曇無識所譯部份表列於下：

瓔珞品

陀羅尼自在王菩薩品

寶女品

不眴菩薩品

海慧菩薩品

不可說菩薩品

虛空藏品

寶幢品

虛空目分

寶髻菩薩品

日密分

（註五）房錄云：「……此前道龔已出……疑前譯不善，故有兩文異，似再翻。」

（註六）長房，內典二錄與經圖皆作佛本行經，開元錄經名與今同，小注稱：「亦云佛本行經」。

（註七）長房，內典，開元三錄皆作玄始七年出，時識公未入姑臧，七年者譌也。

（註八）長房錄小注曰：「或云善信女經」，開元錄卽錄此名。

（註九）　長房內典二錄小注皆曰：「亦云勝鬘師子吼；大乘大方便經。」

（註一〇）長房開元二錄小注曰：「一名不莊校女經。」

（註一一）此條年代據祐錄賢愚經記，蓋無諱，安周建號高昌時，正史不載其用年號否？羅振玉先生重校訂紀元篇稱其年號爲承平，共十八年，但不知所據爲何。今以兄弟皆受劉宋封號，卽宋之臣屬也，故從經記用宋之紀年明其出經年代。

第九章　涼僧之遊方，東徙、南奔及其影響

佛法東注，經由涼土，其地久受沾溉，遂屢產高僧，終而襄成其地成一佛教之中心焉，前數章已嘗論列矣。遊方宣化，乃佛徒之天職，故涼僧亦好遊方，每多振錫他鄉，化洽異地。涼僧之宣化，以西晉時之法護爲最早，護公求經與譯事，第五章已羅列其事實，今獨叙其宣法之事。

祐錄卷一三竺法護傳曰：

竺法護，其先月支人也，世居敦煌郡……（往西域求經而後）……立寺於長安青門外，精勤行道，於是德化四布，聲蓋遠近，僧徒數千，咸來宗奉……關中有甲族，欲奉大法……率其一宗百餘口，詣護請受五戒……於是四方士庶聞風嚮集，宣隆佛化二十餘年。後直惠帝西幸長安，關中蕭條，百姓流移，護與門徒避地東下，至昆池遘疾卒，春秋七十有八。後孫興公（綽）製道賢論，以天竺七僧方竹林七賢，以護比山巨源，其論云：護公德居物宗，巨源位登論道，二公風德高遠，足爲流輩。其見美後代如此……。

護公見美後代，捨化治廣及而外，其求法譯經之壯舉，尤爲人所重焉。護公而後，至前涼時復有單道開。

高僧傳卷一〇晉羅浮山單道開傳曰：

單道開，姓孟，敦煌人……誦經四十餘萬言……石虎建武十二年，從西平來……至石虎太寧元年，開與弟子南度許昌。虎子姪相殺，鄴都大亂。至晉昇平三年，來之建業，俄而至南海，後入羅浮山，獨處茅茨，蕭然物外，春秋百餘歲，卒于山舍。勑弟子以屍置石穴中，弟子迺移屍山室……晉興寧元年，陳郡袁宏爲南海太守，與弟潁叔及沙門支法防共登羅浮山，至石室口，見開形骸及香火瓦器猶存，宏曰，法師業行殊羣，正當如蟬蛻耳……後沙門僧景，道漸，並欲登羅浮，竟不至頂。

羅浮山爲我粵佛敎名山，立山門者其開公歟？其卒後猶爲名儒高僧所禮，亦可想生時之聲望矣。涼僧離鄉而爲客地所重者，其他如于道邃之爲支遁郗超等所追思，竺曇猷爲王羲之所敬禮，竺佛念振芳於二秦之譯場，前數章已嘗論之，於此從略。諸僧而後，影響最大者，首推寶雲與智嚴。

祐錄卷一五寶雲法師傳：

釋寶雲，未詳其氏，族傳云，涼州人也。弱年出家，精勤有學行……誓欲躬覩靈跡，廣尋羣經。遂以晉隆安之初，遠適西域。與法顯智嚴先後相隨，涉履流沙，登踰雪嶺……遂歷于闐天竺諸國，備覩靈異……雲在外遍學胡書，天竺諸國音字詁訓，悉皆貫練。後還長安，隨禪師佛䭾跋陀受業，修道禪諷，孜孜不怠。俄而禪師横爲秦僧所擯……雲亦奔散，會廬山釋慧遠解其擯事，共歸京師，安止道場寺。僧衆以雲志力堅猛，弘道絕域，莫不披衿諮問，敬而愛焉。雲譯出新無量壽，晚出諸經，多雲所譯。常手執胡本，口宣晉語，華戎兼通，音訓允正，雲之所定，衆咸信服。初關中竺佛念，善於宣譯，於符姚二世，顯出衆經。江左練梵，莫踰於雲，故於晉宋之際，弘通法藏……雲性好幽居，以保閑寂，遂適六合山寺，譯出佛所行讚經，山多荒民，俗好草竊，雲說法教誘，多有改惡，禮事供養，十室而八。頃之道場慧觀臨卒，請雲還都，總理寺任，雲不得已而還，居歲餘復還六合，以元嘉二十六年卒，春秋七十餘……。

雲公雖失意中原，而其弘道絕域，大爲江左諸僧所服，其道遂得振於南朝，晉宋之際諸經多出其手，則竺佛念在北，釋寶雲在南，同爲涼僧而天各一方，分掌南北之譯事，誠譯經史上之佳話也，亦可見涼僧於佛教史上所佔之比重矣。傳未言寶雲之學術修養，而雲能在文風鼎盛之南朝備受尊崇，恐非獨以「練梵」之故也。

與寶雲同行之智嚴，祐錄稱：「不知何許人」，而高僧傳則稱「西涼州人」，僧傳成於祐錄之後，或有慧皎所得之資料爲僧祐所未見者，故姑以嚴爲涼僧，而依祐錄卷一五本傳稍述其行事：

釋智嚴……弱冠出家，便以精勤著名……志欲廣求經法，遂周流西域。進到罽賓，遇禪師佛馱跋陀，志欲傳法中國，乃竭誠要請，跋陀嘉其懇至，遂共東行……綿歷數載，方達關中。常依跋陀止於長安大寺。頃者跋陀橫爲秦僧所擯，嚴與西來徒衆，並分散出關，仍憩山東精舍，坐禪誦經，力精修學。晉義熙十二年，宋武帝西伐長安，剋捷旋旆，塗出山東。時始興公王恢從駕，遊觀山川，至嚴精舍……恢即啟宋武，延請還都……還都即住始興寺，嚴性虛靜，志避囂塵，恢乃於東郊更起精舍，即枳園寺是也。嚴前還於西域，得胡本衆經，未及譯寫，到宋元嘉四年，乃共沙門寶雲，譯出普耀，廣博淨嚴，及四天王三部經。在寺不受別請，遠近道俗敬而服之……。

高僧佛馱跋陀羅之東行，出於智嚴之懇請，雖禪師橫爲秦僧所擯，終乃弘法於南朝。嚴公復與寶雲同興譯事於江左，則其對佛教南統之貢獻，又豈獨請來高僧哉！良以智嚴好靜，不受別請，故其在江左之地位，似稍遜於寶雲。

雲，嚴二僧譯經江左之際，曇無讖在北涼亦宣譯有成，已能繼承毀墜之北統。河西道俗，乍受此大時代之刺激，亦多慨然發奮，渡踰流沙，往尋經籍。

祐錄卷一四沮渠安陽侯傳曰：

……常以爲務學多聞，大士之盛業也。少時嘗度流涉，到于闐國。於衢摩帝大寺，遇天竺法師佛陀斯那，諮問道義。斯那本學大乘，天才秀出，誦半億偈，明了禪法，故西方諸國號爲人中師子。安陽從受禪要祕密治病經，因其胡本，口誦通利。既而東歸，於高昌郡求得觀世音、彌勒二觀經各一卷，及還河西，卽譯出禪要，轉爲漢文。居數年，魏虜託跋燾伐涼州，安陽宗國殄滅，遂南奔于宋……。

本傳雖未言明京聲西行受何影響，而高僧傳曇無讖傳稱「……蒙遜有從弟安陽侯者……因讖入河西……乃銳意內典，奉持五禁……少時求法，度流沙至于闐……」，而京聲東返河西後數年，其宗國已爲元魏所覆，是侯之西行，在讖東來之後也。

涼僧之西行，捨安陽侯而外，復有數人。

高僧傳卷二晉河西曇無讖傳曰：

……時高昌復有沙門法盛，亦經往外國立傳，凡有四卷。又有竺法維，釋僧表，並經往外國云。

宗性名僧傳抄第二五僧表傳曰：

僧表，本姓高，涼州人也，志力勇猛。聞弗樓沙國有佛鉢，今在罽賓臺寺，恆有五百羅漢供養鉢。鉢經騰空，至涼州，有十二羅漢，隨鉢停六年，後還罽賓。僧表恨不及見，乃至西踰葱嶺……至于賓國，值罽賓路梗，于賓王寄表有張志，模寫佛鉢與之……命工巧營造金薄像，金光陜，高一丈，以眞舍利，署于頂上。僧表接還涼州，知涼土將亡，欲反淮海，經蜀平欣縣，沙門道汪，求停鉢像供養……。

又第二六法盛傳曰：

法盛本姓李，隴西人，寓于高昌。九歲出家，勤精讀誦……年十九，遇沙門智猛從外國還，述諸神異，因有志焉。辭二親，率師友與二十九人，遠詣天竺，經歷諸國，尋覓遺靈及諸應瑞，禮拜供養……。

開元錄卷四曰：

沙門釋法盛，高昌人也。亦於涼代譯投身餓虎經一卷……其投身餓虎經後記云：爾時國王聞佛說已，卽於是處起立大塔，名爲菩薩投身餓虎塔，今見塔在，東面山下有僧房，講堂，精舍，常有五千衆僧，四事供養……今詳僧傳之文及閱經記之說，法盛遊於西域，此事不虛。復云親覩靈龕，故應非謬。若非盛之自譯，何得著彼經。終既能自往西方，豈有不傳經敎，考覈終始，事乃分明，今爲盛翻編載斯錄……。

法盛經記，智昇著開元錄時猶見，可補名僧傳抄之不足。僧表西行所得者雖爲鉢與像，而佛家自稱像敎，視像之與經同等地位，其獲像葱外，不能謂其無成績也，獨惜竺法維之事蹟遍尋未獲耳。

捨安陽侯，法盛，僧表而外，他如道泰西行得毘婆沙論，威德曇學等得賢愚經，前章已論列之，於此從略，而北涼道俗西行之衆，亦可見矣。

北涼旣爲北統所在，則捨譯經之外，復當有宣化之事。

高僧傳卷三宋京師道林寺畺良耶舍傳曰：

畺良耶舍，此云時稱，西域人……善誦阿毘曇，博涉律部，其餘諸經，多所該綜。雖三藏兼明，而以禪門專業……以元嘉之初，遠冒沙河，萃於京邑……初止鍾山道林精舍，沙門寶智崇其禪法，沙門僧含請譯藥王藥上觀及無量壽觀，含卽筆受。以此二經是轉障之祕術，淨土之洪因，故沈吟嗟味，流通宋國……。

按元嘉共三十年，耶舍於元嘉初來華，則不過十年始謂之初。又本篇三章述曇摩蜜多於宋元嘉元年輾轉至蜀，時當北涼玄始十三年，今耶舍入宋亦元嘉初，豈耶舍與蜜多同來者耶？是蒙遜欲宣法於外，故二西僧嘗停居涼土，再往楊都，未爲蒙遜所留也。惟當時涼僧離境東遊者則甚少。高僧傳卷十一宋高昌釋法朗傳曰：

……時涼州復有沙門智整，亦貞苦有異行，爲土主楊難當所事。後入寒峽山石穴中，不返。

楊難當卽仇池主楊難敵。又續高僧傳卷二五釋僧朗傳稱：「……及魏軍東還，朗與同學中路共叛……七日達于仇池，又至梁漢，出于荊州，不測其終。」若仇池不奉像敎，恐朗與其同學不能脫難矣。仇池之奉法，豈智整宣化之績歟？

高僧傳卷一二宋京師中興寺釋慧覽傳曰：

釋慧覽，姓成，酒泉人。少與玄高俱以寂觀見稱，覽曾遊西域，頂戴佛砵，仍於罽賓，從達摩比丘諮受禪要。達摩曾入定往兜率天，從彌勒受菩薩戒，後以戒法授覽。還至于闐，復以戒法授彼方諸僧。後乃歸，路由河南，河南吐谷渾慕延，世子瓊等敬覽德聞，遣使幷資財，令於蜀立左軍寺，覽卽居之，後移羅浮天宮寺，宋文請下都，止鍾山定林寺。孝武起中興寺，復勅令移住，京邑禪僧，皆隨踵受業……。

覽於外國學禪，復以禪法授佛敎國之于闐諸僧，亦涼僧之光榮也。慕延卽慕利延，北史卷九六吐谷渾傳曰：「……太延二年，慕璝死，弟慕利延立……」太延二年卽北涼沮渠牧犍承和四年，覽公東歸，當在慕延繼位之後。覽經河南入吐谷渾據地，而不返河西者，是欲宣法於外也。捨智猛與慧覽而外，未再見涼僧弘法異地，豈其時北涼爲佛敎重地，法筵常開，涼僧多留連不忍去耶。

及元魏挾涼僧俱東，釋老志謂元魏因此像敎彌增，然涼僧實有不願東行爲降虜者，其時之逃逋，捨隨無諱兄弟轉進高昌而外，唯有江東。其時南奔僧俗之中，予江左影響最大者厥爲沮渠京聲。祐錄卷一四本傳曰：

……魏虜託跋燾伐涼州，安陽宗國殄滅，遂南奔于宋。晦志卑身，不交世務，常遊止塔寺，以居士自畢。初出彌勒；觀世音二觀經，丹陽尹孟顗見而善之，請與相見，一面之後，雅相崇愛，亟請供饌，厚相優贍。至孝建二年，竹園寺比丘尼慧濬，聞其諷誦禪經，請令傳寫，安陽通習積久，臨筆無滯，旬有七日，出爲五卷。其年仍於鍾山定林上寺，續出佛母泥洹經一卷。安陽居絕妻孥，無欲榮利，從容法侶，宣通經典，是以京邑白黑，咸敬而嘉焉。以大明之末，遘疾卒……。

安陽侯所譯之二觀經，卽觀彌勒菩薩上兜率天經及觀世音觀經（註一），禪經卽前在于闐從佛陀斯那所授之禪要祕密治病經（註二）。京聲於江左所譯者復有多種（註三），以諸經非自河西携來，本傳又未提及，故不多論之。

然涼僧于南方之影響實遠遜北朝，雖其始有以僧徒配役之事，大抵乃助戰諸僧耳。蓋涼僧東抵平城，宗敎之狂熱隨之掀起。高僧傳卷一二魏平城釋玄高傳曰：

……時魏虜託跋燾僭據平城，軍侵涼境，燾舅陽平王杜超，請高同還僞都。既達平城，大流法化。僞太子託跋晃，事高爲師……時有涼州沙門釋慧崇，是僞魏尚書韓萬德之門師……。

魏書卷一一四釋老志曰：

……涼州平……沙門佛事，皆與俱東，象教彌增矣。尋以沙門衆多，詔罷年五十已下者……（破佛之後）……詔曰……自王公已下，有私養沙門者皆送官曹，不得隱匿，限今年二月十五日，過期沙門身死，容止者誅一門……。

據此則元魏上下皆好事沙門，特太子晃與杜超，韓萬德等乃其著者耳。

北朝佛道之爭，卒導致毀佛之劫，此一歷史上之大事，亦緣於玄高爲太子師也。其事之本末，潤孫師著崔浩與其政敵一文論述已詳（見注史齋叢稿），於此從略。玄高既誅，魏對佛法屠毀甚酷，釋老志又曰：

……詔誅長安沙門，焚破佛像，勅留臺下四方，令一依長安行事……諸有佛圖形像及胡經，盡皆擊破焚燒，沙門無少長悉坑之，是歲眞君七年三月也……土木宮塔，聲教所及，莫不畢毀矣……。

高僧傳卷一一魏長安釋曇始傳曰：

……以僞太平七年，遂毀滅佛法，分遣軍兵，燒掠寺舍，統內僧尼，悉令罷道，其有竄逸者，皆遣人追捕，得必梟斬，一境之內，無復沙門……。

沙門旣遭此大劫，於是或遁西域，或逃江左，今獨舉涼僧以見。高僧傳卷一一宋高昌釋法朗傳曰：

釋法朗，高昌人……朗師釋法進，亦高行沙門……至魏虜毀滅佛法，朗西適龜茲……王待以聖禮。後終於龜茲……。

又卷九齊蜀齊后山釋玄暢傳曰：

釋玄暢，姓趙，河西金城人……本名慧智，後遇玄高，事爲弟子。高每奇之，事必共議，因改名玄暢……其後虐虜剪滅佛法，害諸沙門，唯暢得走。以元嘉二十二年（公元四四四）閏五月十七日，發自平城，路由代郡上谷，東跨太行，路經幽冀南轉……以八月一日，達於揚州。洞曉經律，深入禪要。占記吉凶，靡不誠驗。墳索子氏，多所該涉。至於世技雜能，罕不畢備。初華嚴大部，文旨浩博，終古以來，未有宣釋。暢乃竭思幽尋，提章比句，傳講迄今，暢其始也。又善於三論，爲學者之宗。宋文帝深加歎重，請爲太子師，再三固讓。弟子謂之曰：法師方欲弘道濟物，廣宣名教，今帝王虛已相延，皇儲蓄禮思敬。若道揚聖躬，則四海歸德。今矯然高讓，將非聲聞耶。暢曰，此可與智者說，難與俗人言也……自爾遷憩荊州，止長沙寺。時沙門功德直，出念佛三昧經等，暢刊正文字，辭旨婉切……迄宋之季年，乃飛舟遠舉，迺適成都。初止大石寺，乃手畫作金剛密蹟等十六神像。至昇明三年（註四），又遊西界，觀矚岷嶺，乃於岷山郡北部廣陽縣界，見齊后山，遂有終焉之志。仍倚巖傍谷，結草爲菴……以齊建元元年（公元四八四）四月二十三日，建刹立寺，名曰齊興……齊驃騎豫章王嶷，作鎭荊陝，遣使徵請。河南吐谷渾主，遙心敬慕，迺馳騎數百，迎於齊山，值已東赴，遂不相及。至齊武升位……文惠太子又遣徵迎……於是汎舟東下，中途動疾，帶恙至京，傾衆阻望，止住靈根，少時而卒，春秋六十有九，是歲齊永明二年（公元四八九）十一月十六日……。

法朗爲法進弟子，然受元魏毀法所迫而西走，當非隨進於高昌者也。朗適西域雖爲龜茲所禮，己與漢土無涉，玄暢南奔而後，宋齊二代，君臣對其崇敬未衰，吐谷渾亦遙心敬慕。暢雖未能轉梵爲漢，而其宣釋華嚴，刋正三昧，功亦不在譯經下也，此亦緣於深通外學，有以致之。昔京聲南奔之時，涼僧中復有僧朗等亦逃江左，此役則唯暢得走（註五），僧傳書其南來之年月及經過甚詳，是暢劫後得存，爲南僧所重視之證。暢堅拒爲宋太子傅，豈有感於乃師被禍之慘，株連之衆，而本人亦外來僧侶，非南土之舊德，是以固執不就，免毀佛之禍重現於南朝歟？

魏太平之末，復興立佛教（註六），而涼僧仍有南下之趨勢者。高僧傳卷一三齊京師多寶寺釋法穎傳曰：

釋法穎，姓索，燉煌人。十三出家，爲法香弟子，住涼州公府寺，與同學法力，俱以律藏知名。穎伏膺以後，學無再請，記在一聞。研精律部，博涉經論。元嘉末下都，止新亭寺，孝武南下，改治此寺，以穎學業兼明，勅爲都邑僧正。後辭任還多寶寺，常習定閑房，亦時開律席，及齊高卽位，復勅爲僧主，資給事事，有倍常科。穎以從來信施，造經像及藥藏，鎭於長干。齊建元四年（公元四八七）卒，春秋六十有七。撰十誦戒本，幷羯磨等……。

又卷一四齊上定林寺釋超辯傳曰：

釋超辯，姓張，燉煌人，幼而神悟孤發，履操深沈。誦法華，金剛般若。聞京師盛於佛法，乃越自西河（當作河西），路由巴楚，達於建業。頃之東適吳越，觀矚山水……後還都，止定林上寺……誦法華日限一徧……禮千佛，凡一百五十餘萬拜。足不出門三十餘載，以齊永明十年終於山寺，春秋七十有三……。

又同卷齊京師後岡寺釋僧侯傳曰：

釋僧侯，姓龔，西涼州人。年十八，便蔬食禮懺。及具戒之後，遊方觀化，宋孝建初，來至京師。誦法華、維摩、金光明，常二日一徧，如是六十餘年……於後岡創立石室，以爲安禪之所……齊永元二年（公元五〇五）……合掌而卒，春秋八十有九……。

又卷八齊京師湘宮寺釋弘充傳曰：

釋弘充，涼州人。少有志力，通莊老，解經律。大明末過江，初止多寶寺，善能問難，先達多爲所屈。後自開法筵……通疑釋滯，無所間然。每講法華；十地，聽者盈堂。宋太宰江夏文獻王義恭雅重之。明帝踐祚，起湘宮寺，請充爲綱領，於是移居焉……充以齊永明中卒，春秋七十有三。注文殊問菩薩經，及注首楞嚴經。

法穎於元嘉末下都，元嘉末爲三十年（公元四五二），而魏太平眞君之末（約當公元四五〇）已不毀法。僧侯南來在宋孝建初，其時魏太武帝已崩，而文成帝亦恢宏像敎。超辯卒於齊永明十年，而其南來之後，嘗三十年不出戶，則其卒前之三十年當爲宋孝武帝大明六年（公元四六七），辯之南來或在其前。弘充於大明末南下，大明末約爲八年（公元四六九），故知諸僧皆在佛敎北統再建之後，始南遊江左也。蓋其時北方既遭屠毀，而南統則如日中天，故諸僧皆亟亟南遊，欲觀楊都像敎之盛焉。

諸僧若非學業兼明，便屬拜誦勤奮，抑亦開筵講說，聽者盈堂，均備受南朝之禮遇，而自其所研誦之經典究之，猶足見能保存涼土之舊學，如律部乃北涼所重（註七），金光明譯自北涼曇無讖，首楞嚴出於前涼支施崙，皆其例也。

高僧傳卷一三齊京師建初寺釋僧祐傳曰：

釋僧祐，本姓俞氏，其先彭城下邳人，父世居建業……初受業於沙門法穎，穎既一時名匠，爲律學所宗，祐乃竭思鑽求，無懈昏曉。遂大精律部，有邁先哲……永明中，勅入吳，試簡五衆，幷宣講十誦……今上深相禮遇，凡僧事碩疑，皆勑就審決。年衰脚疾，勑聽乘輿入內殿，爲六宮受戒，其見重如此……凡白黑門徒，一萬一千餘人……初祐集經藏，既成，使人抄撰要事，爲三藏記、法苑記、世界記、釋迦譜、及弘明集等，皆行於世。

僧祐於齊梁二代，備受人主尊崇，門下亦稱極盛。其著述今存者有釋迦譜、出三藏記集、弘明集等，既皆佛教要籍，亦足供今日學人對六朝史事，文學，目錄學，思想史等之研究作無限探索，則其成就非獨受榮寵於一時，其遺惠於後禩者亦非獨釋子矣。而祐之門師則涼土高僧法穎也，自此一端，已足見北學南傳影響之深遠矣。

註　一　見祐錄卷二。

註　二　亦見祐錄卷二，又卷九錄該經之出經後記云：「河西王從弟大沮渠安陽侯，於于闐國衢摩帝大寺，從天竺比丘大乘沙門佛陀斯那……稟受……以宋孝建二年九月八日，於竹園精舍書出此經，至其月二十五日訖，尼慧濬爲檀越。」慧濬尼，寶唱比丘尼傳卷二有傳。

註　三　據長房、內典二錄之統計，共有三十五部三十六卷。

註　四　宋順帝昇明僅二年，其明年四月已爲齊所代，是爲齊高帝建元元年（公元四八四），此仍稱昇平三年者，以暢建齊興寺於蜀在本年四月，則其入蜀之時，當猶爲劉宋之世也。皎公史法之嚴，於此可見。

註　五　名僧抄錄第二十僧印傳曰：「僧印姓樊氏，金城榆中人，釋玄高弟子……修大乘觀，所得境界，爲禪學之宗……嘗在江陵敎一比丘受禪，頗有所得……後還長安大寺，年六十餘卒。」是玄高弟子南行，不僅玄暢也。惜傳未言明僧印在江陵之年月，不知乃寶唱原書本無，抑爲宗性傳抄所略，是以其南來旣可在毀法之前，復可在恢復佛敎之後，今不能斷之，故存疑於此。

註　六　元魏太武帝毀法之時，雖沙門見屠者甚衆，而其能逃避免禍者亦不少，魏書釋老志曰：「……恭宗（卽太子晃）言雖不用，然猶緩宣詔書，遠近皆豫聞知，得各爲計，四方沙門多亡匿獲免，在京邑者亦蒙全濟。金銀寶像及諸經論，大得祕藏，而土木宮塔，聲敎所及，莫不畢毀矣……篤信之家，得密奉事，沙門至尊者，猶得竊法服誦習焉，唯不得行於京都矣……。」高僧傳卷一一曇始傳曰：「……燾……以爲太平七年，遂毀滅佛法……始唯閉絕幽深，軍兵所不能至……。」又卷一二宋長安寒山釋僧周傳曰：「……魏虜將滅佛法，周謂門人曰，大難將至。乃與眷屬數十人共入寒山，山在長安西南四百里，峽谷險阻，非軍兵所至，遂卜居焉。俄而魏虜肆暴，停者悉斃。其後尋悔……訪求沙門……周辭以老疾，令弟子僧亮應命出山……。」據上引之史料，則當時破壞最大者，多屬宗敎之建築物耳。雖沙門亦有誅死者，然能及時免禍者亦不少也。北統之能得以匡復，經論得以祕藏與沙門得存性命，其主要之原因也。

註　七　湯錫予先生曰：「讖所譯均屬大乘……然當時涼土，於禪法戒律，亦所推重……讖在敦煌，卽譯菩薩戒本，可見其重視大乘戒也……。」見佛敎史第十二章傳譯求法與南北朝佛敎頁三九四至三九五。

西晉迄隋戰亂之損害

羅炳綿

目錄

引言

中國有史以來卽治少亂多。自秦始皇二十六年(紀元前二二一年)併吞六國統一宇內，迄今已二千一百八十餘年。在此二千餘年中，亂離之世佔千餘年。翁之鏞中國經濟問題探源(第四章第十三節)。將秦漢以迄明清，分盛世、治世、小休、衰微及亂離五類，依其年代製爲一表：

盛世二次	一五〇年	百分比爲六・九
治世四次	二八六年	百分比爲一三・二
小休五次	二三五年	百分比爲一〇・五
衰微六次	四六六年	百分比爲二一・二
亂世十次	一〇三四年	百分比爲四八・二

中國二千餘年歷史，離亂之世已近半數，若並衰微世計之則幾爲百分之七十矣！

在千餘年離亂之世中，以五胡之亂(始於晉惠帝永興元年（紀元三〇四年）)迄隋滅陳統一宇內(開皇九年（紀元五八九年）始滅陳。)之二百八十五年長期分裂，及唐玄宗天寶十四年(紀元七五五年)安史之亂至宋太祖開寶八年(紀元九七五年)平定南唐統一之二百二十年，爲最長最甚。南北朝長期分裂長期戰亂，唐末亦卒召五代十國之分裂。此二次長期戰亂時文化破壞均極甚。南北朝戰亂更促使天下書軌再趨殊異之途彷彿先秦戰國時代！

戰亂中對文物及人口之損害最甚者，首爲火攻之「火」，次爲軍人之刼掠。而南北朝間「火」攻及軍人之刼掠亦最甚。

火藥之發明雖不在隋以前參馮家昇氏「火藥的發明和西傳」及「火藥的由來及傳入歐洲的經過」。但晉南北朝每次戰爭中用火攻火箭者則甚常見。如南齊時臺軍破始安王之亂時在永元元年（紀元四九九）：「臺軍射火箭燒東北角樓。至夜，城潰……」南齊書四五始安王遙光傳。又如西魏大統十四年，東魏步騎十萬攻潁川，王思政拒之。東魏兵「隨地勢高處築土山以臨城中，飛梯大車，晝夜攻之。思政亦作火攢，因迅風便投之土山；又以火箭射之，燒其攻具……」周書十八，北史六二王思政傳。其時火箭顯然係常用之兵器用火箭或火攻者，此外並見宋書八七殷琰傳，梁書卷九曹景宗傳，隋書七十劉元進傳。南史七十杜慧慶傳載慧慶破盧盾之亂即以火箭攻破之。實則在晉以前三國時，亦常用火箭作戰，如三國志魏志二十八諸葛誕傳即有載以火箭作戰事。火攻之兵器除火箭外，尙有火攢見上引周書王思政傳。雉尾炬梁書三九羊侃傳。火炬梁書五六侯景傳。火舫陳書十三徐世譜傳等。而當時所用之火攻兵器，大抵均係以棉絮灌以膏油之類。如梁書三九羊侃傳：「侃作雉尾炬，施鐵鏃，以油灌之。」火箭當亦如此。

至於軍人之掠奪宮室或民間珍寶古器文物等，則更是有戰爭卽有之，而以北魏之以虜掠代替俸祿及兩晉南北朝好以虜獲物頒賜將士鼓勵鬥志之舉，對文物之破壞最甚。此見卷中第十一章長期刼掠下俸祿制之癱瘓。

積上二因，此三百餘年之長期分裂，在文化上乃遭受到空前未有之大損害！此三百餘年之大破壞：就地言則毀滅洛陽、長安、建康、三吳等文化中心；就文物言則書籍、宮殿、古器珍寶等，均告蕩盡，而學校考試制俸祿制等亦遭破壞；就人口言，則百姓於長期戰亂下又慘受空前之殺戮與蹂躪，至使戶口銳降。百姓遭遇空前之劫難。

在此期間，中國雖遭遇空前之破壞與損害，然而仍能屹立而不爲異族所征服，此正見中國文化潛力之鉅大。中國藉此鉅大之文化潛力，於艱苦中轉能同化異族，混一南北，而獲得民族上之又一大融和。又因此長期分裂，中原士人南渡，使經濟與文化均甚落後之南方得以開發，且自此即奠定經濟文化逐漸南移之基礎。蓋南北朝長期分裂，北方已漸見荒涼矣。

然而，三百年分裂之結果：文物制度蕩盡，文化中心及戶口遭遇歷舉不能盡之摧殘；乃卒致文軌殊途，風俗迥異，度量衡劇變，語文紛歧詳見第十二章此則誠足使人痛心疾首而擲筆三歎者也。

總計此一時期歷史，非特痛心，亦誠足使來者鑒誡。吾人必須明乎此三百餘年大損害之具體事實，然後知中國過往民族之精力大部浪費於何事，然後知中國何以前進遲緩。此固中國歷史研究之主要大端。炳綿學識譾陋，曷足以語此，然研究之際則以此爲標的而嚮往之焉，苟能獲好學之士惠予討論商榷，則何幸如之。

一九六一年四月，羅炳綿誌於新亞研究所。

上 文化要地蕩盡

第一章 洛陽成荒土

周武帝出兵鞏洛，欲收齊河南之地。趙煚諫曰：河南洛陽，四面受敵，縱得之，不可以守。（隋書四六趙煚傳。）顧祖禹讀史方輿紀要亦謂：「河南，古所稱四戰之地也。當取天下之日，河南所在必爭。及天下既定，而守在河南，則岌岌焉有必亡之勢矣。……劉聰石勒之略有河南也，鮮卑氐羌縱橫於司豫之境。晉宋君臣切切焉圖復河南，分裂四鎭，求十年無事而不可得也。……河南者，四通五達之郊，兵法所稱衢地者是也。」（河南方輿紀要序。原書卷四六之前。）李格非（文叔）洛陽名園記又云：「洛陽處天下之中，挾殽澠之阻，當秦隴之襟喉，而趙魏之走集，蓋四方必爭之地也。天下常無事則已，有事則洛陽先受兵。予故嘗曰：洛陽之盛衰者，天下治亂之候也。」

洛陽在晉南北朝長期戰亂中，地勢重要，爲四戰之地，受兵燹最甚，故洛陽在當時號爲荒土。

洛陽在漢末董卓亂時，受戰火蹂躪已頗嚴重。洛陽經董卓之損害，元氣尚未復，八王及五胡之亂又相繼而來，自此洛陽幾長期陷於荒殘狀態。（唯北魏孝文時稍有生氣之象。）而洛陽實爲當時文物中心（東周、東漢、曹魏、西晉、北魏、隋、唐均以為都，可見。）正始之際，名士風流盛於洛下。北魏全盛時，四裔往還極盛，洛陽實爲綰轂，號爲四通市。（洛陽伽藍記卷三龍華寺條。）獨惜此一文化經濟中心却長期凋零於三百年分裂戰亂之中。

一、晉宋間洛陽頽毀

西晉唯武帝初二十年稍稱治平。此後內亂外患相繼興起，生民塗炭。八王亂時張方屢次大掠洛陽，破壞頗甚。惠帝太安二年（紀元三〇三年）九月景申，張方入京城（洛陽）燒清明開陽二門，死者萬計。翌年（永安元年（紀元三〇四年））。正月，惠帝逼於河間王顒，密詔雍州刺史劉沉，秦州刺史王甫重以討之。沉舉兵攻長安，爲顒所敗。張方大掠洛中，還長安。於是軍中大饑，人相食。（以上見晉書四惠帝紀。）

此爲兩晉時洛陽之第一次劫難。

晉書（卷六十。）李含傳：「（張）方在洛既久，兵士暴掠，發哀獻皇女墓。軍人喧喧，無復留意。」

同書（卷五十九）河間王顒傳：「（張）方率兵二萬救鄴。天子已幸鄴，方屯兵洛陽。及王浚伐穎，穎挾天子歸洛陽。方將兵入殿中，逼帝幸其壘，掠府庫。將焚宮廟以絕衆心，盧志諫，乃止。」（此事並見卷四十四盧志傳。）

綜合惠帝紀觀之，則張方兵衆二萬屯洛凡四月，（自太安二年九月迄翌年正月）在此四月中，張方暴掠洛陽顯而易見者最少兩次：死者以萬計，發墓盜珍寶，掠府庫之外，必更暴掠百姓財物。

接踵而起者爲五胡亂華。諸胡對洛陽之劫掠則又甚於張方。

懷帝永嘉三年，劉曜王彌等攻洛陽，「時京邑大饑，人相食，百姓流亡，公卿奔河陰。曜彌等遂陷宮城，至太極前殿，縱兵大掠。幽帝於端門，逼辱羊皇后，殺皇太子詮，發掘陵墓，焚燒宮廟城府蕩盡，百官及男女遇害者三萬餘人。」（晉書一百王彌傳。）劉曜等陷洛陽入太極前殿時，又「悉收宮人珍寶。」（晉書百二劉聰載記）可見此役洛陽遭刦之甚。此華延儁洛陽記言之尤詳：

「洛陽城內宮殿臺觀府藏寺舍，凡百一萬一千二百一十九門。自劉曜入洛，元帝渡江，宮署里閭，鞠為茂草。」（轉引讀史方輿紀要卷四十八。）

而於此等宮殿臺觀府藏寺舍中，必甚多文物珍器，則洛陽此一文化中心之嚴重破壞，無異係當時文化之最重大打擊。東晉穆帝以後曾四次北取洛陽（穆帝永和七年及十二年，孝武太元九年，安帝義熙十二年。見讀史方輿紀要卷四十八。）而又屢失，固由東晉缺乏積極北取中原之統一意志，然而實在也由於洛陽荒殘過甚，加以四面受敵（故趙畟云：「縱得之，不可以守」也。）之故。穆帝永和十二年，桓温北伐，姚襄敗之，復有洛陽，議請遷都，反對者卽以洛陽「自喪亂以來，六十餘年，蒼生殄滅，百不遺一。河洛丘墟，幽夏蕭條，井堙木刊，阡陌夷滅，生理茫茫，永無依歸。」（晉書五六孫綽傳。）為理由。

又在東晉末義熙十二年（紀元四一六年）劉裕北伐，顏延之奉使至洛陽，目覩洛陽之荒殘，悲慟不已，因而悽然詠黍離篇（宋書卷七十三，南史卷三十四，顏延之傳。）兩晉時洛陽荒涼如此，實難使人不觸景傷情也。

及劉宋元嘉七年（紀元四三〇年）宋魏交戰，宋將杜驥「隨到彥之入河南，加建武將軍。魏撤河南戍，悉歸河北。彥之使驥守洛陽，洛陽城廢久，又無糧食。」（宋書六五，南史七十杜驥傳。）因此是年十月，北魏兵終又再陷金墉，殺將士五千餘人而拔洛陽（通鑑百二十一元嘉七年）則洛陽之失，亦荒廢過久，盡為禾黍所致。

據上述，足見五胡亂華期間（自惠帝永興元年（紀元三〇四年）劉淵建號始，至劉宋文帝元嘉十六年（紀元四三九年），凡一百三十六年。）洛陽長期蕭條，野無煙火。

二、五胡亂後迄隋末之洛陽

北魏於元嘉七年十月拔洛陽，其時之洛陽尚城闕蕭條，野無煙火。但此後魏于栗磾對洛陽即稍加修建，（時在魏太宗明元帝之世）魏書云：「栗磾刊闢榛荒，勞來安集。德政既設，甚得百姓之心。」（卷三十一于栗磾傳）再經魏孝文帝遷都（太和十七年，紀元四九三年。）後，對洛陽澈底興築建設，於是洛陽重現一番新氣象，可惜為期太短。

魏書高祖紀（卷七下。）太和十七年九月庚午：「幸洛陽，周巡故宮基趾。帝顧謂侍臣曰：晉德不修，早傾宗祀，荒毀至此，用傷朕懷。遂詠黍離之詩，為之流涕。」

同書（卷四十五）裴宣傳：「宣上言曰：自遷都已來，凡戰陣之處，及軍罷兵還之道，所有骸骼無人覆藏者，請悉令州郡戍邏，檢行埋掩。」

北魏孝文遷都之初，洛陽為戰火所燬，其殘破之蹟及戰陣之處骸骼滿佈之象，尚顯著存在。

且魏孝文南遷後五年即駕崩，（孝文五歲即位，初權在太后，二十五歲始親政，二十九歲遷都，卒時年三十三。）此後魏室政權漸次腐敗，卒致引起六鎮變亂，而爾朱氏乘機而起，洛陽乃又遭另一次之巨劫。

北魏正光四年，六鎮亂起，孝昌末年，葛榮、爾朱榮等勢極盛。爾朱榮之亂，洛陽伽藍記（卷一永寧寺條）云：

「武泰元年（即孝莊帝建義元年）四月十二日，榮軍於芒山之北，河陰之野。十三日，召百官赴駕，至者盡誅之。王公卿士及諸朝臣死者三千餘人……于時新經大兵，人物殲盡。」（魏書七十四爾朱榮傳則云：「因縱兵亂害，王公卿士皆斂手就戮，死者千三百餘人。」通鑑卷一五二大通二年則云：殺王公以下凡二千餘人。）

及永安三年（紀元五三〇年）九月二十五日，莊帝手刃爾朱榮後，爾朱兆（榮從子。）爾朱世隆（榮從弟。）等乃相繼起而作亂。魏書（卷六十三）爾朱兆傳：

「及爾朱榮死……兆與世隆等定謀攻洛……兆撲殺皇子，汙辱妃嬪，縱兵擄掠，停洛旬餘。先令衞送莊帝於晉陽，兆後於河梁監閱財貨，遂害帝於五級寺。」

同書世隆傳：「世隆奉榮妻燒西陽門……建州刺史陸希質閉城拒守，世隆攻剋之，盡殺城人以肆其忿……世隆兄弟羣從，各擁彊兵，割剝四海，極其暴虐。姦諂蛆酷多見信用，温良名士罕預腹心，於是天下之人莫不厭毒。」

同書度律傳：「聚斂無厭，所至之處，爲百姓患毒。」

魏末爾朱氏對洛陽暴虐之甚，觀魏書爾朱氏諸傳，實使人痛心疾首，蓋本性殘酷使然也。止爾朱榮爲亂之時，殺朝士以千數，百官蕩盡，存者皆竄匿不出。洛中士民草草，人懷異慮，或云榮欲縱兵大掠，富者棄宅，貧者襁負，率皆逃竄，什不存一二（魏書七四、北史四八爾朱榮傳，通鑑卷一五二梁大通二年三月。）其後莊帝手刃爾朱榮，爾朱氏紛起作瘋狂之報復，縱火暴掠，殺戮士民，洛陽慘遭爾朱氏之大肆蹂躪，遂益形凋零殘破！

洛陽經爾朱民蹂躪，荒殘已至於不能爲都。故魏孝武帝永熙三年，（即梁中大通六年，是年魏分東西。）六月，高歡以洛陽久經喪亂，王氣衰盡，而復謀遷都於鄴（北齊書二神武紀，北史六齊高祖紀。）翌年（東魏天平二年）高隆之發十萬夫撤洛陽宮殿，運其材入鄴（通鑑一五六大同元年二月。）此後洛陽益形荒涼，且爲東西魏之戰場。

西魏大統三年，（紀元五三七年）獨孤信長驅直陷東魏洛陽，「于時舊京荒廢，人物罕極。」（周書三八柳虯傳語）翌年七月，東魏侯景高敖曹等，圍魏獨孤信於金墉，高歡以大軍繼之。侯景悉燒洛陽內外官寺民居，存者十二三。八月，高歡又攻金墉，西魏將長孫子彥棄城走，焚城中室屋俱盡。歡拔之，再毀金墉而還。（通鑑一五八梁大同四年）於是洛陽慘遭劫中再劫矣。

魏書（卷十二）孝靜帝紀武定四年八月：「移洛陽漢魏石經于鄴。」（通鑑一五九中大同元年云：「石經五十二碑」。）

東魏撤洛陽宮殿木材於先，又移洛陽漢魏石經於後。止按此二事推之，則東西魏時洛陽戰火彌漫之甚及荒殘蓋已達於極點，此時留居於洛陽之士民必極少。南北朝間洛陽之荒涼亦當以此時期爲最甚。楊衒之云：

「武定五年，（紀元五四七年，即楊氏撰洛陽伽藍記之年。）歲在丁卯，余因行役，重覽洛陽。城郭崩毀，宮室傾覆，寺觀灰燼，廟塔丘墟，牆被蒿艾，巷羅荊棘。野獸穴於荒階，山鳥巢於庭樹。遊兒收豎，躑躅於九逵；農夫耕稼，藝黍於雙闕。麥秀之感，非獨殷墟，黍離之悲，信哉周室。京城表裏，凡有一千餘寺，今日寮廓，鐘聲罕聞。」

楊氏撰洛陽伽藍記，亦由當時「城郭崩毀，宮室傾覆，寺觀灰燼，廟塔丘墟」之荒涼景象感觸所致。洛陽此種荒涼景象，迄隋統一天下分裂局面，始稍有轉機。然不旋踵，隋室又陷於亂，洛陽亦迅即隨之而成丘墟。

隋開皇九年（紀元五八九年）始統一天下，結束長期分裂之局面。然天下初定，江南殘局尙待收拾，加以突厥及高麗之患，隋初實未能悉力建設。及煬帝大業元年，始見下詔營建洛陽。隋書卷三煬帝紀上云：

「三月丁未，詔宇文愷營建東京，徙豫州郭下居民以實之。」同月戊申，又詔「徙天下富商大賈數萬家於東京。」

自此，此一文化中心又頗呈生氣，觀通考經籍考「正御本三萬七千卷納於東都修文殿……又聚魏以來古蹟名畫」云云，可見其時之經濟文化亦甚不俗。獨惜於煬帝詔營建東都之前一年，（仁壽四年，紀元六〇四年。）已有內亂之蹟象。是年八月，漢王諒陰蓄異圖，與蕭摩訶等叛。從諒反者凡十九州。（通鑑卷一八〇，仁壽四年語。）隋書（卷四十五）楊諒傳云：

「諒勒兵與官軍大戰，死者萬八千人。」

則漢王諒此次亂事實亦匪小也。

及大業八年發兵號二百萬（實一百一十三萬三千八百人。）以討高麗大敗後，盜賊蠭起，山東苦之。隋書（卷四十八）楊素傳云：「江南人李稜等聚衆爲亂，大者數萬，小者數千。」

是年六月，禮部尚書楊玄感亦叛，起兵黎陽，與李密等合攻洛陽。隋書楊玄感傳（卷七十。）云：

「玄感圍東都……旬月間衆十餘萬，攻剽郡縣……」

同書（卷七十。）李密傳：「長白山賊孟讓掠東郡燒豐都市而歸密……密遣（裴）仁基與孟讓率兵二萬餘人襲迴洛倉，破之；燒天津橋，遂縱兵大掠。」

大業之亂，洛陽城外周圍均成戰場。煬帝平楊玄感亂後，峻法治其叛黨，殺三萬餘人，（隋書卷六七裴蘊傳，六三樊子蓋傳均云：所殺者數萬人。通鑑一八二大業九年八月則云：「所殺三萬餘人」。）皆籍沒其家，枉死者大半，流徙者六千餘人。洛都經此浩劫，人口喪亡甚多。其後李密與王世充宇文化及等相戰越年，士兵百姓戰死飢死者不可勝數（隋書七十李密傳，八十宇文化及傳，王充傳。）此期間洛陽文物遭破壞者極甚，其中修文殿所藏三萬七千卷正御本圖書及魏以來古蹟名畫幾悉數蕩盡，（詳見第七章。）尤足以見之。

李格非（洛陽名園記）曰：「天下常無事則已，有事則洛陽先受兵。」信哉斯言！

第二章　長安之凋殘

西晉八王之亂，軍人對文化中心之暴掠，先劫洛陽而後掠長安（如張方，太安二年（紀元三〇三年）先掠洛陽，後三年（光熙元年，紀元三〇六年）始再劫長安。）五胡之亂，劉曜王彌等如此：懷帝永嘉時大肆刼掠洛陽，殺三萬餘人；愍帝時攻掠關中，城門晝閉，士卒死者相枕。洛陽長安兩文化中心雖似同時被毀滅，實亦洛陽毀滅於先，而長安凋殘在後也。

一、五胡亂前之長安

秦漢之際，項羽已嘗焚燬咸陽。王莽末，天下大亂，長安更數遭暴掠，次第凋殘。更始元年（紀元二十三年）漢兵入城，長安未央宮遭兵燹殆盡。翌年，長安復遭赤眉暴掠，宮殿市街被焚，人死於兵亂者數十萬，宮殿屋宇化為丘墟。（可參閱後漢書卷四十一劉玄、劉盆子傳。）東漢末，涼州軍閥董卓又使長安遭受進一步之毀滅性破壞。初平三年六月，董卓黨羽李傕、郭汜、樊稠等攻入長安，「放兵擄掠，死者萬餘人。」（後漢書卷百二董卓傳語）經董卓等之暴掠，卒至白日擄掠，盜賊不能禁，人相啖食，白骨委積；郭汜等暴虐百姓外，並縱兵入宮殿劫掠金帛器物，焚燬宮殿。（均見董卓傳。）因而長安在魏晉之際，極蕭條荒殘。此於魏晉間詩文中可見之。如魏王粲七哀詩：

「西京亂無象，豺虎方遘患。復棄中國去，委身適荊蠻。親戚對我悲，朋友相追攀。出門無所見，白骨蔽平原。路有飢婦人，抱子棄草間。顧聞號泣聲，揮涕獨不還。未知身死處，何能兩相完。驅馬棄之去，不忍聽此言。南登霸陵岸，回首望長安。悟彼下泉人，喟然傷心肝。」（文選卷二十三，丁福保全漢三國晉南北朝詩全三國詩卷三。）

所謂「豺虎」者，即指李傕、郭汜等人。董卓之亂至於如此，無怪王仲宣「回首望長安」時「喟然傷心肝」也！

西晉時，潘岳西征賦描繪長安經漢末魏初戰亂後荒涼殘破之情況尤其詳盡：（文選卷十，藝文類聚卷廿七，全晉文卷九十。）

「于是孟秋爰謝，聽覽餘日，巡省農功，周行廬室，街里蕭條，邑居散逸，營宇寺署，肆廛管庫，蕞芮于城隅者，百不處一。所謂尚冠修城，黃棘宣明，建陽昌陰，北煥南平，皆夷漫滌蕩，亡其處而有其名。爾乃階長樂，登未央，汎太液，淩建章，縈馺娑，而款駘盪，轥枍詣而轢承光。徘徊桂宮，惆悵柏梁。鷩雉雊於臺陂，狐兔窟於殿傍。何黍苗之離離，而余思之芒芒。洪鐘頓於毀廟，乘風廢而弗縣。禁省鞠爲茂草，金狄遷於灞川。」

其時長安宮殿營宇百不存一，街里蕭條；而建陽、昌陰等著名宮殿，皆已夷蕩殆盡，成爲狐兔野獸之巢穴；長安之器物如大鐘等又已毀壞，餘剩之金人等器物亦已遷於霸川。其時長安蕭條之甚如此。

長安之此種蕭條與荒涼，西晉尚不及修復；八王及五胡之亂即相繼興起，戰火再次彌漫長安，以至遭受再三之破壞與蹂躪。

長安之成爲文化中心，蓋在兩漢時已然。西漢時都長安，「建藏書之策，置寫書之官，下及諸子傳說，皆充祕府。」當時劉向等校經傳諸子詩賦，大事整理圖書，書籍就均分藏於長安之石渠閣、天祿閣等處。西漢時長安學術風氣又極盛，各地士人多聚集長安談論學問，絕不愧爲當時最重要之文化經濟中心。（此可參漢書儒林傳等。）

然而，此一文化中心經赤眉及董卓等破壞無遺後，相繼者又爲兩晉南北朝之長期分裂與戰亂，長安遂不再能有昔日文化經濟之盛況。

二、兩晉時長安被蹂躪最甚

兩晉之際，長安被暴掠最甚者凡三次。

其一爲永嘉之亂。永嘉前一年，八王之亂已有所行動，東海王越及河間王顒部將互相攻伐。晉書卷四惠帝紀光熙元年五月壬辰：

「祁弘（東海王越將。）等與刁默（河間王顒將。）戰，默大敗。顒穎走南山，奔于宛。弘等所部鮮卑，大掠長安，殺二萬餘人。」

蓋其時張方已爲長安富人郅輔所殺，東方兵聞張方死，乃爭入關，乘機暴掠。而祁弘所部多爲好劫掠之鮮卑，故所殺者衆，所暴掠者亦必甚。晉書（卷五○帝紀。）又云：

「屬永嘉之亂，天下崩離。長安城中，戶不盈百，牆宇頹毀，蒿棘成林。朝廷無車馬章服，唯桑版署號而已。衆唯一旅，公私有車四乘，器械多缺，運饋不繼，巨猾滔天，帝京危急……故君臣窘迫，以至殺辱。」

永嘉之亂，兵燹極甚，故文化中心長安，所受之破壞亦甚。

及懷帝被擄，愍帝遷都長安，劉聰劉曜等屢入寇，長安又成戰場，此則為長安之二劫。晉書（卷五〇帝紀。）載述建興四年（紀元三一六年）八月劉曜等之再三進攻長安，云：

「劉曜偪京師，內外斷絕……麴允與公卿守小城以自固……冬十月，京師饑甚，米斗金二兩，人相食，死者大半。太倉有麴數十䴵，麴允屑為粥以供帝，至是復盡。」

身為至尊之愍帝亦僅能以粥餬口，其後更又食盡，則謂人相食，死者大半者必不為過。在此情形下復言當時長安之暴掠奪劫及荒殘者實亦多餘，故晉書亦不再明言之耳。茲不憚煩，引據晉書數條之述永嘉之際長安人口逃亡缺乏之甚者，以證其時長安之荒涼。

一、前秦苻堅永興元年（紀元三五七年）戰敗叛將張平時，「徙其所部三千餘戶於長安。」（晉書百十三苻堅載記上。）

二、建元元年（紀元三六五年）苻堅戰敗匈奴右賢王曹轂，「徙其豪族六千餘戶于長安。」（晉書百十三苻堅載記上。）

三、後秦姚興皇初元年（紀元三九四年）「徙陰密三萬戶于長安。」（晉書百十七姚興載記上。）

五胡十六國時長安城內荒涼，地廣人稀，而長安又始終不失為一個經濟文化重要地，故帝王多徙民戶於長安，以圖再行修復其創傷。而於上引三事之前，石季龍亦曾對長安大事修建。如前秦建武六年：（晉咸康六年（紀元三四〇年）。）

「季龍志在窮兵……兼盛興宮室，於鄴起臺觀四十餘所，營長安洛陽二宮，作者四十餘萬人。」（晉書百六石季龍上。）

後五年前秦建武十一年（晉永和元年，紀元三四五年）。又在長安興未央宮：

「以石苞代鎮長安，發雍洛秦幷州十六萬人，城長安未央宮。」晉書百六石季龍上。

五胡十六國如前秦後秦等，對長安實亦盡修建充實之能事，無奈此期間戰亂過多，戰火彌漫，終至無濟於事。且如石季龍之興建長安宮殿，不過在滿足其本人享樂之私慾，並非專意於振興此一經濟文化中心者。

五胡十六國有企圖修復充實長安者，然而亦有毒暴關中者。相較之下，其破壞遠甚於建設。且其破壞係屬蓄意，而其建設則並非誠意。

東晉太元八年紀元三八三年苻堅大舉伐晉，是年乃有肥水之戰發兵長安，戎卒六十萬餘，騎二十七萬，旗鼓相望，前後千里，結果招至肥水敗辱，死者十七八。後一年太元十年（前秦太安元年，紀元三八五年）。長安大饑，人相食。正月，西燕慕容冲乘機遣將襲長安；其初苻堅尚能破之，斬八百人，分其屍而食。通鑑一〇六太元十年。然而苻秦肥水敗後，實已力竭；是年五月，慕容冲卒攻陷長安。魏書卷九十五慕容永傳云：

「冲毒暴關中，人民流散，道路斷絕，千里無煙……冲入長安，縱兵大掠，死者不可勝計。」

其時關中大饑，以至噉敵屍而食之，又經慕容冲之殘酷暴掠，長安殆眞蕩爲丘墟矣。

尤使人痛心者，厥爲東晉末漢人在長安之互相殘暴劫掠。此則爲第三劫。

義熙十三年（紀元四一七年）七月，沈田子以千餘士卒大破後秦兵數萬於青泥，王鎮惡帥水軍自河入渭以趨長安，長驅直進而陷之。鎮惡性貪，屢停軍抄掠。宋書（四十五。）王鎮惡傳：

「是時關中豐全，倉庫殷積，鎮惡極意收斂，子女玉帛不可勝計，高祖（劉裕）以其功大，不問也。」

王鎮惡之貪婪抄掠收斂，尚不算大害。其後（翌年，即義熙十四年（紀元四一八年））。劉裕還建康，關中諸將猜忌，互相殘殺。義熙十四年十月，關中郡縣悉降於夏，夏王赫連勃勃進據咸陽，長安樵采路絕。（通鑑卷百十八。）十一月，劉裕召義眞自長安東歸，臨行時又縱士兵暴掠百姓。宋書（卷六十一）孝獻王義眞傳云：

「諸將競斂財貨，多載子女，方軌徐行。」

劉義眞既暴掠而返，劉裕旋遣將軍朱齡石代鎮長安。百姓因劉義眞將士之暴掠，轉恨晉軍而逐之，盜賊亦乘之而起。其時又値「赫連勃勃大敗王師於青泥北，」於是「雍州刺史朱齡石焚長安宮殿，奔於潼關。」（晉書卷十安帝紀義熙十四年十一月。）

長安此役受劉義眞、朱齡石及赫連勃勃之三重破壞，結果長安卒又爲赫連勃勃所據。其前因後果，顧祖禹氏言之最當。顧氏云：

「劉裕之滅姚秦地，知王鎮惡之才而不用也。誠以鎮惡之才，而資以關中之地，其勢必足以有爲。身爲篡弑之事，而授人以霸王之資，裕不若是愚也。故攜貳其權，隱授沈田子以殺鎭惡之計。鎭惡死而關中束手而歸於赫連矣。裕固以為寧失之赫連，不可資鎭惡也。」（讀史方輿紀要陝西方輿紀要序。）

此正與東晉四取洛陽（見上章。）而卒又不能守及不能恢復統一中原者，同出一轍：同因為政治上之主腦人物都缺乏統一之意志，缺乏正確之政治思想，各自圖割據。在此情形下，南北朝實在無法統一，文化中心因而亦無法不逐一地、一再地為戰火摧殘！

三、長安之澈底毀滅與重建

兩晉以後，南北朝長期分裂，戰火彌漫，于時天下分崩，所在殘破，長安仍然長期受戰火所破壞。

南史（卷五十三）梁武帝諸子（武陵王紀）傳：「大同三年，（紀元五三七年）為督益州刺史。以路遠固辭。帝曰：天下方亂，唯益州可免，故以處汝，汝其勉之。」

魏書（卷六十七）崔鴻傳：「晉惠不競，華戎亂起。三帝受制於姦臣，二皇晏駕於非所。五都蕭條，鞠為煨燼。趙燕既為長虵，遼海緬成殊域，窮兵銳進，以力相雄。中原無主，八十餘年。遺晉僻遠，勢略孤微，民殘兵革，靡所歸控。」（上十六國春秋表語。）

長安亦五都之一，其處南北朝紛亂之際，自亦蕭條煨燼。周書（卷十八。）王羆傳述蕭梁將曹義宗圍魏荆州，羆赴救之，云：「于時諸方鼎沸，所在凋殘。」關中形勢險要，據天下之上游，制天下之命，爲經濟文化中心，兵爭之要地。南北朝之際，長安實無法避免戰火之侵襲。

及北魏之末，孝武西遷：

「時關中大饑，徵稅民間穀食以供軍費，或隱慝者令遞相告，多被箠捶，以是人有逃散。」（周書十八王羆傳。）

自此，長安遭受一切更厲害之破壞。戰火、暴掠及盜賊劫奪並起。東西魏互相攻伐所引致之盜賊與暴掠，損害長安尤甚。例如北周東伐期間：

「大軍之東伐也，（時在西魏大統四年，亦即蕭梁大同四年，紀元五三八年。）關中留守兵少。而前後所虜東魏士卒，皆散在民間，或謀作亂。及李諱等至長安，計無所出，乃與公卿輔魏太子出次渭北。關中大震恐，百姓相剽劫。於是沙苑所俘軍人趙青雀，雍州民于伏德等，遂反。青雀據長安子城；伏德保咸陽，與太守慕容思慶各收降卒，以拒還師。長安大城民皆相率拒青雀，每日接戰。」（周書卷二，文帝紀下大統四年八月。）

其後宇文泰引兵返長安鎮壓，關中擾亂始平。

長安經北魏及周齊間戰亂破壞後，及隋文帝開皇二年，（紀元五八二年）已嫌長安凋殘過甚不能爲都，六月景申，文帝詔曰：

「此城從漢凋殘日久，屢爲戰場，舊經喪亂。今之宮室，事近權宜，又非謀筮從龜，瞻星揆日，不足建皇王之邑。」（隋書卷一高祖紀上。）

可見兩漢以來之長安城，因長期戰亂之蹂躪，凋殘荒涼已達於不足建皇王之邑。於是，隋文帝乃有澈底毀此兩漢所建之長安城而另行遷都之意。因而下詔羣臣議之，卒定遷都之策（此可參冊府元龜卷十三都邑一。）文帝乃命左僕射高熲、太府少卿高龍乂等創造新都，十二月，名新都曰太興城。（位於漢故城東南龍首原之地。新都形勢南與終南山之子午谷相對，北為渭水，東為滻、灞二水，西為廣潤之平野。）

隋文帝之澈底拆毀漢長安城，宋敏求長安志（經訓堂叢書本，畢沅校正。）言之頗詳，卷十二長安縣云：

「長安故城，在縣西北十三里。（畢沅校曰：元和郡縣志云，周回六十五里，漢長樂宮在縣西北十四里，漢未央宮在縣西北十五里，並在長安故城中。）……後周宮室在長安故城中，隋文帝開皇三年遷都以後，並灌為陂，卽漲陂是。」

經此役後，隋以前之長安城頓成陳蹟矣。

漢長安城經隋文帝之此次遷都，故城之宮殿木才自必悉數毀撤之。雖然，自此卽另有一隋唐之新長安城，然而隋唐之長安城已絕非兩漢魏晉南北朝時之長安城，漢長安城自此化爲烏有，此蓋由於晉南北朝戰亂破壞所致也。

且隋文帝新創造之長安城，於大業之亂及隋末唐初李淵陷長安之短短數年間（大業七年伐高麗，盜賊漸多，亂始顯著，迄恭帝義寧元年十一月，陷長安，尚不足七年，然已遭二劫。）又已慘遭二次浩劫：其一爲大業之亂，盜賊蠭起，天下饑饉，生民塗炭。其二爲隋末恭帝義寧元年，李淵起兵攻長安，與突厥始畢可汗相約：「若入長安，民衆土地入唐公，金玉繒帛歸突厥。」（通鑑卷一八四，義寧元年六月乙丑。）

於長安所藏書籍之損失，尤可見此二劫破壞之甚。隋代藏書盛極一時。經大業之亂及李淵陷長安二劫後，燬佚書籍近三十萬卷。（詳見第七章書籍之燬佚）長安文物受破壞之程度如此，其他方面之損害亦可以想像。但李唐仍以長安爲都者，則以隋文帝之毀漢長安城而另創造一城，此新長安城仍可經得起隋末唐初兩次巨劫之故也。

第三章　建康之劫難

自孫吳以建業爲都，及東晉宋齊梁陳亦都建業。自東晉起，建業卽成爲一新經濟文化中心。

建業（不當從邑，而南史皆作建鄴，誤。）避愍帝諱改名建康。（晉書十五地理志下，揚州傳）六朝均都建康，於經濟、文化及政治均佔重要地位。既爲六朝之都，故强藩巨鎭，亦往往自荊、襄、江、郢搆釁稱兵，爲建康禍。

因此，東晉及南朝時，建康皆不能免於戰禍。此見文化地始終隨政局之盛衰而盛衰也。

一、蘇峻之亂京邑焚蕩

東晉以成帝咸和年間蘇峻之亂毀壞建康最甚。

咸和三年（紀元三二八年）正月丙辰，蘇峻以討庾亮爲名叛亂。晉書（卷一百。）蘇峻傳云：

「（蘇峻）據蔣陵覆州山，率衆因風放火，台省及諸營寺署一時蕩盡。遂陷宮城，縱兵大掠，侵逼六宮，窮凶極暴，殘酷無道，驅役百官，光祿勳王彬等皆被捶撻，逼令擔負登蔣山。裸剝士女，皆以壞席苫草自鄣，無草者坐地，以土自覆。哀號之聲，震動內外……又遣韓晃入義興，張健、管商、弘徵等入晉陵……所過無不殘滅。」建康實錄卷七亦云：「峻因風放火，進燒青溪柵，再破官軍。卞壼、羊曼、周導、陶瞻等，皆死於柵下，遇害者數千人。」

蘇峻之亂，建康宮殿及百官受害者匪鮮。晉書謂「所過無不殘滅」，而蘇峻等以攻掠建康爲鵠的，較之所過之地尤有甚者。且蘇峻之亂，爲時匪短，翌年（咸和四年，紀元三二九年。）正月，蘇峻餘黨蘇逸、蘇碩、韓晃等又并力攻臺城，焚太極東堂及祕閣（並見晉書蘇峻傳，通鑑九四咸和四年。）温嶠討蘇峻餘黨，殺及死者亦以萬數。晉書云：

「温嶠等選精銳將攻賊營。碩率驍勇數百渡淮而戰於陣。斬碩。晃等震懼，以其衆奔張健於曲阿，（今江蘇丹陽縣）門阨不得出，更相蹈藉，死者萬數。」（卷一百，蘇峻傳。）

止蘇峻餘黨死者已萬數，其他百姓百官等死於蘇峻之亂者必當更甚。則蘇峻之亂，建康宮殿文物及戶口，損害均極嚴重也。試再觀晉書成帝紀咸和四年：

「……正月……（蘇）峻子碩攻臺城，又焚太極東堂祕閣皆盡，城中大饑，米斗萬錢。二月，大雨霖。景戌，諸軍攻石頭，李楊與蘇逸戰於柤浦，陽軍敗。建威長史滕含，以銳卒擊之。逸等大敗。含奉帝御於温嶠舟。羣臣頓首號泣請罪……時兵火之後，宮闕灰燼，以建平園爲宮。」

祕閣爲藏書之所，蘇峻之亂除燬宮殿及牽連百姓死者不可計數外，對祕閣文物尙多所燬壞。晉書（卷七十七）褚裒傳述蘇峻對建康之大損害亦云：

「蘇峻之役……百官奔散，殿省蕭然……京邑焚蕩，人物凋殘。襲收集散亡，甚有惠政。」

蘇峻對建康之損害，晉書再三痛論之。其後，更因蘇峻破壞建康過甚而有溫嶠之議遷都：

「及賊平，（謂蘇峻之亂已平也）宗廟宮室並為灰燼。溫嶠議遷都豫章，三吳之豪，請都會稽，二論紛紜……」（晉書六五王導傳。）

建康實錄亦言此事云：「峻子碩又攻宮城，焚燒堂殿祕閣皆盡。城內大饑，米斗萬錢。……時至正月，雨至二月，五十日。及滅蘇峻黨後，淫雨乃霽。兵火之後，宮闕荒殘。帝居止蘭臺，甚卑陋。欲營建平園，溫議嶠遷都豫章……。」（卷七晉顯宗成皇帝。）

溫嶠之議雖並未實行，但亦可見蘇峻之亂後，確實已達於京邑焚蕩之地步矣。

二、宋齊之建康

宋齊之末，建康均嘗遭受戰亂之摧殘。

劉宋之末，對建康之破壞，先有桂陽王休範之亂。

後廢帝昱元徽二年，（紀元四七四年）桂陽王休範自謂尊親莫二，應入為宰輔；既不如志，又不為諸兄所齒遇，怨憤頗甚。五月壬午，遂舉兵襲朝廷，「率眾二萬，鐵騎數百匹。發自尋陽，晝夜取道……休範至新林，朝廷震動。」（宋書七九）

（桂陽王休範傳。）桂陽王休範旋遣其將杜耳、丁文豪等直向朱雀門，攻建康。結果雖爲蕭道成等斬敗，但却因此而「庫藏已盡，皇太后太妃剔取宮內金銀器物以充用，」此外並「詔建康秣陵二縣收斂諸軍死者，并殺賊屍，並加藏埋。」（宋書七九桂陽王休範傳。）

史書對桂陽王此役之亂雖未有明確載述其損害之情形，然而桂陽王既蓄意叛亂，攻建康時又有兵衆二萬及鐵騎數百匹，則其破壞當亦不小。

及順帝昇明元年（紀元四七七年）又有沈攸之等之亂。宋書卷九後廢帝紀云：「荊州刺史沈攸之、南徐州刺史建平王景素，郢州刺史晉熙王燮、湘州刺史王僧虔、雍州刺史張興世，並舉義兵赴京師。」（元徽二年五月）宋末兵卒聚於建康者甚多，止沈攸之之部衆已有「戰士十萬，鐵馬二千。」（宋書七四沈攸之傳。）而一旦處混亂之末世，此等於軍事上有鉅大勢力之領袖（如沈攸之）及藩王，必圖攻佔建康割據稱王。於是，建康又受殘暴劫掠矣！

及昇明元年十二月，沈攸之舉兵江陵討蕭道成，遂使天下無寧土，「四野百縣，路無男人，耕田載租，皆驅女弱。自古酷虐，未聞有此。」（宋書沈攸之傳。）

南齊書（卷五十六）紀僧眞傳云：

「及沈攸之事起，從太祖入朝堂。石頭反。夜，太祖遣衆軍掩討，宮城中望石頭火光及叫聲甚盛，人懷不測，僧眞謂衆曰：叫聲不絕之，必官軍所攻；火光起者，賊不容，自燒其城。此必官軍勝也。」

石頭城在建康西北，順帝卽位時，鎭石頭者爲袁粲。（宋書八九袁粲傳。）沈攸之亂起，袁粲、劉秉等亦謀誅道成。故蕭道成遣戴僧靜等攻袁粲於石頭，（南齊書卷三十戴僧靜傳）其時：

「僧靜率力攻倉門，身先士卒，衆潰。僧靜手斬粲，於是外軍燒門入……。」（南齊書戴僧靜傳。）

袁粲本欲攻蕭道成於建康，不料爲蕭道成先發制人。而其時建康城外已爲戰火牽連，石頭城火光彌漫，建康城士民皆懷不測，（此於紀僧真出言相慰可見之。）例必隨戰亂而起之掠奪亦當在所不能禁。

蕭齊末年，建康更遭遇明顯之破壞。

先是，東昏侯永元二年（紀元五〇〇年）三月遣平西將軍崔慧景伐壽春（通鑑作壽陽。）四月丁未，崔慧景與崔恭祖等叛，於廣陵舉兵襲京師。（建康也。）南齊書（卷五十一）崔慧景傳云：

「慧景分遣千餘人，魚貫緣（蔣）山自西巖夜下，鼓叫臨城中，臺軍驚恐，卽時奔散。帝又遣右衛將軍左興盛，率臺內三萬人拒慧景於北離門……慧景燒蘭臺府署爲戰場……射火箭燒北掖樓……慧景圍城凡十二日，軍旅散在京師，不爲營壘。及走，衆於道稍散……。」

崔慧景圍攻建康既燒蘭臺府署爲戰場，又射以火箭；而其軍旅在京師又甚無紀律，則此役建康受禍匪淺矣。

翌年和帝中興元年紀元五〇一年蕭衍曹景宗等又與東昏侯戰於建康城外，「時李居士猶據新亭壘，請東昏燒南岸以開戰場，自大航以西，新亭以北，蕩然矣。」梁書卷一武帝紀上。

是年十月，東昏侯於建康城外之朱雀航，與蕭衍部衆曹景宗等作孤注一擲之最後頑抗：

「東昏侯又遣征虜將軍王珍國，率軍主胡獸牙等列陣於航南，大路悉配精手利器，尚十餘萬人。閹人王伥子持白虎幡督率諸軍，又開航背水以絕歸路。王茂曹景宗等犄角奔之，將士皆殊死戰，無不一當百，鼓噪震天地。珍國之衆一時土崩，投淮死者積屍與航等，後至者乘之以繼……壬午，高祖梁武帝蕭衍。鎭石頭，命衆軍圍六門；東昏悉燒門內，驅逼營署官府並入城，有衆二十萬。」梁書卷一武帝紀上。

據上述，可見齊末建康城內外戰火均極甚；對於地方建築物之損害，人口之死亡，亦甚嚴重。

是年中興元年，紀元五〇一年。十二月，梁武帝目覩建康荒涼之慘象，遂令曰：

「夫樹以司牧，非役物以養生。視人如傷，豈肆上以縱虐，廢主弃常，自絕宗廟，窮凶極悖，書契未有，征賦不一……加以天災人火，屢焚宮掖，按：永元二年（紀元五〇〇年）六月甲辰，後宮火，燒三十餘間，死者相枕。官府臺寺，尺椽無遺，悲甚黍離，痛兼麥秀……」

梁武帝目覩建康於齊末戰亂後荒殘，其下令之言如此，建康所受戰亂摧殘之程度，可以想見。

三、蕭梁以後之建康

梁武帝晚年侯景之亂，對建康蹂躪最甚。

侯景性殘酷，好剽掠以獎賞士卒。梁書卷五十六侯景傳云：

「景性殘忍酷虐，馭軍嚴整。然破掠所得，皆班賜將士，故咸爲之用，所向多捷。」

通鑑卷一六三簡文帝大寶元年二月。亦云：「景性殘酷，嘗戒諸將曰：破柵平城，當淨殺之，使天下知吾威名。故諸將每戰勝，專以焚掠爲事。」

侯景叛亂，攻掠建康，始於太清二年紀元五四八年十月，及承聖元年紀元五五二年四月，羊鵾殺侯景於胡豆洲。建康所遭劫掠始暫告結束。則止侯景衆之劫掠建康，已整整三年又六月。侯景部衆皆殘酷以焚掠爲事，故此期間建康之損害實有史以來最甚之一役也。

梁武帝太清二年二月，與魏連和，侯景憤懼。八月，景遂據壽陽叛梁。十月，侯景進兵建康。己酉，至慈湖，建康大駭，御街人更相劫掠。梁書卷五十六侯景傳云：

「景於是百道攻城，持火炬燒大司馬東西華諸門。城中倉卒，未有具備，乃鑿門樓，下水沃火，久久方滅。……

……賊又登東宮牆射城內。至夜，太宗簡文帝蕭綱。募人出燒東宮，東宮臺閣遂盡。景又燒城西馬廐士林館太府寺。……十一月……景又攻東府城，設百尺樓車，鉤城堞盡落，城遂陷……乃縱兵殺掠，交尸塞路；富室豪家，恣意裒剝；子女妻妾，以配軍營。及築土山，不限貴賤，晝夜不息，亂加毆棰。疲羸者，因殺之以填山，號哭之聲響動天地。百姓不敢藏隱，並出從之，旬日之間，衆至數萬。……十二月，景造諸攻具及飛樓橦車、登城車、登堞車、階道車、火車，並高數丈，一車至二十輪，陳於闕前；百道攻城，並用焉。以火車焚城東南隅火樓，賊因火勢以攻城，城上縱火，悉焚其攻具，賊乃退。……材官將軍宋嶷降賊，因爲立計：引玄武湖水灌臺城。城外水起數尺，闕前御街並爲洪波矣。又燒南岸民居營寺，莫不咸盡。司州刺史柳仲禮……等，皆來赴援。……既而，鄱陽世子嗣、永安侯確、羊鴉仁、李遷仕、樊文皎，率衆渡淮攻賊東府城……景食稍盡，至是米斛數十萬，人相食者十五六。初，援兵至北岸，百姓扶老攜幼以侯王師，才得過淮，便競剝掠……相持已月餘日，城中疾病，死者太半。景自歲首以來乞和，朝廷未之許，至是事急，乃聽焉。」

建康實錄卷十七梁武帝紀載侯景之亂雖甚簡略，但頗切要，其言曰：「（侯景衆）引玄武湖水灌臺城，闕前御街並爲洪波。燒劫府舍，營衞市肆，郭區內外，居人略盡。」

今按，侯景之圍攻建康，歷三月有餘，（景傳云：景謀臣說曰：圍守宮闕，已盈十旬。）太清三年二月，侯景雖拜表求和，而長圍不解。觀梁書所載侯景攻掠建康，建築物如東宮、士林館、太府寺等宮營寺署蕩盡，所燬文物最多。如東宮，卽爲梁代貯藏文物之主要地，東宮之燬，損失書籍珍寶等文物最甚。（詳見第七章書籍之燬佚）而在此次戰役中，子女妻妾，以配軍人，殺疲羸以填山，又亂加毆棰，則人類尊嚴蓋盡掃地，人口死亡亦必無遺。侯景之攻城，火攻、水攻又兼而用之，及屢攻臺城不克，又食石頭常平諸倉既盡，軍中乏食，乃縱士卒掠奪民米及金帛子女（通鑑一六一，太清二年十一月。此為梁書侯景傳所缺載。）是後米一升至七八萬錢，人相食，餓死者十五六。

此僅為侯景攻掠建康之第一次。

侯景之拜表求和，由於劉邈之勸：「頓兵既久，攻城不拔而援兵雲集，加以軍糧不支一月，運漕路絕，野無所掠。」不得已始暫拜表求和。其後，侯景「知援軍號令不一，終無勤王之効。又聞城中死疾轉多，」（梁書五六侯景傳，下同。）乃抗表陳帝十失，於太清三年三月復大舉攻臺城：

「（侯景）決石闕前水，百道攻城，晝夜不息，城遂陷。於是悉鹵掠乘輿服玩後宮嬪妾……。初，城中積屍，不暇埋瘞。又有已死而未斂，或將死而未絕，景悉聚而燒之，臭氣聞十餘里。」（梁書侯景傳。）

梁書所載侯景第二次攻掠建康，所破壞虜掠者僅如上述。其實侯景二攻建康之破壞，實亦甚嚴重，其損害程度不下於第一次之進攻。南史卷八十賊臣侯景傳：

「初，城圍之日，男女十餘萬，貫甲者三萬。至是疾疫且盡，守埤者止二三千人，並悉羸懦，橫屍滿路……」

資治通鑑一六二太清三年五月：「自侯景作亂，道路斷絕，數月之間，人至相食，猶不免餓死，存者百無一二。」胡身之注引金陵記曰：「梁都之時，戶二十八萬。西至石頭城，東至倪塘，南至石子崗，北過蔣山，南北各四十里。侯景之亂至於陳時，中外人物不逮宋齊之半。」

胡身之注引金陵記謂建康戶二十八萬，以一戶三口計，則建康亦有人口八十四萬，與南史所謂「男女十餘萬，貫甲者三萬」之數相差甚遠。然而，南史所言之數目，蓋指臺城所有。金陵記所載之數，則指整個建康城而言。

由此可見，侯景之攻掠建康，止臺城（在建康之北，為軍事要地，亦行政中樞。）男女已死亡約十萬餘。至於建康城中死於饑饉、勞役及暴掠與戰火之下者，（當約有二十萬）尚未包括在內。

侯景亂時，魏書（卷九十八）島夷蕭衍傳述其時建康之饑荒及侯景縱兵虜掠之情形，頗有爲梁書所不及者，云：

「（建康）城內大饑，人相食，米一斗八十萬；皆以人肉雜牛馬而賣之。軍人共於德陽堂前之市屠一牛，得絹三千匹，賣一狗得錢二十萬。皆燻鼠捕雀而食之，至是雀鼠皆盡，死者相枕。……景自至建業，縱軍士前後擄掠，倉庫所有，皆掃地盡矣。……始景渡江，至陷城之後，江南之民及衍王侯妃主世冑子弟，爲景軍人所掠，或自相賣鬻，漂流入國者，（謂流入北魏境內也）蓋以數十萬口。加以饑饉，死亡所在塗地。江左遂爲丘墟。」

侯景輩不止破壞文物恣意掠奪上下財物，更進而虜賣人口；不獨百姓，卽王冑子弟亦無人性尊嚴可言矣。

侯景亂後，江左爲丘墟，建康頓呈荒涼之象。梁書（侯景傳，太清三年十二月。）云：「百濟使至，見城邑丘墟，於端門外號泣，行路見者，莫不灑淚」。南宋張敦頤（六朝事蹟編類卷上「石闕」條。）亦曰：「侯景作亂，焚燒宮廟城廓府寺，百無一存。尋高麗百濟等國入貢，見其凋殘，遂哭於闕下。楊修有詩云：雙石巍巍慰眼青，滿朝珍重佐公（陸倕，字佐公）銘；宮城府舍俱灰燼，翻使夷人漫涕零。」宮廟城廓殘破以致夷人亦爲之涕零，此見建康爲戰火損害之甚也。

此後約二年，建康在侯景勢力範圍控制之下，其時殘破分裂之局面一直無法收拾。及梁元帝承聖元年，王僧辯陳霸先等攻侯景於建康，是爲蕭梁時建康遭受之第三次攻掠與破壞。梁書卷四十五王僧辯傳云：

「侯景自出與王師大戰於石頭城北……僧辯在後麾軍而進，復大破之……僧辯令衆將入據臺城。其夜，軍人採梠失火，燒太極殿及東西堂等。時軍人鹵掠京邑，剝剔士庶，民爲其執縛者，袒衣不免，盡驅逼居民，以求購贖。自石頭至於東城，緣淮號叫之聲，震響京邑。於是百姓失望。」南史六三王僧辯傳略同。

王僧辯攻陷建康時，與侯景一樣，燬壞建築物、搶劫百姓財物，虜掠居民以求購贖，盡一切破壞之能事。至此，南朝建康城元氣盡喪。

梁元帝承聖二年八月，乃遷都江陵。南史卷三十四周弘正傳：

「及侯景平……時朝議遷都。但元帝再臨荆陜，前後二十餘年，情所安戀，不欲歸建業；兼故府臣僚皆楚人，並欲卽都江陵。云：建康蓋是舊都，凋荒已極；且王氣已盡，兼與北止隔一江，若有不虞，悔無所及。」

周書卷四十一王褒傳亦云：「以建業凋殘，方雖修復；江陵殷盛，便欲安之。」

梁元帝之遷都，雖與故府臣僚多爲楚人等有關，然主要者仍由於建康經侯景及王僧辯劫掠後，殘破已極所致。及陳亡，隋文帝統一分裂局面後，開皇九年二月，詔建康城邑宮室並平蕩耕墾。此見隋書卷三十一地理志下丹楊郡宋書三五州郡一，丹楊尹，治建康。條小注：

「自東晉以後，置郡曰揚州。平陳，詔並平蕩耕墾，更於石頭城置蔣州。」並見通鑑一七七開皇九年二月。

隋書卷三十一地理志下又云：「丹楊，舊京所在，人物本盛，小人率多商販，君子資於官祿，市廛列肆，埒於二京，人雜五方……」

隋以前建康人物本盛，及隋文帝而迫於要平蕩耕墾。主要亦因建康經三百年分裂戰亂之破壞，迄隋文帝統一時，業已荒殘極甚之故。自此，六朝遺蹟，遂不復存在。

李白金陵歌送別范宣。王琦（載菴）李太白集輯注卷七。痛悼六朝遺蹟蕩盡，頗足爲建康經長期戰亂破壞後荒殘之寫照。茲轉引以作本章尾聲。詩云：

石頭巉巖如虎踞，凌凌欲過滄江去。鍾山龍盤走勢來，秀色橫飛歷陽樹。

四十餘帝三百秋，功名事蹟隨東流。（註一）白馬小兒誰家子，泰清之歲來關囚。（註二）

金陵昔時何壯哉，席捲英豪天下來。冠蓋散爲雲務盡，金輿玉座成寒灰。

扣劍悲吟空咄嗟，梁陳白骨亂如麻。天子龍沈景陽井，誰歌玉樹後庭花。

此地傷心不能道，目下離離長春草。送爾長江萬里心，他年來訪商山皓。

註一　自孫權定都建鄴，傳四主五十九年而晉并之。元帝渡江，傳十一主一百三年而宋代之。宋傳八主五十九年而齊代之。齊傳七主二十四年而梁代之，梁傳四主五十五年而陳代之。陳傳五主三十二年而隋并之。凡三十九主，三百三十二年。

註　二　白馬小兒指侯景。侯景破建康，乘白馬，以青絲爲羈勒。

第四章　新文化要地三吳之淪陷

三吳之名，屢見晉書，（如卷七成帝紀咸和三年，卷七十八陶回傳、卷八十四劉牢之傳等）然而史文回互，頗難詳究。王鳴盛十七史商榷（卷四十五三吳條。）則疑晉人主吳興與丹陽、吳郡爲三吳；但又引晉書成帝紀咸和三年：蘇峻反，吳興太守虞潭與庾冰（時為吳郡太守）王舒（時為會稽太守）起義兵於三吳等說，謂三吳又或當爲吳郡、吳興與會稽。

竊疑主吳興、丹陽及吳郡爲三吳者，當爲西晉時人；晉元帝渡江後，以建康爲都，以後會稽在經濟文化上日佔重要地位，東晉人始漸以吳郡、吳興與會稽爲三吳，而屏棄丹楊於「三吳」名外。

三吳之興盛與破壞，以晉室渡江後爲顯著。故本文所謂三吳者，謂吳郡、吳興與會稽也。

一、三吳之重要

晉南北朝間，三吳於經濟文化上均佔重要地位，經濟上之富庶較之建康、長安與洛陽有過無不及。史書屢言及其富庶之情形及重要：

沈約曰：「會稽帶海傍湖，良疇亦數十萬頃，膏腴上地，畝值一金，鄠杜之間不能比也。」（宋書五四孔季恭傳。）

南齊書（卷四六陸慧曉附顧憲之傳。）云：「吳興無秋，會稽豐登。」

陳書卷二十三沈君理傳：「高祖受禪……（沈君理）出爲吳郡太守。是時兵革未寧，百姓荒弊，軍國之用，咸資東境，」

三吳於江南諸地中，土地之膏腴實首屈一指。晉及南朝賦稅亦大部有賴三吳，歷代君主於府庫空虛時，往往在三吳身上打主意。故齊竟陵王子良南齊書四十本傳。又云：

「三吳奧區，地惟河輔，百度所資，罕不自出。」

東晉及南朝既然均以三吳爲經濟之主要基地，因而戰亂中亦每欲圖據三吳。如梁陳之際，陳霸先既誅王僧辯，僧辯弟僧智兵據吳郡。高祖（陳霸先）遣黃他率衆攻之。僧智出兵於西昌門拒戰。他與相持不能克。高祖以「三吳奧壤，舊稱饒沃，雖凶荒之餘，猶爲殷盛，」陳書二五裴忌傳語。因而盡力與王僧智爭取吳郡。止此一事，已可知三吳因經濟上之優越條件，亦成爲軍事上爭奪之目標矣。

據晉書卷十五地理志下楊州條所載三吳戶口如左：

一、吳郡統縣十一戶二萬五千。

二、吳興郡統縣十戶二萬四千。

三、會稽統縣十戶三萬。

合計共有戶才八萬九千。

然而，止河南一郡（屬司州，晉書十四地理志下。）却已有戶十一萬四千四百。三吳戶口合計仍不及河南一郡，但其經濟及賦稅反佔第一位，最足以反映三吳之富庶與重要。獨惜此一新文化經濟要地亦不免戰火之蹂躪，否則其經濟文化一再向上發展，而南北經濟文化之轉移亦毋須俟諸唐宋。

二、孫恩盧循對三吳之破壞

孫恩叛亂之前，三吳亦嘗有饑饉及戰亂之破壞。如晉元帝太興二年（紀元三一九年）二月：江西諸郡蝗，吳郡大饑；十二月，三吳大饑。（晉書六元帝紀）成帝咸和二年（紀元三二六年）蘇峻之亂，對三吳之破壞亦頗不輕。時值三吳大饑穀貴（晉書七八陶回傳。）蘇峻遣韓晃入義興，又遣管商等「進攻吳郡，焚吳縣、海鹽、嘉興……。」（晉書一百蘇峻傳。）但蘇峻之亂，仍非以三吳爲目標，及安帝隆安年間，孫恩之亂起，擾掠三吳無已時，三吳乃遭受第一次之浩劫！

孫恩之亂，以討王恭爲名。隆安三年，元顯縱暴吳會，百姓不安，孫恩因其騷動，襲會稽。於是會稽、吳郡、吳興、義興、臨海、永嘉、東陽及新安八郡，皆起兵殺長吏以應恩。孫恩對三吳之破壞，魏書（卷九十六）僭晉列傳所載有爲晉書所不及者，云：

「恩既作亂，八郡盡爲賊場……人情危懼，恒慮大兵竊發……賊等禁令不行，肆意殺戮，士庶死者不可勝計。

或醢諸縣令以食，其妻子不肯者，輒支解之，其虐如此。……（謝）琰將至吳興，賊徒遁走，驅迫士庶，奔於山陰，諸妖亂之家，婦女尤甚。未得去者，皆盛飾小兒，投之於水而告之曰：賀汝先登仙堂，我尋復就汝也。賊既走散，邑屋焚毀……。」

魏書此處所言，於吳興之刼爲詳。而晉書卷一百孫恩傳言孫恩對吳郡及會稽之破壞，又非魏書所能及。其言曰：

「恩據會稽，自號征東將軍，號其黨曰長生人。宣語令誅殺異己有不同者，戮及嬰孩，由是死者十七八……吳會謂吳郡會稽也承平日久，又無器械，故所在多被破亡。諸賊皆燒倉廩，焚邑屋，刋木堙井，虜掠財貨……（孫恩）既聞牢之臨江……乃虜男女二十萬口，一時逃入海，懼官軍之躡，乃緣道多棄珍寶子女。時東土殷實，莫不粲麗盈目，牢之等遽於收斂，故恩復得逃海。」

三吳邑屋均被燬壞，財物盡爲掠奪，人口死亡嚴重，於此可見。且破壞三吳者不止孫恩之輩，晉軍亦放肆抄掠，觀上述劉牢之等貪婪自明。且魏書卷九十六僭晉列傳亦云：

「初，三吳因於虐亂，皆企望牢之高素等。既至，放肆抄暴，百姓咸怨毒失望焉。」

在孫恩及晉軍雙重暴劫下，三吳確已民不聊生。孫恩之亂，凡三年餘，東土遭孫恩之亂，因以饑饉，漕運不繼，三吳大饑，戶口減半。及孫恩敗，赴海自沈。然而孫恩妹夫盧循繼之爲主，禍亂仍不能止息。幸而盧循等之亂已不以三吳爲目的，但其攻掠廣州，焚民舍三千餘家，死萬餘人晉書九十吳隱之傳亦盡暴掠之能事。

三、宋齊間之三吳

劉宋晉安王子勛及蕭齊唐寓之，亦各曾摧殘三吳。

宋明帝泰始二年（紀元四六六年）正月，晉安王子勛稱帝於尋陽，各州響應，四方貢計皆歸尋陽，朝廷唯保丹陽一郡。二月，明帝遣吳喜、任農夫東征，宋書（卷八十三）吳喜傳云：

「及泰始初，東討……直造三吳，凡再經薄戰，而自破崗以東至海十郡，無不清蕩，百姓聞吳河東來，便望風自退……」

今按：據宋書吳喜傳，吳喜係一最好暴掠百姓財物者，且「統軍寬慢無章，放肆諸將，無所裁檢」，吳喜至荆州時，「殷富錢物，無復孑遺……因公行私，迫脅在所，入官之物，侵竊過半」，因此百姓極畏懼吳喜兵衆，謂「吳軍中人，皆是生劫，若作刺史，吾等豈有活路。」（均宋書本傳語）則吳喜克吳興吳郡時，暴掠之甚可知矣。

至於會稽，則亦遭士兵大掠。上虞令王晏起兵攻會稽郡時：「晏至郡，入自北門……縱兵大掠，府庫空盡。」（宋書八四孔覬傳。）可見於晉安王子勛叛亂之役，三吳均遭洗劫。而此次劫掠，並非民間盜賊，却是官軍混水摸魚。而南齊武帝永明年間唐寓之叛亂，官軍亦頗縱抄掠。

南齊永明年間，由於連年檢籍，百姓怨望，唐寓之乘機以妖術惑衆作亂，攻陷富陽。三吳却籍者奔之，衆至三萬，勢漸熾。寓之進兵錢塘時：

「寓之進抑浦，登岸，焚郭邑。彪錢塘令劉彪。棄縣走。……官軍至錢塘，一戰便散，禽斬寓之，進兵平諸郡縣，臺軍乘勝，百姓頗被抄奪。軍還，上聞之，收軍主前軍將軍陳天福棄市，左軍將軍中宿縣子劉明徹，免官削爵。」南齊書四四沈文季傳，南史四七虞玩之傳略同。

按此，則唐寓之等破壞本不大，苦者乃在官軍之暴掠耳。

然而，唐寓之之破壞實亦非輕。南齊書卷四十六陸慧曉附顧憲之傳云：

「唐寓之之寇擾，公私殘盡。」

其時永明六年，紀元四八八年適値吳興頻歲失稔饑饉，會稽亦凋弊，故顧憲之痛言唐寓之叛亂遺害如此。

四、侯景叛亂三吳荒殘

蕭梁晚年，侯景亂之前，三吳亦已一再呈衰象；此大抵由於長期戰亂所致。大通二年，昭明太子上疏：

「吳興累年失收，民頗流移；吳郡十城，亦不全熟……東境穀稼猶貴，劫盜屢起。」梁書八蕭統傳。

南史卷六十。江革傳亦謂：「監吳郡，時境內荒儉，盜賊公行。」則晉以來爲南方文化經濟中心之三吳，在蕭梁晚年亦已不振。及侯景亂起，對三吳又一再蹂躪：

「太清三年紀元五四九年三月，張大黑率兵入吳。吳郡太守袁君正迎降……既至，破掠吳中，多所調發，逼掠子女，毒虐百姓，吳人莫不怨憤……六月，侯子監行台劉神茂等軍東討，破吳興……十二月，宋子仙、趙伯超、劉神茂，進攻會稽，東揚州刺史臨成公大連棄城走……。」梁書五六侯景傳。

自此，三吳盡沒於侯景。侯景將攻三吳時，每有虜掠，尤以劫奪吳郡百姓財物爲甚，故吳人皆怨憤而思反抗。翌年梁簡文帝大寶元年，紀元五五〇年。四月，文成侯寧乃於吳郡西鄉起兵，旬月之間，衆至一萬。梁書侯景傳。侯景將侯子榮擊破之。侯子榮乘機暴掠，此梁書缺載。通鑑卷一六三大寶元年云：

「文成侯寧起兵於吳，有衆萬人，己巳，進攻吳郡；行吳郡事侯子榮逆擊，殺之。……子榮因縱兵大掠郡境。」

侯景爲亂之時，又適值東境饑饉，因此百姓羣相聚集爲盜，而此適足以增加對三吳之破壞耳。茲試舉一例以明之。陳書卷三十五陳寶應傳：

「侯景之亂……是時，東境饑饉，會稽尤甚，死者十七八，平民男女，幷皆自賣。」南史八十本傳略同。

今再觀司馬光痛陳侯景對三吳之蹂躪。其言曰：

「自晉氏渡江，三吳最爲富庶，貢賦商旅，皆出其地。及侯景之亂，掠金帛既盡，乃掠人而食之，或賣於北境，遺民殆盡矣。」通鑑卷一六三大寶元年。

三吳自此一蹶不振，其經濟文化已不及昔日之盛；陳隋二代，對三吳之建設亦罕有所聞。於此，實最足使人深深意味到戰亂對經濟文化要地破壞之甚也。

第五章　其他重要地之破壞

兩晉南北朝間經濟文化要地除洛陽、長安、建康及三吳外，其他重要地仍頗多；在此期間，一城一郡之地勢稍重要者或富庶者，均難免於兵燹。此於本章中尤易見之。則南北朝地方性之破壞，亦達於極點矣。茲再述數地如左，然決非僅如所舉；蓋舉數端以見其餘也。

一、鄴

顧祖禹云：「晉永嘉末，張賓謂石勒曰：鄴有三臺之固，西接平陽，山河四塞，宜北徙據之，以經營河北，勒遂引兵渡河。……拓拔孝文之去代遷洛也，經鄴登銅雀臺。其臣崔光進曰：鄴城平原千里，漕運四通。有西門、史起舊迹，可以富饒，請都之。」讀史方輿紀要卷四十九彰德府。

據顧祖禹引張賓崔光二氏語，鄴城實甚重要，故五胡十六國及隋末羣雄角逐之際，未嘗不起爭相鄴，蓋馳逐中原，鄴其綰轂之口也。此外，加以戰亂中軍人之好虜掠劫奪，則鄴城之劫亦甚矣。在晉南北朝三百餘年戰亂中，鄴城之劫凡二：其一爲十六國之亂，而在八王之亂時鄴城又已先遭劫掠。惠帝時，趙王倫篡位，三王起義，王浚擁衆挾兩端遏絕檄書，使其境內士庶不得赴義，成都王穎欲討之而未暇，王浚乃得乘機克鄴城，王浚等陷鄴時：

「士衆暴掠，死者甚多。鮮卑大掠婦女，（時王浚與鮮卑勾結）浚命敢有挾藏者斬，於是沉於易水者八千人，黔庶荼毒自此始。」（晉書三九王浚傳。）

後三年，（永嘉元年紀元三〇七年）石勒又陷鄴城，縱兵大掠。晉書王浚傳云：

「勒乃詐降於浚……衆議之皆曰：胡貪而無信，必有詐，請距之。浚怒，欲斬諸言者，衆遂不敢復諫，盛張設以待勒。勒至城，便縱兵大掠。浚左右復請討之，不許……（勒）收浚麾下精兵萬人盡殺之。」（晉書王浚傳之言如此，然通鑑八六但云：汲桑聚衆劫掠郡縣，以「為成都王復仇」為名，「以石勒為前驅，長驅入鄴，燒鄴宮，……」云云，並未言及石勒詐降等事，大抵此役石勒以輕兵掩襲成功，晉書之言頗不足信。但暴掠鄴城之事則實有之，此觀後引可見。）

同書（卷一〇四）石勒載記則謂：「勒與汲桑帥牧人……劫掠郡縣……進軍攻鄴，以勒爲前鋒……長驅入鄴，殺萬餘人，掠婦女珍寶而去。」（通鑑八六則云：「燒鄴宮，火旬日不滅，殺士民……」）

石虎據鄴稱（後）趙時，「百姓失業，十室而七」，（晉書石季龍載記上）石虎死，子世卽位之際，「鄴中羣盜大起，迭相劫掠。」（石季龍載記下。）

據上諸引，五胡十六國之際，鄴城遭劫頗甚。其時有一次大天災對鄴城之破壞尤甚。時在石遵嗣位之際（通鑑繫之於東晉穆帝永和五年（紀元三四九年）四月。）晉書石季龍載記下述此役鄴城之大劫難云：「暴風拔樹，震雷，雨雹大如盂升，太武暉華殿災，諸門觀閣蕩然，其乘輿服御燒者太半，光燄照天，金石皆盡，火月餘乃滅，雨血周遍鄴城。」

及北魏末，北方又陷入混亂局面。爾朱氏縱橫北方，葛榮引兵圍鄴，衆號百萬，所至殘破。孝武帝時，高歡與爾朱兆，爾朱天光等又大戰於鄴，（北齊書神武帝紀上）然而此僅爲鄴城之小劫耳。及魏分東西，二國爭强，戎馬生郊，干戈日用，兵連禍結，力敵勢均，疆場之事，無日無之，鄴城乃遭受第二次之大劫。周武帝伐齊，至鄴，卽嘗一度「出齊宮中金銀寶器珠翠麗服及宮女二千人班賜將士，」（周書六武帝紀下語）及周靜帝大象二年，（紀元五七九年）楊堅（隋文帝）輔政，尉遲迥以丞相楊堅不利於帝室，謀討之。楊堅乃遣韋孝寬討尉遲迥，周室自始混亂。是年八月，韋孝寬破尉遲迥，追擊至鄴，焚燬鄴城邑居，迥窮迫自殺，兵士在小城中者，孝寬盡阬之。（周書三十一韋孝寬傳，通鑑卷一七四太建十二年。）此役對鄴城之破壞最甚。周書（卷八）靜帝紀云：

「孝寬破尉迥於鄴城，迥自殺；相州平，移相州於安陽，其鄴城及邑居皆毀廢之。」

自此，鄴城邑居悉被焚廢，徙其居人南遷四十五里。鄴城故迹於是無遺矣。隋段君彥爲過故鄴詩痛悼鄴城之凋殘云：

「玉馬芝蘭北，金鳳鼓山東。舊國千門廢，荒壘四郊通。深潭直有菊，涸井半生桐。

粉落妝樓毀，塵飛歌殿空。雖臨玄武觀，不識紫微宮。年代俄成昔，唯餘風月同。」（丁福保全隋詩卷四。）

二、薊

薊，隋書卷三十。地理志作薊，屬涿郡。三國時爲燕郡，慕容雋嘗都於此，隋大業初，改曰涿郡。形勢險要，爲重鎮。顧祖禹云：「川澤流通，據天下之脊，控華夏之防，鉅勢强形，號稱天府。」（讀史方輿紀要卷十一。）

五胡十六國時，石勒、慕容皝等對薊均嘗破壞，然不甚嚴重。前秦苻堅末年，（東晉孝武帝太元十年，紀元三八五年）長安饑，人相食。二月，西燕慕容沖乘機帥兵襲薊，燒薊城宮室，時幽冀大饑，人相食（晉書百四苻堅載記下）。薊城遭劫較甚。

及北魏之末，六鎮亂起。魏孝明帝孝昌年間，盜賊蠭起，杜洛周爲禍，反於燕州。魏書卷八十二常景傳云：

「（杜洛周）南出鈔掠薊城；……洛周遣其都督王曹紇眞、馬叱斤等，率衆薊南，以掠人穀……景與都督于榮……大敗之，斬曹紇眞。」

胡人性兇悍，戰亂中好暴掠；而薊城爲北方重鎮，兵爭之地，故五胡十六國及北魏六鎮亂起之時，薊城均遭浩劫也。又如魏孝莊帝永安二年（紀元五二九年）九月，爾朱榮使侯淵討韓樓於薊，破之，虜斬五千餘人。此等例子甚多，不多舉。總之，北方有戰亂時，薊城每爲兵燹之地也。

及隋大業年間，盜賊劫掠所在皆是，煬帝三伐高麗，加之饑饉，天下陷於空前大混亂局面。其時之涿郡：

「涿郡號富饒，伐遼兵仗多在，而倉庤盈羨。又臨朔宮多珍寶，屯師且數萬，苦盜賊侵擾。留守趙什住、賀蘭誼，晉文衍等不能支，藝捍寇，數破之。」（唐書九十二羅藝傳，通鑑一八三大業十二年略同。）

此見隋煬帝時，為謀伐高麗，器械資儲，皆積於涿郡，其時涿郡人物阜殷，倉庫山積，又多珍寶，故諸賊競來侵掠。其後屢破盜賊之羅藝竟亦叛亂，則更加重涿郡之劫難矣。

三、彭城

魏書（卷五十。）尉元傳云：「彭城水陸之要，江南用兵，莫不因之威陵諸夏。……張永、沈攸之、陳顯達、蕭順之等，前後數度，規取彭城。」（尉元換兵戍彭城表。）

故彭城亦為必爭之地，輒關南北之盛衰。劉宋王玄謨（宋書卷七十六）云：「彭城要兼水陸，其地南屆大淮，左右清汴，表裏京甸，捍接邊境，城隍峻整，禁衛周固；又自淮以西，襄陽以東，經塗三千，達於濟岱，六州之人，三十萬戶，常得安全，實繇此鎮。」

彭城之劫，最甚者為劉宋明帝泰始之役。先是，泰始二年，（紀元四六六年）徐州刺史薛安都以彭城降魏，宋將張永、沈攸之等將甲士五萬討之，進逼彭城，為魏尉元所敗走，尉元帥衆軍邀其走路南北奮擊，會大雪，泗水冰合，永等棄船步走：

「大破（宋軍）於呂梁之東，斬首數萬級，追北六十餘里。死者相枕，手足凍斷者十八九……收其舡車軍資器械不可勝數。」魏書卷五十尉元傳。

事後，尉元又上表魏獻文帝云：

「彭城倉廩虛罄，人有飢色，求運冀相濟兗四州粟，取張永所棄舡九百首，沿清運致，可以濟救新民。」

自是，彭城以兵荒之後，公私困竭，饑荒極甚。

以是，祖瑩有悲彭城詩云：

「悲彭城，楚歌四面起，屍積石梁亭，血流睢水裏。」魏書八二祖瑩傳，丁福保全北魏詩。

此後，彭城仍屢遭兵燹，如梁普通六年，紀元五二五年 時豫章王綜疑已非梁武帝骨肉，遂以彭城叛降於魏，魏人入彭城大肆殺掠，梁將佐士卒死者十七八。魏書卷九肅宗紀孝昌元年。 又如陳宣帝太建十年 紀元五七八年 二月，陳將吳明徹伐周，攻彭城，進屯呂梁，環列舟艦於城下：

「明徹仍迮清水以灌其城，環列舟艦於城下，攻之甚急。」陳書卷九吳明徹傳。

其後周遣王軌馳救，募壯士夜決堰；至明，陳人始覺，陳師遂潰，明徹爲周人所執，將士三萬及器械輜重並沒於周。周書卷六武帝紀下

四、襄陽

襄陽爲雍州重鎮，跨連荆豫，控扼南北，當水陸之衝。東晉時庾亮云：「襄陽北接宛許，南阻漢水，其險足固，其土足食。」（晉書卷七三庾亮傳，時庾亮刺荊州，聞石勒新死，議伐之。）庾翼亦曰：「襄陽，荆楚之舊，西接益梁，與關隴指斥，北去洛河，不盈千里，土沃田良，方城險峻，水路流通，轉運無滯，進可以掃盪秦趙，退可以保據上流。」（晉書卷七十三庾翼傳。）襄陽不但形勢險峻，且田土肥良，桑麻遍野；故若有兵燹，亦必爭地也。

襄陽兵燹亦以永嘉之亂五胡十六國時爲甚。晉太元三年（紀元三七八年）朱序鎮襄陽，苻堅入寇。苻堅遣其尚書令苻丕帥步騎七萬圍攻襄陽。晉書（卷一百十三。）苻堅載記上云：

「初，丕之寇襄陽也，將急攻之。苟萇諫曰：今以十倍之衆，積粟如山，但掠徙荆楚之人，內於許洛，絕其糧運，使外援不接，糧盡無人，不攻自潰……」

其後苻堅以丕久圍襄陽，師老無功，乃賜以劍曰：來春不捷者，汝可自裁，丕於是促圍攻襄陽。翌年二月，陷之；攻戰亦整整一年有餘。

太元七年（紀元三八二年）九月，桓沖率衆十萬伐堅，攻襄陽，及沔北諸城，堅大怒，遣慕容垂率步騎五萬救襄陽。桓沖等焚踐沔北屯田，掠六百餘戶而還；翌年五月，桓沖再伐襄陽等地，又掠二千戶而歸。（見晉書七四桓沖傳、一百十四苻堅載記下及卷九孝武帝紀。）

此後，襄陽卽殘破凋荒。南齊書卷十五。州郡志下云：

「自永嘉亂，襄陽民戶流荒。咸康八年，尙書殷融言，襄陽石城，疆埸之地，對接荒寇，諸荒殘寄治郡縣，民戶寡少，可幷合之。朱序爲雍州……襄陽左右，田地肥良，桑梓野澤，處處而有。郗恢爲雍州，於時舊民甚少……」

永嘉之亂，襄陽受兵燹直接破壞者不大，因戰亂故民多流散耳。及朱序鎭襄陽，本已漸復原有之殷盛，獨昔苻堅輩又來侵擾，乃復遭劫。

南北朝戰亂本無已時，故在陳東昏侯永元元年。紀元四九九年。陳顯達率衆四萬伐魏，欲復雍州諸郡時，襄陽又再爲兵燹波及；而陳顯達等失利，死亡又三萬餘。此可參南齊書卷二六陳顯達傳。

五、江陵 附郢城

江陵屬荆州，西通巫巴，東有雲夢之饒。顧祖禹云：「自三國以來，常爲東南重鎭，稱吳蜀之門戶。」又云：「不守江陵，則無以復襄陽；不守江陵，則無以圖巴蜀；不守江陵，則無以保武昌；不守江陵，則無以固長沙。」方輿紀要卷七十八 最見江陵地位之重要。

東晉安帝隆安初，桓玄、殷仲堪及王恭等擁兵反。隆安三年，紀元三九九年 荆州大水，平地三丈，桓玄乘虛伐之：

「仲堪遣龍驤將軍殷邁……等，統衆七千，至西江口。玄聞邁至，復與其黨苻永道領帳下擊之，邁等敗走。玄頓巴陵，收其兵而館其穀……仲殷既失巴陵之積，又諸將皆敗，江陵駭震，城內大饑，皆以胡麻爲廩。」（魏書九七島夷桓玄傳。晉書八四桓玄傳稍同而簡略。）

此爲江陵首劫。

劉宋末蒼梧王驕恣，擾亂民間；蕭道成弒帝立安成王準（即宋順帝）昇明元年（紀元四七七年）沈攸之起兵討蕭道成，進兵江陵，則爲二劫。沈攸之遣孫同等將率五萬攻郢城，南齊書（卷二十四）柳世隆傳云：

「（沈攸之等衆）既至郢，以郢城弱小不足攻……世隆遣軍於西渚挑戰，攸之果怒，令諸軍登岸燒郭邑，築長圍攻道……晝夜攻戰……」

沈攸之盡銳攻郢城凡三十餘日，不拔。蕭道成馳檄數沈攸之罪曰：

「攸之累登蕃兵，自郢遷荆……肆情陵侮……郢城所留，十不遺一……遂使四野百縣，路無男人，耕田載租，皆驅女弱。」（宋書七四沈攸之傳，南齊書二四柳世隆傳略同。）

沈攸之對江陵之破壞實已達於極點。

蕭齊永明八年（紀元四九〇年）八月，荊州刺史巴東王子響作亂，大敗臺軍，其後臺軍討蕭子響時，焚燒江陵府舍官曹文書一時蕩盡（南齊書四十蕭子響傳）。齊末蕭衍（時為雍州刺史）起兵圍攻郢城，損害亦甚。時在和帝中興元年（紀元五〇一年）梁書卷一武帝紀云：

「（蕭衍遣將）進據加湖，去郢三十里……七月，高祖命王茂……等潛師襲加湖。將逼子陽，（時東昏侯遣軍主吳子陽等救郢州）水涸不通艦，其夜暴長，衆軍乘流齊進，鼓譟攻之，賊俄而大潰，子陽等竄走，衆將溺於江……郢城主程茂、薛元嗣相繼請降。初，郢城之閉，將佐文武男女口十餘萬人，疾疫流腫死者十七八。」

及梁元帝時，江陵之劫尤甚。承聖三年，（時元帝都江陵）西魏于謹將兵五萬寇梁，進逼江陵，「魏軍四面起伏，百道齊舉，」（梁書四六胡僧祐傳）「于時甚寒，冰雪交下，老弱凍死者填滿溝壍，」（陳書三二殷不害傳）周書卷十五于謹傳述江陵之淪陷云：

「旬有六日，外城遂陷。梁主退保子城。翌日，率其太子以下面縛出降，尋殺之。虜其男女十餘萬人，收其府庫珍寶，得宋渾天儀、梁日晷銅表、魏相風烏銅、蟠螭趺大玉，徑四尺圍七尺，及諸轝替法物……」

而通鑑（卷一六五承聖三年十一月。）則云：

「盡俘王公以下及選百姓男女數萬口為奴婢，分賞三軍，驅歸長安，小弱者皆殺之……人馬所踐及凍死者十二三。」

魏虜貪婪殘酷如此，江陵淪陷時劫難之甚可知矣。

其後蕭詧據江陵（是為後梁）享國數世，（蕭詧七年，蕭巋二十四年，蕭琮二年，凡三十三年）然而江陵仍是一片蕭條之象。此於蕭詧愍時賦中可見。

其詞曰：

「嗟余命之舛薄，實賦運之逢屯……神州鞠為茂草，赤縣遶於長虵，徒仰天而太息，空撫衿而咨嗟……寂寥井邑，荒涼原野……」（周書四八蕭詧傳。）

附：其他要地破壞表

五胡迄隋三百餘年，實國史上破壞最甚之時代，而此期間戰亂對地方性之蹂躪，尤其足以驚人。文化重地之破壞除上述外，可稱述者尚頗多，為省篇幅，茲制成一表如左：

地名	形勢或重要性	破壞事略
平城	今山西大同縣，西界黃河，北控沙漠，南達幷恆，居邊隅之要害，嘗為北魏都。	魏末爾朱氏叛亂，北方分裂，破壞最甚。顧祖禹讀史方輿紀要卷四四云：「六鎮之亂，平城為墟。」
姑臧	魏晉時屬涼州。前涼張軌、後梁呂光，皆據其地，北涼沮渠蒙遜亦嘗遷都於此。涼州土沃物饒，其地宜焉。	五胡十六國時常為兵燹波及。如後梁呂纂咸寧年間，進襲北涼，禿髮氏乘虛襲姑臧，掠八千戶而去。此時又值姑臧大饑，又為後秦姚興等侵掠（晉書百二十二呂纂載記）。
成都	顧祖禹引戰國時司馬錯說秦惠王伐蜀曰：「取其地，足以廣國也；得其財，足以富民繕兵。」（方輿紀要卷六十七）	五胡十六國之際損害較甚。如晉惠帝時流民李特等叛亂，「特至成都，縱兵大掠。」（晉書一二〇李特載記）又如張昌之亂，專以劫掠為務，攻掠成都，城邑皆空，野無煙火（晉書一百張昌傳）。南北朝時，成都仍常為兵燹之地。如梁元帝承聖二年，魏軍攻蜀成都，武陵王紀遣將救蜀，將成都倉庫空竭，見兵不滿萬人（周書二十一尉遲迥傳）。

京口	顧祖禹云：「自孫吳以來，東南有事，必以京口為襟要……六朝時以京口為台城門戶，鎖鑰不可不重也。」（讀史方輿紀要卷二十五）	宋末蒼梧王驕恣，擾亂民間，禍亂迭起，京口之劫亦甚。元徽四年七月，建平王景素及垣祗等反於京口，驍騎將軍任農夫帥衆討之，既至，縱火燒京口市邑。（宋書九後廢帝記）又如蕭梁武帝時，「京口自崔慧景作亂，累被兵革，民戶流散……」（梁書二十二安成康王秀傳）
鍾離	後魏邢巒曰：「鍾離天險，朝貴所具；若有內應，則所不知，如其無也，必無剋狀。」（魏書六五本傳）顧祖禹云：「南北朝時，鍾離常為重鎮，豈非以據淮之中，形勢便利，阻水帶山，戰守有資乎？」（方輿紀要卷二十一）	鍾離以蕭梁天監六年時兵燹最甚。時魏將元英進圍鍾離，梁遣曹景宗督軍二十萬赴救。魏人晝夜苦攻，分番相代，一日戰數十合，梁將昌義之大敗魏兵，殺傷萬計，魏人死者與城平。（梁書十八昌義之傳）是年三月，淮水暴漲六七尺，韋叡遣將乘鬥艦競發，大破魏兵，諸壘相次土崩，悉棄其器甲，爭投水死者十萬餘，斬首亦如之，沿淮百餘里，屍相枕藉，生擒五萬人。收其資糧，器械山積，牛馬驢騾不可勝計（梁書卷九曹景宗傳，又卷十二韋叡傳；魏書卷十九下元英傳諱言其大敗情形）。
壽陽	本名壽春，晉孝武時避諱改。陳書九吳明徹傳云：「壽春者，古之都會，襟帶淮汝，控引河洛，得之者安，是稱要害。」魏收云：「壽春形勝，南鄭要險，乃建鄴之肩髀，成都之喉嗌。」（魏書七一論）	劉宋時，壽陽土境荒毀，人民凋散，城郭頹敗，盜賊公行。（宋書五一，長沙景王道憐傳）及蕭齊東昏侯永元二年（紀元五〇〇年）崔慧景與崔恭祖叛於壽陽，慧景入樂游苑，燒蘭台府署為戰場（南齊書七東昏侯記、又卷五一崔慧景傳）。梁天監十三年，魏降人王足陳計堰淮水以灌壽陽，此後壽陽兵燹迭起；十五年九月，淮水暴漲，堰壞，其聲如雷，聞三百里，緣淮城戍村落十餘萬口皆漂入海，此為壽陽巨劫。（參魏書九孝明帝記、梁書十八康絢傳）陳太建五年，伐齊，陳將吳明徹攻壽陽，大破齊師，時城中多病瘇泄，死者十六七，並迮肥水以灌城（陳書九吳明徹傳）。
義陽	顧祖禹云：「其地羣山環結，地形阻隘，北接陳汝，襟帶許洛，南連襄郢，肘腋安黃，自古南北爭衡，義陽常為重鎮。」（方輿紀要卷五十）	義陽之劫最甚者為梁天監二年及三年時。魏鎮南將軍元英等攻義陽，天監三年五月，時義陽城中兵不滿五千，魏軍百道攻城，晝夜不息，刺史蔡道恭屢破魏兵，相持百餘日，前後斬獲不可勝計，魏軍憚之；會道恭以疾死，魏人攻義陽益急。梁武帝再遣將六萬餘人救義陽，亦為魏兵所破（梁書十蔡道恭傳）。

晉陽	顧祖禹云：「踞天下之肩背，為河東之根本，誠古今必爭之地也。」（方輿紀要卷四十）	周武帝保定四年（陳文帝天嘉五年，紀元五六四年），與突厥聯兵擊齊，齊主登晉陽北城，軍容甚整，突厥震駭不敢戰，引兵出塞，縱兵大掠，自晉陽以往七百餘里，人畜無遺（周書十一晉蕩公護傳，又卷十九楊忠傳）。建德五年（紀元五七六年）周兵又圍攻晉陽，十二月，際昏，遂入之，進焚佛寺，齊人從後砍刺，周師死者二千人。辛酉，周師再攻東門，克之，遂拔晉陽。
豫章	顧祖禹云：「自漢高建郡以來，常為控扼之地。後漢末，許劭謂劉繇曰：「豫章北連豫壤，西接荊州，形勝之處也。」（方輿紀要卷八十四）	東晉元帝時，王鑒疏請親征杜弢云：「江州蕭條，白骨塗地，豫章一地，十殘其八；繼以荒年，公私虛匱，倉庫無旬日之儲……」（晉書七一本傳）。又安帝義熙年間，孫恩餘黨盧循為亂於豫章，劉道規斬盧循黨於豫章者萬餘人（宋書五一臨川烈武王道規傳）陳太建十一年，豫章內史南康王方泰，在郡秩滿，縱火燃燒邑居，因行暴掠，驅錄富人，徵求財賄（陳書卷十四南康王方泰傳）。

第六章　南北文化要地破壞之比較

兩晉南北朝文化要地之破壞，在黃河流域者有長安、洛陽、鄴及晉陽等，在長江流域者則有建康、三吳及江陵之類。總言之，此時之文化要地主要在兩河流域，而三百餘年戰亂，兩河流域却常為兵燹之地，於是文化要地遂幾為兵燹蹂躪殆盡矣。兩晉南北朝之際，兩河流域之破壞又以黃河一帶為甚，蓋東晉及南朝偏安江南，安於江南不思恢復北土者雖頗多，但欲收復北土者亦多，故東晉及南北朝之際，戰爭往往由南方發動（尤其晉室南渡後之初期，如祖逖、庾亮、桓玄等之北伐。），兵燹之地因而遂以黃河流域一帶為甚。（洛陽及長安破壞特甚，原因亦在此。）

五胡迄隋，黃河流域歷浩劫者數。其一爲五胡十六國之際，諸胡相繼割據稱號爭戰，苻堅本已有吞滅諸胡統一北方及整個中國之趨勢，然而肥水之敗，又使北方再陷分裂割據之局。其二爲南北朝之對峙，及南北朝之末，北周北齊後梁與陳四國分裂，互相攻伐無已時，黃河流域遂再度受破壞。其三則爲隋煬帝大業之亂，隋末羣雄割據，各地羣雄並起，割據稱號者之衆，史所僅見；羣雄之割據，又多在北方黃河流域下游。（如李淵稱唐於長安，王世充稱鄭於洛陽，李密稱魏於洛口，宇文化及稱許於魏縣。）凡此皆見北方黃河流域破壞之甚。

長江流域之建康、三吳、江陵等雖亦遭兵燹，然遠不及黃河流域之長安及洛陽等之甚。如建康之破壞，僅多在易朝之際（如宋末及齊末建康之遭劫，梁末西魏陷江陵時之劫。），而三吳之破壞，亦僅多爲盜賊劫掠。（如孫恩盧循之破壞三吳）且自晉室南渡，北方士人等高級智識份子多已移居江南，對江南之開發最具力量，於戰亂後對受劫地之重修亦較易。相較之下，自見北方黃河流域破壞遠甚於江南。

治史者皆知中國社會經濟文化有自北而南之傾向，論之者衆矣，然大抵皆無切證，及讀錢賓四師國史大綱（第三十八、三十九、四十南北經濟文化之轉移三章。）始稍有所悟。今從牟潤孫師治兩晉南北史，承牟師之囑留意此期間長期戰亂對文化之損害與南北要地之破壞，乃益知錢師之說（錢師以一、黃河與北方之水患；二、北方社會所受外族及惡政治之摧殘；三、南方江浙一帶之水利興修三點以說明南北經濟文化之轉移。詳見國史大綱。）誠爲卓論也。

中國經濟文化之由北而南，其支撐點偏倚在南方（長江流域）者，係在唐中葉以後；此一大轉變，以天寶十四年（紀元七五五年）

安史之亂爲關捩。此則爲明顯者。雖然，唐中葉以前，中國經濟文化之支撐點並未偏倚在南方；而在東晉南北朝時實已有北方經濟文化逐漸南移之趨勢。南北朝長期分裂，北方破壞極甚，江南經濟文化蓬勃；而南北經濟文化尚不至轉移，實由於有隋唐之建設、休養與生息（且歷史之發展以漸不以驟，北方黃河流域一向為政治經濟文化中心，南北朝時北方破壞雖甚，而南方經濟文化實亦未發展成熟，復賴隋唐之休養生息與偏重西北，故南北朝雖有經濟文化南移之趨勢，亦不能成功也。）唐中葉天寶十四年安史亂後，續有回紇吐蕃入寇及藩鎭之一再叛亂，加上宦官專橫與唐末黃巢之亂，此後卽進入兩宋衰世，在此情境下，南北經濟文化之轉移遂成必然之勢。蓋自安史亂起，唐室遂專賴長江一帶財賦立國。直至以後河北山東藩鎭割據，租稅不入中央，唐室之財政命脈遂永遠偏倚南方。

由此可知：中國經濟文化支撐點偏倚在南方雖在唐中葉安史之亂以後，但在東晉南北朝時經濟文化已有南移之趨勢，而南北經濟文化轉移在此時期不能成功者，却另有因素存在。此於以下兩點再論述之。

一、北方黃河流域之破壞

黃河流域爲中國文化搖籃，非自始卽多水患；黃河之有水患及受破壞，主要係因長期戰爭所致。歷史上若有較長之戰爭，黃河流域卽遭受較甚之破壞，此因黃河流域自始卽爲政治文化中心，若爲亂世則成兵燹之地之故。例如戰國時代長期戰爭，列國於黃河流域競築堤防，遇有戰爭，則每好以決堤堰浸敵國（如史記卷四十三趙世家：趙肅侯十八年，決河水灌齊魏之師。此類例子甚多。）及晉南北朝，決壞堤堰以攻敵者更所在多有，如齊建元二年垣崇祖破肥水堰縱水衝魏兵，（南齊書二五垣崇祖傳。）又如梁武帝堰淮水灌壽陽圖破魏兵。（梁書十八康絢傳。此種缺河水以破敵之例，可參卷中第八章。）黃河主流或支流之壅塞或改道，或因而引起水患與破壞者，往往皆由於此。而且，在長期分裂戰亂下，黃河兩岸農田水利失修者必多，加以諸胡在北方之縱橫暴劫，黃河流域乃遭受空前之大破壞，長安、洛陽及鄴等文化重地遂被嚴重地蹂躪！

東漢末及曹魏之際，北方陷入大混亂局面，其時黃河流域甚凋殘。如魏明帝青龍四年：（紀元二三六年）「自河以北，百姓困窮；外內有役，勢不並興。」（晉書卷一宣帝紀。）

及西晉惠懷之亂，五胡亂華，十六國紛爭，北方黃河流域之浩劫遂再度降臨。晉書（晉書卷六十一）周馥傳：

「永嘉四年，與長史吳思，司馬殷識，上書曰：不圖厄運遂至於此，戎狄交侵……方今王都罄乏，不可久居，河朔蕭條……。」

永嘉亂後，北方黃河流域洛陽（其時尚以洛陽為都）等地凋殘蕭條之情形如此。又劉琨傳（晉書卷六十二）載，時琨為并州刺史，到壺關，上表。表述東晉時北方混亂及未能南渡而仍居北方之漢人遇難之甚云：

「……道險山峻，胡寇塞路……達壺口關，臣自涉州疆，目睹困乏，流移四散，十不存二，攜老扶弱，不絕於路。及其在者，鬻賣妻子，生相捐棄，死亡委厄，白骨橫野，哀呼之聲，感相和氣，羣胡數萬，周匝四山，動足遇掠……」

五胡十六國時北方遭刦極甚。又晉書卷一百七石季龍載記下：述石季龍貪婪，掘墓冢取珍寶、殺晉人萬餘以厭「晉當復興」之氣，及其晚年，「鄴中羣盜大起，」冉閔時又誅胡二十餘萬，「司冀大饑，人相食」，「人物殲盡，盜賊蠭起」云云，均足見其時北方破壞之嚴重。晉書石季龍載記贊曰：

「中朝不競，蠻狄爭衡，塵飛五嶽，霧晻三精。狡焉石氏，怙亂窮兵，流災肆慝，剽邑屠城。」

五胡十六國時，諸胡每好刦掠北方諸城邑，故晉書之言如此。

南北朝對峙時，江淮之間兵燹無已時，每因戰亂所擾以致穀稻失收，饑荒屢起。例如劉宋時：

「時淮西江北，長吏悉叙勞人，武夫多無政術……江淮左右，土瘠民疎。頃年以來，荐飢相襲，百城凋弊……」宋書卷五十一長沙景王道憐傳。

其時江淮間凋殘之城邑甚多，如壽陽：

「于時土境荒毀，人民彫散，城郭頹敗，盜賊公行。」宋書五十一長沙景王道憐傳

後魏之末，北方復陷於混亂局面，城邑爲墟，黃河流域一帶尤甚。魏孝明帝孝昌年間，戰亂頻繁，加以胡太后好佛，建諸佛寺，民力疲弊；後魏內則有冀州沙門法慶毀寺舍、燒經像、斬僧尼之亂，外則屢爲梁武帝所侵逼，戰爭多年，民物塗炭，黃河流域之破壞達於極點，農田水利失修，河患屢起。神龜年間，冀定數州，頻遭水害，乃有崔楷治河疏：

「頃東北數州，頻年淫雨，長河激浪，洪波汨流，川陸連疇，原隰通望，彌漫不已，氾濫爲災，戶無擔石之儲

，家有藜藿之色。華壤膏腴，變為舄鹵，菽麥禾黍，化作雚蒲。……定冀水潦，無歲不饑，幽瀛川河，頻年氾濫。……往昔膏腴，十分病九，邑居凋零，墳井毀滅。良田水大渠狹，便不開瀉，衆流壅塞……。」（魏書五六崔辯附楷傳，嚴可均全後魏文卷四十。）

黃河流域及諸川流農田水利不修，蓋南北朝長期分裂戰亂，又加以各地盜賊蠭起之故。在此情況下，遂引致黃河嚴重之水患，而使黃河流域邑居凋零，農田失收，益形荒涼。又如：

「孝昌之際，亂離尤甚，恆代而北，盡為丘墟。崤潼以西，煙火斷絕，齊方全趙，死如亂麻，於是生民耗減，且將大半。」（魏書一〇六地形志上。）

魏明帝孝昌之際，六鎮之亂起，杜洛周、葛榮、爾朱榮等相繼為亂，北方各地城邑亦隨之再遭刼難。蕭梁時范雲有渡黃河詩（丁福保全梁詩卷六）云：

「河流迅且濁，湯湯不可凌；檜檝難為榜，松舟纔自勝。空庭偃舊木，荒疇餘故塍；不覩人行蹟，但見狐兔興。寄言河上老，此水何當澄。」

此詩不知作於何年何月，然而亦可見梁武帝時黃河流域之荒殘。

此下北齊北周，戰亂有增無減，黃河流域仍不斷遭受破壞。如大統二年（紀元五三六年）齊神武陷夏州，周太祖（宇文泰。）慮其南下，郭賢謂太祖曰：

「幽夏荒阻，千里無煙，縱欲南侵，資糧莫計……」（周書卷二十八權景宣附郭賢傳。）

北方之荒殘，一直至隋代，仍不見好轉而依舊荒凉。隋書（卷四十五）房陵王勇傳云：

「上（隋文帝。）以山東民多流冗，遣使按檢。又欲徙民北實邊塞。勇上書諫曰：竊以導俗方漸，不可頓革……有齊之末，主闇時昏；周平東夏，繼以威虐，民不堪命，致有逃亡，非厭家鄉，願爲羈旅。」

北齊北周之際，因兵燹過甚，北方之民多逃散，邊塞之民逃散者尤甚。因此北方邊塞，頓見荒凉，故隋文帝欲徙民北實之。

而隋末羣雄割據，又多在北方；（可參唐書高祖本紀）南北朝經此三百餘年大動亂，北方黃河流域爲兵燹之地，其破壞之甚可以想見。因北方黃河流域之大破壞，百姓在兵火彌漫及農田水利失修之下，乃不得不南渡，（如上引隋書房陵王勇傳。東晉時五胡南侵，蘇峻祖約為亂於江淮，亦促使百姓南渡。）因而乃促使士人對江南之開發，從而又促使北方經濟文化之逐漸南移。

二、長期戰亂與江南經濟文化

晉室南渡之際，長江以南各州郡，經濟文化本均甚落後。如廣州，南齊書（卷十四。）州郡上云：

「廣州，鎮南海，濱際海隅，委輸交部，雖民戶不多，而俚獠猥雜，皆樓居山險，不肯賓服……富兼十世……

以其遼遠，蕃戚未有居者。」

廣州雖富庶，但在宋開發前，根本可謂無文化可言。又如荊州，隋書卷三十一地理志下云：

「荊州……其人率多勁悍決烈，蓋亦天性然也。南郡、夷陵、竟陵……諸郡多雜蠻左。其與夏人雜居者，則與諸華不別；其僻處山谷者，則言語不通，嗜好居處全異。」

荊州在晉氏未南渡前大抵如此；而南遷以後，受北方文化之沖洗，卽煥然一新。隋書云：

「自晉氏南遷之後，南郡襄陽皆爲重鎭。四方湊會，故益多衣冠之緒，稍尙禮義經籍焉。」卷三十一地理志下

此處所謂衣冠，當係指知識份子——士大夫之輩。晉室南渡，此方衣冠之士多移居江南，對江南經濟文化發展實有甚大之影響力。隋書卷二十四食貨志又云：

「江南之俗，火耕水耨，土地卑濕，無有積蓄之資……其軍國所須雜物，隨土所出，臨時折課，市取乃無恆法。」

就江南之整體而言，晉室南渡之際，經濟文化實亦遠不若北方黃河流域。然而，經三百餘年南北分裂，黃河流域遭受大破壞，江南一帶却爲時勢所開發，此消彼長之下，北方經濟文化遂有南移之蹟象。若南朝諸帝能保持安定之政局，減少內亂外侮，則南北經濟文化之轉移可能早二百年已成事實。就中國歷代戰亂觀之，南北經濟文化之轉移乃必然之事，所俟者時機耳。

北方之大混戰，最先引起者爲北人之南渡。晉書卷十五。地理志下云：

「自中原亂離，遺黎南渡……及胡寇南侵，淮南百姓皆渡江。成帝初，蘇峻祖約爲亂於江淮，胡寇又大至，百姓南渡者較多。」宋書卷三十五州郡一略同。

北人之南渡，則爲南北經濟文化轉移之先聲。換言之，晉南北朝之大戰亂雖破壞黃河流域，然而却發展了長江流域。如東晉時，三吳之富庶已頗足驚人。此可於以下二條中見之。晉書卷七十三庾翼傳：

「時東土多賦役，百姓乃從海道入廣州，刺史鄧嶽大開鼓鑄，諸夷因此知造兵器。翼表陳：東境國家所資，侵擾不已，逃逸漸多，夷人常伺隙，若知造鑄之利，將不可禁。」此處所謂東土者，主要指三吳言。

又陳書卷二十三沈君理傳：「高祖受禪……（沈君理）出爲吳郡太守。是時兵革未寧，百姓荒弊，軍國之用，咸資東境……。」

東晉時江南郡邑已日趨富庶與重要。

劉宋時，江南經濟文化益盛，沈約嘗言：

「江南之爲國盛矣。雖南包象浦，西括邛山，至於外奉貢賦，內充府實，止於荊揚二州。自漢氏以來，民戶彫耗，荊楚四戰之地，五達之郊，井邑殘亡，萬不如一也。自元熙十一年，按：元熙為東晉恭帝年號，止二年即亡；揆諸下文，元熙當為義熙之誤。馬休之外奔，至於元嘉末，三十有九載，兵車勿用，民不外勞，役寬務簡，氓庶繁息，至餘糧栖畝，戶不夜扃，蓋東西之極盛也。……自晉氏遷流，迄於太元之世，（太元，東晉孝武帝年號）百許年中，無風塵之警，區域之內晏如也。及孫恩寇亂，殲亡事極，自此以至大明之季，（大明，宋孝武帝年號。）年踰六紀，民戶繁育……地廣野豐，民勤本業。一歲或稔，則數郡忘飢。會土帶海傍湖，良疇亦數十萬頃，膏腴土地，畝直一金，鄠杜之間不能比也。荆城跨南楚之富，揚部有全吳之沃，魚鹽杞梓之利，充仞八方……。」（宋書卷五十四孔季恭等傳論）

沈氏謂「兵車勿用」「百許年中無風塵之警」云云，蓋是誇張之詞；但沈氏述江南之發展與富庶，大抵不差。據沈氏之言，則劉宋時荆揚三吳如會稽等地之富饒，即鄠杜亦不能比矣。

經晉宋百餘年間之混戰局面，經濟文化南移之趨勢已稍露端倪，劉宋後廢帝昱亦嘗道及。其元徽元年（紀元四七三年）八月辛亥詔曰：

「洎金行委御，禮樂南移。中州黎庶，襁負揚越……」

古代五行說甚盛，此時仍未稍衰。宋書（卷十二。）曆志上謂「漢水魏土晉木宋金」；後廢帝之詔意謂：自劉宋代晉，禮樂南移之象卽日見明顯也。但惜南北朝戰亂無日無之，以致江南經濟文化始終未能鞏固其根基耳。

在南齊時，亦見南方經濟文化之提高，以廣州一地言之。廣州本「民戶不多，而俚獠猥雜，皆樓居山險，不肯賓服，」（南齊書卷十四州郡志上）爲一落後民族。然而經南渡之士人之冲洗撫養生息後，又截然不同。南齊書（卷三十二）王琨傳云：

「出爲持節，都督廣交二州軍事……南土沃實，在位者常致巨富。世云：廣州刺史，但經城門一過，便得三千萬也。」南史卷二十三王琨傳略同。

陳代時，廣州仍保持富庶甲天下之勢。陳書卷十七。王勱傳云：

「勱行廣州府事，越中饒沃，前後守宰例多貪縱，勱獨以淸白著聞。」

凡此，皆見晉南北朝長期分裂，戰亂頗多，對南方城邑要地雖亦有破壞，但始終不及黃河流域破壞之甚；而江南經濟文化，因北人之南渡，乃得以提高。故云：戰亂促使南北經濟文化之轉移；同時又因戰亂之甚，此時期之南北經濟文化轉移因而未能徹底實現。

第七章　兩晉迄隋書籍之燬佚

一、惠懷之亂圖書畧盡

阮孝緒七錄序云：「魏晉之世，文籍越廣，皆藏在祕書中外三閣……惠懷之亂，其書略盡。江左草創，十不一存，(西晉時荀勖中經新簿著錄近三萬卷，東晉李充元帝四部書目止三千十四卷。對比之下，與此數脗合。)後雖鳩集，淆亂已甚。」(廣弘明集卷三，全梁文六十六。)

隋書經籍志(以下簡稱隋志。)：「惠懷之亂，京華蕩覆。渠閣文籍，靡有孑遺。」(通考經籍考卷一同)

此爲史書所載之五胡迄隋間經籍之第一阨。在此之前，書籍之阨蓋已歷三：一爲秦之焚詩書；二在王莽之末，經籍又遭焚燒；三爲董卓之亂軍人取圖書縑帛以爲帷囊(見隋志及牛弘傳。)大抵晉室此次書阨較前三次損失更大，且亦爲五胡迄隋間大書阨之一。蓋漢劉歆時著爲七略，其著錄卷數爲三萬三千九十卷，西晉荀勗中經新簿著錄卷數則爲二萬九千九百四十五卷。及東晉之初，著作郎李充以勗舊簿校之，著爲晉元帝四部書目，其見存者但有三千一十四卷(隋志及晉書九十二文苑傳，文選王文獻集序注引臧榮緒晉書同。)其卷數銳減之程度，確足驚人。

按李氏晉元帝四部書目著錄卷數之少(僅及中經新簿十分之一。)則知自惠帝迄元帝渡江之二十五六年間，經籍燬於戰亂者幾已有三萬卷。其燬書如是之甚，主因在當時盡庋經籍於文化中心地洛陽諸渠閣中（隋志云：「惠懷之亂，京華（洛陽）蕩覆，渠閣文籍，靡有孑遺。」可見西晉時之圖籍必盡庋於洛陽也。）永嘉末年，劉曜王彌引兵入洛，縱兵大掠，焚燒洛陽二學堂（水經穀水注，並詳附錄石經之毀殘條。）焚宗廟，掘陵墓，士民大半逃亡；此後洛陽卽成四戰之地，荆棘銅駝，故宮禾黍，景象蕭條。以是，則庋藏於洛陽諸渠閣之經籍，當已盡燬。其次，另一文化中心地長安，於愍帝卽位於該地後不久，長安又為劉曜所圍，內外斷絕，城內餓死者大半。城陷之日，長安戶不盈百，牆宇頹壞，蒿棘成林，荒涼殊甚。竊以為懷帝永嘉末，愍帝卽位於長安時，卽經籍之於洛陽幸有未燬者，亦必移之於長安；而長安文物必盡燬於劉曜猛烈戰火之下矣。

再如八王之亂，太安二年（紀元三〇三年）三月，河間王顒起兵討長沙王乂，顒遣張方將精兵八萬，張方又縱士卒大掠洛陽。此外，又有流人張昌等之亂；內戰加上五胡之暴掠，經籍之阨則甚矣！

二、東晉迄宋元嘉八年所燬之經籍

隋書經籍志云：「宋元嘉八年（紀元四三一年），祕書監謝靈運造四部目錄，大凡六萬四千五百八十二卷（此數誤。當從阮氏古今書最作一萬四千五百八十二卷。胡應麟經籍會通曰：「宋萬四千五百八十二卷，……隋志以為六萬。六代間書尚難得，晉渡江才得三千，宋初何遽能爾？」又云：「當以舊唐書為正。」今按，胡氏前說甚是，後說則亦誤；蓋舊唐書實亦誤作四千五百八十二卷也。）元徽元年（紀元四七三年），祕書丞王儉又造目錄，大凡一萬五千七百四卷」（阮氏古今書最及南齊書二十三王儉傳所載卷數與此同。舊唐志後序亦少一萬字。）又按宋書九十三雷次宗傳，宋文帝詔雷次宗、何尙之、何承天（司徒參軍）及謝元立儒玄史文四學，可知文帝雅好文藝。故劉宋時經籍亦有萬四千餘卷。（謝靈運元嘉八年四部目錄。）

今按：東晉初李充校書雖止有三千餘卷；然及孝武時，徐廣校定圖書，增益三萬餘卷（此點隋志、通考經籍志及晉書徐廣傳均未言及。晉書徐廣傳有言及校書事，但未有載校定圖書卷數。）徐廣校定圖書之事晉書八十二廣傳有載之，曰：「孝武世，除祕書郎，典校祕書者。增置省職，轉員外散騎侍郎，仍領校書。……義熙初……領著作。」其校書之年及校定書籍卷數則見於續晉陽秋（玉海卷五十二引。）：「寧康十六年，詔著作郎徐廣校祕閣四部見書，凡三萬六千卷。」但考東晉孝武帝寧康僅有三年，玉海所引必有誤。今試觀姚名達中國目錄學史校讎篇：

「玉海所引『十六』當爲『元』字形似之訛。……古今書最有晉義熙四年祕閣四部目錄，或卽據徐廣所校而編成者。」

姚氏以推測法指出玉海之誤確甚高明，但不免爲聰明所誤。實則「寧康」爲「太元」之誤。建康實錄（光緒二十八年桑泊艸堂刊本）卷九東晉烈宗孝武皇帝：

「太元十六年正月，詔徐廣校祕閣四部見書，凡三萬六千卷。」

此爲鐵證。故東晉孝武帝太元十六年（紀元三九一年）已有書三萬六千卷（此可再證之以方以智（密之）通雅引崇文總目叙，並見錢繹等輯釋之崇文總目。）然而，東晉末葉亂局甚多，有道子亂政、孫恩盧循等之亂、桓玄篡逆，然後是劉裕篡位。因經東晉末葉之大混亂，故及劉宋之初，謝靈運校書，止有萬四千餘卷。可見自東晉徐廣校書（太元十六年，紀元三九一年）迄劉宋謝靈運造元嘉八年（紀元四三一年）四部目錄間（時距四十年。）經籍燬佚者又已有二萬二千餘卷矣！

在徐廣校書之前晉成帝咸和年間，經籍亦已一度遭劫。南史五十九王僧孺傳云：「晉咸和初（咸和元年即紀元三二六年。），蘇峻作亂，版籍焚燒無餘。」（並見通典卷三）此爲沈約上言宜校勘譜籍之言，此下雖言簿籍及檢籍等事，則此處所指版籍，或非純指書籍而言，而係指戶籍者。然以此推之，則蘇峻叛亂時，對經籍之破壞亦必多。此可再證之以下列事實。晉書卷一百蘇峻傳（其時蘇峻以討庾亮為名而起兵反）云：「……（蘇峻）據蔣陵覆舟山率衆因風放火，臺省及諸營寺署一時蕩盡，遂陷宮城，縱兵大掠，侵逼六宮，窮凶極暴，殘酷無道……」

通鑑繫此事於咸和八年（紀元三二八年）正月丙辰，曰：「峻因風縱火，燒臺省及諸營寺署，一時蕩盡……」所謂臺省者蓋指三臺五省。何以見之？胡三省注引杜佑曰：「宋齊有三臺五省之號，三臺蓋兩漢舊名（按：漢官三臺謂尚書中臺、御史憲臺、謁者外臺也。）；五省謂尚書、中書、門下、祕書、集書省也。」今按：祕書省者，乃掌圖籍之官署。漢桓帝時置祕書監，卽掌禁中圖書祕記者。兩晉官制大抵皆因襲漢魏，是則蘇峻之亂，燒臺省蕩盡，其書籍之阨亦頗甚者也。其次晉書四十四華恆傳云：「蘇峻之亂……寇難之後，典籍靡遺，婚冠之禮，無所依據。恆推尋舊典撰定禮儀……」亦蘇峻叛亂時對書籍破壞極甚之明證。

蘇峻餘黨亦嘗焚燬經籍。通鑑卷九十四，咸和四年（紀元三二九年）正月：「蘇峻餘黨蘇逸（峻弟）、蘇碩（峻子）、韓晃，并力攻臺城（在建康）。焚太極東堂及祕閣。」祕閣卽藏書之所，祕閣被焚，經籍當無所孑遺矣。通鑑又謂：「是時（咸和四年二月）宮闕灰燼，以建平園爲宮。」可見東晉之新都城及南方新文化要地之建康，帝王宮殿幾已盡成灰燼。古代經籍均盡庋於帝王宮殿，而其時之宮殿殘燬如此，經籍之命運可想而知！

蘇峻之亂時燬書已甚多（此在徐廣校書之前）；再加上東晉末葉道子亂政、孫恩盧循之亂大事破壞文化中心三吳等地、（參第四章）而東晉末葉所燬佚之二萬二千餘卷書籍，大抵卽多亡佚於此等亂事之中。

三、劉宋迄齊末書阨燬佚卷數

阮孝緒七錄序云：

「宋祕書監殷淳撰大四部目，（王）儉又依別錄之體，撰爲七志。其中朝遺書，收集稍廣；然所亡者，尤大半焉。齊末兵火，延及祕閣，有梁之初，缺亡甚衆。」（嚴可均全梁文卷六十六，又廣弘明集卷三）

按此，則劉宋迄蕭齊經籍之散亡者亦達七八千卷（殷淳宋四部大目及王儉七志均無錄著卷數，而王儉表上所撰七志係在宋後廢帝元徽元年八月（宋書卷九））蓋隋志云：「元徽元年（紀元四七三年）祕書丞王儉又造目錄，大凡一萬五千七百四卷。」（南齊書二十三王儉傳及阮氏古今書最載元徽元年四部書目錄著錄卷數與此相同。謝靈運元嘉八年（紀元四三一年）四部書目錄著錄卷數亦達一萬四千五百八十二卷。而按阮氏之言劉宋經籍散亡「尤大半」計之，散亡之經籍最少七八萬卷。此緣劉宋四世六十六男，內則骨肉相殘，無一壽考令終者；外則與魏連年交兵，以至府藏武庫爲之空虛，城邑殘破，尤以元嘉末年瓜步之役破壞最甚。此則劉宋收集中朝者雖稍廣，而所亡者尤大半之因也。

又據隋志及阮孝緒七錄序，齊永明元年紀元四八三年祕閣四部目錄王亮謝朏撰。著錄一萬八千一十卷。然而蕭齊七帝二十四年，人物歷運於南朝爲最下，尤以東昏侯爲暴虐無道。史書所載經籍之燬於齊末兵火者有：

一、阮氏七錄序：「齊末兵火，延及祕閣，有梁之初，缺亡甚衆。」嚴可均全梁文卷六十六，又廣弘明集卷三。

二、隋書經籍志：「齊永明中約為紀元四八八年，祕書丞王亮，謝朏，又造四部書目，大凡一萬八千一十卷。齊末兵火，延燒祕閣，經籍遺散。」通考經籍考一同。

三、梁書二十一王泰傳：「齊永元末紀元五百年間後宮火，延燒祕閣，圖書散亡殆盡。」

蕭齊一代之書阨，顯而易見者係東昏侯永元末年之劫。史書有載者尚有武帝蕭賾永明八年紀元四九零年八月一次，通鑑卷一三七載：荊州刺史巴東王子響作亂巴東王子響作亂事並見南齊書四十及南史四十四，但以下所述之事蹟南齊書及南史本傳均缺載。大敗臺軍。臺軍討蕭子響之亂時，「焚燒江陵府舍，官曹文書一時蕩盡」。江陵亦爲南北朝時文化要地，梁元帝克平侯景之亂，收文德殿書及公私經籍七萬卷歸於江陵，元帝又嘗於侯景亂後遷都於此。蕭子響亂時，江陵府舍焚燬，除官曹文書等歷史檔案一時蕩盡之外，經籍當亦有被燬者。按此，則王謝二氏於永明中所修校之萬八千餘卷書曾遭二阨：一阨於永明八年八月如通鑑所載，時距王謝二氏選四部書目後僅約一二年耳；二阨於永元末年即齊末，兵火延燒祕閣，圖書散亡殆盡。見隋志及梁書王泰傳。王謝二氏修校之萬八千餘卷圖書，經此二阨，按阮氏之言齊末兵火延燒祕閣。有梁之初，缺亡甚衆。及梁書王泰傳所載後宮火，圖書散亡殆盡。，幸而存者，或僅十之一二耳。則謂蕭齊燬佚之書約萬餘卷，亦甚足信也。

四、蕭梁圖書巨劫

蕭梁一代官書目錄之書有天監四年書目四卷，邱賓卿撰，見舊唐志。佚。下同。天監六年四部書目錄四卷，殷鈞撰，見隋志及梁書卷二十七本傳。梁東宮四部目錄四卷，劉遵撰。見隋志，又高似孫史略卷五梁書卷四十一附劉儒傳。梁文德殿四部目錄四卷，劉孝標撰。著錄卷數凡二萬三千一百六卷。隋志及阮錄並云分術數之書更為一部，故又稱五部目錄。此外尙有阮孝緒七錄：見道宣廣弘明集三，梁書五十一處士傳，南史七十六隱逸傳。七錄序云：總括羣書四萬餘卷，皆討論研覈，標判宗旨。則七錄著錄四萬餘卷。蕭梁一代頗勤於修校經籍。且武帝衍、簡文帝綱、元帝繹，父子三人皆擅文章，酷愛經籍隋志二云：梁武敦悅詩書，下化其上，四境之內，家有文史。隋志四又云：梁簡文之在東宮，亦好篇什。通鑑一六五云：世祖（元帝繹）性好書，常令左右讀書，晝夜不絕。則元帝好書尤甚。有梁一代經籍甚盛，殆無足疑也。然梁代書阨之甚且足以令人痛心者又有二焉。

梁元帝在位不足三年，除平侯景亂外，殊無足稱者。然周師入郢，元帝焚書十四萬卷，始爲世人所矚目。而在此之前，侯景之亂，書阨亦殊足驚人。南史卷八十侯景傳時侯景圍攻臺城，建康大駭。通鑑繫此事於太清二年（紀元五四八年）十月己酉。是日，夜，侯景於東宮置酒奏樂。云：

「至夜，簡文募人出燒東宮臺殿，遂盡。所聚圖籍數百廚，一皆灰燼……又燒城西馬廐士林館太府寺。明日，景又作木驢數百攻城……。」又（及元帝承聖元年（紀元五五二年，亦即簡文大寶三年，是年十一月元帝即位始改元）二月，王僧辨陳霸先等大舉伐侯景，敗之。）云：「侯子鑒等奔廣陵，王克開臺城門引裴之横入宮，縱兵蹂掠。是夜遺燼燒太極殿及東西堂延閣祕署皆盡，羽儀輦輅，莫有孑遺。」（并見梁書侯景傳。）

今按：梁代東宮係藏經籍珍本及寶物之處所。隋志及唐志均有梁東宮四部目錄，惜已佚，不知其著錄之經籍與卷數耳。然梁書卷八昭明太子傳云：「於時東宮有書三萬卷，名才並集，文學之盛，晉宋以來未之有也。」則其時東宮所藏書最少三萬卷。梁書二十六蕭琛傳：「天監九年（紀元五一〇年）出為江夏太守。始琛在宣城，有北僧南度，惟齎一瓠蘆，中有漢書序傳。僧云：三輔舊老相傳，以為班固眞本。琛固求得之。其書多有異今者，而紙墨亦古。文字多如龍舉之例，非隸非篆。琛甚祕之。及是，以書餉鄱陽王範，範乃獻於東宮。」同書卷四十劉之遴傳：「範得班固所上（南史作撰）漢書眞本，獻之東宮。」又云：「之遴好古愛奇，在荊州，聚古器數十百種，又獻古器四種於東宮。」梁代時之東宮，凡珍本圖書及古物均庋藏其中，且以藏善本書為主（以有梁東宮四部目錄可證。）則侯景之亂，兵燹盡燬東宮臺殿，昭明太子時所庋藏之圖書三萬卷，當必盡亡（南史侯景傳已明言：所聚圖書數百廚一皆灰燼。）又，王僧辯等平侯景亂時，兵火延燒太極殿及延閣祕署。按延閣亦藏書之處所（六典：漢書府有延閣，內庫書也。梁簡文帝上昭明太子集別傳表：謹撰昭明太子別傳文集，請備之延閣，藏諸廣內，永彰茂實，式表洪徽。）則止侯景為亂之一役，書阨已遭二劫一燬於東宮，二焚燒延閣祕署。其燬亡卷數除東宮三萬卷外，延閣祕署所燬圖書卷數尚不可考也。蕭梁書阨之甚尚有二證：（一）陳書三十三沈不害傳，上文帝書請立國學：「梁太清季年（紀元五四九年，梁武帝末年）數叛鍾否剝，戎狄外侵，姦回內奰，朝聞鼓鼙，夕焰烽火。洪儒碩士，解散甚於阬夷。五典九丘，湮滅逾乎帷蓋。（二）陳書三十四陸瑜傳：「梁室亂離，天下糜沸，書史殘缺，禮樂崩壞。

侯景之亂所燬書已詳之矣，今請復言梁元帝之焚書。梁元帝之焚書，有云七萬卷，有云十四萬卷者，究以何說爲是乎？以下卽討論此一問題。

顏之推觀我生賦北齊書三十七文苑傳顏之推傳。述及梁元帝時之書阨云：「書千兩車一乘曰兩。而煙煬，溥天之下，期文盡喪。」顏氏於句下自注云：「北方墳籍，少於江東三分之一。梁氏剝亂，散逸湮亡，唯孝元鳩合通重十餘萬，史籍以來，未之有也。兵敗悉焚之，海內無復書府。」此爲言及梁元帝焚書之最先者。按顏之推之說，則梁元帝焚書凡十餘萬卷。然隋書經籍志則云：

「梁元帝克平侯景，收文德之書隋志二：梁文德殿四部目錄四卷，劉孝標撰。並見前引。及公私經籍，歸於江陰，大凡七萬餘卷。周師入郢，咸自焚之。」周書四十九牛弘傳、通考經籍考略同則隋志所云元帝焚書似僅七萬卷。然通鑑一六五承聖三年紀元五五四年十一月又云：

「（元）帝入東閤竹殿，命舍人高善寶焚古今圖書十四萬卷。將自赴火，宮人左右共止之。又以寶劍斫柱令折，歎曰：文武之道，今夜盡矣！」

司馬光以爲焚書十四萬卷。胡三省亦以爲元帝焚書斷不止七萬卷。其言曰：「隋經籍志云：焚七萬卷；南史云十餘萬卷。按王僧辯所送建康書已八萬卷（此見南史八十侯景傳，隋書四十九牛弘傳亦云：「蕭繹據有江陵，遣將破平侯景，收文德之書及公私典籍重本七萬餘卷悉送荊州。」），幷江陵舊書，豈止七萬卷乎！今從典略。」

胡氏未明言元帝焚書係十四萬卷，但其意則絕不信元帝焚書少於七萬卷。三國典略（太平御覽六一九引）又云：「周師陷江陵，梁主知事不濟，入東閤竹殿，命舍人高善寶，焚古今圖書十四萬卷。欲自投火，與之俱盡。宮人引衣乃止。及火滅盡，以寶劍斫柱令折。歎曰：文武之道，今夜窮矣！」大抵通鑑所據者即三國典略也。宋洪邁（容齋續筆卷十五書籍之阨條）亦以爲元帝焚書十四萬卷。按此，則元帝焚書十四萬卷之說較可信也。

然元帝焚書或未能盡。蓋隋書四十九牛弘傳有「周師入郢，繹悉焚之於外城。所收十纔一二。」顏氏家訓雜藝第十九亦有云：「梁氏祕閣散逸以來，吾見二王（羲之獻之）眞草多矣，家中嘗得十卷。」此見梁末經籍雖遭巨劫，但仍未盡，仍有流入民間者。

歷代書阨，皆由於兵火牽連而及。梁末二次書阨中竟有其一由梁元帝一手焚去四萬餘卷者，則似頗有使人費解處。通鑑一六五承聖三年（紀元五五四年）十二月略謂：元帝性好書，常令左右讀書；晝夜不絕，雖熟睡，卷猶不釋。元帝愛書可謂成僻矣，奈何一旦燬書十四萬卷乎？此蓋大有原因者也。元帝焚書時欲赴火自斃，宮人引衣乃止，又以寶劍斫柱令折，歎曰：文武之道，今夜盡矣。通鑑同上又曰：「或問何意焚書？帝曰：讀書萬卷，猶有今日，故焚之！

」元帝焚書係由於悲憤羞慚絕望之一時情感衝動之故；此因其時君父懸命於逆賊，宗社懸絲於割裂；而元帝適逢文武之道盡喪，悲憤極甚，乃盡燬經籍耳。

至於陳代，其官書目錄，見於隋志者有四：陳祕閣圖書法書目錄一卷，陳天嘉六年壽安殿四部目錄四卷，陳德教殿四部目錄四卷，陳承香殿五經史部目錄二卷。隋志又云（時在元帝焚書之後）：「陳天嘉中，又更鳩集。考其篇目，遺缺尚多。」陳代雖曾收集圖書（否則何來四部官書目錄？）但以梁末書阸太甚，陳代諸主又多為庸才，對經書無特殊愛好，加以戰爭相尋，自然遺缺尚多矣。

五、魏齊周間之書阸

顏之推謂：「北方墳籍，少於江東三分之一。」（觀我生賦書千兩而煙煬，溥天之下期文盡喪句自注。）意謂北朝書籍遠較南朝為少也。然而，北朝每當稍有喘息之時，帝王即下詔收集天下圖書。如北魏太祖道武帝之收書（魏書二十三李先傳，文獻通考經籍考。），孝文帝之下詔徵書（本紀太和十九年。）孫惠蔚之上書請世宗廣加推尋，搜求令足（魏書八十四孫惠蔚傳。）北齊北周亦復鳩集（隋志）按此，則北朝經籍即不能多於南方，而北朝諸帝却多重視經籍之修校。

文獻通考經籍一云：「後魏始都燕代，南略中原，初收經史，未能全具，道武嘗問博士李先曰：天下何物最善，可以益人神智。對曰：莫若書籍。帝曰：書籍凡有幾何？如何可集？對曰：自書契以來，世有滋益，以至於今，不可勝計。苟人主所好，何憂不集。乃命郡縣大收圖籍，悉送平城。孝文徙都洛邑，借書於齊。祕府之中，稍以充實。暨於爾朱之亂，散落人間。」（魏書三十三李先傳略同。）

文獻通考此處所記，爲隋志所缺者有二：一爲道武命郡縣大收書籍（隋志但言：粗收經史，未能全具。未言道武收書。但魏書李先傳亦略述及。）其次指出道武收書之庋藏地在平城，此點頗重要。蓋北魏孝文以前，以平城爲都邑。自北魏孝明帝正光四年（紀元五二三年）四月（此據通鑑，亦即梁普通四年）沃野鎮民破六韓拔陵聚衆反，諸鎮華夷之民，往往響應。既而六鎮盡叛，秦隴以西，冀幷以北，並爲盜區；六鎮叛變時紊亂如此，則其時搶掠劫奪必極甚，而破壞亦大矣（六鎮叛變事見魏書卷九孝明帝紀及讀史方輿紀要卷四。）魏末之六鎮（據顧祖禹說，六鎮即：（一）武川（山西大同縣北塞外）（二）撫冥（山西大同縣北塞外武川之東）（三）懷朔（武川之西）（四）懷荒（大同縣東北與河北蔚縣相近）（五）柔玄（懷荒之東）（六）禦夷（河北懷安縣西北）又按：魏書屢提及「六鎮」，然未嘗列舉六鎮之名。故後人對六鎮名稱之爭辨者甚多，各有不同之說法。如夏僧佑中國上古史第二篇第二章，宮夢仁讀書紀數略九，沈垚落帆樓文集一等，對六鎮說法均各有不同，然此與本文無關宏旨，故不再詳論。）均在平城邊緣。六鎮之亂，平城爲主要亂地之一。顧祖禹曰：「及六鎮之亂，故都（平城）爲墟。」（讀史方輿紀要四十四平城廢縣條下注。）

如此，則太祖道武帝命郡縣大收書籍悉送平城，其於平城之所有圖書，必靡有孑遺矣。或曰未必，道武所收書或於孝文遷都洛邑時已同時遷移矣。使此說果然，唯隋志非已明言：「孝文徙都洛邑，借書於齊，祕府之中，稍以充實。暨於爾朱之亂，散落人間。」則即使平城之書果已移庋洛邑，亦不能免劫也。

隋志謂：「後魏始都燕代，南略中原，粗收經史，未能全具。」此或卽指道武時收書於平城者；按此則道武收書或不多。然水經卷十三㶟水條注曰：「其水又南屈逕平城縣故城南……魏天興二年（紀元三九九年。天興，道武帝年號。即東晉安帝隆安三年。）遷都於此。太和十六年（紀元四九二年。即齊武帝永明十年。翌年孝文發步騎三十萬伐齊，始議遷都。）破安昌諸殿，造太極殿東西堂及朝堂……國之圖籙祕籍，悉積其下。」平城所儲圖籍實不少（按：隋志有魏闕書目錄一卷，此見後魏搜求天下圖書之殷切。則後魏圖書即使不多。亦決不至太少也。）而太極殿則為平城內其中之一個藏書地。

隋志但謂後魏之圖書於「爾朱之亂，散落人間」，其散亡多寡，迄未言及。通典卷一七一州郡一亦僅云：「（北魏）莊帝時，梁軍洛陽，數旬敗走……自永安末年（紀元五二九年），爾朱世隆稱兵入洛，圖籍散亡……」但後魏自六鎮之亂，盜賊蠭起，再加上爾朱氏、葛榮、杜洛周等之大屠殺大劫掠；圖書劫難之甚可以想見。且以史書所載事實觀之，洛陽於北魏時藏書似亦頗多。蓋孝文帝欽羨漢文化極甚，太和十七年議遷都，十九年卽下詔徵天下圖書（孝文本紀）世宗宣武帝又從孫惠蔚議搜求遺書（魏書八十四孫惠蔚傳。）孝莊帝時又下詔令高道穆總集祕書目錄（魏書七十七高崇附傳，其詔曰：「祕書圖籍所在，內典□書，又加繕寫，緗素委積，蓋有年載，出納繁蕪，多致零落。可令御使中尉兼給事黃門侍郎道穆總集帳目，並牒儒學之士，編比次第。」）此數次之求書及整理祕書目錄，均在孝文遷都洛邑之後，則此數次求書所得者當必庋於洛邑。洛陽於南北朝中常為四戰之地，僅在孝文遷都後之十餘年中稍具規制（洛陽之新規模與新生氣，可見洛陽伽藍記）獨惜孝文遷都後五年卽死。及六鎭盡叛，爾朱生亂，魏分東西，東魏北齊都鄴，西魏北周都長安；洛陽又成戰爭中心，蕩爲丘墟。

後魏之搜求遺書，固可謂已頗能盡力；然亦有累年曠廢，未暇校寫整理，以致多有篇第褫落，殘缺不全者，如魏書七十七高崇附道穆傳，孝莊帝令高道穆總集祕書目錄詔（見上小注所引）。又同書八十四孫惠蔚傳（蔚既入東觀，見典籍未周，上疏世宗（宣武帝）請校補祕書）曰：「忝官承乏，唯書是司。而觀閣舊典，先無定目，新故雜糅，首尾不全。有者累帙數十，無者曠年不寫，或篇第褫落，始末淪殘；或文壞字誤，謬爛相屬。篇目雖多，而全定者少。臣今依前丞臣盧昶所撰甲乙新錄，欲裨殘補缺，損併有無；校練句讀，以爲定本；次第均寫，永爲常式。其省先無本者，廣加推尋，搜求令足。然經記浩博，諸子紛論，部帙既多，章篇紕繆，當非一一校書，歲月可了。今求令四門博士及在京儒生四十人，在祕書省專精校寫，參定字義……」

孝文帝以後，世宗宣武帝及敬宗孝莊帝時之祕書圖籍，多致零落，首尾不全，新故雜糅。而其所以致此之因，則戰亂爲主要原因之一（如魏書五十六鄭羲附道昭傳，道昭請置學官生徒表，卽明言不能置立學官生徒者係「軍國多事，未遑營立」之故。）亦卽隋書經籍志所謂「戎馬生郊，日不暇給」故也。

至於北齊，文宣帝天保七年（紀元五五六年，卽梁元帝太平元年。）亦嘗下詔令校定羣書，供皇太子；詔樊遜、高乾和及馬敬德（此外則為韓同寶、傳懷德、古道子、李廉、鮑長、景孫、王九元、周子深等十一人，共刊定祕府書籍之紕繆者，乃借書於邢子才、魏收等之家，凡所得別本三千餘卷，五經諸史，殆無缺遺北齊書四十五，北史八十三。隋志亦謂：「後齊遷都，頗更搜聚；迄於天統武平天統五年：五六五至五六九。武平六年：五七零至五七五。校寫不綴」。則北齊之經籍，似亦不少。且天統武平間又收校圖書。故北齊收校圖籍最少亦有二次。而在高齊之初其經籍存集卷、數實亦已有三萬餘卷。蓋隋書四十九牛弘傳云：「高氏據有山東，初亦採訪，驗其本目，殘缺猶多。及東夏初平，獲其經史，四部重雜，三萬餘卷。所益舊書，五千而已。」按「所益舊書五千而已」此二句之前當有缺文。蓋隋志云：「周武平齊，先封書府，所加舊本，才至五千。」可見北齊於中國東部稱號時，洛陽及鄴都等文化中心，尚有書三萬餘卷。此當為北魏滅亡前所殘餘者。

北周亦嘗刊校經史，周書卷四明帝紀：「及卽位北周明帝即位之初無年號，時為陳武帝永定元年（五五七年）。集公卿以下有文學者八十餘人於麟趾殿刊校經史。」與其事者為元偉、蕭撝、韋孝寬、蕭大圜、宗懍、王褒、姚最、明克讓等。隋志則謂：「後周始基關右，外逼彊鄰，戎馬生郊，日不暇給。保定武帝宇文邕年號。之始約為紀元五六一年，書止八千，後稍加增，方盈萬卷。周武平齊，先封書府，所加舊本，才至五千。」

按此，北周第一次刊校經史在明帝即位之初；第二次則在武帝保定之初，經籍殆近萬卷。

按，隋志云後周保定間紀元五六一至五六五，凡五年書已有萬卷，然及周武平齊北齊滅於周大象二年（紀元五八〇年）七月所加舊本反止得五千，圖書不見有增，但見減少，則止以北周保定間一萬卷及周武平齊時五千卷計，書阨燬佚已五千卷。

實則周武平齊時，合北周北齊者才止五千卷，若各折其半計，則高齊燬佚之書達二萬七千餘卷蓋高齊初平東夏時有書三萬餘卷也。北周燬佚之書亦達七千餘卷據隋志，北周保定間書籍稍增時，有書盈萬餘卷也。北齊北周合計則越三萬四千卷矣。總言之，東西魏亦可云北齊北周。之連年互相攻伐自東魏天平元年（五三四）迄北齊武平四年（五八零）凡四十六年，攻戰不斷。書籍燬於戰亂者凡三萬四千餘卷。

今按上述，可歸納魏齊周間之書阨凡四：

一、燬於六鎭之亂，平城蕩爲丘墟，道武所收圖書庋於平城者盡化爲烏有。

二、爲爾朱氏之亂，洗劫洛陽，故孝文以後所收書庋於洛陽者亦幾全無孑遺。

三、東西魏互相攻伐，燬佚書籍三萬餘卷。

四、則爲戎馬生郊，日不暇給，以致祕閣舊典，始末淪殘，首尾不全；如是則雖年月增加，而圖書不特無所滋益，唯有缺佚矣。

六、隋代西京東都燬佚書卷數考

隋書牛弘傳敘書有五阨：一阨於秦始皇焚書；二阨於王莽之末赤眉之亂；三阨於東漢末年董卓之亂，孝獻移都，吏人擾亂，圖書縑帛，皆取爲帷囊；四阨於惠懷之亂；五阨於梁元帝焚書江陵。雖仍意有未盡，然亦道前人所未道矣。至隋初經籍缺乏之甚，又可於牛弘之言中見之：

「今（牛弘上表請收天下遺書事在開皇三年（紀元五八三年）後六年，隋始大舉伐陳。）御出單本合一萬五千餘卷，部帙之間，仍有殘缺。比梁之舊目，止有其半。至於陰陽河洛之篇，醫方圖譜之說，彌復爲少。」

隋初經籍缺少之因甚簡單，不外「典籍屢經喪亂，率多散佚」（牛弘語。）而已。但平陳以後，經籍漸備；再加文煬二帝之校補收集，典籍乃再盛。隋志及通考經籍志均載隋代典籍之盛，而以通考經籍考爲詳，其言曰：

「隋平陳以後，經籍漸備。檢其所得，多太建（陳宣帝年號，凡十四年，紀元五六九年至五八二年）時書。紙墨不精，書亦拙惡。於是總集編次，存爲古本。召天下工書之士，京兆韋霈、南陽杜頵等，於祕書內補續殘缺，爲正副二本，藏於宮中；其餘以實祕書內外之閣，凡三萬卷。煬帝卽位，增祕書省官百二十員，並以學士補之。帝好讀書著述，自爲揚州總管，置王府學士至百人，常令修撰，以至爲帝。前後近二十載，修撰未嘗暫停。自經術文章兵農地理醫卜釋道，乃至捕搏鷹狗皆爲，新書無不精洽，共成三十一部萬七千卷。初，西京嘉則殿有書三十七萬卷，帝命祕書監柳顧言等詮次，除其複重猥雜，得正御本三萬七千餘卷納於東都修文殿。又寫五十副本，分爲三品，上品紅琉璃軸；中品紺琉璃軸；下品漆軸。於東都觀文殿東西廂構屋以貯之。東屋藏甲乙，西屋藏丙丁。又聚魏以來古蹟名畫於殿後。起二臺，東曰妙楷台，藏古蹟；西曰寶臺，藏古畫。又於內道場集道佛經別撰目錄。其正御書皆裝翦華淨，寶軸錦標。於觀文殿前爲書室十四間，窗戶牀褥廚幔，咸極珍麗。每三間開方戶垂錦幔，上有二飛僊，戶外地中施機發。帝幸書室，有宮人執香爐，前行踐機，則飛僊下收幔而上，戶扉及廚扉皆自啟。帝出則復閉如故。」

按通考所述，可見隋代經籍極盛時之情況。其庋典籍之要地則爲東都洛陽與西京長安。東都修文殿藏正御本三萬七千餘卷，另有五十副御本藏於觀文殿，並聚魏以來古蹟名畫、道佛經別撰目錄等；而西京加則殿則更有圖書三十七萬卷。則隋代東都西京典籍之盛確歷史所罕見矣！

隋代經籍能如此之盛者，因隋文父子皆好書，於民間獻書無所不納。再觀隋代官書目錄，凡五：（一）開皇四年四部目錄四卷（牛弘撰，著錄三萬卷。見隋書四十九牛弘傳。又見唐書經籍志後序。）（二）開皇八年四部目錄四卷（不著撰人見隋志。）（三）開皇二十年書目四卷（王劭撰，隋書六十九本傳並見唐書經籍志。）（四）大業正御書目錄九卷（柳䛒等撰，著錄三萬七千卷。見隋志，及高似孫史略卷五。）按隋代官書目錄觀之，則隋代積極求天下遺書最少達二十餘年（通考亦云：「前後近二十載，修撰未嘗暫停。」）因此隋代經籍乃能稱極盛也。

然而，洛陽與長安於大業迄唐初間劫難之甚，極足令人吐舌，其書阨亦然。

隋志及通考經籍志均未述及隋代書籍之散佚。舊唐書經籍志則略有述及，其言曰：「煬皇好學，喜聚逸書，而隋世簡編最爲博洽。及大業之季，喪失者多。」明胡應麟少室山房筆叢卷一（經籍會通）云：「牛弘所論五阨，皆六代以前之事。隋開皇之盛，極矣。未幾，悉灰於廣陵。」又云：「煬幸廣陵，東都守禦獨完。自王世充降唐，唐盡收其圖史，僅八萬卷，中間未嘗被火。向之藏書之盛，竟何在耶？唯杜寶大業江都記云：隋書籍三十七萬，悉焚於廣陵。當是實錄。蓋煬帝酷嗜經典，既欲徙都廣陵，必盡載諸書自從。洛陽八萬，意當時副本耳。」

胡氏述說隋代經籍散亡之情形似甚詳矣，甚足一補通考、隋書與兩唐書志之未備矣。其實不然，蓋其中訛誤之處甚多也。今請詳其一二於后。

一、胡氏謂東郡（洛陽）守禦獨完，唐平王世充收其圖史八萬卷，中間未嘗被火。此說殊非。今按：王世充於隋末據東都洛陽稱鄭；煬帝時東都修文殿但有正御本三萬七千卷（其餘但有五十副本，卷數不可考。此在通考經籍考已明言之矣。）且新唐書藝文志亦已明言：「王世充平，得隋舊書八千餘卷。」可見唐平王世充止得書八千卷耳。胡氏所以致誤者，在未能把握通考經籍考「隋西京嘉則殿有書三十七萬卷，東都修文殿有書三萬七千卷」之數而已（其次，胡氏謂：東都守禦獨完，中間未嘗被火。亦誤。說見後。）。從而亦可見胡氏謂「洛陽八萬，意當時之副本」句，亦不妥。此可再證之以新唐書藝文志：「王世充平，得隋舊書八千餘卷。太府卿宋遵貴，監運東都，浮舟泝河，西致（交與也歸還也）京師（唐都長安）；經砥柱，舟覆，盡亡其書。」此處已明白指出平王世充時於洛陽得隋舊書八千卷，而由宋遵貴等自洛陽運之返長安，不幸途中舟覆而亡其書。則胡氏之誤，顯明矣。

以上闡明唐平王世充時止得書八千卷於東都。

二、胡氏謂：隋開皇之盛，未幾悉灰於廣陵；並引杜寶大業江都記謂隋書籍三十七萬悉焚於廣陵係實錄。今按，此說亦甚有疑問。文獻通考卷一七四經籍志引王明清揮塵錄亦載杜寶此說，胡氏之說，或即據此。考杜寶大業江都記自隋書經籍志、唐書經籍志、新唐書藝文志以下均無著錄，止新唐書藝文志雜史類著錄杜寶大業雜記十卷（涵芬樓據明鈔本張宗祥校刊之百卷本說郛，卷五十七有大業雜記一卷，署隋杜寶撰，但無載煬帝聚書焚書事。）而王明清揮塵後錄卷七葉少蘊書火於弁山條引唐著作郎杜寶大業幸江都記（較之胡氏所引「大業江都記」者多一「幸」字）云：「隋煬帝聚書至三十七萬卷，皆焚於廣陵，其目中蓋無一帙傳於後代。」

王明清引杜寶之說亦如此，則煬帝聚書三十七萬卷悉灰於廣陵之說殆無足疑矣！是則大業之亂此役之書阨遠較梁元帝焚書十四萬卷者爲甚矣！

然細考之，煬帝聚書三十七萬卷悉灰於廣陵之說頗不足信，其理有三焉。其一，王明清引杜寶所云煬帝聚書三十七萬卷皆焚於廣陵之數適與通考所云「西京嘉則殿有書三十七萬卷」者相合；則杜氏所云之三十七萬卷圖書殆卽西京嘉則殿所藏者；而此三十七萬卷書，多重複猥雜之作。以此之故，煬帝乃命祕書監柳顧言等詮次之以成正御本三萬七千餘卷納於東都（洛陽）之修文殿。煬帝若眞欲遷都廣陵且要携書前往者，亦當就近取東都（洛陽）之三萬七千卷正御本；決無捨近求遠（西京距廣陵之路程遠於東都）捨優取劣（東都修文殿之三萬七千卷正御本遠較西京嘉則殿重複猥雜之書為優。）捨簡就繁（正御本止三萬七千，西京嘉則殿重複猥雜者則三十七萬）而携西京之三十七萬卷猥雜重複之書遠赴廣陵者也。其次，新唐藝文志云：「初，隋嘉則灣、殿，書三十七萬卷，至武德初，有書八萬卷，重複相糅。」煬帝在西京嘉則殿所聚三十七萬卷圖書於武德初仍存者尙有八萬卷（唐武德五年始平隋鄭公王世充。唐志此處所云武德初有書八萬卷者，必卽李淵初克長安所收嘉則殿之書。）安得云盡灰於廣陵？焉可謂「無一帙傳於後代」？其三，揮塵錄引杜寶大業江都記所言之事，通考經籍志亦有引錄，若煬帝焚書三十七萬卷係事實，應在叙述隋代經籍時提及，不應附於卷末不顯著之地位。其四，若煬帝到廣陵時果眞携同三十七萬卷書籍，此爲一盛事，隋志及兩唐書不當缺載，（梁元帝遷都江陵時，移建康書八萬卷運江陵，南史八十侯景傳、隋書經籍志及牛弘傳均詳載之。奈何於此事獨缺？）反之，隋書煬帝紀有載煬帝幸廣陵事（大業十二年七月甲子，幸江都。）而無述及煬帝移西京圖書三十七萬卷於廣陵事。綜言之，煬帝焚書三十七萬卷於廣陵甚不足信也。

今考，王明清氏引杜寶「隋煬帝聚書三十七萬卷。皆焚於廣陵」句，廣陵或係廣明之誤。蓋陵明音近，易於舛誤也。廣明係唐僖宗年號，僖宗時王仙芝黃巢作亂破壞極甚。舊唐書經籍志有云：「及廣明初，黃巢干紀，再陷兩京。宮廟寺署，焚蕩殆盡，曩時遺籍，尺簡無存。」大抵煬帝於西京嘉則殿所聚圖書三十七萬卷經大業及唐初兵燹，所餘者在唐武德初已僅有八萬卷據唐書藝文志。此八萬卷且係重複猥雜者。再經唐代安祿山及黃巢之亂，隋煬帝所聚之三十七萬卷書至此乃悉化爲烏有，故舊唐書經籍志云「尺簡無存」；而王明清則云：「『隋煬帝聚書至三十萬卷』，皆焚於廣明非廣陵。」也。王明清氏所引杜寶大業幸江都記者，或僅引「隋煬帝聚書至三十七萬卷」一句，自皆焚於廣明（非廣陵）以下皆王明清氏抒發己意之文耳。淺見如此，未敢云然，以俟大雅君子。

唯有隋一代東都修文觀文二殿，西京嘉則殿，所遺書匹亦甚鉅。煬帝極富誇大狂，大業元年每月役丁夫二百萬以營東都，四年發丁男二十餘萬築長城、發河北諸男女百餘萬以開永濟渠，九年大舉再伐高麗。發兵越百萬。自此盜賊蠭起劫掠爲亂以上均見本紀隋末羣雄並起，先後起滅者一百三十餘人，盜賊大抵均以掠奪糧食財物及分贓爲主。大業十三年紀元六一七年，亦即恭帝義寧元年，是年十一月，李淵克長安，奉代王即位，為恭帝，始改元義寧。六月乙丑，李淵與突厥始畢可汗相結。約曰：若入長安，民衆土地入唐公，金玉繒帛歸突厥通鑑卷一百八十四李淵與突厥之約如此，則長安淪陷時劫難必鉅。李密攻入東都時，又縱兵大掠，燒掠豐都市、燬天津橋。其時東都米斗千錢，大饑，民餓死者十二三通鑑恭帝義寧元年，唐武德二年據此亦可見胡應麟氏少室山房筆叢卷一所云「東都守禦獨完……中間未嘗被火」之說之不當也。

隋大業末年東都及西京均遭大劫難。而史書於此時典籍之阨未有詳載，唯據史書僅有之數條，亦頗足以考出其燬佚卷數者。舊唐書經籍志謂「大業之季，喪失者多」。新唐書八十一惠文太子傳則云：「隋亡，禁內圖書陻沒。唐興購訪，稍稍復出。」（參舊唐書七三令狐德芬傳。）而新書藝文志云：「初，隋嘉則灣、殿有書三十七萬卷，至武德初，有書八萬卷，重複相糅」。此處所云武德初有書八萬卷者，卽李淵初克長安（西京）時所得之書（嘉則殿經戰火後殘餘之卷帙），蓋其時王世充尚未平（武德五年始平之，武德共有九年。），且李唐以長安爲都；新書藝文志亦已明指此八萬卷係嘉則殿藏書之殘餘者。而西京嘉則殿原有書三十七萬卷（此見通考經籍考、新書藝文志。）則**大業末年之亂，止西京嘉則殿之書已燬佚近三十萬卷**矣。

隋末李淵平王世充時，書籍又遭一劫。隋志云：「大唐武德五年，克平僞鄭，盡收其圖書及古蹟焉（謂盡收王世充擁有之隋代舊書。新書藝文志云：八千餘卷。）命司農少卿宋遵貴，載之以船，泝河西上，將致京師，行經砥柱，多被漂沒。其所存者，十不一二（新書志則云盡亡其書。）其目錄亦爲所漸濡，時有殘缺。今考見存，分爲四部，合條爲一萬四千四百六十六部，有八萬九千六百六十六卷。」（唐封演聞見記卷二作八萬六千九百六十二卷，其他與此無大差別。聞見記又云：「除凶書及淺俗無益教理者外，見存三萬六千七百八卷，其後卷帙頗增。開元中定四部目錄，凡五萬八百五十卷。」而隋志此處所云經籍見存者有八萬九千餘卷，殆亦與新書藝文志「嘉則殿有書三十七萬卷，武德初，有書八萬卷」之言相合；蓋平王世充時得書八千餘卷，後雖沉於河，但仍稍有存者也。）隋志未言圖書被漂沒者有若干卷，而新書藝文志則云：「王世充平，得隋舊書八千餘卷，太府卿宋遵貴監運東都，浮舟泝河，西致京師；經砥柱，舟覆，盡亡其書。」

唐平王世充時運其圖書八千卷返長安途中，雖多已沈於河。然王世充據以稱鄭之洛陽（東都）在隋煬帝時原有正御本三萬七千卷及五十副本、古蹟名畫等；而唐平王世充時止得圖書八千卷，則東都修文殿三萬七千卷正御本殆已燬佚近三萬卷，其他五十副卷及魏以來古蹟名畫之阨究爲若干尚未可確考也。

綜言之，隋大業之亂迄唐初平王世充間書阨，其燬亡卷數可考得一大約數目如下：

一、唐武德初有書八萬卷（據唐書藝文志），煬帝時西京嘉則殿有書三十七萬卷。則西京典籍燬佚近三十萬卷。

二、王世充平，得隋舊書八千餘卷（後且以舟覆，幾盡亡其書。）隋煬帝時東都修文殿藏正御本三萬七千餘卷。王世充平時運圖書西致京師沒於河者不計，東都修文殿正御本之書在大業之亂迄平王世充之時止，亦已燬佚近三萬卷。其他副本五十及魏以來古蹟名畫燬散若干仍未可知。

附一：兩晉南北朝間讖緯書之禁燬

晉迄隋間諸帝王對讖緯雖常有加以利用者，然禁燬讖緯書之詔亦屢發。讖緯之書雖多荒誕妖妄，但其中究亦有漢晉等人之經說。蓋讖與緯本二物，儒林傳中人兼治圖緯者，不過取證經說，所重者緯而非讖；藝術傳中人則取證術數，而或流於妖妄。緯乃對經而立者，爲講解經義之書，自六經以及孝經均有緯；讖則係豫言。然緯書中荒誕之部實類於讖（讖緯之別可並參翁元圻注困學紀聞卷八。）南北朝諸帝王不分是非黑白之禁燬圖讖，以致蘭艾同焚誠足惜也。（新學僞經考卷十亦云：「緯書雖多奇誕之說，然出於西京以前，與今文博士說合。天監大業兩次禁焚，於是緯書幾盡……豈不惜哉！」又，李慈銘越縵堂讀書記娥術篇（光緒丁丑年九月十六日）條下云：「緯者所以輔經，三代之典制，孔氏之微言，往往而在。讖則假託符命，推說休咎，瀆亂不經之書。讖必有圖，如今世俗所妄傳推背圖之類，故曰圖讖，曰圖書，亦曰圖緯，謂有圖之緯也。……後世緯與讖亂，隋幷焚之……。」

南北朝間讖緯之書亦頗多。隋書經籍志曰：「說者云，孔子既敍六經，以明天人之道，知後世不能稽同其意，故別立緯及讖，以遺來世。其書出於前漢……起王莽好符命，光武以圖讖興，遂盛行於世。漢時又命東平王蒼正五經章句，皆命從讖。俗儒趨時，益為其學。篇卷第目，轉加增廣。言五經者，皆憑讖為說。」漢末魏晉之初讖緯書極盛；卽在劉宋時，讖緯之書必亦甚多。蓋宋王儉撰七志，五曰陰陽志，紀陰陽圖緯；六曰藝術志，紀方技。疑王儉此二志中，包括之讖緯書必不少也。

圖讖之禁燬，以隋代為最甚；然禁燬圖讖非自隋始。晉書卷五武帝紀泰始三年十二月，禁星氣讖緯之學。東晉元帝建武初，戴邈上表請立學校云：「文章散滅胡馬之足，圖讖無復孑遺。」晉書本傳，並見宋書禮志。此見圖讖亦有燬於胡蠻戰亂者。卽苻堅亦嘗禁讖緯，晉書一百十三苻堅載記云：「及王猛卒前秦建元十一年，卽紀元三七五年。堅禁老莊讖緯之學。」

以上明兩晉之禁圖讖。今再言南朝。

隋志云：「宋大明中大明，考武帝年號，共八年，紀元四五七至四六四年。始禁圖讖。」南齊武帝時亦禁畜讖緯。南史七十六隱逸阮孝緒傳略云，時阮孝緒兼有其書謂兼有讖書及緯書也。按此可見讖與緯為二物。以不欲嫁禍於人而盡焚之。隋志又云：「梁天監以後，又重其制」

，可見蕭梁時亦禁圖讖也。

按上述，則南朝宋齊梁均禁圖讖，唯陳代不可考耳。

至於北朝，其禁圖讖亦甚。

魏書卷四世祖紀，太平眞君五年（紀元四四五年）正月戊申，詔曰：「愚民無知，私養師巫，藏挾陰陽圖讖方技之書……，限今年二月十五日止，過期不出，師巫身死，主人門誅。」世祖太武帝滅佛時亦曾並禁師巫、讖記，諸有佛圖形像及胡經，盡皆擊破焚燒。（見魏書卷一百十四釋老志太平眞君七年三月滅佛法詔。）又高祖孝文帝太和九年（紀元四八五年）正月焚圖讖詔：「圖讖之興，起於三季，既非經國之典，徒爲妖邪所憑。自今圖讖祕緯，及名爲孔子閉房記者，一皆焚之，留者以大辟論。」（魏書卷七孝文紀上）此外世宗宣武帝永平四年（紀元五一一年）五月，詔禁天文之學；肅宗孝明帝熙平二年五月，重申天文之禁，犯者皆大辟論，均其事也。

北齊北周有否嚴禁圖讖，殊難確考。然牛弘上表請開獻書之路（時在隋開皇三年三月(紀元五八三年)）。有云：「今御出單本一萬五千餘卷，部帙之間，仍有殘缺。比梁之舊目，止有其半。至於陰陽河洛之篇，醫方圖譜之說，彌復爲少。」牛弘此表在隋文煬二帝禁圖讖之前，按此則北齊北周以至陳代，亦頗似嘗禁圖讖者，否則何以「陰陽河洛之篇，彌復爲少」也？

有隋一代，圖讖之阨最甚。文帝時已禁讖緯（文帝紀上：開皇十三年二月丁酉制：私家不得隱藏緯候圖讖。）隋書經籍志又謂：「及高祖（文帝）受禪，禁之愈切。煬帝卽位，乃發使四出，搜天下書籍與讖緯相涉者皆焚之，爲吏所糾者至死，自是無復其學。祕府之內，亦多散亡。」

隋文帝及煬帝禁燬圖讖之嚴厲如此，則蘭艾同焚在所難免矣。

附二：石經之燬殘

石經亦古代最佳之經籍也。石經之毀敗，首當述者爲漢石經。

西征記（太平御覽五八九引）謂：「（洛陽）太學堂前石碑四十枚（洛陽伽藍記作四十八枚。）亦表裏隸書尙書、周易、公羊傳、禮記四部。本石塼相連，多崩敗。」

蒲圻張國淦歷代石經考（燕京大學國學研究所民國十九年十二月排印本）第一册漢石經考則云：「案經石存毀，當以其時先後考之。……漢石：洛陽記四十六枚，西征記四十枚，伽藍記四十八枚，水經注未言漢石數，王氏（謂王國維也。）考則以洛陽記爲確，又以水經注四十八枚實爲漢石數。」又云：「魏黃初補刻漢石經，正始中，又立三字石經，歷時未久，復毀敗。洛陽記四十六枚，存者十七枚，毀及崩壞者二十九枚。西征記四十枚，未記毀壞之數，亦言殰㷌多崩敗。」

按此，則漢石經崩壞者實極厲害。然而西征記等均未載其崩壞時日。

今考，石經之崩敗，最先遭劫於漢末董卓之亂及西晉永嘉之亂。據水經穀水注：東漢靈帝時蔡邕使工鐫刻石經四十八枚（此數目經王國維考定，並指出此四十八枚石經當為漢石。）立於洛陽太學門外，而水經穀水注又云：

「石經淪缺，存半毀幾……晉永嘉中，王彌劉曜入洛，焚燬二學……」

歷代石經皆立於太學，二學被燬，則石經必被延及。蒲圻張國淦歷代石經考，亦以為漢石經多燬敗於漢末董卓之亂及西晉永嘉之亂二役。歷代石經考第一冊（共三冊。）漢石經考云：

「經董卓之亂，魏黃初後，補其缺壞，晉永嘉時，悉多崩毀。」

張氏自注又云：「萬氏石經考（按：萬斯同也。）漢靈帝光和六年癸亥，至魏廢帝正始元帝庚申，止五十六年，石經應未毀，魏人何故復刻？豈董卓焚洛陽宮殿，太學亦被焚，並石經延及耶？」此下又注釋西晉永嘉之亂經石多崩毀，引後漢書蔡邕傳注引洛陽記之言曰：「太學在洛陽城南開陽門外，講堂長十丈，廣二丈。堂前石經四部，本碑凡四十六枚。西行周易尚書公羊傳，十六碑存，十二碑毀；南行禮記十五碑，悉崩壞；東行論語三碑，二碑毀。」因此張氏乃下結論：「是魏黃初補後，晉時復又毀敗，永嘉以前，初無兵火，當在永嘉時。」

張氏所考甚是。故漢石經雖經魏黃初間補修，經西晉永嘉王彌劉曜之亂，石經遂再遭巨劫。

其後，北魏宣武帝時鄭道昭（鄭羲之子）上求樹漢魏石經表（宣武帝即位之初，上表）云：

「城南（洛陽城南）太學，漢魏石經，丘墟殘廢，藜藿蕪穢，遊兒牧豎，為之歎息，有情之輩，實亦悼心。」（魏書五六鄭羲附道昭傳）

則石經經漢末董卓及西晉永嘉亂後之殘餘者，其後尚一再遭劫。及神龜元年（紀元五一八年，時距鄭道昭上表（約當宣武帝景明元年）十八年。）石經遭劫更甚。魏書（卷八十三）外戚馮熙傳云：

「洛陽雖屢經破亂，而舊三字石經宛然猶在。至熙與常伯夫相繼爲州，廢毀分用，大致頹落。」（通鑑一四八天監十七年（紀元五一八年，神龜元年）六月：「魏馮熙……毀取以建浮圖精舍，遂大致頹落，所存者委於榛莽，道俗隨意取之。崔光請遣官守視及補其殘缺。胡太后許之。會元義、劉騰作亂，事遂寢。」）

此處所述毀敗之石經，實已非止指漢石經，卽魏石經（三字石經）亦多已爲馮熙常伯夫二人毀敗取以建浮圖精舍矣。此後大抵漢石經已悉遭崩敗，卽有所餘，亦已無幾。按上述，則劉曜等入洛，焚燬二學，爲石經之第一劫。而神龜元年（紀元五一八年）馮熙常伯夫等毀取以建浮圖精舍則爲第石經之第二劫。馮熙等毀取石經建浮圖，一旦發覺，本尚可補救，然不幸其時適值元義、劉騰等作亂，以致「軍國務殷，遂不存檢，官私隱顯，漸加剝撤，由是經石彌滅，文字增缺。」（魏書卷六十七崔光傳。）

隋書經籍志又云：

「後漢鐫刻七經，著於碑石，皆蔡邕所書。魏正始中，又立一字石經，相承以爲七經正字。後魏之末，齊神武執政，自洛陽徙於鄴都，（時爲東魏天平元年紀元五三四年。）行至河陽，值岸崩，遂沒於水，其得至鄴者，不盈太半。至開皇六年（紀元五八六年）

又至鄴京載入長安，置於祕書內省，議欲補緝，立於國學。尋屬隋亂，事遂寢廢；（劉焯劉炫等曾奉敕考定，事見隋書卷七十五，二劉傳。但無載其結果如何耳。）營造之句，用爲柱礎。貞觀初，祕書監臣魏徵始收聚之，十不存一。其相承傳拓之本，猶在祕府。」

據此，則北齊神武高歡遷都於鄴時（東魏天平元年紀元五三四年。）石經又遭一阨（此屬石經之第三劫，第一二劫前已述之。），隋開皇六年，（紀元五八六年）營造之司用爲柱礎，則爲石經之第四劫。經此四劫，迄唐貞觀初魏徵收聚石經時，則已十不存一。故石頭之書雖有貞石之堅，無奈戰亂過甚，亦難免浩劫也。

至於魏石經之毀敗，大抵與漢石經同，但晉永嘉亂時毀漢石經較多魏石經較少耳。今試引張國淦氏歷代石經考第二册述魏石經之燬敗：

「晉永嘉時，（永字原本誤作「水」。）悉多崩敗。迨北魏馮熙常伯夫相繼爲洛州刺史，廢毀分用。東魏武定四年，自洛陽徙鄴，値河陽岸崩，多沒於水；北齊天保皇建間，施列學館，北周大象元年，復自鄴徙洛陽，隋開皇六年，又自洛陽徙長安，因亂廢爲柱礎。」

概括言之，漢石經與魏石經之毀敗，有所不同者：漢石經在北魏馮常二氏相繼爲州時迨已盡毀，而其時魏石經存者尙多。（此觀魏書八十三外戚馮熙傳及通鑑一四八之言可見。詳見前引。）所同者則漢魏石經同遭四劫：（漢石經在西晉永嘉前，漢末董卓之亂嘗遭一劫，此處未算在內。）第一劫爲永嘉之亂劉曜王彌入洛，焚毀二學，係直接由兵燹所致。餘三劫似與戰亂無關，實亦長期戰亂使然也。第二劫爲馮熙等毀取石經以建浮圖精舍，然旋卽爲崔光等發覺，因而上表求補殘缺，然値元義劉騰作亂，軍國多事，無暇顧及，遂使碑石彌滅，文字磨滅者愈甚。第三劫爲北齊神武自洛陽徙石經於鄴，中途沒於水，然何以神武要自洛陽徙都於鄴，亦非由於戰亂使洛陽成丘墟不能爲都乎？第四劫則隋志已明言隋室未暇補緝石經之殘缺，以致營造之司，用爲柱礎，係因適值隋亂之故。是則石經數遭四劫，迄唐貞觀初十不存一者，皆戰亂之果也。

第八章　建築物、古器及珍寶之損害

一、宮殿廟宇之燬殘

永嘉之亂時，洛陽宮殿遭劫最甚。晉書懷帝紀永嘉五年（時劉曜王彌等大舉攻洛陽。）：「大將軍苟晞表遷都倉垣……饑甚，人相食，百官流亡者十八九……六月……劉曜王彌入京師，帝欲幸長安，爲曜等所追及……曜等遂燒宮廟，逼辱妃后……劉默等皆遇害，百官士庶死者三萬餘人。」

晉書（卷一百）王彌傳，述其攻陷洛陽時暴掠之情形又云：

「彌聽以萬騎至京城，焚二學……遂陷宮城，至太極殿前縱兵大掠……發掘陵墓，焚燒宮廟城府蕩盡。」

其後，王彌勸劉曜徙平陽而都洛陽，但劉曜不從，於是「焚燒而去」。據此，則永嘉之亂，祇劉曜王彌攻陷洛陽時，城內之宮殿宗廟已燬滅甚多矣。

永嘉時，洛陽宮殿被燬外，長安所遭劫難較洛陽並不遜色。如愍帝卽位於長安後，劉曜等屢次進攻燒掠，但對宮殿之燬壞，惜未有較顯著而重要之記載耳。晉書卷十安帝紀義熙十四年十一月則云：「赫連勃勃大敗王師於青泥北，雍州刺史朱齡石焚長安宮殿奔於潼關。」可見長安宮殿於東晉時亦受頗大破壞。此外，鄴城宮殿遭禍亦甚。晉書卷五懷帝紀云：

「馬牧帥汲桑衆反，敗魏郡太守馮嵩，遂陷鄴城……，燒鄴宮，火旬日不滅。」

東晉時蘇峻之亂所燬建康之宮室更甚。晉書卷六十五王導傳云：「及賊平，宗廟宮室並為灰燼，溫嶠議遷都豫章……」蘇峻亂後因宗廟宮室並為灰燼而逼於議遷都，對宮室所燬之甚可以想見。蘇峻傳晉書卷一百。述其攻陷建康時之情形又云：

「據蔣陵覆舟山率衆因風放火，臺省及諸營寺署一時蕩盡，遂陷宮城，縱兵大掠。」並參第三章建康之劫難

以上略述兩晉間皇室宮殿之燬壞；至於變亂中燬壞百姓邑屋之甚者則首推孫恩盧循之亂。晉書卷一百。孫恩傳云：

「吳會承平日久，人不習戰，又無器械，故所在多被破亡。諸賊皆燒倉廩，焚邑屋，刊木堙井，虜掠財貨，相率聚於會稽……」

宋書卷三十二五行志三云：「晉安帝元興三年，盧循攻略廣州……十月壬戌，夜，大火……府舍焚燒蕩盡，死

者萬餘人。」

舉一足以例其餘，兩晉南北朝間盜賊作亂者歷代均極甚，則其時民間邑屋之遭劫者必亦不輕也。

兩晉間寺廟燬於戰亂之可考者亦達四十餘所。洛陽伽藍記卷四寶光寺條：「晉朝四十二寺（魏書釋老志亦云：晉世洛中佛圖有四十二所。）盡皆湮滅，唯此寺獨存。」

至於南朝時宮室等之燬壞，使人痛心者厥爲：

一、江陵郭邑府舍之遭燬——宋末順帝昇明元年十二月，沈攸之反，舉兵江陵討蕭道成，遣孫同等將卒五萬攻郢城，令諸軍登岸燒郭邑，歷三十餘日不拔（宋書七四沈攸之傳及通鑑一三四順帝昇明元年）齊永明八年八月，荆州刺史巴東王子響作亂，臺軍討蕭子響，焚燒江陵府舍，官曹文書一時蕩盡。（南齊書四十、南史四十四巴東王子響傳，通鑑一百三十七永明八年八月條。）

二、建康室屋之再四遭劫：齊東昏侯永元元年八月，始安王遙光據東府舉兵叛。蕭坦之帥臺軍討之，衆軍圍東城，「其晚（十六日），臺軍射火箭東北角樓。至夜，城潰。……臺軍入城，焚燒屋宇且盡。」此爲建康室屋之第二劫（第一劫為蘇峻之亂）二年後（和帝中興元年）又遭第三劫：是時齊末大亂，蕭衍舉義鎮石頭，「命衆軍圍六門，東昏悉焚燒門內營署官府」，驅逼士民悉入宮城，閉門自守。（梁書武帝紀上通鑑中興元年）及隋，建康宮室更遭第四劫，然此次則非爲戰爭之故。通鑑隋文帝開皇九年二月……「陳國皆平，得州三十，郡一百，縣四百，詔建康城邑宮室，並平蕩耕墾。」（此條隋書高祖紀缺載。）

三、齊末因戰爭而二度燒室屋以開戰場。永元二年三月，遣平西將軍崔慧景討壽陽（時裴叔業叛於壽陽）後慧景又與崔恭祖叛，屢敗臺軍，慧景入樂游苑，「燒蘭臺府署爲戰場。」（南齊書五一崔慧景傳。）翌年（和帝中興元年）九月，蕭衍遣曹景宗等進頓江寧。東昏侯遣李居士擊之，敗，又燒江寧南岸邑屋以開戰場。（梁書武帝紀上）

宋齊間室屋燬於戰亂者實非鮮。及蕭梁末年侯景叛亂燬東宮損失經籍三萬餘卷與無數珍寶（詳見書籍之燬作章）則係最使人痛心疾首者。侯景之亂除燬東宮外，王僧辯平侯景，入據臺城時，太極殿及東西堂寶器羽儀輦輅等復被焚燬無遺。（梁書王僧辯傳）

而南朝宮室之劫，實不止此。茲再錄數條如左：

一、宋書七四臧質傳：孝建元年南郡王義宣與臧質等反，臧質「至尋陽，焚燒府舍，載妓妾西奔」。

二、宋元徽四年七月，建平王景素等反，奔京口。任農夫等往討之。既至，縱火燒市邑。（通鑑卷一三四）

三、陳太建十一年八月，豫章內史南康王泰叛，縱火延燒邑居，因行暴掠，驅錄富人，徵求財賄。（通鑑卷一七三）

南朝間宮室等建築物之燬壞，由上述觀之，多係燬於內亂者。

北朝宮室等建築物之被燬，最甚者爲佛圖寺廟：洛陽在兩晉間有佛寺僅四十二所，及孝文遷都洛都後，寺廟陡然大增，最盛時佛寺有一千三百六十七所，及孝靜帝天平元年遷都鄴城，洛陽殘破，則僅餘寺四百二十一所。洛陽伽藍記序曰：

「暨永熙多難，皇輿遷鄴，諸寺僧尼亦與時徙。至武定五年……城郭崩毀，宮室傾覆，寺觀灰燼，廟塔丘墟，牆被蒿艾，巷羅荆棘……京城表裏，凡有一千餘寺，今日寮廓，鍾聲罕聞。」

自魏孝文帝太和十七年（紀元四九三年）遷都迄孝靜帝遷鄴（天平元年（紀元五三四年）即楊衒之所謂「永熙（紀元五三二至五三四）多難，皇輿遷鄴」之時。）之四十一年間，止洛陽一地之寺廟燬於戰亂者已近一千所。於此種佛寺中，工程最大耗費最多者厥爲永寧寺。

魏書卷一百十四釋老志述永寧寺所費之甚及工程之壯觀云：「肅宗熙平中，於城內太社西起永寧寺，靈太后親率百寮，表基立刹。佛圖九層高四十餘丈，其諸費用不可勝計。景明寺佛圖亦其亞也。至於官私寺塔，其數甚衆。」

洛陽伽藍記又云：「外國所獻經像，皆在此寺。」（卷一永寧寺條）永寧寺中甚多佛教經籍及佛像。然而，此一宏大壯觀而又多佛經佛像之建築物仍不免燬於火。「永熙三年二月，浮圖爲火所燒。帝登凌雲臺望火……火初從第八級中，平旦大發。當時雷雨晦冥，雜下霰雪。百姓道俗，咸來觀火，悲哀之聲，振動京邑……火經三月不滅……周年猶有煙氣……」（洛陽伽藍記卷一永寧寺）

此爲佛寺中受燬之最甚者。

北魏以後，歷齊周以迄隋初間，天下仍在長期戰亂中，此期間戰亂對佛寺之破壞仍不亞於北魏之末。

智顗與晉王書論毀寺（智顗，字德安，俗姓陳，潁川人，居華容。梁末出家湘州果願寺。陳光大初住金陵瓦官寺，太建中入天台，至德中，召住光宅寺。陳亡，晉王奉為戒師。尋歸湘州，又入天台。開皇十七年卒。）云：

「近年寇賊交橫，寺塔燒燼……捄剔伽藍，必由在所官人，多生僻解。致令外僧惶惑，憂懼不寧……若謂寺多州少，國或不聽，方便善權，仰由安立，若須營造治葺城隍，江南竹木之鄉，采伐彌易，仰希弘紐，提拔將沈。故寺若存，新福更長。冀蒙矜允，幽顯沾恩……」（嚴可均全上古三代秦漢三國六朝文卷三十二，全隋文釋氏一，引釋藏起二，國清百錄二。）

齊周及隋初時，寇賊劫掠焚燬寺塔已極甚；再加隋開皇間官方以營造治葺城隍而毀寺塔。則寺塔之刼迄隋初殆十不存一二矣。

又，慧文（開皇中住蔣州奉誠寺。）與智顗書論毀寺云：

「伏見使人齎符，壞諸空寺。若如即目所覩，全之與破，及有僧無僧，毀除不少……此處僧徒，忽見毀廢，咸懷憂恐。大王雖照同朝日，而聖德高遠，衆情傾仰，無因簡徹。伏惟智者禪師，道俗歸止，有所言勸，悉善為先。文等不揆庸微，馳來奉告，必願運大慈悲，垂為申達。冀未壞之寺，庶得安全……」（同上書引釋藏起二國清百錄二。）

隋初為營造治葺城隍毀壞寺塔實在不少。

其次，請略陳洛陽宮室之燬於北朝者。

北魏永熙三年：（即東魏孝靜帝天平元年，十月改）「神武（高歡）自京師將北，以為洛陽久經喪亂……土地褊狹，不如鄴，請遷都。」（北史六齊神武帝紀）魏分東西時洛陽已極荒殘。此後東西魏屢屢互相攻伐，以洛陽爲戰場。天平二年，東魏高隆之發十萬夫撤洛陽宮殿，運其材入鄴。元象元年（梁大同四年，紀元五三八年。）東魏侯景、高敖曹等圍魏獨孤信於金墉，高歡以大軍繼之。侯景悉燒洛陽內外官寺民居，存者十二三（以上見通鑑梁中大通六年至大同四年）此期間爲洛陽宮室遭劫最甚之時期。洛陽宮室在北朝最後之一劫爲隋末恭帝義寧元年，時李密率衆攻洛陽，遣「長白山賊孟讓掠東郡燒豐都市……燒天津橋，遂縱兵大掠東都。」（隋書七十李密傳。）洛陽經南北期長期浩劫，殘破已達極點，李唐建都長安不再以洛陽爲都者，此亦原因之一。

今綜合以上所述南北朝間歷代戰爭中對宮室之燬壞，可得一結論：凡每一戰役，戰勝者攻陷一地後，每不能派官軍留守統治，因而必盡燬戰敗者所有宮殿室屋，盡破壞之能事：如什翼犍建國二年（紀元三三九年），慕容元眞「征高麗，大破之；掠男女五萬餘口，焚其宮室，燬丸都而歸。」（魏書九五慕容廆附元眞傳。）因而，宮室之破壞係南北朝戰爭中之第一目標。

二、隄堰之缺壞

晉南北朝間長期戰亂中，爲求勝利，爲求盡破壞敵方之能事，往往不顧利害而毀隄缺堰或破壞其他建築物者。因隄堰之缺壞，無數百姓及財物遭無妄之水災而漂沒者屢見，此最足以反映戰爭之殘酷與無人道可言！

晉南北朝間於戰亂中曾缺壞隄堰者，如：

一、「張方入洛，破千金堨。」水經注卷十六穀水注條

二、齊建元二年二月，魏遣梁郡王嘉等寇壽陽，豫州刺史垣崇祖破肥水堰縱水衝魏兵，「水勢奔下，虜攻城之衆漂墜塹中，人馬溺死數千，人衆皆退走。」南齊書二五垣崇祖傳。

三、梁天監五年五月，豫州刺史韋叡進討合肥，「久未能下，叡按行山川。曰：吾聞汾水可以灌平陽，絳水可以灌安邑，卽此是也。乃堰肥水……」梁書十二韋叡傳。

四、梁天監十三年，討魏壽陽。魏降人王足陳計求堰淮水以灌壽陽。梁武帝乃役人及戰士二十萬，南起浮山，北抵巉石，依岸築土。十四年四月，浮山堰成而復潰。「因是引東西二冶鐵器，大則釜鬲，小則鋘鋤，數千萬斤，沈於堰所，猶不能合……夏日，疾疫死者相枕……是冬又寒甚，淮泗盡凍，士卒死者十七八……十五年八月……淮水暴長，堰悉壞缺，奔流於海……」梁書十八康絢傳。「堰壞，其聲如雷，聞三百里，緣淮城戍村落十餘萬口，皆漂入海。」通鑑一四八天監十五年九月。此事梁書康絢傳缺載。

五、陳太建五年，吳明徹統衆十萬伐齊。八月，攻壽陽，齊遣王琳將兵拒守。「明徹令軍中益修攻具，又迮肥水以灌城。城中苦濕多腹疾，手足皆腫，死者十六七……」陳書九吳明徹傳。

以上略舉晉南北朝間戰爭中之以缺壞隄堰施行水攻戰略者。晉南北朝三百餘年間戰爭中缺壞堰隄者甚多，絕不

止如上述。其他如太建九年，吳明徹攻彭城，「軍至呂梁，又逩清水以灌其城。」（陳書吳明徹傳）北齊書十三清河王岳傳：「及高祖崩，侯景叛。世宗徵兵還，並共圖取景之計。而梁武帝乘間遣其貞陽侯明率衆於寒山，擁泗水灌彭城，與景為掎角聲援。」同書（卷二十七）劉豐傳：「王思政據長社，世宗命豐與清河王岳攻之。豐建水攻之策。遂遏洧水以灌之。水長，魚鱉皆游焉。」北周書十八王羆傳：「梁將曹義宗圍荊州……堰水灌城。」

凡此，足見南北朝間長期戰亂中每好施行壞缺隄堰之水攻政策，則此期間隄堰等建築物破壞必極甚。其產生之影響：一則漂沒百姓及財物，損害農業，損害經濟；二則促使北方河道之汙塞與改道。（南北朝間戰亂每由南方發動，戰役多在長江以北及黃河兩岸。）於是又間接穩固南北經濟文化之轉移之根基。

以上兩項總述建築物之損害。以下兩項則論述古代文物珍寶之蕩盡。

三、古代文物珍寶蕩盡

兩晉南北朝古代文物珍寶之蕩盡，可分三方面而言之。其一為珍寶之蕩盡，此則以兩晉及南朝為甚。其二為經像（佛經佛像）之燬佚，此則以北朝較烈。其三則為樂器之散失。

此期間珍寶之焚燬，首見於晉書惠帝紀：（元康五年十月）

「武庫火，焚累代之寶。」

所謂累代之寶者何？同書卷二十七五行志上：「惠帝元康五年閏月庚寅，武庫火。張華疑有亂，先命固守，然後救火。是以累代異寶王莽頭、孔子屐、漢高祖斷白蛇劍及二百萬人器械，一時蕩盡。」卷三六張華傳略同則凡春秋戰國以迄秦漢之寶物古器蓋已盡蕩於此，但謂寶物中有孔子屐、漢高祖斬白蛇劍及王莽頭等，則讀史者頗有以為可疑，如呂思勉氏兩晉南北朝史第二十三章蓋高祖斬白蛇事之有無，已有疑問，而王莽之死，其頭能否保存迄於元康四年，紀元二九四年亦難使人不生疑問。然而晉書所載，或非全屬虛妄。因王莽大奸巨惡，存其頭以為後世誡乃常事；且漆巨惡之首以為誡者，其時實亦有之。如蕭梁時，侯景死，梁書卷五十六云：「世祖命梟於市，然後煮而漆之，付武庫。」又如晉書卷五愍帝紀：建興三年（紀元三一五年）六月「盜發漢霸杜二陵，及薄太后陵，太后面如生。」則王莽頭能保存迄於元康四年，或非奇事，大抵保存屍首之藥物其時業已發明矣。因而高祖斬白蛇劍事或無之，但此役所損失之其他寶物必甚多也。

西晉惠帝時，八王之亂，張方亦嘗大事劫掠皇室寶物。

晉書惠帝紀建武元年八月：「張方入洛，廢皇后羊氏及皇太子……十一月乙未，劫帝幸長安……帝令（張）方具車載宮人寶物。軍人因妻略後宮，分爭府藏，魏晉以來之積掃地無遺矣。」

可見張方此役，已將魏晉以來寶物盡行洗劫。

孫恩亂時，寶物之劫亦甚。東晉隆安三年十二月，劉牢之率兵濟江討孫恩，恩逐驅男女二十餘萬東走，「慴官軍之躡，乃緣道多棄寶物子女，時東土殷實，莫不粲麗盈目，牢之等遽於收斂，故恩復得逃海。」（晉書一百孫恩傳。）

東晉末（義熙十三年。）王鎮惡、劉裕等陷長安時，因王鎮惡之貪婪（晉宋將軍多貪婪者，如上引劉牢之亦如此。）及劉裕之以珍寶金玉等賜將士，所損失者亦甚。王鎮惡盡盜取秦府庫盈積，不可勝紀；劉裕以其功大而不問，（宋書王鎮惡傳宋書卷二，武帝紀中。）云：「公劉裕至長安，長安豐全，帑藏盈積。公先收其彝器渾儀土圭之屬，獻於京師。其餘珍寶珠玉以班賜將帥。」

劉裕此舉尚屬有分寸，其班賜與將士之珍寶，大抵均珠玉財物之類，損失或不太甚也。然而翌年（義熙十四年。）劉裕詔其子義眞（時鎮長安）東歸，義眞將士貪縱，又大掠長安，多載寶貨子女而還。（幷見宋書六一孝獻王義眞傳及通鑑一百十八義熙十四年十一月。）

蕭梁時，古物珍寶之失最甚。第一刼在侯景之亂焚燬東宮（事在太清二年十月，見梁書及南史侯景傳。）因而東宮所藏古物珍寶及圖籍三萬卷等蕩盡。（參閱經籍之燬佚章。）第二刼在梁元帝承聖三年十一月，時西魏于謹攻陷江陵，「虜其男女十餘萬人，收其府庫珍寶，得宋渾天儀、梁日晷銅表、魏相風烏銅、蟠螭趺大玉，徑四尺，圍七尺，及諸輿輦法物以獻、軍無私焉。」周書（卷十五于謹傳）之言如此，然不可信；蓋通鑑云：「收府庫珍寶……分賞三軍」可見周書所謂「軍無私焉」者，虛僞之詞耳。

北朝古物珍寶之損失似遠較南朝爲小，此或史書記載詳略有所不同亦未可料。可考者有三事：北魏太延五年克敦煌，「沮渠牧犍使人斫開府庫，取金玉及寶器，因不復閉，小民爭入盜取之。」通鑑一百二十四元嘉二十四年。北周建德五年十二月攻齊，拔晉陽，「周主出齊宮中珍寶服玩及宮女二千人班賜將士。」通鑑卷一七二太建八年十二月。隋開皇十一年正月：「以平陳所得古器，多爲妖變，悉命毀之。」隋書高祖紀下。

兩晉南北朝間於每一戰役，勝利者爲求慶祝及鼓勵將士之鬥志，常盡罄戰敗者府庫寶物班賜將士。其知情理者尚知保留有價值之文物。否則，不問臧否，盡行暴掠。因此古物珍寶劫數亦難逃矣。

其二、論佛經佛像之燬壞，茲首述其燬佚於戰亂者。

南北朝間銅鐵最爲缺乏此因戰亂過甚之故因此於戰亂中爲應急需，往往有毀金屬佛像以爲兵器者。宋書七二南平穆王鑠傳：「託跋燾南侵元嘉二十七年……遂圍汝南懸瓠城……陳憲保城自固。賊晝夜攻圍之。憲且守且戰，矢石無時不交。虜多作高樓施弩以射城內，飛矢雨下，城中負戶以汲。又毀佛浮圖取金像以爲大鉤，施之衝車端以牽樓堞……」

又有燬於沙門叛亂者。魏書卷十九上元遙傳：「時延昌四年冀州沙門法慶既爲妖幻……自號大乘。殺一人者爲一住菩薩殺十人爲十住菩薩……所在屠滅寺舍，斬戮僧尼，焚燒經像。云：新佛出世，除去舊魔……」

又有燬於火者。如永寧寺火（見本章第一節），因而外國所獻經像蕩盡。

最後則爲帝皇之滅佛。佛教有所謂「三武之厄」（北魏太武帝、北周武帝、唐武宗。）而北朝已佔其二。魏書釋老志太平眞君七年三月世祖（太武帝拓跋燾）下滅佛法詔云：

「自今以後，敢有事胡神，及造形象泥人銅人者，門誅……有司宣告征鎭諸軍刺史：諸有佛圖形象及胡經，盡皆擊破焚燒；沙門無少長悉坑之。」

周武帝建德三年四月又下詔斷佛道二教：（周書武帝紀，北史略同。）

「斷佛道二教，經像悉燬。罷沙門道士並令還俗，並禁諸淫祀禮典所不載者。」

其三論樂器之損失，先略陳樂之用。

宋書卷十九樂志一云：「德盛而化隆者則樂舞足以象其形容，音聲足以發其歌詠。故薦之郊廟而鬼神享其和，用之朝廷則君臣樂其度。使四海之內徧知至德之盛而光輝日新者，禮樂之謂也。」

魏書卷一〇九樂志：「樂者感物移風，諷氓變俗。先王所以教化黎元，湯武所以改章功德。」又曰：「安上治民莫善於禮，移風易俗莫善於樂。」

則樂之用大矣，極矣。尤其於古代，樂之盛衰，正足以代表國家政治之盛衰；而兩晉南北朝樂器破壞之鉅，亦正足以反影其於經濟文化諸方面損害之甚也。

晉南北朝之樂器，盡散亡於兩次大戰亂：

（一）五胡之亂，兩京淪陷，樂器散亡最甚。晉書卷十六律曆上云：

「永嘉之亂，中朝典章咸沒於石勒。及元帝南遷，皇度草昧，禮容樂器，掃地皆盡。雖稍加採掇，而多所淪胥，終於恭安，竟不能備。」

同書卷二十二樂志上又云：

「永嘉之亂，伶官既減……至於孤竹之管，雲和之瑟，空桑之琴，泗濱之磬，其能備者，百不一焉。」

管樂琴瑟等樂器，經五胡之大混亂大破壞，已百不存一。晉書卷二十三樂志下。又云：

「永嘉之亂，海內分崩，伶官樂器，皆沒於劉石……咸和中，成帝乃復置太樂官，鳩集遺逸，而尙未有金石也。庾亮爲荆州，與謝尙修復雅樂，未具而亮薨。庾翼桓溫專事軍旅，樂器在庫，遂至朽壞焉。」宋書十九樂志一略同。

則散失者不止樂器，樂師伶官等亦皆沒於劉石；東晉成帝一度修雅樂。又因軍國多事而致辛苦鳩集遺逸所得之樂器亦因在樂庫中荒廢日久終致朽壞。樂器散亡百不存一，樂師伶官沒於劉石與及雅樂之不能復振，皆因戰亂頻繁之故耳。又：

宋書卷十九。樂志：「元嘉十八年九月，有司奏：二郊宜奏登哥，又議宗廟舞事……江夏王義恭等十二人立議同，未及列奏，值軍興事寢。」

隋書十三音樂志上：「天監元年，遂下詔……魏晉以來，陵替滋甚，遂使雅樂混淆，鍾石斯謬……沈約奏答曰……晉中經簿無復樂書，別錄所載，已復亡逸……」

劉宋蕭梁二代，雅樂不振如斯。宋元嘉之治已見稱史冊，但其議修樂舞之事亦往往以軍興而事寢。蕭梁時雅樂混淆，梁武帝雖歸咎於魏晉陵替，但若有較長之喘息時間以修雅樂，必不致於衰蹶如斯也。從而可推想南朝宋齊梁間雅樂不振之甚，五胡亂時燬佚之樂器，南朝已無力修復，則南朝亦無多餘之樂器散亡矣。

（二）北魏末年爾朱氏之亂，樂器亡失垂盡。

胡人本多不知樂器，尤其南方樂器。如北魏道武帝皇始元年（紀元三九六年）「破慕容寶於中山，獲晉樂器，不知採用，皆委棄之。」（隋書十四音樂志中）五胡亂華及爾朱氏之亂，樂器散亡最甚，或亦以此。

魏書（卷十八。）臨淮王譚附孚傳：

「永安末，樂器殘缺。莊帝命孚監儀注。孚上表曰……往歲大軍入洛，戎馬交馳，所有樂器，亡失垂盡。」

大軍入洛者，係指爾朱兆叛，攻入洛陽之事。此事祖瑩傳（魏書卷八十二）亦言之：「初，莊帝末，爾朱兆入洛，軍人焚燒樂署，鍾石管弦，略無存者。」

同書（卷一百九）樂志亦云：

「永安之季，胡賊入京，燔燒樂庫，所有之鐘，悉畢賊手，其餘磬石，成爲灰燼。」

爾朱兆叛亂入洛燒樂庫之事，魏書再三言之。大抵由於此次樂器所散亡者，或較之五胡作亂之役遠甚也。

南北朝樂器經此二厄，眞已蕩盡矣。因而，於隋開皇二年，顏之推上言時，乃歎息曰：「禮樂崩壞，其來自久」。（隋書卷十四樂志中）

四、地下寶藏之大刼難

歷代帝皇墓陵，往往蘊藏無數之寶器古物者。如晉咸寧五年十月，汲郡人不準掘魏襄王冢，得竹簡小篆古書十餘萬言，藏於祕府。（晉書武帝紀）此外，於冢中幷得周時玉律與鐘磬（見晉書律歷志）及銅劍。（束晳傳云：「冢中又得銅劍一枚，長二尺五寸。」）又如齊永明三年，「襄陽人開古冢得玉鏡及竹簡古書」。（南史四九江淹傳）然而晉南北朝三百餘年長期戰亂，國與國間之戰爭、盜賊之叛亂、帝王等又多覬覦墓陵中之寶物，因而地下寶藏乃遭受到史無前例之大刼難。

對地下寶藏之大刼難。亦可分三點而言。

其一曰戰爭與盜賊刼掠下墓陵寶物之損失：

如西晉時汲冢之竹簡小篆古書、玉律、鐘磬及銅劍等古器，發冢後顯已遭盜刼極甚。蓋束晳傳云：「初發冢者燒策照取寶物，及官收之，多燼簡斷札。」又如愍帝建興三年六月：「盜發漢霸杜二陵及薄太后陵，太后面如生。得金玉綵帛不可勝記。時以朝廷草創，服章多闕，敕收其餘以實內府。辛巳，敕雍州掩骼埋胔，修復陵墓，有犯者誅及三族。」（晉書愍帝紀。）均係盜賊乘亂而盜刼墓陵者。因此，愍帝時禁盜毀陵墓之令極嚴峻，此正足以反映其時盜毀墓陵之甚耳。又：

「杜弢所在發墓。」（晉書一百王機傳。）

「慕容垂凶暴，所過滅戶夷煙，毀發丘墓，毒徧存亡，痛纏幽顯。」（晉書卷一百十五符丕載記。）

杜弢慕容垂二人之所在發墓及毀發丘墓者，其目的不問而知：掘取墓冢中寶器古物也。兩晉南北朝時，盜賊叛亂及戰爭所過之地，盜魁及將令爲略奪財物寶器，除搶刼百姓外，每每同時毀發墓陵以遂其私慾。因此戰亂所及，必毒徧存亡，痛纏幽顯也。

兩晉時墓陵遭刼之甚如此。南北朝亦然。今舉數事以證之：

劉宋及蕭齊時，嚴禁發冢盜墓，又屢詔修墓陵，其時發冢盜墓之事當爲常見，否則不致如此。沈亮發冢不赴救議（宋書自序）曰：「尋發冢之情，事止竊盜，徒以侵亡犯死，故同之嚴科。」又南齊書（卷六）明帝紀（建武二年正月己卯）詔曰：「有毀發墳壟，隨宜修理。」又詔（同年十二月丁酉）曰：「塋壟榛穢，封樹不修……晉帝諸陵，悉加修理，幷增守衞。」一年中對墓陵之禁毀發及修理之事，竟煩至尊二下詔書，若非發冢盜墓之事屢有發生，安會如此？至於梁陳二代，亦無不同。試觀：

梁武帝大同六年四月癸未：「晉宋齊三代諸侯，有職司者，勤加守護。勿令細民，妄相侵毀。」（梁書武帝紀下）

陳天嘉六年八月丁丑詔：「自古忠烈墳冢被發絕無後者，可檢行修治。」（陳書卷三世祖紀。）

而北朝墓陵遭劫之甚亦如南朝。此觀魏文成帝太安四年十月詔（帝北巡至陰山，見有故冢毀廢，乃詔曰：「自今有穿毀墳隴者，斬之。」云云。）及周書賀蘭祥傳（述荊州人好發掘墓陵之甚。詳見後。）等可見之。今再舉墓陵之劫中多珍寶古物等無價寶者數條於后：

南齊書（卷二十一）文惠太子傳：「時襄陽有盜發古冢者，相傳云是楚王冢，大獲寶物：玉屐，玉屏風，竹簡書，青絲編簡，廣數分，長二尺，皮節如新，盜以把火自照，後人有得十餘簡，以示撫軍王僧虔……」（南史二十二王僧虔傳略同。）

同書（卷二十九）周山圖傳：「元徽三年……盜發桓温冢，大獲寶物，客竊取以遺山圖……」

陳書（卷二十八）始興王伯茂傳：「天嘉二年……征北軍人於丹徒盜發晉郗曇墓，大獲晉右將軍王羲之書及諸名賢遺蹟……」（并見南史）

其時盜賊及軍人，往往發掘墓冢盜取古物寶器，此為明證。

其二曰帝王之貪婪發掘墓陵：

最顯著者為石季龍：「季龍並貪而無禮，既王有十州之地；金帛珠玉及外國珍奇異貨不可勝紀，而猶以為不足。曩代帝王及先賢陵墓靡不發掘而取其寶貨焉。邯鄲城西石子崗上有趙簡子墓，至是季龍令發之……又使掘秦始皇冢，取銅柱鑄以爲器……」晉書一百七石季龍下。

又如陳始興王叔陵：「好遊冢墓間，遇有塋表主名可知者，輒令左右發掘，取其石誌古器幷骸骨肘脛，持爲翫弄，藏之庫府內……晉世王公貴人多葬梅嶺……乃發故太傅謝安舊墓……抄掠民居，歷發丘墓……」陳書三十六始興王叔陵傳。

此外，新安王伯固 陳書三六 亦好開發冢墓。

其三曰因修墓陵而發掘他人墓冢及地方風俗之好掘墓冢者。

前者如劉曜之葬其父及妻，「二陵之費，至以億計，計六萬夫百日作，所用六百萬功。二陵皆下固三泉，上崇百尺，積石爲山，增土爲阜。發掘古冢以千百數……」晉書百三劉曜載記 後者如荊州人之好掘古墓。周書 卷二十 賀蘭祥傳：「祥乃親巡境內 荊州境內 觀政得失。見有發掘古冢，暴露骸骨者……於是命所在收葬之……州境先多古墓，其俗好行發掘。」並見北史六一賀蘭祥傳

吾人已知墓陵等地下寶藏之豐富，然則此豐富之地下寶藏遭上述三方面之大劫難歷三百餘年之久，殆亦蕩盡無餘矣。

第九章　政局紛擾下學校及考試制之崩壞

一、門閥與戰亂

門閥在東漢時已漸形成，及晉南北朝，爲門第極盛之時代。門閥之造成，蓋由於東漢之累世經學、累世公卿與及察舉制度之舞弊，然與戰亂亦有關。漢末魏晉之世，天下大亂，九域分崩，士流播遷，布衣百姓，必須依附高門望族以求存；且凡在一地方習爲人所尊敬者，易一地焉則人莫之知，乃不得不高舉郡望，以自矜異。亦會其時五胡雲擾，異族紛紛，入據中國，神明之裔，恥胤胄之殽雜，而欲明其所自出者亦有之。

而晉南北朝間門閥勢力之極盛，遂使高門望族弟子輩在政治上有特殊之地位，以致君主王室亦每每爲其所牽制，南北朝之長期戰爭不能統一者，此爲重要原因之一。因門閥勢力之龐大，王室往往有賴其力以平定內亂外侮（最顯著者如東晉元帝之依賴王導）遂使晉南北朝間貴胄在政治上有出身特優之不成文法。例如：

晉書（卷四十八）閻纘傳：「國子祭酒鄒湛，以纘才堪佐著，薦於祕書監華嶠。嶠曰：此職閒廩重，貴勢多爭之，不暇求其才。遂不能用。」

宋書（卷五十八）謝弘微傳：「晉世名家，身有國封者，起家多拜員外散騎侍郎。」

梁書（卷四十九）庾於陵傳：「近世用人皆取甲族有才望。」

其時政治上之高職，尤其職閒廩重者，均已爲門閥貴冑爭佔，已無才能可言。因此，門閥勢力一旦長成，學校與考試制度卽能保存，亦已無意義可言。何況其時政府往往要依賴門閥貴冑以求存，政府之尊嚴已失，則雖屢欲振興學校與考試制度亦不能成功矣。且當時門閥貴冑對學校之提倡，雖未明顯反對，然實際亦從中作梗加以阻撓。宋書卷十四禮志一：黃初五年，立太學於洛陽。齊王正始中，劉馥上疏曰：「黃初以來，崇立太學，二十餘年，而成者蓋寡，由博士選經，諸生避役。高門子弟，恥非其倫，故學者雖有其名，而無其實；雖設其敎，而無其功。」此爲推行學校考試制之一大阻力，而當時執政者却無力打破此一障礙。於是學校與考試制自然崩潰。

然而，中國始終不失爲一個崇尚文敎之國。南北朝間學校雖屢廢一蹶不振（南北朝屢興學校，結果雖仍不振，亦可見其重文教處。）其私家講學之風，却於長期戰亂中屢見：

宋書卷九十三沈道虔傳：「鄉里年少相率受學。道虔常無食，無以立學徒，武康令孔欣之厚相資給，受業者咸得有成。」

梁書卷五十一諸葛璩傳：「璩性勤於誨誘，後生就學者日至。居宅狹陋，無以容之。太守張友爲起講舍……」

魏書卷六十九崔休傳：「大儒張吾貴，有盛名於山東，西方學士，咸相宗慕。弟子自遠而至者恒千餘人。生徒既衆，所在多不見容。休乃爲設俎豆，招延禮接，使肄業而還。」

右引三條爲私家講學而又爲地方官吏扶掖奬勵者。

據上述，可見戰亂亦爲助長門閥勢力膨脹原因之一，而門閥勢力之成長，却又成爲摧毀學校與考試制度之其中一大力量。

二、學風與禮樂之衰微

學校與考試制度崩壞，其次源於學風與禮樂之衰微。

晉書卷七十應詹傳云：「元康以來，賤經尙道。以玄虛宏放爲夷達，以儒術清儉爲鄙俗。永嘉之弊，未必不由此也。」

同書卷七五范寧傳：「時以浮虛相扇，儒雅日替……洙泗之風，緬焉將墜；遂令仁義幽淪，儒雅蒙塵，禮壞樂崩，中原傾覆。」

又卷九一儒林傳序：「惠帝纘戎，朝昏政弛，釁起宮掖，禍成藩翰。惟懷逮愍，喪亂弘多，衣冠禮樂，掃地俱盡。元帝……雖尊儒勸學，亟降於綸言，東序西膠，未聞於弦誦……有晉始自中朝，迄於江左，莫不崇飾華競，祖述玄虛；擯闕里之典經，習正始之餘論；指禮法爲流俗，目縱誕以清高。遂使憲章弛廢，名教頹毀。」

兩晉時儒術極受鄙棄。因儒雅日替，緬焉將墜，遂令禮樂崩壞，風俗衰頹，而學校考試制度亦隨之崩壞。當時士人如范寧及君主如元帝亦知移風易俗，有待尊儒勸學，無奈其時玄虛之風已銳不可當，經典禮法已成流俗。而此則由於喪亂弘多，衣冠禮樂掃地皆盡有以致之者也。

玄虛風勁，則漸趨於放誕。故晉書卷九十一儒林傳序謂「擯闕里之典經，習正始之餘論；指禮法爲流俗，目縱誕以清高也」。陳頵與王導書（晉書七一陳頵傳）亦云：

「今朝士縱誕，臨事遊行，漸弊不革，以至傾國。」

當時玄虛之徒均抱不負責態度，（此蓋亦由於痛心當時政權之黑暗，道德淪亡與長期戰亂也。）但求足以自娛，而放誕浮沈於虛無，浸淫於莊老（當時門閥貴胄皆如此。）然莊老虛無之理論根本不承認國家有教育人民之必要。因而，此期間若有議脩立學校者往往為此種理論或此等放誕玄虛之徒所毀。如成帝咸康三年國子祭酒袁瓌、太常馮懷上疏議修立學校，疏奏，帝有感焉。由是：

「議立國學，徵集生徒。而世尚莊老，莫肯用心儒訓。」（宋書十四禮志一）。其後，「穆帝永和八年，殷浩西征，以軍興罷遣，由此遂廢。」（同上書禮志一）

學校之不振，係半由於當時學風之極端衰微及軍國多事之故。而玄虛之風影響所及極甚，更有歸咎晉代之亡由於談玄所致者。如何敬容云：「晉代喪亂，頗由祖尚玄虛。」姚察（陳吏部尚書。）亦云：「魏正始及晉之中朝，時俗尚於玄虛，貴為放誕……逮乎江左，此道彌扇……嗚呼，傷風敗俗，曾莫之悟。永嘉不競，戎馬生郊，宜其然矣。」（梁書卷三十七何敬容傳。）

貴立學以教民者唯儒家，但晉南北朝間儒者又甚寡。梁書（卷四十八）儒林傳序云：

「魏正始以後，仍尚玄虛之學，為儒者蓋寡。時荀顗摯虞之徒，雖刪定新禮，改官職，未能易俗移風。自是中原橫潰，衣冠殄盡，江左草創，日不暇給……公卿罕通經術，朝廷大儒，獨學而弗肯養衆，後生孤陋，擁經而無所講習。三德六藝，其廢久矣。」

風俗所趨，唯玄虛爲尙，因而三德六藝久廢。三德六藝者，本爲國學傳統敎育，則其時國學荒廢之甚亦可知。

且夫當時爲數本已甚少之儒者，又均居下位。此可證以蕭子顯語，（南齊書卷三九）云：

「儒學之士，多在卑位，或隱世辭榮……」

其時儒家既少，而又皆無權無勢，卽使有意振興學校亦無能爲力；有力者却無心。於是學校之制衰矣。

當時世尙玄虛，風俗多僞者，亦以軍國多事政權黑暗耳。彼等處戰亂之世，不欲服務於黑暗政權，而又須謹愼保身，勢不得不變爲虛無、爲浮沉、爲不負責任而優遊淸談。在上者如此，在下者則亦爲盜爲賊，爲非作歹（此亦爲戰亂饑饉所逼。）故云：「尋民之多僞，實由宋季軍旅繁興。」（南齊書四六顧憲之傳。）至於學術風氣、禮儀風俗，亦因戎馬生郊、長期戰亂而益形低沉！故魏書儒林常爽傳云：

「是時戎車屢駕，（謂魏太祖道武帝時也。）征伐爲事，貴遊子弟，未遑學術。」

此見北魏於征伐戰亂之時學術風氣之不振。兩晉時學術風氣不振，亦由於戰亂影響。魏書禮志四之一（卷一百八）云：

「魏晉之世……自永嘉擾攘，神州蕪穢，禮壞樂崩，人神殲殄。太祖南定燕趙，日不暇給，仍世征伐，務恢疆宇，雖馬上治之，未遑制作……」

同書刑罰志卷一百一又云：「晉室喪亂，中原蕩然。魏氏承百王之末，屬崩散之後。典刑泯棄，禮俗澆薄……」

兩晉北魏之際，學風禮儀之崩壞，戰亂過甚之影響係極大之因素，此魏書蓋已言之。

而且，因戰亂影響學風或禮儀風俗之敗壞，以致文武官員明目張膽去貪污，帝王亦明知之，然而無可奈何。北齊書卷二四杜弼傳：

「弼以文武在位罕有廉潔，言之於高祖神武帝高歡。高祖曰：弼來，我語爾。天下濁亂，習俗已久。今督將家屬，多在關西。黑獺常相招誘，人情去留未定。江東復有一吳兒老翁蕭衍者，專事衣冠禮樂，中原士大夫望之以爲正朔所在。我若急作法網，不相饒借，恐督將盡投黑獺，士子悉奔蕭衍。則人物流散，何以爲國？」

故謂禮儀風俗之敗壞實卽戎馬生郊之副產品。祇有在天下安寧之時禮樂與學風始可振作。高歡云：蕭衍專事衣冠禮樂者，正見中國重文教精神之所在，稍有喘息之時卽行修飾禮樂。然晉南北朝安寧之日實少之又少，其中雖有好文敎之君主屢興學校禮樂文章之事，然亦屢興而屢廢詳見下節皆由戰亂過甚，未遑修飾故也。

周書卷二四盧辯傳：「自魏末離亂，孝武西遷，朝章禮度，湮墜咸盡。」

同書卷二六斛斯徵傳：「自魏孝武西遷，雅樂廢缺。」

魏分東西戰亂最甚之時，禮樂文章之湮墜亦最甚。周書卷二十三蘇綽六條詔書亦曰：「世道彫喪已數百年，大亂滋甚且二十歲。民不見德，唯兵革是聞。上無教化，唯刑罰是用。而中興始爾，大難未平。加之以師旅，因之以饑饉。凡百草創，率多權宜。致使禮讓弗興，風俗未改。」（蘇綽六條詔書之二，敦教化條。北周書二十三蘇綽傳。）可見禮樂不興，教化未敦，皆因兵革滋甚所致耳。

綜合上述，可得兩晉南北朝學風與禮儀風俗衰頹之大概，而此三百餘年間學風禮儀之敗壞，則係長期分裂長期戰亂有以致之；因學風與禮樂之不振，學校與考試制度亦隨之而崩壞焉。

三、學校考試制之旋立旋廢

兩晉南北朝長期分裂，學校與考試制雖無所振作。但此期間歷代君主屢思振作之者甚多，幾乎稍有喘息之機卽下令修飾學校及考試制。而歷代宰臣表疏言學校不行皆由軍國多事者尤多。例如：

晉書（卷六十五）王導傳：「時軍旅不息，學校未修。導上書曰……自頃王綱失統……唯金鼓是聞，干戈日尋，俎豆不設。……」

同書（卷六十九）戴邈傳：「于時凡百草創，學校未立。邈上疏曰……自頃國遭無妄之禍……寇羯飲馬於長江……神州蕭條，鞠爲茂草……黎元懷荼毒之苦，戎首交拜於中原，何遽籩豆之事……」

學校因軍國多事而不振，考試制亦隨之頹壞。雖然屢思振作之而不果。如元帝時欲秀才孝廉必須依舊試經，結果秀孝等大為震驚，多不敢行，或託疾罷考。晉書卷七十八孔坦傳云：

「遷尚書郎，時臺郎初到，普加策試……先是，以兵亂之後，務存慰悅，遠方秀孝，到不策試，普皆除署。至是，帝申明舊制，皆令試經。有不中科，刺史太守免官。太興三年東晉元帝年號（紀元三二零年）有作「大興」者，如陳垣二十史朔閏表。秀孝多不敢行，其有到者並託疾。帝欲除署孝廉，而秀才如前。坦奏議曰……古者且耕且學，三年而通一經；以平康之世，猶假漸漬，積以日月。自喪亂以來，十有餘年，干戈載揚，俎豆禮戢，家廢講誦，國闕庠序，率爾責試，竊以為疑……揚州諸郡，接近京都，懼累及君父，多不敢行。其遠州邊郡，掩誣朝廷，冀於不試，冒昧來赴，既到審試，遂不敢會……秀才雖以事策，亦汎問經義，苟所未學，實難闇通……宜因其不會，徐更革制。可申明前下崇修學校，普延五年，以展講習……帝納焉。聽孝廉申至七年，秀才如故。」

兵亂之後，秀才與孝廉均不策試，晉南北朝長期戰亂，則嘗舉行考試者實少之又少。如晉元帝此次令秀孝試經，以至秀孝均驚惶不知所措而罷考。而孔坦則謂此次秀孝不應考係喪亂以來國闕庠序所致。元帝不得已，祇好從孔坦議，令崇脩學校，普延五年，以展講習。可見其時考試制仍是不行也。其次，孔坦云：「揚州諸郡，接近京都，懼累及君父，多不敢行」云云，則考試制之不行，除因喪亂十餘年國闕庠序之外，與門第蓋亦有關。晉南北朝門第極盛，被舉為孝廉秀才者必出於高門望族，為恐落第累及君父，彼等當然不願參加考試矣。

及孝武帝太元十一年時距文帝太興三年令秀孝試經已達六十餘年矣。又令秀才依舊策試。晉書卷七十甘卓傳云：

「中興（西燕慕容永年號（紀元三八六年）東晉孝武帝太元十一年。）初，以邊寇未靜，學校陵遲，特聽不試孝廉，而秀才依舊策試。卓上疏，以爲答問損益，當須博通古今，明達政體，必求諸墳索，乃堪其舉。臣所忝州（湘州也。時甘茂為湘州刺史。）往遭寇亂，學校久替，人士流播，不得比之餘州。策試之由，當藉學功，謂宜同孝廉例，申與期限。疏奏，朝議不許。卓於是精加隱括備禮，舉桂陽谷儉爲秀才。儉辭不獲，命州厚禮遣之。諸州秀才，聞當考試，皆憚不行；唯儉一人到臺，遂不復策試。」

東晉最少曾兩度欲振興考試，然而仍告失敗。孝武帝令秀才策試，秀才等與元帝時事件一樣，再來第二次之罷考。元帝及孝武帝時考試制之旋興旋廢，爲考試制（當亦包括學校制。）在長期喪亂及門第極盛之下實在甚難有抬頭之機會之最好說明。

但其時考試並非完全停頓，仍偶有舉行者（上所引即係偶然舉行者，不過失敗耳。）而據晉書孔坦傳之言，則孝廉秀才原來均得「試經」，秀孝皆須明經。（此為晉元帝所希求者。）其後（晉孝武帝）改令秀才「依舊策試」。則似乎是孝廉試經（但以戰亂時庠序闕甚，故試經或僅係汜問耳。）秀才試策（試策則重文章）可見兩晉及南朝原來仍有「明經」此一考試科目者。（明經早見漢代。通典十三：「桓帝建和初，詔諸學生年十六以上比郡國明經試，次第上名。」）後來又因戰亂頻繁、國闕庠序，無復聚徒，始再度廢棄「明經」耳。此見梁書（卷五十一）何胤傳：

「有敕給白衣尚書祿，胤固辭。又敕山陰庫錢月給五萬，胤又不受。乃敕胤曰：頃者學業淪廢，儒術將盡……

卿門徒中，經明行修，厥數有幾？……又曰：比歲學者殊爲寡少，良由無復聚徒，故明經斯廢。每一念此，爲之慨然！」

所謂明經者何？梁書卷四十八儒林傳序云：「館立五經博士為五館有數百生，給其餼廩，其射策通明者卽除爲吏。」射策通明之策亦卽試經（其錄取等第有明經、高第、甲科等，此採唐長孺說，見魏晉南北朝史論叢續編頁一二七）。通過此一方式被除爲吏者統稱爲「明經」。

而且，偶然舉行之考試，風氣亦甚壞，作弊賄賂之風所在多見，梁陳二代尤甚。

顏氏家訓勉學篇：「梁朝全盛之時，貴遊子弟，多無學術。至如諺云：上車不落則著作，體中何如則祕書。……明經求第，則顧人答策。三公九讌，則假手賦詩……」

陳書卷二十四袁憲傳：「時生徒對策，多行賄賂。文豪請具束修。君正袁憲之父曰：我豈能用錢爲兒買第耶？」

同書卷二十六徐陵傳：「陵以梁末以來，選授多失其所，於是提舉綱維，綜覈名實……」

梁陳二代考試制腐敗之甚如此，其學校自亦極荒廢。尤其梁末太淸季年以後，寇亂無已時，以致「數鍾否剝，洪儒碩學解散甚於坑夷，五典九丘，湮城越乎帷蓋。成均自斯墜業，瞽宗於是不修！」（陳書三十三沈不害傳語。）

北朝學校及考試制之興廢與戰亂之關係尤爲密切。

魏書卷五十六鄭道昭傳：「軍國多事，未遑營立；自爾迄今，垂將一紀，學官凋落，四術寢廢。遂使碩儒耆德，卷經而不談，俗學後生，遺本而逐末……」

同書（卷六十六）李崇傳，略謂李崇上表述後魏學校、儒術與禮樂不振，力求修治。靈太后省表畢，曰：「省表具悉，體國之誠，配饗大禮，爲國之本。比以戎馬在郊，未遑修繕；今四表晏寧，年和歲稔，當敕有司別議。」

又（卷八十四）儒林傳序：「孝昌之後，海內淆亂，四方校學，所存無幾。」

祇有四表晏寧，年和歲稔之時，始有修飾學校之機。若戎車屢駕，征伐爲事，則雖貴遊子弟，亦不遑學術。（魏書儒林常爽傳語）北魏如此，齊周亦然，（北齊北周因戰亂而學校不振之事，可參北齊書三六邢邵傳、北周書四五儒林傳序。）茲不多舉。北朝科舉之不振，北周書（卷二十三）蘇綽傳云：

「自昔以來，州郡大吏，但取門資，多不擇賢良。末曹小吏，唯試刀筆，並不問志行。夫門資者，乃先世之爵祿，無妨子孫之愚瞽；刀筆者，乃身外之末材……今之選舉者，當不限資蔭，唯在得人……」

北朝仍不脫門第取人之習，則州郡辟舉，秀才孝廉等官職，尤其其他較高之官職，不免仍多爲高門望族所壟斷。是則北朝學校與考試制之不行亦必然矣。

隋代亦如此。隋書（卷七十五）儒林傳序：

「及高祖（隋文帝）暮年，精華稍竭，不悅儒術，專尚刑名，執政之徒，咸非篤好，暨仁壽間，遂廢天下之學，唯存國子一所，弟子七十二人。煬帝卽位……于時舊儒多已凋亡……既而外事四夷，戎馬不息，師徒怠散，盜賊羣起。禮義不足以防君子，刑罰不足以威小人。空有建學之名，而無弘道之實。其風漸墜，以至滅亡，方領矩步之徒，亦多轉死溝壑。凡有經籍，自此皆湮沒於煨塵矣。」

總結上述，則兩晉迄南北朝，在戰亂與門閥極盛之下，雖屢圖建學及振興考試，亦徒然耳，空有其名耳。

第十章　長期劫掠下俸祿制之癱瘓

一、西晉官軍之劫掠與俸祿之薄

軍隊於戰爭中劫掠之事偶見於史書者本不足爲怪，但兩晉南北朝間史書所載官軍劫掠之事之多者則屢見不鮮。今姑舉數條以言之。

晉書卷四惠帝紀永安元年正月：「帝逼於河間王顒，密詔雍州刺史劉沈、秦州刺史王甫重以討之。沈舉兵攻長安，爲顒所敗。張方大掠洛中，還長安。於是軍中大餒，人相食。」

又、光熙元年五月壬辰：「祁弘（東海王越將）等與刁默（河間王顒將）戰，默大敗。顒穎走南山，奔於宛。弘等所部鮮卑，大掠長安，殺二萬餘人。」晉書四惠帝紀

西晉官兵劫掠如此，東晉尤甚。宋書武帝紀上，東晉隆安三年十一月，孫恩作亂於會稽，晉官討之。云：「東伐諸帥御軍無律，士卒暴掠，甚爲百姓所苦。」卽頗得民心之祖逖，亦常縱兵抄掠。世說新語卷五任誕第二十三載

其事曰：

「祖車騎過江時，公私儉薄，無好服玩。王庾諸公共就祖，忽見裘袍重疊，珍飾盈列。諸公怪問之。祖曰：昨夜復南唐一出。祖于時恆自使健兒鼓行劫鈔，在事之人，亦容而不問。」劉孝標注引晉陽秋曰：逖性通濟，不拘小節。又賓從多是桀黠勇士。逖待之皆如子弟。永嘉中，流民以萬數，揚土大饑，賓客攻剽，逖輒擁護全衛。談者以此少之，故久不得調。

晉書卷六十二祖逖傳亦云：「逖以社稷傾覆，常懷振復之志。賓客義徒，皆暴桀勇士，逖遇之如子弟。時揚土大饑，此輩多為盜竊，攻剽富室。」

兩晉官兵之於戰爭中縱兵劫掠，亦係藉以鼓勵其鬥志，晉官軍根本無意禁止其下屬之劫掠者。而兩晉之縱兵暴掠又係不得不然者。蓋兩晉時俸祿甚薄，遇年穀不登時又往往減祿。通典所載祿秩不及魏晉，文獻通考卷六十五職官篇始於晉書百官志中錄出以補之。晉書百官志所載百官祿秩亦僅及諸公開府位從公、特進、光祿大夫、尚書令、太子二傅五官，餘官祿秩皆不可考。可見兩晉間俸祿制常處半停頓狀態中，軍官俸祿不足，則代之以劫掠；文官俸祿不足，則代之以貪賕。

茲錄晉書數條以見兩晉間俸祿之薄及遇年穀不登則減祿者：

「泰始三年九月，議增吏俸，賜王公以下帛有差。咸寧元年，又以俸祿薄，賜公卿以下帛有差。」晉書三武帝紀。

「咸安二年三月乙卯詔曰：……羣僚常俸，並皆寡約……今資儲漸豐，可籌量增俸。」晉書九簡文帝紀。

「太元四年三月……年穀不登，百姓多匱。其詔御所供事從儉約，九親供給，衆官廩俸，權可減半。」（晉書九孝武帝紀。）

西晉時俸祿本已甚薄；東渡以後，竟又減衆官廩祿之半，（較之後魏太和十九年減祿秩四分一尤甚。詳見後。）此亦東晉時官軍劫掠較西晉尤甚之因也。

二、南朝之以掠奪鼓勵作戰及代替俸祿

南朝官兵亦好掠奪及以虜獲物頒賜將士。劉宋時官兵之好掠奪者如吳喜，南史（卷四十本傳）：「泰始六年，率軍向豫州拒魏軍……及平荆州，恣意剽虜，贓私萬計。」又如王晏，泰始二年晉安王子勛稱帝於尋陽時，王晏（時爲上虞令）起兵攻會稽，王晏入城，縱兵大掠，府庫皆空。（事見通鑑泰始三年）南齊官兵好抄掠者更多，如張敬兒討沈攸之叛黨於江陵，沒入其財物數十萬悉以入私（見南齊書卷二五張敬兒傳。）陳顯達屢破魏兵，永元元年二月，攻陷馬圈城，「虜突走，斬獲千計。官軍競取城中絹，不復窮追。」（南齊書二六陳顯達傳。）桓康「隨世祖（武帝蕭賾）起義，摧堅陷陣，膂力絕人，所經村邑，恣行暴害。江南人畏之，以其名怖小兒。」（南齊書三十桓康傳）

至於梁兵，梁書卷四七庾黔婁傳云：「及城都平，城中珍寶山積，元起姓鄧，時為益州刺史，表黔婁為府長史巴西梓潼二郡太守。悉分與僚佐。」侯景傳梁書卷五十六云：「景性殘忍酷虐，馭軍嚴整。然破掠所得財寶，皆班賜將士，故咸爲之用，所向多捷」。又如曹景宗傳梁書卷九：「景宗軍士皆桀黠無賴，御道左右，莫非富室，抄掠財物，掠奪子弟，景宗不能禁」。可見蕭梁時官兵甚好抄掠，且每以破掠所得財寶班賜將士使樂爲所用。

其時官軍之所以好掠奪者，因南北朝長期戰亂，而將領所帥兵卒大抵多如曹景宗之軍士，「皆桀黠無賴」之輩。祖逖士卒亦多類此 否則，利用殘酷善戰之胡蠻，如侯景之士兵，陳書三十二殷不害傳：「景兵士皆羌胡雜種」之類。此爲助長南朝官兵劫掠原因之一。然其更主要之原因，厥在俸祿制之常處半停頓狀態，減祿斷祿於其時爲等閒事，士卒不能滿足，於是乘戰爭而大事劫掠。

而俸祿之或減或斷，却由於戰亂虛耗過甚。南北朝長期戰亂，軍國多事，戰亂無日無之，軍費之用龐大，因此往往有以軍國多事而減祿者。宋文帝元嘉之治已見稱江左，唯宋書卷五文帝紀亦有載因軍國多事而減祿之事：「二十七年二月……以軍興減百官俸三分之一。三月乙丑，淮南太守諸葛闡求減俸祿，同內百官，於是州及郡縣丞尉，並悉同減。」

此外，孝武帝大明四年十月壬辰「制郡縣減祿」，前廢帝永光元年二月乙丑「減州郡縣田祿之半」，又曾二度減祿。南朝俸祿之屢受減削，係長期戰亂所致；但因此却增加官軍於戰爭中之大事掠奪矣。且南朝斷不止對俸祿減削，尤有甚者厥為斷祿。

劉宋時即嘗斷祿。通鑑卷一二九：「孝武帝大明六年二月乙卯，復百官祿。」胡身之注曰：「文帝元嘉二十七年，以軍興減內外百官三分之一；繼而國有內難，日不暇給，今始復百官祿。」劉宋自元嘉二十七年（紀元四五〇年）迄大明六年（紀元四六二年）之間曾一度斷祿，劉宋此次斷祿凡十餘年，可見兩晉南北朝間，曾經不頒祿者不止北魏也。又：明帝泰始七年二月：

「時淮泗用兵，府藏空竭，內外百官，並斷俸祿。」（通鑑卷一三三，南史本紀略同）按：通鑑此條不見於宋書。但魏書九七島夷劉裕傳附劉彧（明帝）傳有載。

劉宋泰始七年，又以府藏空竭，而為第二次不頒祿。

又南齊書武帝紀：「永明元年正月，詔曰：經邦之寄，實資莅民，守宰祿俸，蓋有恆準。往以邊虞告警，故沿時損益。今區宇寧晏……郡縣丞尉，可還田秩。」又曰：「詔以邊境寧晏，治民之官，普復田秩。」胡注云：「宋文帝元嘉二十七年，以軍興減百官俸祿……至明帝時，軍旅不息，府藏空虛，內外百官，並斷俸祿。」胡三省之意乃謂宋之絕祿以軍興，齊初亦軍國多事之秋，故齊初亦未有官祿，而迄齊永明元年始再頒祿。然此次頒祿止限於治民之官耳。

按上述，可見自宋明帝泰始七年二月（紀元四七一年）斷內外百官祿迄齊永明元年（紀元四八三年）普復治民之官田秩，則宋齊間不頒內外百官俸祿者又十餘年。卽在南齊時，俸祿亦甚薄（南齊書武帝紀永明七年正月詔曰：「諸大夫年秩隆重，祿力殊薄……可增俸。」）又無有定準，若土地瘦瘠則有不給者（此觀南齊書二十二豫章文獻王傳及四十六王秀之傳可見）至於蕭梁時之俸祿，梁書武帝紀云：「大通元年春正月乙丑……百官俸祿，本有定數。前代以來，皆多評准。頃者因循，未遑改革。自今以後，可長給見錢。」蓋南北朝當戰亂頻繁之世，軍事上於銅鐵之需要最殷，故歷代以錢貨交易者甚少，其時交易多以穀帛代替錢幣。及梁武帝鑄錢，以為用實物頒祿，平准或難優衷，故下詔如上所云耳。此外，隋書（卷二十六）百官志上云：「梁武受終，多循齊舊」「陳承梁，皆循其制」。則梁陳減祿斷祿之事，於長期戰亂中發生，亦常事矣。

明瞭南朝俸祿制於長期戰亂中所產生之此種癱瘓的半停頓狀態，則知南朝官軍於戰爭中每每大肆暴掠之由，而於長期戰亂中之此種長期暴掠，則帶來對文物制度之嚴重損害焉。

三、北朝之長期斷祿長期暴掠

北魏自孝文帝太和八年始頒祿，太和之前凡一百二年百官均無祿，（自道武帝拓跋珪登國元年（紀元三八六年）迄太和八年（紀元四八四年）共一百另二年。）讀史者咸以為異，蓋不明北魏以暴掠代替俸祿故也。（南北朝時常有不頒祿之事，如前已言之劉宋元嘉迄蕭齊永明間即曾二次絕祿，共二十餘年不頒官祿。蓋行政經費本在祿俸之外，服官者當任職之時，隨身衣食，悉仰於官，古人亦視為常法。故無祿者不過無所得矣。但廉潔者尚可安份，如高允；貪婪者則從事貪汚暴掠矣。

蓋北魏拓跋族本鮮卑種，自始卽以戰爭掠奪財物爲常事，此觀魏書序紀及道武帝紀卽可見之。如昭成皇帝什翼犍二十六年冬十月：「討高車，大破之，獲萬口，馬牛羊百餘萬頭」，其他討沒歌部，征衞辰等，每次戰爭均必大肆掠奪戰敗者之牲口財物。又如太祖紀登國三年五月癸亥北征庫莫奚：「六月，大破之，獲其四部雜畜十餘萬……班賞將士各有差」。凡此，均見北魏初期每次戰爭必暴掠，以虜獲物班賜將士代替俸祿也。而北魏兵之好戰善鬥者，目的在大肆暴掠耳。魏書三五崔浩傳（崔浩諫阻太武帝拓跋燾攻宋時語）曰：「在朝羣臣西北征將，從陛下征討，西滅赫連，北破蠕蠕，多獲美女珍寶，馬畜成羣。南鎭諸將，聞而生羨，亦欲南掠，以取資財。」

故云，北魏兵之欲南侵者，目的在取資財而已。

魏書十七樂平王丕傳：「泰常七年……督河西高平諸軍討南秦王楊難當。軍至略陽，禁令齊肅，所過無私，百姓爭致牛酒。難當懼，還仇池。而諸將議曰：若不誅豪帥，軍還之後，必聚而爲寇。又以大衆遠出，不有所掠，則無以充軍實。」

此寥寥數十字，含意最廣。蓋北魏軍每戰必暴掠，而此次樂平王丕帥衆討楊難當，禁令齊肅，百姓幸免受暴掠，故爭致牛酒以示慶幸。然而，每戰慣例必暴掠之北魏士卒，因此役無所獲，乃羣衆相議謀補救之法，要求必討破楊難當；蓋既不容許掠奪百姓，則唯有破南秦始有暴掠以充軍實也。而諸將於相議中竟謂：「不誅豪帥，軍還之後，必聚而爲寇。大衆遠出，不有所掠，無以充軍實」云云，正說明北魏之以暴掠鼓勵鬥志及代替俸祿。北人之好鈔掠，通鑑亦嘗言之：

「上詔徐州刺史裴叔業引兵救雍州，叔業啟稱：北人不樂遠行，唯樂鈔掠。」（卷一四一，齊明帝建武四年十月）

北魏此種每戰必抄掠劫奪而使百姓塗炭之舉，後魏諸帝首先留意及此欲加以改革者為始祖。魏書序紀：「始祖告諸大人曰：我歷觀前世匈奴蹋頓之徒，苟貪財利，抄掠邊民，雖有所得，而其死傷不足相補，更招寇讎，百姓塗炭，非長計也。」其後太宗明元帝、世祖太武帝、高宗文成帝，均各定懲貪之法（分見各帝紀。）彼等懲治之法未嘗不嚴，然收效甚微。

迄素對漢文化衷心欣慕之孝文帝卽位後之太和八年六月丁卯，始實行祿秩制，蓋亦有意一洗北魏暴掠貪賕之風者也。其詔曰：

「置官頒祿，行之尚矣。……自中原喪亂，茲制中絕。先朝因循，未遑釐改。朕……憲章舊典，始班俸祿。罷諸商人，以簡民事。戶增調三匹，穀二斛九斗以為官司之祿……祿行之後，贓滿一匹者死。」（魏書卷七上孝文帝紀。）

孝文詔曰「中原喪亂茲制中絕」云云，則南北朝戰亂頻繁，實為祿秩制不行原因之一。

然而，北魏兵於戰爭中虜掠及地方官吏貪賕之風早成風尚；且虜掠所得及貪污所得者遠較俸祿為多。因而王公大人及地方官吏羣起反對。蓋自太和八年班祿不久，守宰不法死者卽已有四十餘（此見魏書刑罰志：「八年始班祿制，更定義贓一匹枉法無多少皆死。是秋，遣使者巡行天下，糾守宰之不法，坐贓死者四十餘人，食祿者跼蹐，賕謁之路殆絕。」）而王公大人坐贓者亦甚多，如濟陰王鬱等以貪殘賜死。（見魏書孝文帝紀太和十二年十一月條。）

在武官而言，北魏頒祿之後，大抵仍頗好抄掠，但憚於孝文禁令之嚴，亦不敢過份放恣耳。（齊建武四年（魏太和二十一年）裴叔業啓稱：「北人不樂遠行，唯樂鈔掠。」此事在頒祿後十餘年，可見北魏兵於頒祿後仍常暴掠也。）

因此，魏孝文下詔班俸祿後不及三月，淮南王他（通鑑作「佗」）即奏請依舊斷祿（孝文以太和八年六月下詔班祿；九月，他求依舊斷祿。）魏書五四高閭傳云：

「淮南王他奏求依舊斷祿。文明太后令詔羣臣議之。」

淮南王他奏求依舊斷祿之故，魏書並未明言。細思之，此事殊足使人詫異者。淮南王他請求斷祿者，果眞抱但求能爲國家服務已足，毋須國家班祿酬報乎？此決非事實，其所以奏求依舊斷祿者，不過因班祿之後，「受祿者無不跼蹐，賕賂殆絕」，所得好處絕不如未班祿之前耳。

又按：淮南王他奏求依舊斷祿時已年近古稀（魏書十六本傳云：「太和十二年薨，年七十三。」）其所以仍奏求斷祿者，或爲其他官吏所慫恿所利用；否則，最少足以代表其時百官之不願受國家俸祿也。

北魏時武官暴掠文官貪賕之風已根深蒂固，非朝夕所能改革，於此情況下，俸祿制不過係一贅疣。故俸祿制之於長期戰亂與暴掠之下癱瘓，亦勢所當然矣。

因此，太和十九年（太和八年六月始下詔頒祿。）又因戰爭頻繁，國帑用於軍事上者不斷增高，於是再行「減閑官祿，以裨軍國之用」（魏書高祖紀太和十九年五月甲申。）魏書三十一于忠傳又曰：「太和中，軍國多事。高祖以用度不足，百官之祿，四分減一。

則減祿者不止閑官，百官皆如此。此純因戰亂過甚使然。北史七齊本紀文宣帝紀又云：

「自魏孝莊以後，百官絕祿。至是（天保元年五月）復給焉。」

孝文帝頒祿後，中間曾因軍國多事而減祿，而且由孝文太和八年六月班祿迄孝莊帝不過四十三年。則後魏頒祿之期祇有四十三年，此四十三年中又曾減祿四分之一；魏孝莊帝至齊文宣帝天保元年凡二十二年又告絕祿。依此統計，後魏自道武帝拓跋珪登國元年迄孝文帝太和八年（紀元三八六年至四八四年。）凡一百二年；孝莊以後迄天保元年凡二十二年，合計北魏未嘗班行俸祿者共一百二十四年。

此見國家在軍事上所費國帑鉅大及時局之長期混亂影響祿秩制不行，祿秩制之不行又使戰爭更甚及更多掠奪與浩劫。而受損害者則係無辜之百姓及中國經濟文化！

今試再論述北齊北周時俸祿制與暴掠之關係。

北齊有如北魏，同樣好掠奪。北齊書文宣帝紀天保三年正月丙申：「帝親討庫莫奚於代郡，大破之，獲雜畜十餘萬，分賚將士各有差。」此外襲契丹、討山胡等，每戰必掠奪戰敗者之牲口財物。（並見文宣帝紀四年五年各條）北齊兵於戰爭中亦每有足以代替俸祿之虜獲物之賞賜。而且北齊亦每以年穀不登或軍國多事卽行減祿者。通鑑一六七陳武帝永定二年十一月：（紀元五五八年，北齊文宣帝天保九年）

「齊主北築長城，南助蕭莊，士馬死者以數十萬計……府藏之積不足以供，乃減百官之祿，撤軍人常廩。」

此事北齊書文宣帝紀亦缺載。

北齊書武成帝紀河淸四年（紀元五六五年）二月壬申又云：「以年穀不登，禁酤酒。己卯，詔減百官食稟各有差。」可見北齊俸祿無恒制，若年穀不登則減祿或甚至不班祿者。隋書（卷二十七）百官志中載北周班祿之法云：「凡頒祿視年之上下。畝至四釜爲上年，上年頒其正。三釜爲中年，中年頒其半。二釜爲下年，下年頒其一。無年爲凶荒，不頒祿。」魏齊周官制互相沿襲因循。其時俸祿遇軍國多事之秋及凶荒之年均不頒祿。軍國多事之秋受劫掠者爲百姓，凶荒之年官吏無祿亦必向百姓欺壓，加以盜賊亦必乘時而起。生爲南北朝之民亦苦矣！中國經濟文化其時之劫運亦甚矣！

而且周兵之暴掠，絕不遜色於魏齊。武成二年周將韓果破稽胡掠奪牲口（周書二七韓果傳。）史寧大破吐谷渾，獲雜畜數萬頭，又掠奪珍物。（周書二八史寧傳。）周兵之好暴掠，可再證之唐瑾傳：（周書三二）「于謹南伐江陵，以瑾爲元帥……諸將多因虜掠，大獲財物。瑾一無所取，唯得書兩車，載之以歸。」按此，則周兵之暴掠，不僅及於民間，卽皇室宮殿祕閣亦均遭劫掠。北周軍於戰爭中缺糧時，亦往往抄掠得之，天保末年（陳天嘉元年。）時，西魏兵陷江陵，巴湘之地皆入於周。是時陳將侯瑱將兵逼湘州，周將賀若敦、獨孤盛等往救，適值「霖雨不已，秋水氾溢。陳人濟師，江路遂斷，糧援既絕，人懷危懼。敦於是分兵抄掠，以充資費。」（周書二十八賀若敦傳。）

又如楊檦，亦以抄掠以供軍費。周書卷三十四本傳云：

「東魏遣太保侯景攻陷正平，復遣行臺薛循義率兵與斛律俱相會，於是敵衆漸盛。檦以孤軍無援，且腹背受敵，謀欲拔還……分土人義首，令領所部四出抄掠，擬供軍費。」

此種抄掠供軍費之舉，若僅以敵軍為目的，其損害尤限於軍資器械；然罕有不牽累及於百姓者。再由北周此種屢以抄掠充軍費之舉觀之，則其時於軍費上亦往往供不應求，如此則遑論俸祿矣。

總括上述，兩晉南北朝間，曾不頒祿者斷不止一北魏，自劉宋元嘉二十七年迄蕭齊永明元年即嘗二度斷祿，共達二十餘年之久。北齊北周於「無年」（凶荒之歲也。）亦不頒祿。減祿之事則自西晉迄南北朝均有之。凡不頒祿之歲，官軍往往以暴掠代替俸祿，軍士於戰爭中掠奪所得之珍寶財物必甚多，因而官吏往往不在乎俸祿之厚薄多寡，甚或自動要求斷祿。（如魏淮南王他）而將帥為求戰爭上之勝利，則不惜鼓勵士卒暴掠以提高其鬥志（例如侯景。梁書本傳：「破掠所得財寶，皆班賜將士，故咸為之用，所向多捷。」隋王世充亦如此。隋書本傳（作「王充」實即北史「王世充」）：「每有克捷……所獲軍實，皆推與士卒，身無所受，由此人爭為用。」）或明知其部下暴掠而故作不知，（如晉安帝義熙十三年九月時晉軍大破秦兵。王鎮惡長驅直搗長安，鎮惡性貪，盡掠秦府庫盈積以為私有。及劉裕至長安，雖知其事，亦以王鎮惡功大而不究問。事見宋書王鎮惡傳及通鑑一百十八晉安帝義熙十三年九月條。）因此，晉南北朝間三百餘年，已養成武官暴掠文官貪賕之風，而使晉南北朝為國史中暴掠劫奪最盛之時代。俸祿制度在此長期戰亂長期暴掠之下，遂告癱瘓。

第十一章　戶口減耗及錢幣制之萎靡

一、戶口之減耗

按文獻通考卷十所載歷代戶口盛衰之大概，足見漢末及兩晉南北朝時戶口減耗之甚。茲列成一表如左：

年代	戶數	口數	附注
漢桓帝永壽二年	戶千六百七萬九百六	口五千六萬六千八百五十六	
晉武帝太康元年	戶二百四十五萬九千八百四	口千六百一十六萬三千八百六十三	此數為晉之極盛
宋孝武帝大明八年	戶九十萬六千八百七十四	口四百六十八萬五千五百一	
齊氏六主，年代短促	未詳	未詳	
梁	南史八梁元帝紀云：人戶著籍，不盈三萬。	未詳	
陳宣帝	五十萬	約二百萬	
魏孝文遷都至孝明帝正光前	約四百九十餘萬	約三千餘萬	通考云：此時期戶口最盛，比夫晉太康倍而餘，故列其戶口數如上。
爾朱之亂，魏分東西	戶三百三十七萬五千三百六十八	未詳	
北齊	三百三萬二千五百二十八	二十萬（「十」當作「千」，通志食貨略作「千」）六千八百八十	

後周靜帝大象中	三百五十九萬	九百萬九千六百四	
隋大業二年	八百九十萬七千五百三十六（文帝初，止三百六十萬）	四千六百一萬九千九百五十六	此隋戶口之極盛

東漢迄隋戶口減耗之大概，據右表可一目了然。當注意者厥爲：一、自漢永壽迄晉太康，相距僅一百二十餘年，人口銳減達四千餘萬，減耗比率約爲七份之五。自此，戶口即一蹶不振。北魏戶口最盛之時亦僅及漢垣帝時之半。二、北朝戶口遠多於南朝，此見北方仍不失爲當時政治文化中心，北强於南，無怪南朝終爲北朝所併。（然而南北朝實際戶口當不止如上表所列。蓋當時軍人、僧尼道士、南朝之奴隸、北朝之隸戶、營戶等均無戶籍。何況此外尚有為豪族隱佔，及因戰亂逃亡不報戶口者。）

但是，何以自漢永壽迄晉太康，人口銳減四千萬後，歷三百餘年，戶口竟繼續減耗不能重振？戰亂直接間接影響於戶口減耗者若何？戶口減耗之下又引起何種後果？此在後面將分三點論述之。

其一：戰亂對戶口直接之破壞。

晉書卷八十王羲之傳：「自軍興以來，征役及充運死亡，叛散不反者衆。虛耗至此，而補代循常，所在凋困，莫知所出……百姓流亡，戶口日減，其源在此。」

桓温上疏陳便宜七事：「戶口凋寡，不當漢之一郡。」（晉書卷九十八桓温傳。）據此，則兩晉時戶口之減耗，或更甚於通考所載。

蕭梁時，賀琛上疏陳事，述當時戶口減少之情況云：「天下戶口減落……關外彌甚。郡不堪州之控總，縣不堪郡之哀削，更相呼擾，莫得治其政術。唯以應赴徵斂爲事，百姓不能堪命，各事流移，或依於大姓，或聚於屯封……東境戶口空虛，皆由使命繁數。」梁書卷三十八賀琛傳。政局紛擾，戰亂對社會經濟文物等破壞過甚，君主急於建設，役民不道，百姓不堪其苦役，畏於使命之繁數，於是叛亂逃亡者相繼不絕，此則戶口減少之又一因也。

陳書卷三世祖文帝紀天嘉元年三月景辰詔曰：「自喪亂以來，十有餘載，編戶凋亡，萬不遺一，中原氓庶，蓋云無幾。頃者寇難仍接，箄斂繁多，且興師以來，千金日費，府藏虛竭……」又，七月乙卯詔曰：「自頃喪亂，編戶播遷。言念餘黎，良可哀惕。」

魏書卷一百六地形志：「正光以前，時唯全盛。戶口之數，比夫晉之太康，倍而已矣。孝昌之際，亂離尤甚，恆代而北，盡爲丘墟，崤潼以西，煙火斷絕……於是生命耗減，且將大半。」

據右引陳書天嘉二詔及魏書地形志語，則戰爭爲戶口銳減之主因蓋甚顯而易見者也。

北朝戶口較南朝遠盛，此觀通考所載可見。參閱前表。言當時戶口凋殘減耗者似僅兩見。周書十一晉蕩公護傳同書二十三蘇綽傳。然而，北朝亦常掠奪或逼徙南方百姓以充實建設北境詳見後則北朝戶口所以盛於南朝者，在持強掠奪及逼徙南人以充實北方耳。反之，此正足以證當時百姓多不樂居於北方黃河流域也。

其二，戶口減耗不振之另一原因爲戶籍之混亂，此亦不能與戰亂脫離關係。

戶籍之編，本係官府爲利便賦稅課役而設者。當時高門望族，均有其政治上及經濟上之特權。如免稅權南史七十七沈客卿傳：「舊制，軍人、士人、二品清官，並無關市之稅。」又如免役權見顏氏家訓終制篇。又南史五九王僧儒傳：沈約表云：「宋齊兩代，士庶不分，雜役減闕，職由於此。」而且百姓若在彼等庇蔭之下又可免役，魏書食貨志：「蔭付者皆無官役。」此等例證甚多，此處無庸多舉。百姓經不起長期戰亂之紛擾，高門望族又欲利用彼等之力役，於是百姓多爲豪族庇蔭，或僞注籍貫以避課役。如南齊書卷三十四虞玩之傳云：

「上齊高帝蕭道成患民間欺巧，及卽位，敕玩之與驍騎將軍傅堅意檢定簿籍。建元二年，詔朝臣曰：黃籍，民之大紀，國之治端。時戶藉分黃白。僑戶土斷者白籍，土著實戶則為黃籍。自頃氓俗巧僞，爲日已久。至乃竊注爵位，盜易年月，增損三狀，貿襲萬端，或戶存而文書已絕，或人在而反託死，板停私而云隸役，身強而稱六疾，偏戶齊家，少不如此。」

在政局腐朽，戰亂紛擾下，風俗日墜，以至民變巧僞，此係必然之理。因而，戶籍亦頓呈闕弊與混亂。例如北魏末年，戶口之隱漏卽甚厲害。隋書卷二十四食貨志云：「其後文宣以後南征諸將，頻歲陷沒。士馬死者以數十萬計。重以修創臺殿，所役甚廣。而帝刑罰酷濫，吏道因而成姦。豪黨兼併，戶口益多隱漏。舊制未取者輸半牀租調，陽翟一郡，戶至數萬，籍多無妻……戶口租調，十亡六七……」

此爲戶籍混亂之第一個原因。

戶籍混亂之第二個原因則爲戰爭直接之影響。

魏書卷一百六地形志云：「孝昌之際，亂離尤甚……永安末年，胡賊入洛，官私文簿，散棄者多，往時編戶，全無追訪。」

此為戰火燬佚官私文簿而致戶籍混亂者。戰亂影響戶籍之最甚者：因政局之紛擾，士庶百姓，無暫棲息，終年流亡，於是戶籍為之渾淆。宋書卷十一律志序：

「魏晉以來，遷徙百計。一郡分為四五，一縣割成兩三。或昨屬荊豫，今隸司兗。朝為零桂之士，夕為廬九之民。去來紛擾，無暫止息。板籍為之渾淆……」

南北朝三百年間大抵均如此。在此期間，人口流動之甚，百姓之被逼徙以充實北境，史所僅見。人口流動之甚，史書所載最多，例如：

晉書卷一百九慕容皝載記：「自永嘉喪亂，百姓流亡，中原蕭條，千里無煙……流人之多，舊土十倍有餘，人殷地狹，故無田者十有四焉。」

南北朝間因長期戰亂而使人口流動去流紛擾如此，則戶籍實亦無法不混亂。且大流動大逼徙中，其死亡數字動輒萬數。如晉書卷一百七石季龍載記下：時石趙將亡。「青雍幽荊州徙戶，及諸氐羌胡蠻數百餘萬，各還本土，道路交錯，互相殺掠，且飢役死亡，其能達者十有二三。」

因此，隨着戶籍之大混亂，戶口亦大量耗減。

其三，論述戶口減耗之結果。

自八王之亂、五胡侵華及元帝渡江，戶口之減耗日形嚴重；因北方百姓亦多隨豪族南徙。北境戶口減耗遠甚於南方（此與北境原來戶口數比較言之。）然而，據通考所載南北朝戶口數（參閱上表）反見北朝多於南朝。此原因甚耐人尋味。

若謂南朝戶口不及北朝，由於南朝豪宗巨族之庇蔭百姓遠較北朝為甚，然而北朝向無戶籍之僧民道士及諸胡（指非漢人及鮮卑人之各種異族。）何嘗不多於南朝。所以，此解釋實不能成為理由。若留意戶口減耗所引起之結果，則對此問題似可加以解釋。

因漢末及三國鼎立戰爭累年，戶口減耗達四千萬餘（為總數七分之五。）然後又經兩晉間之大戰亂，軍民死亡無算；而於此大動蕩之政局下，對役力之需要最殷，於是乃引起對人口之爭奪戰。在南朝，官府爭取戶口之主要武器為減輕賦稅；豪宗大族爭取役力之對策則為庇蔭。而諸胡及北朝，則以「掠奪」或「逼徙」為爭取百姓之主要手段。（此種爭取人口之手段，絕少見於南朝。）例如：

晉書（卷八十七）涼武昭王傳：「且渠蒙遜來侵，至於建康，掠三千戶而歸。」

同書（卷一百九）慕容皝傳：「皝率諸軍攻遼令支以北諸城。遼遣其將段蘭來拒。大戰，敗之。斬級數千，掠五千戶而歸。」

同書（卷一一七）姚興傳：「姚崇攻金墉不下，乃陷柏谷，徙流人西河嚴彥，河東裴岐韓襲二萬餘戶而還。」

在北方割據之諸胡往往掠奪人口以取役力，（此種例證甚多，不多舉。）每每掠奪南方之戶口充實北方。

北魏北齊及後周掠徙戶口之事亦屢見。如：

魏書卷九十五慕容元眞傳：「元眞襲石虎至於高陽，掠徙幽冀二州三萬戶而還。」

建康實錄卷十二宋文帝元嘉二十八年正月：「魏太武自瓜步退，俘廣陵居人萬餘家北還。」

北齊書卷四十一綦連猛傳：「從顯祖討契丹，大獲戶口。」

周書卷二十八史寧傳：「攻拔梁齊興鎭等九城，獲戶二萬而還。」

北朝之好掠奪戶口以供役力及充實其北境國土，顯而易見，且比之兩晉時諸胡之掠奪戶口並不遜色，又往往有掠奪南朝百姓者，如北周史寧：「攻拔梁齊興鎭等九城獲戶二萬而還」是也。

軍國多事之秋，緣邊往往曠廢極甚。如三國時，江淮爲戰爭之地，其間不居者各數百里，江北淮南諸縣，虛其地無復民戶；及晉時五胡侵華，淮南民多南渡；東晉成帝時，蘇峻祖約爲亂於江淮，加以胡寇入侵，百姓南渡者益多，江淮之地又成丘墟（晉書十五地理志下　宋書三五州郡志）而北方邊塞，諸蠻夷亦劫掠頻繁；卽幽夏等州往往荒殘極甚。北周郭賢云：

「幽夏荒阻，千里無煙。」（周書二八權景宣附郭賢傳）因而北朝屢有欲徙民北實邊境者。如隋書卷四十五房陵王勇傳：

「上（隋文帝）以山東民多流冗，遣使按檢，又欲徙民北實邊塞。……」

隋文帝時尚且如此，其他可知矣。

所以，由於戶口減耗而致力役求過於供，乃產生人口之爭奪；北朝對人口之爭奪往往取之於南朝及逼徙百姓以充實北境。北朝戶口之遠多於南朝者，此或爲原因之一焉。

二、錢幣制之萎靡

長期戰亂中之大破壞，另一足以反映南北朝經濟之受戰爭損害者厥爲錢幣制之萎縮。

晉南北朝三百餘年，錢幣使用之萎縮爲歷史上最甚之時期。（此處所言係錢幣，非貨幣。貨幣包括布帛使用，錢幣則否。）兩晉時錢幣卽甚缺乏：

晉書（卷八十六）張軌傳：「泰始中，河西荒廢，遂不用錢。」

同書（卷二十六）食貨志：「晉自中原喪亂，元帝過江，用孫氏舊錢，輕重雜行……錢既不多，由是稍貴。」

同書（卷一百五）石勒載記下：「其時兵亂之後，典制湮滅……令公私行錢，而人情不樂……錢終不行。」

河西荒廢不用錢者或係特例，非西晉時各地均不行錢幣；然第二三兩條，則充分表現兩晉時錢幣缺少之甚，且因錢幣輕重雜行無有準則，故後趙石勒時（太和二年，建平三年，共五年，卽東晉成帝咸和三年至七年。）雖曾令公私行錢亦不果。據此，兩晉時錢幣不行者決不止河西一地，宋書六十六何尚之傳：「晉遷江南……錢不普用。」最足見之。百姓不樂用錢者亦決不止後趙。（此於桓玄力議廢錢一事中可見。）

南朝錢幣輕重雜行，質量既劣而數量亦少，民間盜鑄者甚多。百姓苦其混亂無準則，多不樂用，加以銅之缺乏此在後面再詳論之。議者多不主鑄錢如劉宋永初時議鑄錢，范泰即反對之。因此錢幣往往有不行之時及不行之地。

宋書卷七前廢帝子業紀：「孝建以來，又立錢署鑄錢，百姓因此盜鑄，錢轉僞小，商貨不行。」

同書卷八十一劉秀之傳：「先是漢川悉以絹爲貨，秀之限令用錢，百姓至今受其利。」

雖然，此種錢幣不行之情形，或僅係一時一地；但南朝即有行錢幣之時，亦必係輕重雜行，又常有盜鑄如宋書六十六何尚之傳：「先是患貨重，鑄四銖錢，民間頗盜鑄，多翦鑿古錢以取銅。」禁民盜鑄，宋書七十五顏竣傳：「民間盜鑄者雲起……雖重制嚴刑……而盜鑄彌甚。」或因嚴刑峻法亦不能禁民盜鑄乃主聽民私鑄之策並見宋書顏竣傳，不引。凡此皆見劉宋時錢幣混亂情形及使用萎縮之甚。即在齊梁陳時亦不脫此種現象。

南齊時，錢幣缺乏更甚。南齊書卷四十。竟陵文宣王子良傳云：「江東大錢，十不一在。」同書卷三十七劉峻傳載議鑄錢時又云：「時議者多以錢貨轉少，宜更廣鑄，重其銖兩，以防民姦。」當時錢幣之輕自漢以來均以五銖錢為準。民間盜鑄者其重量必不及五銖。爲錢幣不行之重要原因。

蕭梁時，錢幣缺乏之蹟象尤爲嚴重。隋書卷二十四食貨志：

「梁初唯京師及三吳荊郢江湘梁益用錢，其餘州郡則雜以穀帛交易，交廣之域全以金銀爲貨……百姓或私以古錢交易……普通中，乃議盡罷銅錢更鑄鐵錢。人以鐵賤易得，並皆私鑄。及大同以後，所在鐵錢遂如丘山，物價騰貴，交易者以車載錢，不復計數而唯論貫。」

南朝蕭梁時錢幣使用範圍甚萎縮，對錢幣制又無較善之一貫政策。普通中改鑄鐵錢（此或係由於缺銅之故。）影響經濟民生者尤甚。

陳代錢幣之使用，又甚不統一。隋書（卷二十四）食貨志：

「陳初承喪亂之後，鐵錢不行。始梁末又有兩柱錢及鵝眼錢。于時人雜用……兼以粟帛爲貨……其嶺南諸州多以鹽米布交易，俱不用錢。」

陳代雜用各種錢幣及兼以粟帛者所在多有，嶺南諸州，但以鹽米布交易。若錢幣普用，何至於此？

南朝錢幣使用之萎縮及混亂之甚如上述。至於北朝，錢幣使用之滯塞，更非南朝所能及。魏書（卷百一十）食貨志云：

「魏初至於太和，錢貨無所周流。高祖始詔天下用錢焉。十九年，冶鑄粗備，文曰太和五銖……」

以北魏道武帝登國元年（紀元三八六年）迄太和十九年（紀元四九五年）計，止北魏時錢幣不行者已百又九年。再加上五胡亂華（以劉淵（前趙）元熙元年（紀元三〇四年）起計。）至北魏拓跋（即道武帝）登國元年，又共八十二年未嘗使用錢幣（五胡亂華期間，北方錢幣不行，當無庸引證。然五胡十六國亦有欲使用錢幣者，惜終不能行耳。如後趙石勒，晉書一百五載記下云：「其時兵亂之後，典度堙滅……令公私行錢，而人情不樂……錢終不行。」）則太和以前北方錢幣不行者已一百九十一年，此期間雖非回復古代物物交換時代，然其交易亦多以布帛耳。

且魏孝文帝於太和十九年詔行錢之後，仍不免有若南朝般產生錢幣使用萎縮、質量過輕及種類複雜等現象。

孝明帝熙平初，（紀元五一六年）尚書令任城王澄上言：（魏書一百十食貨志。）

「太和五銖，雖利於京邑之肆，而不入徐揚之市。土貨既殊，貿鬻亦異，便於荆郢之邦者，則礙於兗豫之域，致使貧民有重困之切，王道貽隔化之訟。」

其時河北州鎭及洛陽以西等地帶，錢幣仍是不行。且盜鑄私鑄錢幣仍是常有，孝莊帝時尤甚。魏書（卷五十八）楊侃傳：

「時所用錢，人多私鑄，稍就薄小，乃至風飄水浮，米斗幾直一千。」

北齊及後周對錢幣之不振仍不能解決。

隋書（卷二十四）食貨志：「齊神武霸政之初，承魏猶用永安五銖，遷鄴以後，百姓私鑄，體制漸別，遂各以爲名……冀州之北，錢皆不行，交貿者皆絹布……及（周）武帝保定元年……時梁益之境，又雜用古錢交易，河西諸郡，或用西域金銀之錢，而官不禁。」

北齊及後周時，錢幣不行之地帶及盜鑄者均甚多。及隋代，錢幣始漸一，但濫惡及盜鑄亦常事耳。迨大業以後，錢幣又再度紊亂。隋書（卷二十四）食貨志云：

「大業已後，王綱弛紊，巨姦大滑，遂多私鑄，錢轉薄惡。初，每千猶重二斤，後減輕至一斤，或翦鐵鍱裁皮糊紙以爲錢，相雜用之，貨賤物貴，以至於亡。」

則南北朝錢幣確同樣萎靡，而以北朝爲甚。北朝又以太和十九年以前錢幣更根本絕少使用而均以布帛代替之以爲交易。然而，兩晉南北朝錢幣萎靡如是之甚，原因爲何？

錢幣萎靡之因，其一爲戰亂。例如晉南渡後，政局未安，錢不普用（宋書六十六何尚之傳。）北魏孝莊帝以後，軍國多事，國運日衰，錢幣亦隨之而混亂。（魏書五十八楊侃傳。）宋孔琳之云：「錢之不用，由於兵亂積久，自至於廢，有由而然。」（宋書五十六孔琳之傳。）甚是也。

其次由於銅之缺乏。因銅之奇缺，不得已而改鑄較輕之錢。如宋元嘉中鑄四銖錢，其後議者又以銅轉難得，欲更鑄二銖錢。於是民間盜鑄之事每每自此始。（宋書七五顏竣傳。）卽就南北朝錢幣複雜之情形而言，其因亦緣自缺銅，蓋缺銅卽不能更鑄新錢，因此祇得雜用古錢。總而言之，此期間錢幣品類之複雜（舉例言之：東晉沈郎錢，宋四銖錢、大錢、二銖錢，梁五銖錢及女錢，陳五銖錢，大貨六銖錢；北魏太和五銖、永安五銖，北齊常平五銖，後周之「布泉」、五行大布錢等。民間盜鑄者又有鵝眼綖環，名目之多，實舉不勝舉。錢幣焉得不亂？）及民間盜鑄，參用布帛等。舉凡種種足以擾亂及萎縮錢幣使用之範圍者，均與戰亂及缺銅脫不掉關係。

銅之缺乏，宋書（卷七十五）顏竣傳已屢言之。蕭梁普通年間更嘗盡罷銅錢改鑄鐵錢，卒至鐵錢遂如丘山，物價騰貴。（隋書二四食貨志。）則南北朝間大抵均缺銅者也。而此種缺銅之現象，又或係由於戰亂對銅鐵需要過殷所至。

第十二章　三百年分裂中之文軌殊途

隋仁壽四年七月申辰，文帝崩於仁壽宮大寶殿（時年六十四）與百寮辭訣並握手歔欷，遺詔曰：「嗟乎！自昔晉室播遷，天下喪亂，四海不一，以至周齊。戰爭相尋，年將三百，故割疆土者非一，所稱帝王者非一人。書軌不同，生人塗炭。上天降鑒爰命於朕，用登大位，豈關人力，故得撥亂反正，偃武修文，天下大同，聲教遠被……但四海百姓，衣食不豐，敎化政刑，猶未盡善。」（隋書二高祖紀下。）此三百年中，書軌不同，風俗多異者果何如乎？玆試論述之如左：

一、晉迄隋書軌未一

此所述者偏重風俗之殊異。至度量衡及語文之不同及變化者當另行分述之。

晉書（卷五十八）周處傳：「除楚內史……之楚。而郡既經喪亂（謂經漢末三國之亂也。）新舊雜居，風俗未一。處敦以敎義，又檢尸骸無主及白骨在野收葬之。」

同書（卷七十五）范甯傳：「古者分土割境，以益百姓之心，聖王作制，籍無黃白之別。昔中原喪亂，流寓江左，庶有旋反之期，故許其挾注本郡，自爾漸久，人安其業……難者必曰：人各有桑梓，俗自有南北……」

周處爲楚內史在西晉初，其時楚郡經漢末三國之亂，以戰亂時人口流動，新舊雜居，風俗未一之處自顯而易見。而「人各有桑梓，俗自有南北」者，爲范甯陳時政時語，時在孝武帝之世。晉室東渡後，北人之南渡者多與江南士人風俗殊異，故云俗自有南北也。可見兩晉之世風俗殊異處甚多，而此一風俗之殊異，由於戰亂使更形突出，其後又因此而卒至南北混一。此則戰亂雖多破壞，但猶有建設。中國卒能混一南北者，亦有賴中國文化優妙處及其潛在力耳。

兩晉此種風俗相殊，仍不算十分明顯。五胡十六國大混亂後，夷華雜處者益多，風俗習慣之相異更易見。及劉宋時，謝靈運上書勸太祖（文帝義隆）伐河北，曰：

「自中原喪亂，百有餘年，流離寇戎，湮沒殊類。先帝聰明神武，哀濟羣生，將欲盪定趙魏，大同文軌，使久凋反於正化，偏俗歸於華風……」（宋書六七謝靈運傳）

字句中充分表現永嘉以後之百餘年喪亂期間，中華風俗之深受蕃夷影響與文軌之日漸殊異，因而勸太祖為一風俗，同文軌計，宜伐河北也。又：

宋書（卷七十四）魯爽傳：「魯爽，小名女生，扶風郿人也……元嘉二十六年……爽為寧南將軍荊州刺史襄陽公，鎮長社，幼染殊俗，無復華風。」

合前條觀之，則劉宋有美稱之元嘉年間，偏俗亦多未能歸於華風，書軌又不能澈底統一，其他可知矣。南齊時胡風華俗雜相揉亂及文軌未一，愈益表面。

南齊武帝永明初，水旱不時，竟陵文宣王子良密啟曰：「頃土木之務，甚為殷廣……炎旱致災，或由於此。皇明載遠，書軌未一……百姓齊民，積年塗炭，疽食侵淫，邊虞方重……。」（南齊書四十武十七王傳）及永明八年，「世祖（武帝蕭賾）還隔城，所俘獲二千餘人，佛貍以來、稍僭華典，胡風國俗，雜相揉亂。」（南齊書五十七魏虜傳。）

按：永明八年當北魏孝文帝太和十四年，其時正當胡風國俗雜相揉亂之時，故云。

及蕭梁，仍屬軍國多事之秋，南北對峙，國有異政，自亦家有殊俗矣。中大同元年七月景寅，梁武帝詔曰：「頃聞外間多用九陌錢。陌減則物貴，陌足則物賤。非物有貴賤，是心有顛倒，至於遠方，日更滋甚。豈直國有異政，乃至家有殊俗，徒亂王制，無益民財，自今可通用足陌錢。」梁武帝或有感於錢幣使用之混亂與相殊，天下分裂，而慨歎「國有異政，家有殊俗」也。

陳宣帝太建五年，吳明徹破北齊王琳，克壽陽，陳宣帝詔云：「威陵殊俗，惠漸邊民。」及吳明徹卒，陳後主亦謂吳明徹「風威慴於異俗。」（陳書卷九吳明徹傳）其時南北風俗文軌必多相殊異處，否則陳宣帝不會下詔如此。

北朝亦有文軌相殊之蹟象。

在北魏孝文帝時，雖富有四海，但仍文軌未一（魏書十九任城王澄傳。）孝文亦嘗親謂穆亮曰：「今荆揚不賓，書軌未一。」（魏書二十七穆崇附亮傳）而李冲亦曾進言：「陛下以文軌未一，親勞聖駕。」（周書五十三李冲傳）割疆土稱帝王者，亦痛心天下之長期分裂而欲一文軌同風俗（此於孝文華化政策中可見之。），毋奈力不從心何耳！

及魏末六鎮亂起，北方大亂，魏分東西，其文軌未一則更不足論。北齊後周時，各地之俗兼夷夏者，更所在多是（最顯著者如荊浙等州。）如北周天和三年，「崔謙遷荊州，總管荊浙等十四州……荊州刺史，既統攝遐長，俗兼夷夏。」（周書三五崔謙傳。）是也。

隋滅陳，統一長期分裂局面，文軌風俗始逐漸統一。隋文帝臨終之前，敢謂「天下大同」矣，然猶謙言「百姓衣食未豐」。隋代車書之正式統一，當在大業三年。蓋百官志上（隋書卷二十六）云：「大業三年，始行新令。於時三川定鼎，萬國朝宗，衣冠文物，足爲壯觀。」迄煬帝大業六年，始敢云「天下交泰，文軌攸同」也。（語見隋書本紀。）

然而，**隋代文軌之統一，於文物制度上尚留下鮮明之異族色彩**。例如高祖（文帝）初卽位，下詔曰：「後魏以來，制度咸闕，天興之歲，草創繕修，所造車服，多參胡制。故魏收論之，稱爲違古是也。周氏因襲，將爲故事，大象承統，咸取用之，輿輦衣冠，甚多迂怪。今皇朝革命，憲章前代，其魏周輦輅不合制者，已敕有司盡令廢除。」（隋書十二禮儀志七）

類之推又云：（時在開皇二年）「太常雅樂，並用胡聲。」（隋書十四音樂志中）

隋代在政治上統一南朝，而在文化上則南朝統一北朝。因此隋代在文軌之統一過程中尚留下甚多北魏後周禮儀制度之不合中國古代制度者，而此則無異五胡亂華迄隋統一南北之三百年間文軌未一之證明也。故長期戰亂長期分裂，文軌亦分裂；文軌之統一必有待戰亂之停息。國有異政，家必有殊俗；政分南北，苦者在民。君而果眞愛民，何不一捨私見而携手乎？

兩晉南北朝文軌之分合如此，其風俗習慣亦然。如雍州：「京兆，王都所在，俗具五方，人物混淆，華戎雜錯，去農從商，爭朝夕之利。」又如梁州：「漢中之人，質樸無文……雜有獠戶，富室者頗參夏人爲婚，衣服居處言語殆與華不別……漢陽、臨洮、宕昌……皆連雜氐羌人，尤勁悍，多質直……」（隋書二九地理志上。）

又如荊州：「南郡、夷陵、竟陵……諸郡多雜蠻左，其與夏人雜居者，則與諸華不別；其僻處山谷者則言語不通，嗜好居處全異。」（隋書三十一地理志下。）

南北朝在長期戰亂下人口大動亂大流動，因此各地多有華夷雜處風俗習慣殊異之現象。其利則卒至混一南北，擴大中華民族之成份，而至民族大融和；其害則土著與流民往往因風俗習慣之不同或利害之衝突而互相殘殺。故隋唐以後民族之又一次大融和，仍充滿血腥之代價也！

二、度量衡之變革

另一足以顯示此期間之文軌相殊者厥爲度量衡之變革。兩晉南北朝度量衡之變革，爲國史上最甚之時代。度量衡之變化雖大，但却有一共通點：度必漸增其長，量必越變越大，衡則日增其重。

度量衡在西晉時已起變革，晉書（卷十六。）律曆志上云：

「武帝泰始九年，中書監荀勗校太樂，八音不和，始知魏尺長於古四分有餘。……荀勗新尺唯以調音律，至於人間未甚流布。故江左及劉曜儀表並與魏尺略相依準。」

西晉時尺度長於古四分有餘，顯見西晉尺度與古不同；其後荀勗雖另造新尺，但並不行於民間。

晉書卷十六。律曆志又云：

「元康惠帝年號中，裴頠以為醫方人命之急，而稱兩不與古同，為害特重，宜因此政治權衡，不見省。」

此說明晉代時「衡」制與古代亦已不同，且紊亂頗甚。而「量」亦如此。

同書律曆志云：「漢末天下大亂……器注湮滅……泰始十年，光祿大夫荀勗奏造新度，更鑄律呂。元康中，勗子藩嗣其事；未及成功，屬永嘉之亂，中朝典章咸沒於石勒。及元帝南遷，皇度草昧，禮容樂器掃地皆盡。雖稍加採掇而多所淪胥，終於恭安，竟不能備。」

五胡十六國之亂破壞禮容器法如是之甚，則度量衡之不統一，蓋亦頗由戰亂使然也。

南朝度量衡之變革不及北朝之甚。就審度而言，隋書卷十六。律曆志上載周至隋十五種尺，王國維氏以比較自漢迄清之尚存之古尺十七種，云：「尺度之制由短而長，殆成定例，而其增率之速，莫劇於東晉後魏之間，三百年間幾增十分之三。」又云：「自唐迄今則所增甚微，宋後尤微。」王國維「記現存歷代尺度」。不特尺度如此，量衡亦然此在後面再論之。但南朝量衡亦無所變。

茲據隋書卷十六。律曆志上列數例以見南朝度量衡之變革：

一、度：梁法尺，實比晉前尺一尺七氂。

梁表尺，實比晉前尺一尺二分二氂一毫有奇。

宋氏尺，實比晉前尺一尺六分四氂。

梁朝俗間尺，長於梁法尺六分三氂。

二、量：梁陳依古。（齊周隋則否。）

三、衡：梁陳依古。（齊周隋則否。）

南朝唯尺度變革較甚，量衡則均依古制。至於北朝，則度量衡之變革均極甚。

隋書（卷十六。）律曆志上所載北朝度量衡變革之大概如下：

一、度：

後魏前尺，實比晉前尺一尺二寸七氂。

後魏中尺，實比晉前尺一尺二寸一分一氂。

後魏後尺，實比晉前尺一尺二寸八分一氂。（即開皇官尺及後周市尺）

東魏尺，實比晉前尺一尺五寸八豪。

後周玉尺，實比晉前尺一尺一寸五分八氂。

後周鐵尺，與宋氏尺同。

開皇十年萬寶常所造律呂水尺，比晉前尺一尺一寸八分六釐。

二、量：

北齊以古斗一斗五升爲一斗。

隋開皇年間以古斗三升爲一升。

三、衡：

北齊以古稱一斤八兩爲一斤。

隋開皇年間以古稱三斤爲一斤。

北朝度量衡之越變越大。尺度大都增長二寸以上，量與衡亦增大二倍至三倍。北朝度量衡在長期戰亂分裂之紊亂政局下，度量衡亦不斷演變，根本無法統一。而北朝君臣，無日不渴望度量衡之統一（如北魏，使羣臣議論度量衡之劃一與頒定，見魏書十九廣平王匡傳）。無奈在紊亂之政局下，百官貪婪之風氣始終不減，於賦稅調絹或請俸時，並樂度之長，量之大，衡之重，但求中飽私囊而置民間疾苦於不顧，度量衡之日大，此原因之一也。魏書（卷七十八）張普惠傳：

「普惠以天下民調，幅度長廣，尚書計奏復徵綿麻。上疏曰：仰惟高祖，廢大斗，去長尺，改重秤，所以愛百姓，從薄賦。萬姓荷輕賦之饒，不適於綿麻而已，故歌舞以供其職，奔走以役其勤。自茲以降，漸漸長濶，百姓嗟怨，聞於朝野。宰輔不尋其本，而特放綿麻之調……今百官請俸，人樂長潤，幷欲厚重，無復準極……請遣一尙書，與大府卿左右藏令，依今官度官秤，計其斤兩廣長，折給請俸之人。」

其後張普惠表論時政得失，亦以審法度平斗尺爲言。而任城王奏利國濟人所宜振擧者十條，其一卽曰：律度量衡（北史卷十八任城王澄傳）可見北魏時二人之論，（在孝明帝初。）皆度量衡增大甚速，而亟待劃一者也。其時度量衡並非漫無準的，實亦有官度官秤，無奈在衰亂之政局下不能普行耳！

在孝明帝之前，宣武帝延昌末年（約當紀元五一五年）時，已有官吏故意增長尺度調絹中飽私囊之現象。北史（卷四十一）楊津傳：

「延昌末，起爲華州刺史，與兄播前後牧本州，當世榮之。先是受調絹度特長，在事因緣，共相進退，百姓苦之。津乃令依公尺度其輪物。尤好者賜以杯酒而出；其所輸少劣者爲受之，但無酒以示其恥……」

張普惠及任城王澄表請律度量衡者，殆卽針對此種現象而發也。

北齊後周亦屢欲求度量衡之劃一。例如：

北齊書：（卷二，神武帝紀下。天平三年八月。）「神武請均斗尺班於天下。」

周書：（卷六，武帝紀下，建德六年八月壬寅，）「議定權衡度量頒於天下，其不依新式者悉追停。」

然而，國有異政，家有殊俗乃必然之現象。在長期分裂之政局下度量衡始終未能統一，此於民間市井尤易見之。因度量衡未一，在上者增大之以調絹徵穀，在下者乃亦藉之欺詐。如北周武帝之世，此風頗盛：

「（趙煚）出爲陜州刺史，俄轉冀州刺史，甚有威德。煚嘗有疾，百姓奔馳，爭爲祈禱，其得民情如此。冀州俗薄，市井多奸詐，煚爲銅斗鐵尺，置之於肆，百姓便之。上聞而嘉焉，頒告天下，以爲常法。」（隋書四六趙煚傳。）

趙煚置銅斗鐵尺於市以止民奸，此法爲周武帝所知而頒告天下以爲常法。其時藉度量衡未一而欺詐者天下皆然。否則周武帝無須頒告天下以爲常法也。可知北齊後周竭力以求一度量衡，結果仍不能成功。

隋代度量衡亦不十分統一，就尺度使用言，有後周市尺（即開皇官尺，比晉前尺一尺二寸八分一釐。）統一南方後，由於北周鐵尺與南朝宋氏尺相等，又用北周鐵尺作調律標準，然實際使用者仍爲後周市尺（隋代以後周市尺為開皇官尺，可見。以上均見隋書律曆志。）就量及衡而言，變動均甚大。（參前引隋書律曆志所載北朝度量衡變革大概。）

三、語文之紛歧

自五胡十六國，中國政局陷入國史上空前未有之大混亂。此後，諸胡闖入國土，華夷經此役之大接觸，文化掀起頗大之波濤，在此期間，中國南北語文嘗一度引致甚大之紛歧。

兩晉南北朝之世，外族紛紛入侵，開拓之地既廣，雜處之族益多，語音隨風土而稍譌。語文之紛歧，在兩晉宋初之際已有其蹟象。魏書（卷九十一）江式傳云：

「晉世義陽王典祠令，任城呂忱表上字林六卷，尋其況趣，附託許慎說文，而按偶章句，隱別古籀奇惑之字，文得正隸，不差篆意也。忱弟靜別放故左校令李登聲類之法，作韻集五卷，宮商角徵羽各爲一篇。而文字與兄便是魯衞，音讀楚夏，時有不同。」

呂忱呂靜兄弟語文亦時有不同，或係由於兄弟所師非同一人之故。但其時語文紛歧之現象可見。顏之推謂當時語言「南染吳越，北雜夷虜。」（顏氏家訓音辭篇。）甚是也。而沈約亦嘗謂：

「校漢魏舊曲，曲名時同，文字永異。尋文求義，一無可了。」（宋書卷十一志序。）

漢魏舊曲迄劉宋時何以文字永異而文義不可了？此非由於五胡十六國大混亂諸胡語文之混雜與冲擊所致乎？諸胡文化低落及不識字，實爲語文紛歧之主要原因（語文之紛歧當然非盡由此，陳書三四文學庾持傳：「善字書，每屬辭，好為奇字。」可見士人之好為奇字者亦語文紛岐因由也。）。顏氏家訓雜藝篇又云：「北朝喪亂之餘，書迹鄙陋，加以專輒造字，猥拙甚於江南。乃以百念爲憂，言反爲變，不用爲罷，追來爲歸，更生爲蘇，先人爲老。如此非一，徧滿經傳。」則語文之所以紛歧與諸胡之入侵及喪亂確有關者也。

南方文字之譌謬始自晉宋，其初尙不甚。其後由於文學之士書法之家好爲奇字以立異，一時成爲風尙，乃至譌替滋甚。此顏之推言之甚詳：

「晉宋以來，多能書者，故其時俗，遞相染尙，所有部帙，楷正可觀，不無俗字，非爲大損。至梁天監之間，斯風未變。大同之末，譌替滋生。蕭子雲改易字體，邵陵王頗行僞字，前上爲草，能旁作才之類是也。朝野翕然，以爲楷式。畫虎不成，多所傷敗。至爲一字，唯見數點；或妄斟酌，遂便轉移。爾後墳籍，略不可看。」（顏氏家訓雜藝篇。）

至於語言，南方長江下游則尙吳語（宋書八十一顏琛傳：宋世江東貴達者，會稽孔季恭……吳興邱淵之及琛，吳音不變。南齊書二十六王敬則傳：其名位雖達，不以富貴自遇，接士庶皆吳語，而殷勤周至。）然而達官貴人却以北語爲尙。（南史四七胡諧之傳：（齊武帝）欲獎以貴族盛姻，以諧之家人語傒，音不正，乃遣宮內四五人往諧之家教子女語。二年後，帝問曰：卿家人語音已正未。答曰：宮人少，臣家人多，非唯不能得正音，遂使宮人頓成傒語。帝大笑，徧向朝臣說之。）此可證之以抱朴子外編卷二十六之言：「乃有轉易其聲音以効北語，既不能便良，以可恥可笑。」則東晉南渡後，南人已多雜北語者矣。（抱朴子自序稱建武中作，建武為東晉元帝年號。）再證以前引隋書地理志如雍州荆州諸郡多華夷雜處及言語之殊異觀之，益見此期間因北人南渡及諸胡侵華之刺激所引起之語文紛歧之甚。

北朝語文紛歧尤甚於南朝。

北魏延昌三年三月，江式上表求正定文字云：

「皇魏承百王之季，紹五運之緒。世易風移，文字改變，篆形謬錯，隸體失眞。俗學鄙習，復加虛巧。談辯之士，又以意說炫惑於時，難以釐改。」（魏書卷九十一江式傳。）

北齊書四十四李鉉傳：「以去聖久遠，文字多有乖謬。感孔子必也正名之言，乃喟然有刋正之意。」

周書四十七趙文深傳：「太祖以隸書紕繆，命文深與黎季明、沈遐等依說文及字林刋定六體，成一萬餘言，行於世。」（同書黎景熙傳又云：「太祖令季明（景熙字）正定古今文字於東閣。」）

隋書七六潘徽傳：「以爲小學之家尤多舛雜。雖復周禮漢律，務在貫通。而巧說邪辭，遞生同異。且文訛篆隸，音謬楚夏。三蒼急就之流微存……至於尋聲推韻，良爲疑混。」

北朝文字譌謬錯亂極甚。文字之不同，人心之好異，莫甚於魏齊周隋之世。說文所無，後世續添之字，大抵均出於此時。因此，皇上爲禁壓此種文字日趨乖謬之風氣，竟有明令羣臣「上書字誤者卽治其罪」之事。（周書四十顏運傳：建德二年，顏運上書陳周武帝八失：「近見有詔，上書字誤者即治其罪。」）

就語言而論亦甚複雜，唯以鮮卑語最佔優勢。此可證以高敖曹傳（北齊書卷二十一高昂傳）之言：「于時鮮卑共輕中華朝士，唯憚服於昂。高祖（神武帝高歡）每申令三軍，常鮮卑語。昂若在列，爲華言。」依高歡申令三軍事觀之，軍中必多鮮卑人，而高歡或爲鮮卑語或爲華語，則鮮卑人亦多通華語者矣。其時漢人通鮮卑語者甚多，如孫搴（北齊書二十四）祖珽（同書卷三十九。傳云：「解鮮卑語，又解四夷語」，可見其時流行於中國之諸胡語，斷不止鮮卑語也。）于謹（周書十五）長孫儉（周書一九七，云：以鮮卑語壯聲威。顯見鮮卑人必甚富優越感。）盧慶則（隋書四十）等。

隋書經籍志（卷三十二）所載鮮卑語之書達十三種（國語十五卷、國語十卷、鮮卑語五卷、國語物名四卷、國語眞歌十卷、國語雜物名三卷、國語十八傳一卷、國語御歌十一卷、鮮卑語十卷、國語號令四卷、國語雜文十五卷、鮮卑號令一卷、雜號令一卷）顏氏家訓敎子篇又云：

「齊朝有一士大夫嘗謂吾曰：我有一兒，年已十七，頗曉書疏，敎其鮮卑語及彈琵琶，稍欲通解，以此伏事公卿，無不寵愛，亦要事也。吾時俛而不答。異哉此人之敎子也。若由此業，自致卿相，亦不願汝曹爲之。」（觀此，知當時人習鮮卑語文以求富貴者甚多。顏氏此言，今人讀之，亦當汗顏也。

南齊書（卷五十七）魏虜傳：「諸曹司有倉庫，悉置比官，皆使通虜漢語，以為傳譯。」其時胡語華語甚為混雜，在此多種語言中則以鮮卑語最富優越性。例如後周時，後梁蕭詧內附，遣使朝周，宇文泰使長孫儉（河南洛陽人。）接見，「大為鮮卑語，遣人傳譯以問客，客惶恐不敢仰視。」（周書二六長孫儉傳）長孫儉本華人，但不為華語，而以鮮卑語懾華人，與語者亦竟至惶恐不敢仰視。是知鮮卑語文在當時甚富優越性也。

南北語多有殊異至不能通者。如荊州諸郡多雜蠻左，嗜好居處全異，言語常有不通。（隋書三十一地理志下。）洪邁亦云：「南北語之異，至於不能相通。」（容齋四筆卷九）而此則係由於五胡十六國之亂，驅中原之人入於江左，而河淮南北，間雜夷言，引起大變革所致。試觀史書所載諸胡語之留存於今者，實甚怪誕難曉。例如百濟稱「中方曰古沙城，東方曰得安城，南方曰久知下城，西方曰刀光城，北方曰熊津城。」獠人呼「丈夫稱阿謩阿段，婦人阿夷阿第。」又如突厥呼狼為「附離」等（均見周書卷四十一及四十二，異域傳上下。）可見其時南北語多不能通者當係事實。

綜合本章所述。由於三百年長期分裂，諸胡入侵，戰亂無已時，乃至華夷雜處，風俗相殊，度量衡及語文亦起莫大之變革與紛歧。而文軌殊途，殆由此之故。

下　百姓之苦難

第十三章　大屠殺與大戰役

一、胡人之大屠殺

胡羯本一遊牧蠻悍民族，兩晉時雖受漢文化薰陶，但兇悍之性難改；破敵之後每好澈底消滅殺戮敵人。如八王之亂時，東海王越死，石勒追殺之至於苦縣甯平城，時東海王越將卒仍有數十萬，而銳氣已失。石勒乃「以騎圍而射之，相踐如山，王公士庶死者十餘萬。」晉書卷五十九東海孝獻王越傳。

又如石虎，其性情之殘酷，更是史所罕見。石虎，勒從子，既篡石宏位，盡誅勒諸子。以邃爲太子而愛韜，邃疾之，嘗謂左右，我欲行冒頓之事。石虎因而大怒，廢邃爲庶人，其後並「殺邃及妻張氏幷男女二十六人同埋於一棺之中，誅其宮臣支黨二百餘人。」晉書一〇六石季龍載記上。於是，石虎又立宣爲太子，宣復疾韜，殺之佛寺。入奏，將俟虎臨而殺之。會有人告變，虎幽宣於庫，「以鐵環穿其頷而鎖之，作數斗木槽和羹飯以豬狗法食之。取害韜刀箭舐其血，哀號震動宮殿。」同時又積柴薪焚宣，「拔其髮，抽其舌，牽之登梯上，於柴積郝稚以繩貫其頷，鹿盧絞上……斷其手足，斫眼潰腹，如韜之傷……殺其妻子九人，宣小子年數歲……於抱中取而戮之，兒猶挽季龍衣而大叫，時人莫不爲之流涕。」晉書一〇七石季龍載記下。凡此，皆見諸胡之極端瘋狂殘暴。

在此情形下，乃有冉閔誅胡二十餘萬之事。（冉閔，季龍養孫，本漢人，然自幼與胡人相處，舉止習慣均已純類胡人。）晉書（石季龍載記下）載，趙孫伏都、石鑒等欲誅冉閔、李農，閔農攻斬伏都等，自鳳陽至琨華，橫尸相枕，流血成渠：

「閔知胡之不爲己用也，班令內外，趙人斬一胡首送鳳陽門者，文官進位三等，武官悉拜牙門。一日之中，斬首數萬。閔躬率趙人誅諸胡羯，无貴賤男女少長，皆斬之，死者二十餘萬，尸諸城外，悉爲野獸豺狼所食。屯據四方者，所在承閔書誅之，於是高鼻多鬚，至有濫死者半。」

充分表現種族與地域偏見所造成之殺戮者，在宋元嘉二十八年，北魏攻宋盱眙，拓跋燾致書臧質之言，最可見之。時拓跋燾大舉攻宋，有征服江南之意，其書曰：

「吾今所遣鬥兵，盡非我國人。城東北是丁零與胡，南是三秦氐羌。設使丁零死者，正可減常山趙郡賊，胡死正減幷州賊，氐羌死正減關中賊。卿若殺丁零、胡，無不利。」（宋書卷七四臧質傳）

於是，驅逼丁零與胡、氐羌人爲前驅，肉薄登城，又以衝車攻城，死傷萬數，尸與城平，凡攻三旬而不拔。然而，「所遣鬥兵，盡非我國人」，則死亡雖以萬數，又何足道哉！魏人每陷一地，必大事暴掠，丁壯者則斬截，嬰兒則貫於槊上以爲嬉戲，所過郡縣，赤地無餘。

魏人之殘酷如此，遂使百姓視死爲極樂！

又如北魏末，爾朱榮之亂。孝明帝末，武泰元年四月，爾朱榮舉兵晉陽南下，「因縱兵亂害，王公卿士皆斂手就戮，死者千三百餘人。皇弟皇兄並亦見害……人情駭震，京邑士子不一存，率皆逃竄，無敢出者，直衞空虛，官守廢壙。」（魏書卷七十四爾朱榮傳）此亦見魏人之多爲殘暴也。

不特諸胡殘暴，在此長期戰亂中，漢人多亦爲諸胡之兇悍所影響；而在戰鬥中，將領遂樂於任用兇悍之胡人以求勝。例如侯景，陳書（卷三十二孝行殷不害傳）云：

「及臺城陷，簡文在中書省，景帶甲將兵入朝陛見，過謁簡文。景兵士皆羌胡雜種，衝突左右，甚不避。侍衞者莫不驚恐辟易。」

侯景所用兵士皆羌胡雜種，皆兇悍好戰好暴掠者，正因如此，侯景遂利用彼等之好暴掠心理，「破掠所得財寶，皆班賜將士。故咸爲之用，所向多捷。」（梁書五六侯景傳。）亦因此，遂更增强戰亂之破壞性，遂使百姓之劫難更甚！

諸胡殘酷好戰善鬥，南北朝叛亂者亦多好與諸胡勾結。如北齊氏之疏屬高寶寧之叛亂，隋書（卷三十九陰壽傳）：

「時有高寶寧者，齊氏之疏屬也。爲人桀黠……爲營州刺史，甚得華夷之心。高祖爲丞相，遂連結契丹靺鞨舉兵反。……開皇初，又引突厥攻圍北平……令壽率步騎數萬出盧龍塞以討之，寶寧求救於突厥……」

又如李淵之起兵叛隋，亦與突厥相勾結，並與突厥始畢可汗約云：「若入長安，民衆土地入唐公，金玉繒帛歸突厥。」（通鑑一八四恭帝義寧元年六月。）

在此情形下，南北朝三百餘年中之大屠殺大劫掠，蓋多係胡人所爲。其間，漢人亦頗多殘酷者。如隋大業之亂，盜賊蠭起，煬帝命樊子蓋進討絳郡賊敬盤陀、柴保昌等，隋書卷六十三樊子蓋傳云：

「于時人物阜殷，子蓋善惡無所分別，汾水之北，村塢盡焚之，百姓大駭，相率爲盜，其有歸首者，無少長悉阬之。擁數萬之衆，經年不能破。」

其次如王世充，亦殘殺極甚。大業九年，煬帝遣王世充發淮南兵數萬討叛賊劉元進。元進屢敗，其衆或散或降，世充焚香誓約不殺降者，故旬月之間，歸首略盡。然而隋書卷七十劉元進傳云：「其衆悉降，世充阬之於黃亭澗，死者三萬人。其餘黨往往保險爲盜。」

則王世充實殘酷而無信義矣。

隋煬帝亦好濫殺。隋書卷六十七裴蘊傳：

「楊玄感之反也，帝遣蘊推其黨與，謂蘊曰：玄感一呼而從者十萬，益知天下人不欲多，多卽相聚爲盜耳。不盡加誅，則後無以勸。蘊由是峻法治之，所戮者數萬人，皆籍沒其家。帝大稱善，賜奴婢十五口。」北史七四裴蘊傳同。

煬帝殘殺之甚，誠史所罕見。裴蘊殺人數萬，猶稱善，並賜奴婢十五口以鼓勵之，何好殺之甚也？

二、三百餘年中之大戰役

兩晉南北朝戰亂無已時，其大戰役蓋亦幾數不勝數。此處僅舉其死亡重大而著名之大戰役。

五胡十六國大亂，東晉簡文帝太元八年，（紀元三八三年）苻堅大舉伐晉，是年八月，堅發長安，「慕容垂帥步騎二十五萬爲前鋒，堅發長安戎卒六十餘萬，騎二十七萬，前後千里，旗鼓相望。」（晉書卷一百十四苻堅載記下）苻堅此役伐晉，兵卒越百萬，誇言「以吾之衆旅，投鞭於江，足斷其流。」（亦苻堅載記下語。）志在必勝，却不料反招肥水敗辱。晉書（卷七十九）謝玄傳述苻堅大敗情形云：

「堅衆奔潰，自相蹈藉，投水死者不可勝計，肥水爲之不流，餘衆棄甲宵遁。聞風聲鶴唳，皆以爲王師已至，草行露宿，重以飢凍，死者十七八。獲堅乘輿雲母車儀服器械軍資珍寶山積，牛馬驢騾駱駝十餘萬。」

苻堅載記下又云：「諸軍悉潰，唯慕容垂一軍獨全……堅收離集散，比至洛陽，衆十餘萬。」

據此，則苻堅此役大敗，士卒死亡走散或被擄者，達七十餘萬，確是死傷慘重。而晉南北朝間若此之戰役，却在所常見。肥水戰後僅十二年，太元二十年，（紀元三九五年）諸胡間又來一次慘無人道之大殺戮。

北魏道武帝登國十年，拓跋珪（即道武帝）帥兵攻後燕慕容寶，追擊至參合陂：

「太祖（道武帝拓跋珪）縱騎騰躡，大破之，有馬者皆蹶倒冰上，自相鎮壓，死傷者萬數。寶及諸父兄弟單馬迸散，僅以身免。於是寶軍四五萬人，一時放仗，斂手就羈矣。」（魏書九五慕容垂傳）

此役死傷本僅萬餘，亦一平庸之戰役耳。殘酷無人道者卻在拓跋珪之對待斂手就羈之四五萬降兵。魏書（卷三十。）王建傳：

「太祖乘勝，將席卷南夏。於是簡擇俘衆有才能者留之，其餘欲悉給衣糧遣歸，令中州之民咸知恩德。乃召羣臣議之，建曰：慕容寶覆敗於此，國內虛空，圖之爲易。今獲而歸之，無乃不可乎？且縱敵生患，不如殺之……諸將咸以建言爲然，建又固執，乃阬之。」

於是，此四五萬人遂被無辜犧牲。此眞戰爭之罪也。

及劉宋北魏兩相對峙，各欲統一天下；文帝元嘉年間，大戰役遂又爆發。元嘉二十七年（紀元四五〇年，北魏太平眞君十一年）三月，北魏大舉入寇。三月，魏軍寇淮泗，圍懸瓠，晝夜攻城，時汝南太守陳憲保城自固。宋書（卷七十二）南平穆王鑠傳云：

「憲且守且戰，矢石無時不交。虜多作高樓，施弩以射城內，飛矢雨下，城中負戶以汲。又毀浮圖取金像以爲大鉤……賊之死者，屍與城等，遂登屍以陵城，短兵相接，憲銳氣愈奮，戰士無不一當百，殺傷萬計，汝水爲之不流，相距四十餘日。」

宋將王玄謨同時進攻魏滑臺，九月，魏主（拓跋燾。）引兵南救滑臺，衆號百萬，王玄謨懼走。魏書（卷四下。）世祖紀：

「玄謨大懼，棄甲而走，衆各潰散，追擊斬首萬餘級，器械山積。」

在元嘉二十七、二十八此二年間，兵燹彌漫，戰爭範圍則達於全面性之階段。而尤甚者則爲二十七年十二月瓜步之役。「索虜來寇瓜步，天下擾動。」（宋書二八彭城王義康傳）拓跋燾之進攻瓜步，係盡集精兵者，然而又係不齎糧用，唯以抄掠爲資（蓋志在必得也）者，故在抄掠之餘。又：

「壞民屋宇，及伐蒹葦。於滁口造簞筏，聲欲渡江，太祖大具水軍，爲防禦之備。……又募人賫冶葛酒置空村中，欲以毒虜，虜竟不能傷。燾鑿瓜步山爲盤道，於其頂設氈屋。燾不飲河南水，以駱駞負河北水自隨……二十八年正月朔，燾會於山上，幷及土人會，竟掠民戶，燒邑屋而去。」（宋書九十五索虜傳）

劉宋北魏經此役全面性之大戰爭，雙方均告筋疲力竭，府庫空虛。宋書（卷六十八）南郡王義宣傳云：

「自虜侵境以來，公私彫弊……邊鄙皆爲禾黍。」

宋書（卷九十五）索虜傳則云：「燾凡破南兗、徐、兗、豫、靑、冀六州，殺略不可稱計，而其士馬死傷過半，國人並尤之。」

而沈約亦感慨繫之，曰：

「匈奴之與中國並也，自漢氏以前……至于晉始姦黠漸著，密邇畿封，窺候疆埸，俘民略畜者，無歲月而闕焉。……太祖（宋文帝。）忿之，開定司兗，而兵無勝略，棄師隕衆，委甲橫原……自江淮至於淸濟，戶口數十萬，自免湖澤者，百不一焉。村井空荒，無復鳴雞吠犬……六州蕩然無復，餘蔓殘構，至於乳鷇赴時，銜泥靡託。一枝之間，連

寨十數，春雨裁至，增巢已傾。雖事舛吳宮，而殲亡匪異。甚矣哉，覆敗之至於此也。」（宋書索虜傳論）

宋魏元嘉時，大戰後荒殘之甚雖然如此。唯仍不足爲來者鑒，僅五十餘年後之梁武帝天監六年，（紀元五〇七年）南北另一大戰役却又再重演。

天監六年，（即魏宣武帝正始四年。）正月，魏將元英、楊大眼等衆數十萬進逼鍾離。其時昌義之鎮鍾離。梁書（卷十八。）昌義之傳：

「（天監五年）冬，英果率其安樂王元道明、平東將軍楊大眼等，衆數十萬，來寇鍾離。鍾離城北阻淮水，魏人於邵陽洲西岸作浮橋，跨淮通道。英據東岸，大眼據西岸，以攻城……晝夜苦攻，分番相代，墜而復升，莫有退者，又設飛樓及衝車撞之……一日戰數十合，前後殺傷萬計，魏軍死者與城平。」

天監六年二月，梁武帝命韋叡及曹景宗合救鍾離。三月，淮水暴漲六七尺：「叡裝大艦，使梁郡太守馮道根……等爲水軍。值淮水暴長，叡卽遣之，鬥艦競發，皆臨壘，以小船載草，灌之以膏，從而焚其橋，風怒火盛，煙塵晦冥，敢死之士，拔柵斫橋……魏人大潰，元英見橋絕，脫身遁去，魏軍趨水死者十餘萬，斬首亦如之。其餘釋甲稽顙，乞爲囚奴，猶數十萬，所獲軍實牛馬不可勝紀。」（梁書十二韋叡傳。）

梁書卷九曹景宗傳亦謂：「景宗令軍主馬廣躡大眼，至濊水上四十餘里，伏屍相枕。（昌）義之出逐英至浴口，英以匹馬入梁城，緣淮百餘里，屍骸枕藉，生擒五萬餘人，收其軍糧器械，積如山岳……」

凡此，皆見梁魏間之此次戰爭，死傷與軍資器械等之損失，均極其慘重。

此下魏分東西與及隋文帝大舉伐陳，大戰役更是相繼爆發，即小戰亂小接觸，死亡亦動輒萬數。在南北朝末期，北齊、北周、後梁、陳四國分裂時，以周齊間之戰亂爲最頻繁而又最甚，其中又以沙苑、玉壁二役爲最甚。

天平四年紀元五三七年閏九月，東魏高歡、高敖曹等帥衆二十三萬擊西魏，時關中饑，宇文泰將士不滿萬人：

「冬十月壬辰，至沙苑，距神武軍六十餘里……齊神武至，望太祖軍少，競馳而進，不爲行列……于謹等與六軍與之合戰……絕其軍爲二隊，大破之，斬六千餘級，臨陣降者二萬餘人……前後虜其卒七萬，留其甲士二萬，餘悉縱歸，收其輜重兵甲……」周書卷二文帝紀下

翌年七月，東魏又遣侯景、高敖曹、庫狄等圍獨狐信於洛陽，復爲宇文泰大敗於邙山，「虜其甲士一萬五千，赴河死者以萬數。」周書卷二文帝紀下

武定四年紀元五四六年九月，東魏悉舉山東之衆以伐西魏，圍攻玉壁，西魏韋孝寬拒守，苦攻凡五十餘日：

「齊神武傾山東之衆，志圖西入，以玉壁衝要，先命攻之，連營數十里，至於城下……神武於城北起土山攻具，晝夜不息……又造攻車，車之所及莫不摧毀……又縛松於竿，灌油加火，規以燒布，並欲焚樓……盡其攻擊之術。孝寬咸拒破之。……神武苦戰六旬，傷及病死者十四五。」周書三十一韋孝寬傳。

韋孝寬傳述玉壁之役，兵燹及死傷之甚如此，至其死亡數目，北齊書卷二神武帝紀云：「死者七萬人，聚爲一冢。」此僅爲東西魏大戰役之數端，可見其時戰爭之慘烈可怖！

至於隋之大舉伐陳，出兵凡五十一萬八千，且伐陳之際，（開皇八年十月迄九年二月。）天下大旱，疫人多死，山東尤甚。再加以高熲獻破陳之策之毒辣：

「上嘗問熲破陳之策。熲曰：江北地寒，田收差晚。江南土熱，水田早熟，量彼收穫之際，微徵士馬，聲言掩襲，彼必屯兵禦守，足得廢其農時。彼既聚兵，我便解甲。再三若此，賊以爲常，後更集兵，彼必不信，猶豫之頃，我乃濟師登陸而戰，兵器益倍。又江南土薄，舍多竹茅，所有儲積，皆非地窖，密遣行人因風縱火，待彼收立，復更燒之，不出數年，自可財力俱盡。上行其策，由是陳人益弊。」（隋書四十一高熲傳）

專向農業百姓財物破壞着手，則隋之滅陳，毋須論其戰士死亡之慘重，止對百姓之劫難，已慘絕人寰矣。

及隋煬帝三伐高麗，其勞民傷財更達於極點：大業七年，煬帝詔徵天下兵俱會於涿郡，以備爲討高麗之用。於時山東河南大水，漂沒三十餘郡，水潦爲災，百姓困窮，所在饑饉，煬帝此舉，無異落井下石。八年正月，煬帝遣諸軍分道擊高麗，總集平壤，兵卒「總一百一十三萬三千八百，號二百萬，其餽運者倍之。」（隋書四煬帝紀下，通鑑同。）結果却大敗而返，隋書（卷六十一）宇文述傳云：

「初度遼，九軍三十萬五千人（此僅謂宇文述所領軍士度遼水以伐高麗者，全數不止此。）及還至遼東城，唯二千七百人。」

宇文述因而一度被除名，蓋此役之慘敗，止宇文述所帥領之軍士，已死亡走散凡三十萬餘矣。

翌年，大業九年煬帝再詔天下兵集涿郡，親征高麗，于時盜賊蠭起，隋兵攻遼東城久不拔，又值楊玄感作亂。帝懼，急引軍還，軍資器械攻具積如山岳，營壘帳幕按堵不動，皆棄之而去。十年，又發天下兵，會賊勢日蹙，羣盜所在皆滿，人多流亡，所在阻絕，軍多失期。至遼水，高麗亦困弊遣使乞降。自此，隋室府庫空虛，國勢頓衰。故隋書卷二十四食貨志云：

「煬皇嗣守鴻基……既而一討渾庭，三駕遼澤，天子親伐，師兵大舉，飛糧輓秣，水陸交至。疆場之所傾敗，勞敝之所殂殞。雖復太半不歸，而每年興發，比屋良家之子，多赴於邊陲，分離哭泣之聲，連響於州縣。老弱耕稼不足以救饑餒，婦工紡績不足以贍資裝……僭僞交侵，盜賊充斥。宮觀鞠爲茂草，鄉亭絕其煙火。人相啖食，十而四五。關中癘疫，炎旱傷稼……死人如積，不可勝計……隋氏之亡，亦由於此。」

隋煬帝征伐與役民之嚴重，蓋眞至於千夫所指之地步，玆再引隋代無名氏樂府歌謠二首，聊作本節之結束。

回紇曲：樂府詩集卷八十，丁福保全隋詩卷四略同。

曾聞瀚海使難通，幽閨少婦罷裁縫。

緬想邊庭征戰苦，誰能對鏡治愁容。

久戍人將老，須臾變作白頭翁。

挽舟者歌：隋煬帝海山記下（見古今逸史），青瑣高議後集卷五，丁福保全隋詩卷四。

我兄征遼東，餓死青山下。今我挽龍舟，又困隋隄道。
方今天下饑，路糧無些小。前去三十程，此身安可保。
寒骨枕荒沙，幽魂泣煙草。悲損閨內妻，望斷吾家老。
安得義勇兒，憫此無主屍。引其孤魂回，負其白骨歸。

第十四章　人類尊嚴之喪失

在無已時之戰亂中，百姓受兵士無已時之掠奪；在紊亂之政局下，百姓受貪婪之君王之奴役剝削。在三百餘年分裂中，百姓今年受徵去營造宮室，明年又被徵戍服役；戰亂頻繁，百姓求生不得，求死不易，於是或蠭起為盜，或羣趨佛寺，為僧為尼以逃避求生。

在此情形下，人類至於完全不能自主；鬻賣妻兒，賣身為奴婢，所在常見；即欲出家，亦復不易，如在延昌熙平之際，「奴婢悉不聽出家」即成禁令。魏書卷百四釋老志

因而，在此三百餘年中，人類根本無尊嚴可言！

一、人民之受奴役

五胡十六國之稱號者，多甚好奴役百姓。如石季龍：

「季龍志在窮兵，以其國內少馬，乃禁畜私馬，匿者腰斬，收百姓馬四萬餘匹，以入于公。兼盛興宮室，於鄴起臺觀四十餘所，營長安洛陽二宮，作者四十餘萬人。又敕河南四州，具南師之備，幷朔秦雍嚴西討之資。青冀幽州，三五發卒。諸州造甲者五十萬人，兼公侯牧宰，競興私利，百姓失業，十室而七。船夫十七萬人，爲水所沒，猛獸所害，三分而一。」（晉書卷一〇六石季龍上）

據晉書之言，則石季龍誠亦一猛獸耳。石季龍不止奴役生民，並傷及死者：

「季龍並貪而無禮，既王有十州之地，金帛珠玉及外國珍奇異貨不可勝紀，而猶以爲不足。曩代帝皇及先賢陵墓，靡不發掘而取其寶貨焉。」（晉書一〇七石季龍載記下。）

但求肆其所欲，百姓等其他一切利害均置之不顧。譬如當時有沙門吳進：言於季龍曰：「胡運當衰，晉當復興，宜苦役晉人，以厭其氣。」季龍於是使尚書張羣發近郡男女十六萬，車十萬乘，運土築華林苑及長牆於鄴北，廣長數十里。後復以天文錯亂，以爲不祥，促張羣以燭夜作於暴風大雨之下，晉人因而死者數萬。（晉書一〇七石季龍下。）

石季龍視百姓如草芥，其苦役人民如此。

次如劉曜，爲其父妻營冢，不惜大舉苦役人民。

「曜將葬其父及妻，親如粟邑，以規度之，負土爲墳，其下周迴二里，作者繼以脂燭，怨呼之聲盈于道路。游子遠諫曰……今二陵之費，至以億計，計六萬夫，百日作，所用六百萬功；二陵皆下錮三泉，上崇百尺，積石爲山，增土爲阜，發掘古冢以千百數。役夫呼嗟，氣塞天地，暴骸原野，哭聲盈衢……。曜不納，乃使其將劉岳等，帥騎一萬，迎父及弟暉，喪於太原，疫氣大行，死者十三四。」晉書卷一〇三劉曜載記。魏書九五本傳略同。

再如賨李壽，亦效法石季龍等，盡奴役百姓之能事：

「李閎、王嘏，從鄴還，盛稱季龍威强，宮觀美麗，鄴中殷實。壽又聞季龍虐用刑法，王遜亦以殺罰御下，並能控制邦域。壽心欣慕，人有小過，輒殺以立威。又以郊甸未實，都邑空虛，工匠器械，事未充盈，乃徙傍郡戶三丁以上以實成都，興尚方御府，發州郡工巧以充之；廣修宮室，引水入城，務於奢侈；又廣太學，起讌殿。百姓疲於使役，呼嗟滿道，思亂者十室而九矣。」晉書卷百二十一李壽載記，魏書九六本傳同。

諸胡大抵多以虐用刑法、殺罰御下以立威德爲常法，故諸胡苦役百姓亦最甚。南朝諸君主雖多昏庸荒淫者，但苦役百姓似較輕，在大戰役中勞役軍民者，僅以梁武帝天監年間浮山堰之役較甚。

天監十三年紀元五一四年十月，梁攻魏壽陽。梁書卷十八。康絢傳：

「時魏降人王足陳計，求堰淮水以灌壽陽……高祖以爲然。使水工陳承伯、材官將軍祖暅視地形，咸謂淮內沙土漂輕不堅實，其功不可就。高祖弗納。發徐揚人率二十戶取三丁以築之……作人及戰士有衆二十萬。於鍾離南起浮山，北抵巉石，依岸以築土，合脊於中流。十四年，堰將合，淮水漂疾，輒復決潰……因是引東西二冶鐵器，大則釜鬵，小則鋘鋤，數千萬斤，沈於堰所，猶不能合；乃伐樹爲井幹，塡以巨石，加土其上。緣淮百里內岡陵，木石無巨細必盡。負檐者肩上皆穿，夏日疾疫，死者相枕……是冬又寒甚，淮泗盡凍，士卒死者十七八。……十五年四月，堰乃成，其長九里，下濶一百四十丈，上廣四十五丈，高二十丈，深十九丈五尺……其秋八月，淮水暴長，堰悉壞決，奔流於海。」

浮山堰之決壞，招致極大之損害。魏書（卷九十八）島夷蕭衍傳云：「秋九月，堰自潰決，漂其緣淮城戍居民村落十餘萬口，流入於海。」（魏書卷九孝明帝紀略同；通鑑卷一四八亦同並云：「堰壞，其聲如雷，聞三百里。」）

梁武帝雖專精佛戒，然此僅爲其晚年事耳。浮山堰此役，水工陳承伯等已咸謂沙土漂輕不堅實而功不可就，但梁武帝却堅持役民及戰士爲之，故卒招大禍。梁武帝役民及戰士之甚如此，是以胡身之亦嘗責之云：

「夷考帝之終身，自襄陽舉兵至下建康，猶曰事關國家，伐罪救民。洛口之敗，死者凡幾何人？浮山之役，死者凡幾何人？寒山之役，死者又幾何人？其間爭城以戰，殺人盈城，爭地以戰，殺人盈野。南北之人，交相爲死者不可以數計也。至於侯景之亂，東極吳會，西抵江郢，死於兵，死於飢者，自典午南渡之後，未始見也。」（通鑑一五九大同十一年十二月條下注。）

南朝昏庸荒淫之主甚多，在宋則有前廢帝子業，後廢帝昱；（蒼梧王。）在齊則有鬱林王與東昏侯；在陳則有後主叔寶。梁武帝蕭衍在南朝本已稱勤儉，但其苦役百姓亦如此。

且夫宋室骨肉之禍，宮廷喋血，六十年間，無日無之。齊東昏侯之際，荒淫無度，擾亂百姓，竟至「四民皆廢業，樵蘇路斷，吉凶失時。」（南齊書卷七東昏侯本紀）則南朝百姓，殆亦安居無日也。

北朝苦役百姓，遠甚於南朝。

北魏時佛教甚盛，佛教寺廟之大量興建，苦役百姓最甚。顯著者如孝明帝時胡太后好佛，建諸佛寺，以至民力疲弊，府庫空虛，因而削減百官祿力。（此見通鑑一四九天監十八年）

在胡太后之前，先有文成帝（拓跋濬）。以為佛教可以「助王政之禁律，益仁智之善性，」因此於「興光元年（紀元四五四年）秋，敕有司於五級大寺內，為太祖已下五帝鑄釋迦立像五，各長一丈六尺，都用赤金二萬五千斤。」（魏書一百十四釋老志。）獻文帝時（約於天安元年紀元四六六年）又大事造寺鑄像。魏書釋老志云：

「於時起永寧寺，構七級佛圖，高三百餘尺，基架博敞，為天下第一。又於天宮寺造釋迦立像，高四十三尺，用赤金十萬斤，黃金六百斤。皇興中，又構三級石佛圖……為京華壯觀。」

文成獻文二帝之建佛圖造佛像，役民猶不過甚。及肅宗孝明帝時，母胡太后稱制，造寺鑄像，役民擾民，乃達於極點。釋老志云：

「肅宗熙平中，於城內太社西起永寧寺，靈太后親率百寮，表基立剎，佛圖九層，高四十餘丈，其餘費用不可勝計。景明寺佛圖，亦其亞也。至於官私寺塔，其數甚衆。」

因此，翌年（神龜元年，紀元五一八年。）尚書令任城王奏云：「自遷都以來，年越二紀，（十二年為一紀，孝文帝太和十七年（四九三年）遷都，至此凡廿五年）寺奪民居，三分且一。……今之僧寺，無處不有，或比滿城邑之中，或連溢屠沽之肆，或三五少僧，共爲一寺……非但京邑如此，天下州鎮亦然，侵奪細民，廣占田宅，有傷慈矜……。」

正唯如此，百姓無以爲生，乃相率出家，以至僧尼充斥。釋老志痛陳之云：

「正光以後，天下多虞，王役尤甚。於是所在編民，相與入道，假慕沙門，實避調役，猥濫之極，自中國之有佛法，未之有也。略而計之，僧尼大衆二百萬矣，其寺三萬有餘，流弊不歸，一至於此，識者所以歎惜也。」

百姓出家多非志願，因此沙門中爲非作歹，作奸犯科者所在多有。如縱飲酒、藏弓矢矛盾、爲窟室與貴室女私行淫亂、沙門中藏釀酒具及州郡牧守富人所寄藏物以萬計（均見魏書釋老志。）等。因此，除太武帝（拓跋燾。與北周武帝、唐武宗滅佛，稱「三武之厄」。）嘗滅佛外，崇奉佛教之胡太后亦曾下令（正光二年（五二一年）春。）曰：「自今奴婢悉不聽出家，諸王及親貴亦不得輒啟請。」（魏書釋老志。）

百姓苦於王役之甚，至於出家以求存，而又不得，沙門中又污穢如此，則人類尊嚴蓋亦無餘矣。

至於隋代，更長期苦役百姓如牛馬。

如築長城，役夫動輒十餘萬，又幾無已時。隋文帝開皇六年（紀元五八六年）二月丁亥：「發丁男十一萬修築長城。」七年正月：「發丁男十餘萬築長城，二旬而罷。」（均見隋書本紀）

他如開運河、造龍舟：大業元年，發河南諸郡男女百餘萬開通濟渠。（隋書卷三煬帝紀上）又造龍舟鳳艒、黃龍赤艦，舳艫相接二百餘里，所供州縣並令供頓獻食。（隋書二十四食貨志）

隋文煬二帝之役民，尤以煬帝爲甚。且苦役百姓至死者極多。隋書卷三煬帝紀上：

「大業三年七月景子，發丁男百餘萬築長城，……一旬而罷，死者十五六。」

隋文帝時，因營仁壽宮，苦役百姓至死者亦甚多。隋書（卷二十四）食貨志：「（開皇）十三年，帝命楊素出於歧州北，造仁壽宮，素遂夷山堙谷，營構觀宇……役使嚴急，丁夫多死，疲敝顛仆者推塡坑坎，覆以土石，因而築爲平地，死者以萬數。」

煬帝營東都苦役百姓至死者尤甚。隋書食貨志又云：

「煬帝卽位……始建東都，以尙書令楊素爲營作大監，每月役丁二百萬人……往江南諸州採大木，引至東都，所經州縣，遞送往返首尾相屬，不絕者千里。而東都役使迫促，僵仆而斃者十四五焉。每月載死丁東至城皐，北至河陽，車相望於道。……又造龍舟……又興衆百萬北築長城……自是以丁男不供，始以婦人從役。」

煬帝對百姓之奴役，蓋視百姓爲牲畜。至此，人類尊嚴亦告盡喪矣！

二、戰亂饑饉與全民皆盜

由於帝室本身之荒淫昏庸，政局腐敗；戰亂遂乘之而生；因戰亂不斷，遂又使本已嚴重之饑饉無法補救或因而使農田水利失修，百姓益形窮困。

長期戰亂及無已時之饑饉相逼下，天下百姓遂相率為盜賊，幾至全民皆盜。（此等現象，隋末尤嚴重。）人類自身因此全無保障，百姓死於戰亂者，在戰亂之際鬻賣妻兒或賣身為奴婢者所在皆是。在西晉時，骨肉相賣遂成為法律所正式批准之條例。晉書卷四惠帝紀元康七年（紀元二九七年）七月：

「雍梁州疫，大旱隕霜殺秋稼，關中饑，米斗萬錢。詔骨肉相賣者不禁。」

此蓋因其時五胡入寇頻繁，又值八王之亂，府庫殆已空虛；則雖疫饑亦無力援救，故祇有下詔不禁骨肉相賣。

在政局腐敗，朝廷紛亂，加之以饑饉之下，盜賊蠭起。例如晉書卷三十九王浚傳云：

「于時朝廷昏亂，盜賊蠭起。」

又卷五十一摯虞傳：「及洛京荒亂，盜竊縱橫，人飢相食。」

永嘉之際，饑亂尤甚，有至於略人而食者。

晉書卷六十二劉琨傳，「時（永嘉時也）東嬴公騰自晉陽鎭鄴，并土饑荒……寇賊縱橫，道路斷塞。」又卷六十三李矩傳：「時大饑，賊帥侯都等每略人而食之。（荀）藩（華）薈部曲，多爲所啖。」

東晉時亦每每如此。晉書卷六十二祖逖傳：「逖以社稷傾覆，常懷振復之志，賓客義徒皆暴桀勇士，逖遇之如子弟。時揚土大饑，此輩多爲盜竊，攻剽富室。」

戰亂、饑饉、盜賊，三者往往互爲因果。如祖逖賓客，於饑饉時亦爲盜竊；如永嘉之時，并土饑荒，遂使寇賊縱橫，又如流民李特、張昌、杜弢等之暴亂；孫恩、盧循等之刼掠三吳……盜刼頻生，幾數不勝數。此等例子於晉書中俯拾卽是，毋庸細擧。

劉宋時，盜賊亦往往乘戰亂之餘，城邑凋荒而起，此幾已成鐵律。如宋書卷五十一長沙景王道憐附子義欣傳：「鎭壽陽。于時土境荒毀，人民彫散，城郭頹敗，盜賊公行。」

齊末梁初，天下未定，宇內皆盜賊。如梁書卷二十三長沙嗣王業附藻傳：「時天下草創，邊徼未安，州民焦僧護聚衆數萬，鄍樊作亂。藻……欲自擊之……。」又卷二十四蕭景傳：「時天下未定，江北傖楚，各據塢壁……」皆是。

梁末侯景爲亂，盜賊益多。蓋天下百姓，皆無以爲生，圖乘殘亂之局以求存也。陳書卷三世祖文帝紀：「侯景之亂，鄕人多依山湖寇抄。」

又（卷三十五）周廸傳：「初，侯景之亂也，百姓皆棄本業，羣聚爲盜。」姚思廉亦云：「梁末之災沴，羣凶競起，郡邑巖穴之長，村屯鄔壁之豪，資剽掠以致彊，恣陵侮而爲大。」（陳書卷三十五熊曇朗列傳論）

可見梁末亦有全民皆盜之狀態。

北朝盜賊，亦不亞於南朝。盜賊作亂，皆因饑饉，此於北朝尤爲明顯。魏書（卷一〇九）食貨志：

「正光後，四方多事，加以水旱，國用不足。預折天下六年租調而徵之，百姓怨苦，民不堪命……爾後寇賊轉衆。」

時在孝明帝之世，今再看當時情況。魏書（卷八十八）路邕傳：

「路邕……除齊州東魏郡太守，有惠政。靈太后詔曰：……比經年儉，郡內饑饉，羣庶嗷嗷，將就溝壑。」

閻慶胤傳（同書同卷）又云：「爲東秦州敷城太守，在政五年，清勤勵俗，頻年饑饉……。」

魏孝明帝之世，天下所在饑饉，因此盜賊亂世日起。卽六鎭之亂，主要亦由於饑饉之故，魏書（卷八十）侯淵傳云：

「肅宗末年，六鎭饑亂。」已道出六鎭之亂之眞相。至於其他氐羌之作亂，亦多以饑饉故，如北周武帝時，渭源燒當羌之因饑饉作亂。隋書三九豆盧勣傳：「(周)武帝嗣位，……渭源燒當羌因饑饉作亂。……」

隋大業之季，盜賊蠭起，蓋眞達於全民皆盜之狀態。此因煬帝好大喜功，營二都、築長城、造龍舟浮宮，又三伐高麗，役民無已時，百姓不堪賦役頻繁，無以爲生，人類幾已不能自主，尊嚴喪盡，再無禮義可言，爲求存世間，亦爲對此一大壓逼作一反抗，遂相率爲盜賊，一呼萬應，天下百姓遂皆變而爲盜，到處刧掠。據隋書載述其時盜賊作亂之情況，則盜賊之興，十九皆因饑饉。

其時起而爲亂者，多以「饑饉」作煽動。隋書卷六十五王仁恭傳：

「于時天下大亂，百姓饑餒，道路隔絕……其麾下校尉劉武周與仁恭侍婢姦通，恐事泄，將爲亂。每宣言郡中曰：父老妻子凍餒塡溝壑，而王府君閉倉不救百姓，是何理也？以此激怒衆吏民。」

同書卷七十。李密傳：「密復說(翟)讓東郡賊帥，聚黨萬餘人，勢甚大。曰……今東都士庶，中外離心，留守諸官，政令不一。明公親率大衆，直掩興洛倉，發粟以賑窮乏，遠近孰不歸附。百萬之衆，一朝可集，先發制人，此機不可失也。」

或以饑饉以煽動，或以發粟招集兵馬，爲大業之季盜賊作亂最常用之兩政策。隋室之崩潰，亦由於不能善於對付此二政策耳。

作亂者皆因饑饉所致，又可於下引二事中證明之：

「(李)密兵少衣，(王)世充乏食，乃請交易。密初難之。邴元眞等各求私利，遞來勸密，密遂許焉。初，東都絕糧，人歸密者日有數百；至此得食，而降人益少。密方悔而止。」隋書七十李密傳。

「（馮慈明）因謂羣賊曰：時馮氏為李密黨所執，誓死不降服。汝等謂賊衆也本無惡心，因饑饉逐食至此。」隋書卷七十一馮慈明傳

胡身之注通鑑卷一八三大業十二年十月條引革命記之言，尤見盜賊之亂係逼於饑饉。革命記云：

「（李）密投賊帥郝孝德，說之曰：君能用密之策，河朔可指揮而定。孝德曰：本緣饑荒，求活性命，何敢別圖！」

而隋末所在百姓皆饑饉，遂使盜賊相聚者動輒萬數。否則每易爲官軍所破。當時盜賊相聚越數萬者甚多。例如：

「于時天下大亂……盜賊日甚，郡縣多沒……太僕楊義臣捕盜於河北，降賊數十萬。……又越王侗遣太常丞元善達間行賊中，詣江都奏事：稱李密有衆百萬……」隋書六七虞世基傳

「煬帝興遼東之役，百姓騷動。元進自以相表非常，陰有異志，遂聚衆合亡命……三吳苦役者莫不響應，旬月衆至數萬……吳都朱爕、晉陵管崇亦舉兵，有衆七萬。」隋書七十劉元進傳

「東郡賊帥翟讓，聚黨萬餘人……；密復說讓曰：……百萬之衆，一朝可集。」隋書七十李密傳。

「須陁勇決善戰，又長於撫馭，得士卒心……連郝孝德等十餘萬。」隋書七一張須陁傳

「如此之類，見於隋書者甚多，遂使天下百姓皆成盜賊。凡此，皆見天下大亂，本爲役民過甚與飢苦所逼。盜賊爲亂者以萬數，爲官軍殺戮者亦動輒萬數。隋書卷六十五吐萬緒傳：「遼東之役……時劉元進作亂江南，以兵攻潤州……元進出戰，陣未整，緒以騎突之，賊衆遂潰，赴江水而死者數萬。」又卷七十劉元進傳：「元進西屯茅浦，以抗官軍……俱爲世充所殺，其衆悉降，世充阬之於黃亭澗，死者三萬人。」其殘殺之甚，死亡之衆，實所罕見。

因此，百姓根本不能自主，根本顧不得人類自身之尊嚴，而相率爲盜，以血肉之軀去反抗此過分之賦役，於是隋室亦在此血腥彌漫之氣氛下跨台。

但此期間百姓之最大損失不僅是血腥，而是人類之尊嚴！

結語

經過此三百餘年長期分裂長期戰亂，中華民族獲得又一次之大融和，江南經濟文化亦因北人之南渡而得以開發。然而，文化要地洛陽、長安、建康、三吳、鄴等地之凋殘，對書籍、宮殿室屋、河堰堤防等文物之破壞，對學校考試制、錢幣制之摧毀，對百姓之殺戮與苦難等等之破壞性，却又非此僅有之兩點建設性所可比擬。

祇要閉目一想過去此三百餘年之分裂與戰亂，卽恍若已目覩當時百姓長期流亡之淒苦：所有財物盡爲兵燹所毀，鬻賣妻兒，賣身爲奴婢；腥風雨血，積屍滿郊野，敗瓦頹牆，戰火彌漫，四野蕭條，而間雜垂死者之呻吟……。此情此景，遂使人深感戰爭之罪惡，而倍覺和平之可貴。

南北對峙之際，雙方君主實亦已厭於長期兵燹，故遣使議和者亦屢屢，（南齊書七五魏虜列傳：宋明帝末年，與魏和好。同書卷四十八孔稚珪傳：稚珪以虜連歲南侵，征役不息，上表求遣使議和。）奈以彼此偏見難除，互相猜忌，至合作無由耳。（北朝實亦疲於戰爭，如魏孝文帝以大舉南伐為遷都手段，可見北魏人之憚於兵燹。北朝遣使議和者亦屢屢。如北齊高歡（神武帝）時，以戰亂過甚，戶口減半，一再遣口申誠款（北齊書卷二神武紀下）。又如後周武帝天和之際，與齊通好，約言各保境息民，不相侵擾。（周書二九劉雄傳）後周與陳亦嘗和好，南北流寓之士，各許還其舊國（周書四十一庾信傳）。）

就南北朝民族間彼此感情之表現觀之，更見南北士人均長期渴望和平之降臨。通鑑（卷一五七梁武帝大同三年。）云：

「時南北通好，務以俊乂相誇，銜命接客，必盡一時之選，無才地者不得與焉。每梁使至鄴，鄴下爲之傾動，貴勝子弟，盛飾聚觀，禮贈優渥，館門成市。……魏使至建康亦然。」

南北民族融洽與親熱竟至於此，故吾人當相信：「中國之分裂，應不能久也。」（此陳垣先生通鑑胡注表微邊事篇第十五（原書二九五頁）語）

且夫中國亂多治少，長期戰亂，實經濟文化進展之一個阻礙。蓋中國本文化先進之邦，若同化異族以德以義，若開發江南於治平之世，則其成就決不止此。再觀此三百餘年之戰亂之慘痛損害，奈何尚不足以爲來者鑒？

再進而言之，南北長期分裂，互相對峙殺戮，則結果卽使未至兩敗俱傷，然鷸蚌相爭，亦徒利漁人耳。例如北周北齊對峙時，彼此已力竭，則突厥雖本不足懼，然亦視之如虎狼，爭與和親。周書（卷三十三）王慶傳：

「突厥與周和親，許納女爲后。而齊人知之，懼成合從之勢，亦遣使求婚，財饋甚厚，突厥貪其重賂，便許之。」

蠻族本無信義可言，但唯利是視耳。更有者，則爲勾結異族，以攻擊本國人。（如李淵起兵長安，與突厥始畢可汗約曰：「若入長安，民衆土地入唐公，金玉繒帛歸突厥。」始畢大喜。）凡此之類，皆鷸蚌相爭。故云：和平可貴也。

本文承　柳存仁先生悉心審閱，多所指正，謹此致謝。

王夫之先生學術思想繫年

自序

劉茂華

民國二十三年，予撰湘學概論，列周濂溪以下，迄譚嗣同垂百篇，時楊樹達，李肖聃兩教授啟示特多。國立湖南大學同事賓步程教授，爲刊之南强雜志社。後四年，復與楊氏同寓辰谿，以王船山之學，於近三百年來學術思想界貢獻殊大，尤於民族史上發揮極光燦之一葉，宜別爲篇以光大之。世事滄桑，楊氏今已謝世，而斯篇迄未成書；流寓海隅，感喟交迸。去年冬，以論近三百年學術，晉接錢賓四教授，亦敦促以編撰船山年譜，並示予以正蒙注及其與習齋東原二曲之同異；而篋中資料不全，舊稿散佚。乃就公私藏書，重新纂錄，以繫年方式，敘先生七十載之事。良以明之季年，異族入主，學術思想界橫受此一打擊，一時學人，不爲砥礪氣節，即爲誓死抗清；馴至由公開講學，轉爲遯隱著書，此顧黃王顏諸大儒遭遇之艱，而卒以蔚成民族學術史上一大勁旅，以奮乎百世之上。言其影響，則戊戌之政變，辛亥之光復，莫不胚基於是。故清末國粹學報宣揚晚明諸儒，實對當時革命有重大貢獻，當時中國讀書人參與革命，大部份乃晚明學術思想感召之功，譚嗣同劉光第秋瑾陳天華章炳麟黃遵憲劉師培皮錫瑞張元濟其尤著者也。抑更有必知者，清初稱晚明三大儒，爲孫夏峯李二曲黃梨洲；以當時陽明學派猶盛，孫李黃等，皆上承陽明也。而清末革命運動時，所稱晚明三儒，則別指顧亭林黃梨洲王船山三人，尤見其思想影響之大。惟亭林以明統絕祀，異族入主，乃由晚明王學空疏之故；而抨擊宋明理學至力者，南更有潘用微，北且有顏習齋，用微斥理氣之說出自老莊，而以「求仁」之說矯其弊，習齋以讀書靜坐，如飲砒霜，乃倡「習行」之言，以正其失，一時風氣，似有不顧對心性深究之勢。惟船山能顯眞明體，凡所辨詰，動中竅要，其言已越同時諸儒之上矣。

先生著述，綜計凡八十九種，見之於道光時新化鄧顯鶴湘皋所爲之先生書目，及已未刻各書，古今學人著書，殆無此美富，其中經學佔廿五種，幾達全數三之一。鄧顯鶴船山著述目錄云：「清代經師，後先生而起者，無慮百十家，所言皆有根柢，不尙空談，蓋經學至本朝爲極盛，然諸家所著，有據爲新義，輒爲先生所已言者，四庫總目於春秋稗疏曾及之，以余所見，尤非一事，蓋未見其書也。」李元度次青先正事略，亦據此言之。蓋先生之學，發自諸經，其周易外傳最爲重要之作，先生哲學思想，於此可窺其大略；道器之辨，亦見是書繫辭上傳；所謂道者器之道，器者不可謂道之器；無其道則無其器；洪荒無揖讓之道，堯舜無弔伐之道，未有弓矢而無射道，未有車馬而無御道，未有子而無父道，未有弟而無兄道，故無其器則無其道。其說正與亭林「非器則道無所寓」無異；而深言心性，似較梨洲更爲邃密。次諸子之學十八種；次史學五種。至其集部凡四十一種，居全部著述之半；蓋先生身處絕世，秉亡國之痛，憂憤之思，發乎爲文者多也。其爲楚辭通釋，又自著九昭於篇末，劉向王逸而後，惟一眞正「楚聲」「楚語」「楚地」「楚物」之作，蓋傷時逾賈子，處境過靈均，謂爲楚辭之殿，不亦宜乎？文約辭微，志絜行廉，浮游塵埃之外，屈子以下，惟楚一人。他如夕堂永日詩文詞諸選，與五、六、七十自定諸稿，滿懷悲憤，一寓諸篇，蓋其遯跡山陬，時越四十載，由於寄興曠遠，卒以此克享古稀之齡，亦天佑賢人君子，爲不爽耳。余書以名先生學術思想繫年，博采王劉張諸譜，及方志列傳，李略，唐識，梁論，錢史諸書。而尤於民族興亡之怵惕，學術思想之大綱，特所注意。先生斥陸王於蚤歲，棄晦庵於晚年，崇橫渠之正蒙，瓞獨見於來學，先生之道，奮乎百世之上，謂與日月爭光可也。書成，於錢楊李三先生深致感謝。而楊丈已世，愴懷曷已。至於蒐集未全，倉卒纂集，謬誤不免，有道君子，正余缺失，尤爲厚幸也。

中華民國四十九年九月九日劉茂華序於香港。

新亞學報第五卷第一期　三七〇

王夫之先生學術思想繫年　目錄

林因頓水巖數日不得食——瞿式耜殉難愈不可爲——奔竄荒巖棲伏林谷隨地託迹孤憤著書——不肯薙髮

（三）思想蘊結時期　一六五二——一六六二

僑裝傜民所在說易——爛紙廢簿以充文稿——三十七歲作周易外傳、老子衍——三十八歲作黃書——外傳道器之辨——王顧論學相似——先生體用道器之辨猶之習齋東原理氣之辨——顏戴不認理在氣先猶之船山不認道在器外體在用外——先生主觀化漸得其原顏戴似猶未及——四十歲著家世節錄——聞桂王遇害三續悲憤詩百韻——不奉清正朔

（四）潛心著述時期　一六六三——一六八一

四十七歲重訂四書大全說　始授徒——作梅花百韻詩——五十歲成春秋家說——爲五十自定詩稿——五十一歲續春秋左氏傳博議——作洞庭秋詩——五十九歲作雁字詩——深受方以智之砥礪但不逃禪——五十四歲定老子衍舊稿——避吳三桂之召泛宅數載——始著周易大象解——薑齋詩編年稿起己酉終丙辰——五十九歲禮記章句成——拒吳三桂之召入山作祓禊賦——復錄老子衍舊稿——六十一歲著莊子通——爲六十自定詩稿——六十三歲撰相宗絡索

（五）思想轉變著述成就時期　一六八二——一六九二

六十四歲識說文廣義、識噩夢——六十五歲序經義——六十六歲作俟解題辭——所云負天地之至仁以自負其生——壁立萬仞止爭一線——對流俗繩律極嚴，對君子懸格極高——先生與東原絕異與習齋歧趨——先生重修爲而深斥老莊自然反樸——先生論學不脫人文進化之觀點——習齋東原好言禮一汨於習行一

溺於情恕均不如船山——心物人天欲冶一爐與横渠正蒙爲近——六十七歲楚辭通釋成自著九昭——作周易內傳——六十八歲錄憶得詩——兄介之卒——六十九歲著讀通鑑論、宋論——作正蒙注——學近横渠長精思、重力踐——正蒙不出人物生化之理，神氣感應之機——形成天人相繼之妙、與形器相資之用——七十歲撰南窗漫記、七十自定詩稿——七十一歲識小錄成——自題小像——七十二歲評選詩文——作夕堂永日緒論

三、後篇

（一）先生所著書目及說明

（二）後語

（三）本書參考文獻

王夫之先生像　一八六五年金陵局刻

南嶽衡山（南天門）先生隱居其下

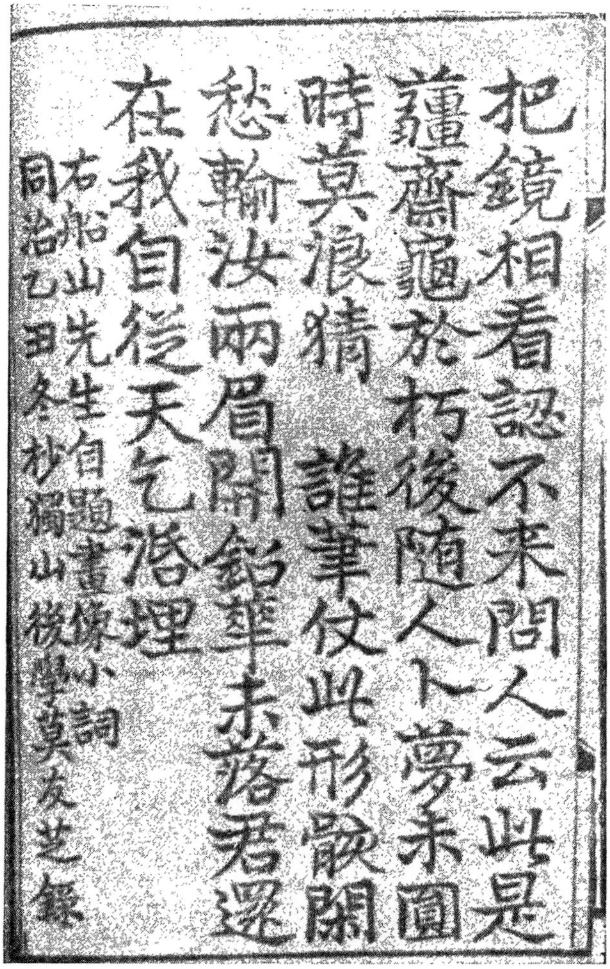

把鏡相看認不來問人云此是
薑齋龜於朽後隨人卜夢未圓
時莫浪猜　誰筆仗此形骸閒
愁輸汝兩眉開鉛華未落君還
在我自從天乞活埋
右船山先生自題畫像小詞
同治乙丑冬杪獨山後學莫友芝錄

王夫之先生自題畫像詞　一八六五年金陵局刻

王夫之先生自撰聯語

鋼齒血中存，留喫爺娘田裏飯。
瞳光天外炯，聊刪魏晉劫前書。

此　先生手書聯語之辭，曾於二十五年前，見之衡陽王氏祠，其時攝有照片。世變遺失，無法製版，以供珍翫。讀其聯而知　先生志節之高，抱負之雄，學養之富，原聯未題年月；細察之，似在瞿式耜殉國，　先生遄返故鄉，遁隱著書，恥食清粟而作。至云刪魏晉劫前書者，以　先生著述，重心在經。先生三十七歲作周易外傳，適瞿氏殉國之後，故云血中存。爺娘飯也。五百之運，不無尼山馬遷之歎！而王弼以老佛言周易，或即先生所欲刪之者歟！　著者校稿時并記

一、叙篇　緒畧

家世——家學——師友——憂患——方以智之學——力闢王學——羅譚之造就——近三百年學術思想史上之影響

王夫之先生，字而農，號薑齋。中歲稱一壺道人，更名壺。（據行述）一號賣薑翁。一號一瓠道人，或一瓠先生，或瓠道人。一號雙髻外史，或檮杌外史。（據王譜）詩古文詞則名曰：「夕堂永日」，人士之贈答者，稱之曰夕堂先生。（據行述）又稱船山老人，船山老農，或船山遺老，船山病叟，學者稱船山先生。（據王譜）晚歲仍用舊名，居於湘西蒸左之石船山，自爲之記。（據行述）先世居揚州高郵，明永樂初，其祖先成，以軍功官衡州衞，遂家於湖南衡陽焉。（據行述）先生以明萬曆四十七年己未九月初一日生。（據行述）清康熙三十一年壬申正月初二日卒。（一六一九——一六九二）年七十四。行述僅稱年七十三，久病喘嗽，而吟誦不輟，次年元旦，尚衣冠，謁家廟。二日清晨起坐不懌。時方辰，正衾甫畢而逝。壽七十四。王譜亦據此。今推算先生之卒，爲清康熙三十一年壬申。

父修侯先生，明萬曆乙卯辛酉兩中副榜。（據王譜）修侯先生少從伍學父先生遊（據行述）。鄒東廓泗山先生，講學於南嶽，遂往受業。（據劉記）伍學父者，諱定相，一字玉鉉，衡州人，與李若愚魏說爲文字友。游講席，得二王羅李之要，博綜天文地紀人官物曲兵農水利之學，皆淹貫。（據劉記）春秋家說自序云：「先徵君武夷府君，早受春秋於西陽楊氏，已乃研心曠目，歷年有得。」此先生家學自述之顯著者。

仲父牧石先生，名廷聘，字蔚仲。家世節錄云：「仲父牧石先生……古詩得建安風骨，近體逼何李而上，深不喜竟陵體詩。」述病枕憶得云：「崇禎甲戌余年十六，始從里中知四聲者問韻，已而受教於叔父牧石先生，知比耦結構。」此牧石先生於先生之詩教也。

石崖先生，字石子，名介之，先生之長兄也。所著周易本義質，春秋四傳質，詩傳合參，春秋家說補，詩經尊序。（據李略等）其春秋四傳質自序云：「余家世葩經，先君徙業，其於先師所傳，亦既別有手疏矣。而時取先賢傳注所未及者，進余兄弟而提命之。余兄弟是以有家說正續之述。」蓋先生昆季，紬繹家學，更相砥礪，於此可見也。二兄磎齋先生名參之，號磎齋，遇亂以疾早卒。（據劉記，王譜）

先生於提學舉主：王僉事志堅，水侍御佳胤，王中丞永祚，高提學世泰，蔡比部鳳，歐陽黃門霖，郭給諫之祥，孫侍郎承澤，凡八人。（據羅記）其中崐山王志堅弱生，詩文法唐宋，於經，先箋疏而後辯論；於史，先證據而後發明。其於內典，亦深辨性相之宗。明史文苑傳先生治學方法，頗與相同，或卽受其影響者。此先生師承之重要者也。而無錫高世泰，字彙旃。崇禎中督學湖廣，究心經史，崇尚理學，博徵名儒，讀書於濂溪書院。以名節相砥礪，著有三楚文獻錄。據湖南通志名宦傳先生自序龍源夜話謂：高先生評夫之時藝云：「忠肝義膽，情見于詞。」蓮峯志名遊門云：「近之遊者，有吾師高彙旃先生世泰。」南窗漫記云：『高彙旃先生選士於濂溪書院，課習之，省試後，慰諸不第者以詩；其一聯云：「鳥自嚶喬木，魚無羨武昌。」敦友誼，薄榮名，人師之語也。』漫記乃先生晚年之作，猶拳拳追念如此。則先生篤於師友之情，又可見矣。歐陽霖，初名介。自王志堅以下八人，皆於先生早期之學問，關係綦重者。此先生早期受業問道之要也。

當張獻忠陷衡州招先生也，執修侯先生爲之質，先生引刀自刺舁請易父，因而得脫。時年二十五。（據行述、潘傳）清師下湖南，先生與管嗣裘等舉兵衡山，兵敗入肇慶。（據王譜）以劾王化澄幾致死。桂林既陷，瞿式耜殉難，於是先生決計歸隱，著書傳世，時先生年僅三十三耳。自三十三至七十四，其間亘四十年之久，以息影林泉之忠肝，爲民族正氣之延續。此時期交往之羣賢，若瞿式耜，嚴起恆，金堡，劉湘客，蒙正發，管嗣裘，董雲驤，皆生死患難之誼。讀先生所著永曆實錄，搔首問諸書，爲之慨然。又有桐城方以智密之，以文章望重天下，薄禮部尚書東閣大學士而不爲，且舍妻別子以逃禪。先生南窗漫記云：「方密之閣學，逃禪潔己，屢招余將有所授，誦人各有心之詩以答之。意乃愈迫，書示吉水劉安禮詩以寓從臾之至，余終不能從，而不忍忘其繾綣。」又四庫提要云：「明之中葉，以博洽著者稱楊愼，……次則焦竑亦喜攷證，……惟以智崛起崇禎中，攷據精刻，迥出其上。風氣既開，國初顧炎武閻若璩朱彝尊沿波而起，始一掃懸揣之空談。……」先生竄身傜蠻，絕跡人間，得友博洽如以智，雖逃禪無心，然蓋益足成其閎達矣。此於先生學問末期影響之至大者也。

湖南自濂溪倡道，歷宋元迄晚明，先生以漢儒門戶，登宋人堂奧，而治關洛爲一爐，不蹈晚明空疏；流風所被，羅羅山振其餘緒，衍爲「友生患難」之業。終復光燦於瀏陽譚氏，爲民族精神垂正統。則先生學術影響之深切著明者，正如梁任公所云：夫之著書，不落「習氣」，不「守一先生之言」。錢穆氏曰：『明末諸老，究心理學者，浙有梨洲，湘有船山，皆卓然爲大家，然梨洲貢獻在學案，而所創獲者不大；船山則理趣甚深，持論甚卓，不徒近三百年所未有，卽列之宋明諸儒，其博大閎括，幽微精警，蓋無多讓。蓋先生不獨爲近三百年中國學術思想史上一大家，而其劬學勵志，苦心焦思，以與窮困搏鬥達四十載而不動搖其志節者，實乃民族歷史上繼往開來之一偉大人物；故唐鑑謂其：「流連顛沛而不違其仁，險阻艱難而不失其正」。「身足以礪金石，」「言足以名山川」。「先生之道，可以奮乎百世矣」。』讀先生書，想見其爲人也。

二、本篇　繫年考畧

（一）鄉試以前時期　一六一九——一六四三

家學淵源——致力經學——受知王高——旁涉江山險要——毀身救父——結交章蔡

先生一歲

萬曆四十七年（一六一九）己未九月初一日子時（陽曆十月十七日）生於湖南衡陽。（據行述）

先世江蘇揚州高郵人「十一世祖仲一，從明太祖定天下，以功授千戶生，輕車公成，永樂初以功爲衡州衛指揮同知，遂籍於衡陽。」（據行述）

父朝聘，字逸生，一字修侯，以明天啟辛酉副榜，授廸功郎，棄官隱居。受學於邑大儒伍學父先生定相，究極天性物理，以武夷爲朱子會心之地，志遊焉，以題書壁，學者稱武夷先生。母譚氏。據行述。張譜謂據王譜而王譜成於光緒十八年壬辰，較晚出。仍據行述。

按：羅記云：『學父先生爲武夷先生業師，……丙寅天啟六年，先生時年八歲，已入塾讀書。漫記云：「幼曾見其詩」。則必常晉謁先生，傳受家學，鄧氏謂伍氏爲船山之學所本，固自不誣。』劉記云：『伍氏早歲喜吟詠，因選漢魏以來十一代詩文各成一部，爲詩文二壘。嘗謂詩文古今未有合一者，合詩於文則不宜理，合文於詩，則詩不達情。以貢入南雍間，盱衡中土，見廟謨顛倒，上安民定亂十三策，奉旨存部。天啟三年疾革，（疑為天啓六年之誤因武夷先生行狀言之）呼修侯先生曰：「丈夫不死于婦人之手，子丈夫也，吾死子手矣。」遂逝。著有風雅集。劉繼莊曰（劉記自稱）伍學父疾革時，獨呼修侯先生而託死焉。……王氏父子末年行徑，果丈夫也，則學父爲知人矣。』沅湘耆舊集因指此爲船山之學所由本也。

修侯先生，既得學父先生之學，又從鄒東廓泗山先生受業於南岳。（據劉記）春秋家說自序云：「先徵君武夷府君，早受春秋於西陽楊氏，已乃研心曠目，歷年有得。」

先生出生，父年五十，母年四十三，其時容城孫奇逢先生三十六，餘姚黃梨洲先生年十歲。崐山顧亭林先生年七歲。

按：同治四年曾刻本船山遺書，王敔薑齋公行述「王父徵君諱朝聘，字修侯，以天啟辛酉副榜，授廸功郎。……學者稱武夷先生。」而王譜：「父徵君公諱朝聘，萬曆乙卯辛酉兩中副榜。字逸生，一字修侯。」查神宗萬曆，有乙卯無辛酉，而辛酉爲明熹宗天啟元年。則行述所稱天啟辛酉中副榜者，似合。行述出自王敔手筆，修侯先生果兩次中副榜，其孫豈有未聞？上引王譜云云，姑存誌疑。

仲父廷聘，字蔚仲，學者稱爲牧石先生。牧石先生文學修養頗深，尤工於詩。先生詩文，早歲受仲父牧石先生家學影響，成就至距。見本書叙篇仲父牧石先生節。

兄二，長兄介之，字石子，一字石崖，號耐園，學者稱爲石崖先生。明亡隱居不出，經學湛深，著有周易本義質，春秋四傳質，詩傳合參，春秋家說補，詩經尊序。（據李略，唐識，羅記，張譜。）先先生卒。先生爲撰傳略，其門人李樸大撰墓誌銘。稱貞獻先生。（據唐識）。二兄參之，字立三，一字叔稽，號磈齋。（據王譜）參之先歿，性至孝，爲文婉折有風度。（據劉記）

先生二歲

明萬曆四十八年庚申（一六二零）八月明光宗（泰昌）即位，九月明熹宗（天啟）即位。

先生三歲

明天啟元年辛酉（一六二一），父朝聘武夷先生中副榜。（據行述）

先生四歲

明天啟二年壬戌（一六二二），與二兄參之入塾，從長兄介之讀。（據張譜）

先生七歲

明天啟五年乙丑（一六二五），從長兄介之讀，畢十三經，鄉前輩驚爲神童。（據王譜）

先生八歲

明天啟六年丙寅（一六二六）。攷武夷先生行狀云：「歲丙寅大疫學父先生染疾不起，先君子日夕不離牀榻，執手以待暝。」羅記謂先生八歲已入塾讀書。

先生十歲

明崇禎元年戊辰（一六二八），從父讀五經經義。（據張譜）奠定哲學思想與史學之基礎。是年李二曲年二歲，顧亭林年十六歲。

先生十二歲

明崇禎三年庚午（一六三零），先生以家學淵源，詩古文辭基礎已立，石崖先生為當時名經師，易春秋，造詣極深。先生雖生南荒，聞道已先。是年黃梨洲年已廿一歲。

先生十四歲

明崇禎五年壬申（一六三二）。湖廣學政岷山王聞修（志堅），拔先生入衡州深造，於州學專心鑽研二年。盡讀州學所藏書。其時寧波水佳胤（向若）及岷山王永祚（澄川）等，莫不鑒識首拔。（據行述）

先生十六歲

明崇禎七年甲戌（一六三四）學韻語，致力於四聲音韻之學，及詩經，離騷，漢魏樂府，晉宋齊梁陳與唐人詩集。

十六而學韻語，閱古今人所作詩不下十萬首。（據夕堂永日緒論）

明天啟間，世亂日亟，滿人興於東北，而內亂蜂起，先生始從事民族政治兵形之學問，尤精輿地險要及民情風土。於歷代典章制度，經濟沿革，均已瞭如指掌。

先生十九歲

明崇禎十年丁丑（一六三七），明末內憂外患，交相逼迫，志士仁人，多關懷家國。先生自少喜從人問四方事，及江山險要，士馬食貨，皆極意研究。（據行述）是年顏習齋三歲。

先生廿一歲

明崇禎十二年己卯（一六三九）。述病枕憶得云：己卯年有匡社初集，呈郭季林，管冶仲，文小勇一首。時貴池吳應箕（次尾）組匡社，先生與郭鳳躚（季林），管嗣裘（冶仲）文之勇（小勇）參加。其後匡社併於應社，再併於復社。後二年春，先生構瀟濤園，種竹雜植花卉。

先生廿四歲

明崇禎十五年壬午（一六四二），與兄介之赴鄂，應崇禎壬午科湖廣鄉試，俱獲雋焉。（據潘傳）。先生以春秋第一中試第五名。大主考爲太史吉水郭之祥。副主考爲諫議大興孫承澤。房師爲安福歐陽方然（介）。

按：先生明崇禎壬午鄉試「以春秋魁」（據行述），得舉人，堪爲其早年精治春秋之證。其長兄石崖先生以經學世家。尤精周易，詩，春秋之學。則先生師承極爲明確。而先生所作武夷先生行狀云：「先君少從鄉大儒伍學父先生定相受業，中問道鄒泗山先生，承東廓之傳，以眞知實踐爲學，……所學于學父先生者，天人理數財賦兵戎，罔不貫洽。」又春秋家說自序云：「先徵君武夷府君，早受春秋於西陽楊氏，已乃研心曠目，歷年有得。……歲在丙戌，大運傾覆。府君於時，春秋七十有七，悲天憫道，誓將謝世。乃呼夫之而命之，夫之受命怵惕發憤，執經而進，叙問其所未知；府君更端博說，浚其已淺，疏其過淺。折其同三傳之未廣，詰其異三傳之未安，始于元年統天之非，終于獲麟瑞應之誕。」先生于家學自述之顯著又如此。又家世節錄云：「仲父牧石先生……古詩得建安風骨，近體逼何李而上，深不喜竟陵體詩。」又述病枕憶得云：「明崇禎甲戌，余年十六，始從里中知四聲者問韻，已而受教于叔父牧石先生，知比耦結構。」則先生詩學之淵源亦明。咸同時，鄒漢勛斅藝齋文存與同時鄧湘臯學博書云：「春秋家說上有評語，玩其語趣，似是石崖。」則先生昆季，紬繹家學，更相砥礪，于此可見。又王志堅，王永祚，水佳胤，高世泰等，皆一時名彥。而桐城方以智以考證實測之學鳴天下，於先生啟廸更多。梁任公清代學術概論言：「先生生於南荒，學無所師承」者，或一時缺漏。

是年十一月，自武昌返衡。父命與兄同赴公車北上。（據王譜）時李自成陷河南汝甯開封。進逼湖北襄陽，分兵荊州。張獻忠由潛山入蘄水。先生昆季既至南昌，道梗。歐陽先生諭以歸養。（據行述）

當武昌鄉試時，華亭章曠于野，江門蔡道憲元白，是科俱爲分考。時國勢日偪，出場後，遂與章、蔡引爲知己。以志節相砥礪。（據行述），嗣有章、蔡，二公時窮殉難之烈。

按，「明史列傳，蔡道憲，字元白，晉江人，崇禎十年進士，爲長沙推官。張獻忠陷長沙，被執，大罵不降，賊磔之，死。」而武夷先生行狀云：「華亭章公諱曠，江門蔡公諱道憲，是時俱爲分攷，國勢漸不可支。出場後引爲知己。」余嘗過長沙南城外蔡公墳（今名其衢曰蔡公墳），父老習聞蔡公死事之慘。惟晉江未聞別稱江門，當從明史本傳。

先生廿五歲

明崇禎十六年癸未（一六四三），先生與兄因兵亂自贛返衡。是年春，初刻漧濤園詩集（據述病枕憶得）三月張獻忠破黃州，五月入武昌，八月破岳州，長沙，十月入衡州。執先生父武夷先生爲質，求先生及兄介之。其時紳士降者，受其官。否則縛赴水死。先生匿南嶽雙髻峯下，乃自刺肢體創甚。（據潘傳）傳藥，舁至至賊所賊不能屈，得免於難。（據行述），父子俱得脫。復走匿雙髻峯下。（據潘傳）

按：漧濤園詩初刻，據先生述病枕憶得云：「癸未春，有漧濤園初刻……亂後失其鋟本」蓋少時所作詩也。

（二）顚沛流亡時期　一六四四——一六五一

崇禎殉國絕食數日作悲憤詩百韻——匿居南嶽雙髻峯——南明之亡續悲憤詩百韻——起義反清——唐王被執二續悲憤詩百韻——清兵索購逃避湘鄉——父喪——精研周易——反清戰敗奔赴行在——清兵逼桂林困頓水巖數日不得食——瞿式耜殉難愈不可爲——奔竄荒巖棲伏林谷隨地託迹孤憤著書——不肯薙髮

先生廿六歲

明崇禎十七年 清順治元年 甲申（一六四四）三月十七日，李自成破北京，四月廿三日吳三桂降清，入關攻李，五月初一佔北京。五月先生始聞崇禎殉國之變，悲憤不食者數日，作悲憤詩一百韻，吟已輒哭。（據行述）福王朱由崧立於南京，明年爲宏光元年。先生築續夢庵于黑沙潭，雙髻峯中。（據張譜）是年黃梨洲三十五歲，顧亭林三十二歲，顏習齋十歲。

先生廿七歲

明宏光元年、明隆武元年、清順治二年乙酉（一六四五）五月，清兵破南京取蕪湖。明總兵田雄劫福王降。至太平遇害。南明僅一年而亡。先生聞變，續悲憤詩一百韻。（據行述、張譜）

是時清兵逼浙閩贛湘。先生堅強抗拒，移父居永興，與志士揭舉反清義旗。故行述云：「乙酉以還，走入永興，將入傜洞，以徵君病不能往。」浙江擁立魯王，福建擁立唐王，唐王年號隆武。因魯王唐王未能團結而敗。其時湘屯有何騰蛟（雲從）十三鎮軍隊，堵胤錫（仲緘）在鄂握有大軍。李自成戰死鄂之通城九宮山，餘衆廿萬號忠貞營。張獻忠在川。先生謀力量集中救國，乃至湘陰謁鄂撫章曠，請調和閩浙意見；主聯李部東向贛，撫張部西向秦，分制清兵南下。惜章氏不納，退至故鄉衡耒之間，與管嗣裘另圖良策。故潘傳云：『明藩有稱隆武年號者，使其督師何騰蛟，屯兵湖南，制相堵胤錫屯湖北，楚省兵燹塞野，加以大旱，赤地千里，而逆闖李自成既斃於九宮山，餘黨降者，號爲忠貞營，蹂躪潛漢，有岌業之勢。堵何兩公措置無術，而又不相能，先生憂其將敗，亟走湘陰，上書於司馬章曠，指畫兵食，請調和南北，以防潰變。章司馬報曰：「本無異同，不必過慮」。先生默而退』。

按：何騰蛟黎平衛人，字雲從，天啟舉人，官湖廣巡撫，左良玉興師東下，不與俱，遂走長沙，招降李自成餘衆。督師謀復國，唐王封爲定興伯。桂王立，爲武英殿大學士。殉難。謚文烈。

先生廿八歲

明隆武二年 清順治三年 丙戌（一六四六），先生居續夢庵，始有志於讀易。受父命編春秋家說。於易，受父兄之業，殫精竭力，爲有系統之研究，於是注周易及撰蓮峯志（據王譜、張譜）

是年八月，清兵入汀州，唐王被執，先生聞訊，再續悲憤詩一百韻。（據行述、張譜）

作桃花絕句數十首。今佚。（據王譜）

先生廿九歲

明永曆元年 清順治四年 丁亥（一六四七），南明唐王一年而滅，桂王至湖南武岡，先生因彌月大雨，困車架山，不果至武岡，而清兵已克衡州，乃與夏汝弼避購索于湘鄉山中，借書遣日。冬十有一月武夷先生卒。年七十有八。（據張譜）行述云：「永曆元年丁亥，今皇清順治四年，是歲冬十有一月王父徵君棄世。」

先生卅歲

明永曆二年 清順治五年 戊子（一六四八）春，居續夢庵，講求易理（據王譜）。桂王由南寧奔肇慶。十月先生與管嗣裘舉兵衡山，戰敗，走行在。堵胤錫薦先生爲翰院庶吉士。先生告之吏部尙書晏清，請終制，得旨覆允。（據王譜）行述則稱瞿公式耜疏薦之。或係翌年之事。

按：清人以洪承疇招撫江南。使吳三桂、耿精忠長驅西南，陷湖廣粵桂黔滇，遺臣瞿（式耜）丁（魁楚）何（騰蛟）王（大澄）嚴（起恆）呂（大器）以及李自成部下之李赤心，高必正（一功）等紛樹反清旗幟，擁桂王監國于肇慶。年號永曆，西南志士，奮袂而起者，於湘、贛、兩粵、黔、滇，支持抗清戰事，前後十六年之久。

是年七月廿六日大興劉獻廷繼莊生。（見王源撰劉處士墓表）

先生卅一歲

明永曆三年 清順治六年 己丑（一六四九）時衡州風聲鶴唳，土人良莠不齊，竟欲危害先生，適先生自桂返衡侍母，幾遭不測，家中被暴民洗劫，書稿損失甚巨，買薇稿與焉，母促復赴肇慶。（據張譜）瞿式耜留桂林，特章引薦，又疏請終喪。得旨云：「具見孝思，足徵恬品，著服闋另議。」（據行述）是年黃梨洲卅四歲。

按：先生詩：述病枕憶得：「戊子後亥所作爲買薇集。」故此集亦少時之作也。王譜云：漧濤、買薇二集佚。

先生卅二歲

明永曆四年 清順治七年 庚寅（一六五零），母命入肇慶，至梧州就行人司行人介子之職。時內閣姦魁、王化澄，悍帥陳邦傳，內豎夏國祥，致肇慶綱紀大壞，而瞿式耜，嚴起恆以及金堡、丁時魁，劉湘客，袁彭年，蒙正發等則志在振刷，王化澄等圖害忠良。目金堡以下五人爲五虎。繫獄，將置之死。先生參化澄誤國。化澄必欲殺之。（據行述、潘傳）。會李自成降將，高必正慕義營救。得脫。（據行述、潘傳）先是攸縣狂人某，作梅花惡詩冒先生名爲之序。化澄于是欲擠先生死。先生憤激嘔心，移病求去。返桂林依瞿式耜。聞母病，八月間道返衡。至則母歿（據潘傳）。清兵逼桂林，先生走永福，冬寒困頓永福水岩。數日不得食。（據張譜）其後瞿式耜殉節

桂林。嚴起恆於南寧爲孫可望所害。先生知事愈不可爲。決計林泉矣。（據潘傳）

先生卅三歲

明永曆五年 清順治八年 辛卯（一六五一），知南明大勢已去，三湘兩粵死義殉節之士，項背相繼，而先生既丁內外艱，孤憤耿耿，尤難自已。故潘氏謂其「奔竄荒嚴絕徼間。」「隱而著書，其志有足悲者。」（據潘傳）「嗣是棲伏林谷，隨地託迹，以至於歿。」（據錢史）。而清廷「留髮不留頭，留頭不留髮」諭旨下，先生既秉民族大義，誓死反抗，始終不肯薙髮。乃變名易服，深入浯溪（祁陽）郴州間，與傜人雜居，以避邏者。

（三）思想蘊結時期　一六五二——一六六二

僑裝傜民所在說易——爛紙廢簿以充文稿——三十七歲作周易外傳、老子衍——三十八歲作黃書——外傳道器之辨——王顧論學相似——先生體用道器之辨猶之習齋東原理氣之辨——顏戴不認理在氣先猶之船山不認道在器外體在用外——先生主觀化漸得其原顏戴似猶未及——四十歲著家世節錄——聞桂王遇害三續悲憤詩百韻——不奉清正朔

先生卅四歲

明永曆六年 清順治九年 壬辰（一六五二），徙居南嶽耶薑山，地跨衡陽祁陽邵陽三縣。孫可望劫桂王于安隆所招先生。不往。（據潘傳、張譜）

先生卅五歲

明永曆七年 清順治十年 癸巳（一六五三）清兵初定西南，時虞反側，知識人士，不能安居。潘傳云：「先生遂浪遊浯溪、郴州、晉寧、漣邵之間。」

先生卅六歲

明永曆八年 清順治十一年 甲午（一六五四），是年秋，避兵永州縣北，釣竹源雲臺山等處。冬徙常寧西南鄉小祇園側西莊源。仍變名爲傜人。（據王譜）。爲常人說易、春秋。（據張譜）羅記云：「先生隱常寗之西莊源，爲傜人。食飲皆王文儼供贍之。」文儼，常寗人。見沅湘耆舊集。王國甲詩注。

先生卅七歲

明永曆九年 清順治十二年 乙未（一六五五），幾年來，轉輾遷徙，艱苦異常，拾爛紙帳簿，以充文稿。是年春，至興寧（資興）山中，寓僧寺。爲從遊者講春秋。始作周易外傳。故王譜云：「先生卅七歲，始作周易外傳。」又先生周易內傳發例跋云：「乙未于山中始爲外傳。」則外傳始作于是時。「乃先生重要著作之一，凡先生哲學思想，於此可見其大略。」（據張譜）。八月老子衍成。（據王譜）但此書直至五十四歲壬子始成定稿。

周易外傳卷五繫辭上傳：

「天下惟器而已矣，道者器之道，器者不可謂之道之器也，無其道則無其器，人類能言之，雖然，苟有其器矣，奚患無道哉。……無其器則無其道，人鮮能言之，而固其誠然者也，洪荒無揖讓之道，堯舜無弔伐之道，漢唐無今日之道。則今日無他年之道者多矣，未有弓矢而無射道，未有車馬而無御道，未有牢醴璧幣鐘磬管弦而無禮樂之道，則未有子而無父道，未有弟而無兄道。道之可有而且無者多矣。故無其器則無其道，誠然之言也，而人特未之察耳。故古之聖人，能治器而不能治道。」

錢穆氏曰：『顧亭林日知錄卷一：「形而下者謂之器」條，亦謂非器則道無所寓，與船山持論略同。兩家均極斥晚明王學流弊，其論學出發點，亦頗相近也。』（據錢史）

周易外傳卷二大有：

「天下之用，皆其有者也。吾從其用而知其體之有，豈待疑哉？用有以爲功效，體有以爲性情。體用胥有而相需以實。」

「……故善言道者，由用以得體，不善言道者，妄立一體而消用以從之。人生而靜以上，既非彼所得見矣，偶乘其聰明之變，施丹堊於空虛，而强命之曰體。聰明給於所求，測萬物而得其影響，則亦可以消歸其用而無餘。其邪說自此始矣。則何如求之感而遂通者，日觀化而漸得其原也。故執孫子而問其祖考，則本支不亂。過宗廟丘墟，而孫子之名氏其有能億中之者哉，此亦言道者之大辨也。」上引周易外傳卷五，及卷二各辭，錢氏以前者爲船山之「惟器論」。後者爲船山之「惟用論」。且曰：船山體用道器之辨，猶之此後習齋東原諸人理氣之辨也。顏戴不認理在氣先，猶之船山不認道在器外，體在用外。要之則皆爲虛實之辨而已，惟船山主觀化而漸得其原，其論尤精。後此焦理堂孟子正義頗見及此，顏戴似猶未及也。（據錢史）。錢氏於三百載下體認先生哲理最精。

先生卅八歲

明永曆十年 清順治十三年 丙申（一六五六）居西莊源，三月黃書成。據是書後序有「歲德在丙」之語。

按：黃書後序又言：「民之初生，自紀其羣，遠其害沴，擯其□□（四夷），統建維君，故仁以自愛其類，義以自制其倫，強幹自輔，所以凝黃中之絪蘊也。今族類之不能自固，而何他仁義之云云也哉？」所謂黃者，其意可知。又設爲客問云：「賢哲制未亂，庸愚謀已然，立說之大凡也；今子所撰（指黃書）陳於數十年之前，可以救而保其堅；方玆陸沉，□□（明祀）勿其斬焉，過述先事之失，爲期已愆。……」答曰：「大命以淪，於是哀其所敗，原其所劇，……故哀怨繁心，於邑塡膈，矯其所自矢。」是黃書之作，乃悲憤於懷，痛論晚明存亡得失之機耳。

先生三十九歲

明永曆十一年 清順治十四年 丁酉（一六五七），至小雲山訪劉近魯（據張譜）。

按：羅正鈞船山師友記卷九，先生還山同志之友十一人中，有劉近魯。沅湘耆舊集云：劉近魯，字庶元，衡陽人。游小雲山記云：「予自甲辰始遊，嗣後歲一登之不倦。友人劉近魯居其下，有高閣藏書六千餘卷。」夏自西莊源徙回衡陽居蓮花峯下續夢庵。（據張譜）又按：上引甲辰始遊　似爲「壬辰」或「甲午」之誤。查先生三十四爲壬辰，三十六爲甲午，始符「嗣後歲一登之」之語。

先生四十歲

明永曆十二年 清順治十五年 戊戌（一六五八）九月家世節錄成。（據張譜）

先生四十一歲

明永曆十三年 清順治十六年 己亥（一六五九）二月，明桂王奔緬甸（據王譜及張譜）。是年劉獻廷十二歲，黃梨洲五十歲。

先生四十二歲

明永曆十四年 清順治十七年 庚子（一六六〇），徙居湘西金蘭鄉高節里卜築茱萸塘。造小室名曰敗葉廬。始徙居。（據張譜）

按：張譜稱湘西金蘭鄉者，指衡陽湘江西岸金蘭鄉。

先生四十三歲

明永曆十五年 清順治十八年 辛丑（一六六一）。吳三桂窮追桂王至緬甸，迫緬王獻出桂王，遂被執。（據王譜）作哀管生永叙詩一首。按管生爲管嗣裘子。先生是年以前，即已授徒。（據羅記）作落花詩一卷，曾刻本又題夕堂戲墨卷一。正落花詩十首作于庚子。續落花詩三十首，廣落花詩卅首，詠落花詩卅首，落花諢體十首，補落花詩九首，成于辛丑。（據張譜）

先生四十四歲

清康熙元年壬寅（一六六二）四月初八日，吳三桂弒桂王於昆明，李定國，李來亨，白文選等先後殉國。潘傳云：「壬寅聞緬甸之變，明之藩封庶孽，稱監國假位號者，於是乎殄盡」。

先生居敗葉廬聞耗，悲痛已極。三續悲憤詩一百韻。（據行述、張譜）

按：王譜云：悲憤詩一卷佚。此已四續矣。先生所著永曆實錄終於永曆十六年，書成于四十五歲以後，其不奉清正朔至明。詳見下。

（四）潛心著述時期　一六六三——一六八一

四十七歲重訂四書大全說　始授徒——作梅花百韻詩——五十歲成春秋家說——爲五十自定詩稿——五十一歲續春秋左氏傳博議——作洞庭秋詩——五十九歲作雁字詩——深受方以智之砥礪但不逃禪——五十四歲定老子衍舊稿——避吳三桂之召泛宅數載——始著周易大象解——薑齋詩編年稿起己酉終丙辰——五十九歲禮記章句成——拒吳三桂之召入山作祓禊賦——復錄老子衍舊稿——六十一歲著莊子通——爲六十自定詩稿——六十三撰相宗絡索

先生四十五歲

清康熙二年癸卯（一六六三）居敗葉廬。

永曆實錄二十六卷，其第十六卷已佚，王譜云：卷十六佚。曾刻本目錄云：十六卷未見，語殊含混。是書卷一，大行皇帝紀，終于永曆十六年，則此書之成，當在四十五歲之後。先生不奉清正朔，於此可見。王譜注桂王年號于清年號之下　尚不失先生之意。惟止於永曆十五年，不盡合耳。

作遣興詩一卷。曾刻本又稱夕堂戲墨卷二，遣興詩卅首，廣遣興詩卅首，幷成于癸卯。（據張譜）

先生四十六歲

清康熙三年甲辰（一六六四），遠近慕道之士，紛請來學。羅記云：「先生四十三歲以前已授徒」。又所述門人十四人，皆此時。

先生四十七歲

清康熙四年乙巳（一六六五），居敗葉廬。重訂「讀書說」（據王譜）「讀書說卽讀四書大全說之省文。其始輯在何年俟考」（據劉譜）

是書卷一云：「愚于周易，尙書傳義中，說生初有天命，向後日皆有天命」。

卷六云：「釋氏輪迴之說，原不如此，詳見愚所著周易外傳。」

卷七云：『尙書「舊云刻子」一段，分明說得有原委，愚於尙書引義中辨之詳矣。』

卷八云：「性道心也，情人心也；惻隱羞惡辭讓是非道心也，喜怒哀樂人心也。」小注云：「其義詳尙書引義」是此書明作于周易、尙書傳義後。而據四書稗疏考異成于詩稗疏考異之後，則先生致力於詩者，又似早於四書。以思想轉變之迹言之，則禮記章句于大學中庸猶守朱子之說；而是書說大學之中，于朱子之說頗有商量。他處亦多舍朱而從張者，則又有再晚于禮記章句之痕跡。至禮注成于先生年五十七之時，則是書是否于四十七時早已作成，又加重訂之功，固屬疑問也。（據張譜）。

作和梅花百詠詩一卷。是書曾刻本又題夕堂戲墨卷三。全卷和梅花詩外有追和王百穀梅花絕句十首，抖成于乙巳。沅湘耆舊集小傳謂：其曰夕堂戲墨者，卽柳岸梅花兩集所刪存也。其曰船山鼓棹者，詩餘也。鄧氏所見夕

堂戲墨如此。（據張譜）

先生四十八歲

清康熙五年丙午（一六六六）唐端笏來遊先生門下。（據張譜）。

羅正鈞船山師友記卷十三述先生門人：管永敘，羅仲宣瑄，章載謀有謨，唐如心克恕，唐古遺端典，唐須竹端笏，戴文學日煥，蕭文學子石，王灝，蒙之鴻，曾廣文旵，曾學博萬芳，劉永治，劉存孺等凡十四人。管永敘爲管嗣裘子。先生五十自定稿，辛丑年有哀管生永敘一首。羅瑄爲羅從義子。據寶慶府志，遷客、王夫之傳，先生居邵陽中鄉；主羅從義家最久，教其子瑄成名宿。章有謨，字載謀，爲章曠次子，乙卯由粵西還華亭，道阻不及歸，遂與唐端笏同遊先生門下，受所注禮記。五年歸，名其齋曰景船，著禮記說約卅卷。今佚。景船齋雜記二卷。今存。（景船齋雜記序）唐如心字克恕衡陽諸生，爲唐欽文從兄弟，從先生遊十餘載，常自號一竿生，著有：竹閣編嶽行草，龍潭定舊，及續小學廣輿記，家範諸書。（一竿生詩小傳）行狀云：「敔子一箔，聘文學唐克恕女。」亦先生懿親也。唐端典字古遺；唐端笏，字須竹；幷唐欽文子。沅湘耆舊集小傳云：須竹一字躬園，衡陽人。明季諸生。性至孝，父母有疾，侍醫藥，終夜不解帶。親終，附身附棺，纖毫不苟。以此見重於王夫之。嘗得白沙集定山集，傳習錄，讀之而嗜。迎夫之住駁閣巖，爲剖析源流，知後來心學之謬。夫之示以思問錄內外編，周易內外傳。其名屢見船山集中，蓋船山受業弟子中所倚爲奔走後先者也。夫之歿，築室山中以終，所著有慚說，悔說。先生逸詩視躬園百韻跋云：「從王船山先生遊廿餘載，著有讀史要言，十三經解共二百餘卷，惜爲兵火所焚，十失其九。」此跋爲後人補述。則須竹眞傳先生之學者。據先生逸文唐𦎟臣墓志，須竹以康熙五年丙午見先生，至先生壬申之歿，則從遊于先生，凡廿六年也。戴日煥，字晉元，衡山諸生。通五經及諸子，尤邃於易，後遊船山之門（沅湘耆舊集）。蕭子石，以字行，衡陽諸生。嘗遊王夫之，鄒統魯，李國相之門。求性理宗旨。著有戴記說，杏園詩集。（衡陽縣志），蒙之鴻，衡山歲貢，父正發，崇陽人，之鴻從先生遊，所造頗深。著有遺心集詩稿。（湖南通志流寓）莊子解，先生子敔增注逍遙遊引有：之鴻說一條，則于莊子造詣亦深也。王灝，衡陽附貢生（衡陽縣志）莊子解，先生子敔刻本卷首有門人王灝序。曾岊，字垤耶；曾萬芳，字蕃祉；邵陽人。（寶慶府志），劉永治，邵陽人。（武夷先生行狀）劉存孺爵里無考。（鼓棹集），先生晚年，詩集中稱諸子者屢見，惜皆無由得其姓名也。

先生五十歲

清康熙七年戊申（一六六八）居敗葉廬秋七月成春秋家說，望日壬子爲之序。春秋世論成。王譜先生年二十八歲，父命編春秋家說。又先生五十歲秋七月成春秋家說三卷。序云：「迄今廿二載，夫之行年五十　悼手口之澤空存，念蟪蛄之生無幾，恐將失墜，敬加詮次。」故此書經始甚早，至五十之年始詮次而序之，其好學深思，不苟如此。

春秋世論五卷，王譜以是書繫先生五十歲之下幷云：『春秋世論序：「著雝涒灘之歲相月望日壬子，湘西草堂王夫之序」以草堂成於乙卯，本年戊申，不應有湘西草堂之名。著雝涒灘四字，傳寫必有譌誤。無從訂正，姑附於此。』是書究作於何年，張譜亦謂尚有疑問。古人著書亦有書成之時，而未序。而序書之時則在書成後之乙卯，因列湘西草堂之名耳。先生讀左氏春秋傳博議作于明年。則知先生五十前後正從事於春秋學之業也無疑。（據王譜、張譜）

先生五十一歲

清康熙八年己酉（一六六九）居敗葉廬輯戊子以來所作古近體詩爲五十自定稿。（據張譜）

冬構築草庵，開南窗，題曰觀生居。

是年續春秋左氏傳博議。（據王譜）

作洞庭秋詩一卷。是書又題夕堂戲墨卷四。全卷卅首。成於己酉。（據張譜）

先生五十二歲

清康熙九年庚戌（一六七零）居觀生居，夏秋仍居敗葉廬。歲以爲常。行述云：「築土室名觀生居　遂以地之僻而久藏焉。」

作雁字詩一卷。是卷又題夕堂戲墨卷五。全卷前雁字詩十九首，後雁字詩十九首成於庚戌。附題蘆雁絕句十八首，則成于己酉。（據張譜）

先生五十三歲

清康熙十年辛亥（一六七一）方以智，寓居新寧，後遷居武岡之洞口，既爲僧青原，屢勸先生逃禪。不應。（據寶慶府志）

永曆實錄：方以智傳云：「方以智，字密之，桐城人，姿抱暢達，蚤以文章譽，望重天下。南都陷，以智改姓名爲吳秀才。游南海。瞿式耜聞而迎館之。桂王卽位肇慶，擢左中允，充經筵講官，以智既無宦情，講官之命，爲式耜强授，又不見庸，遂挂冠而去，客桂柳間。粵西稍定，就平樂之平西村築室以居。以智詩仿錢劉，平遠有局度，至是放情山水，觴詠自適，與客語不及時事。永曆三年，超拜禮部尚書東閣大學士，不拜，詔遣行人李渾敦趣入直，以智野服辭謝，不赴。平樂陷。馬蛟麟促以智降。乃舍妻子爲浮屠去。」

先生南窗漫記云：「方密之閣學，逃禪潔己，授覺浪記，莂主青原，屢招余將有所授，誦人各有心之詩以答之，意乃愈迫，書示吉水劉安禮詩，以寓從臾之至，余終不能從，而不忍忘其繾綣。」

寶慶府志遷客方以智傳云：「以智寓居新寧，復移居武岡之洞口，其居武岡時，與衡陽王夫之善，既爲僧青原，以書招夫之甚勤，最後有「時乎不再來」之語。」

羅正鈞船山師友記云：「五十自定稿己丑年有圓通庵初雨睡起聞朱秉五侍郎從平西謁桐城閣老歸病戲贈一首，桐城閣老卽密之，平西，卽平樂之平西村。詩中有「秋井拖陰，梧桐新墜」之語，蓋作於是年秋間，先生二次赴闕之時，而次年有劉端星昭州初度一詩，作于去官以後。昭州卽平樂舊名，據此則密之寓平樂時，與先生常相聞問也。」

搔首問云：『讀陳大樽集云：「密翁年十九而知作木牛流馬。」欲就青原問之，不克，而密翁逝矣。』又云：「密翁與其子爲質測之學，誠學思兼致之實功。蓋格物者，卽物以窮理，唯質測爲得之。」張譜謂：「並足見先生與方氏交誼之篤，及對于方氏之欽仰也。」先生永曆實錄方以智傳雖未言方氏通雅一書，然通雅之作，實在方氏通籍以前。自庚辰通籍以後，待詔之暇，益加詳核，業有定本，為當時名公巨卿，序以行世。（通雅姚氏發凡）通雅凡例云：「考究之門雖卑，然非比性命可自悟，常理可守經而已也。必博學積久，待徵乃決」。又卷首云：「古今以智相積，而我生其後，考古所以決今，然不可泥古也。古人有讓後人者，韋編殺青，何如雕板？龜山在今，亦能長律。河源詳于濶濶；江源詳于緬志，南極下之星，唐時海中占之，至太西人始為合圖，補開闢所未有。」又云：「學校選舉賦役兵屯河漕鹽錢諸事，貴知要領。……治在君相，人在師教，學在實講，公明而已。不明時勢而執成式者，迂腐之弊，愚；一以翻案見奇者，偏鋒之弊，蕩。井田封建，可印泥乎？」張譜謂：「其議論多有與先生相合者。」四庫提要云：「明之中葉，以博洽著者稱楊愼，而陳耀文起而與爭，然愼好僞說以售欺，耀文好蔓引以求勝，次則焦竑亦喜考證，而習與李贄游，動輒牽綴佛書，傷于蕪雜。惟以智崛起崇禎中，考據精核，迥出其上。風氣既開，國初顧炎武閻若璩朱彝尊等，沿波而起，始一掃懸揣之空談。雖其中千慮一失，或所不免，而窮源溯委，詞必有徵，在明代考證家中，可謂卓然獨立矣。」故張譜云：「先生竄身傜蠻，絕跡人間，而得博洽如方氏者以為之友，則無惑乎其常相聞問也。」

按：梁啟超氏云：「顧閻輩是否受方密之影響，尚難證明，要之，密之學風，確與明季之空疏武斷相反，而為清代考證學開其先河，則無可疑。」（據梁史）無怪四庫提要之揄揚。梁氏又云：「桐城方氏，在清三百年間，代有聞人，最初貽謀之功，自然要推密之，但後來桐城學風，並不循密之的路走，而循靈皋（方苞）路走，這是可惜的事。」（并見梁史）梁氏最重視其旋韻圖一卷，而自謂於此學毫無研究。先生與方氏之游，始自武岡之洞口，（兵要之地，明清兩軍相接於此。方密之才氣英發，晚年間關萬里，奔走國難，同與先生身臨險地。）繼之則方氏居平樂時之常相聞問，以成患難之交，以是先生晚年所著書，如周易大象解，禮記章句，說文廣義，噩夢，俟解，周易內傳，正蒙注，讀通鑑論等，受方氏影響爲至鉅。先生晚年學問成就又一大原因也。

又按：密之號鹿起，明末四公子之一。崇禎進士。僧名弘智，字無可，人稱藥地和尚。所著通雅，易袽，古今性說合觀，一貫問答，物理小識，藥地炮莊等。（梁任公謂尙擬著方域圖官制圖，似尙未成。）尤通音韻之學，創發聲、送氣、收聲之說，江永陳澧等皆承用之。梁任公中國近三百年學術史附錄云：「方以智劉獻廷兩位都是創造新字學的人，……以智是近代研究中國文字學的頭一個人，專從發音上研究，把歷代話語的變遷和各地方音之變遷研究出許多原則，主張仿歐洲拼音文字造出一種新字母。獻廷沒有看到以智的書，卻見解一樣，也造一副新字母。」

又方氏治學方法有特徵三端，一曰「尊疑」。二曰「尊證」。三曰「尊今」。其第一說謂：「學不能觀古今之通，又不能疑，焉貴書簏乎？」又謂：「因前人備列以貽後人，因以起疑。……」（據通雅自序）故梁氏謂其學問，全由疑入。卽無問題則無學問也。其第二說謂：「考究之門雖卑　然非比性命可自悟，常理可守經而已。必博學積久，待徵乃決，（據通雅凡例）又言：「是正古文，必藉他證，乃可明也。」（據通雅）其第三說謂：「古今以智相積，而我生其後，考古所以決今，然不可泥古也。」又云：「後人因考辨而積悟之，自詳於前。」更謂：「先輩豈生今而薄今耶，時未至也。……不學則前人之智非我有矣，學而徇迹引墨，不失尺寸，則誦死人之句耳。」此梁氏謂其「雖博古，而不賤今」也。

先生五十四歲

清康熙十一年壬子（一六七二）仍居觀生居。方以智卒于泰和蕭氏，先生聞而哭之。（據張譜）定老子衍舊稿。（據老子衍序跋）是年黃梨洲六十三歲。顧亭林六十歲。顏習齋三十八歲。劉繼莊廿五歲。

老子衍一書，王譜：先生三十七歲八月寫成。據老子衍序跋云：「閱十八年壬子，重定于觀生居，明年友人唐端笏須竹携歸其家；會不戒于火，遂無副本。後五年戊午男敔，出所藏舊本施乙注者，不忍棄之。復錄此。壬子稿有後序。參魏明陽張平叔之說，亡之矣。」張譜云：是書別有重定本也。

先生五十五歲

清康熙十二年癸丑（一六七三）唐端笏不戒於火，老子衍稿焚。（據是書序跋，並見戊午先生六十歲條）

先生五十六歲

清康熙十三年甲寅（一六七四）先生遁湘鄉，避滇氛也。因是年吳三桂檄至衡州，先生乃泛宅數載。（據張譜）先生既不參禪，著書自重，其識時如此。

先生五十七歲

清康熙十四年乙卯（一六七五）上年冬自湘鄉歸，寓衡州城北，二月至長沙，岳陽，三月歸衡州。（據張譜）章曠子有謨由粵西來游先生門下，受所注禮記。（據羅記）八月赴江西萍鄉，九月還觀生居。於相去二里許里人舊址，築室曰湘西草堂。（據張譜）唐端笏章有謨同來游，受所注禮記。後二年成禮記章句四十九卷。（據

王譜）

按：禮記章句于大學中庸猶守朱說；而先生讀四書大全說大學則不苟同於朱；故張譜謂其晚于禮記章句也。

先生五十八歲

清康熙十五年丙辰（一六七六）居湘西草堂，夏渡湘水至斗嶺，（衡州府城東廿里），九月留長沙，十月至湘鄉。（據張譜）始著周易大象解一卷。（據周易內傳發例跋）

王譜：先生年五十八歲始撰周易大象解。又周易內傳發例跋：「丙辰始為大象解」序謂：「大象之與彖爻，自別為一義，取大象以釋彖爻，必齟齬不合，而强欲合之，此易學之所由晦也。易以筮而學存焉。惟大象則純乎學易之理。」此所以專解大象也。

先生五十九歲

薑齋詩編年稿一卷。全卷編年起己酉，終丙辰。（據曾刻本及太平洋排印本）

清康熙十六年丁巳（一六七七）秋七月，禮記章句四十九卷成。

王譜云：「是書之作，實在春秋諸書之後。」

先生六十歲

清康熙十七年戊午（一六七八）三月吳三桂稱號衡州。其黨以勸進表來屬，先生婉詞拒之。逃入深山，作祓禊賦。（據潘傳）子敔，出老子衍舊稿，復錄之。見壬子先生五十四歲下引：老子衍序跋。

是年顧亭林六十六歲。黃梨洲六十九歲。顏習齋四十四歲。

余傳云：『其僚有以勸進表相屬者，先生曰：「某本亡國遺臣，所欠一死耳。今汝亦安用此不祥之人哉？」遂逃入深山作祓禊賦』。潘傳亦言此。

行述云：賦曰：「謂今日兮令辰，翔芳皋兮蘭津，羌有事兮江介，（太平洋本作干）疇憑茲兮不歡；思芳春兮迢遙，誰與娛兮今朝？意不屬兮情不生，予躊躇兮倚空山而蕭清。闃山中兮無人，蹇誰將兮望春？」

按：清既平吳。湖南中丞鄭端屬郡守餽粟帛，請見，先生以病辭，受其粟，返其帛。（據余傳）

先生六十一歲

清康熙十八年己未。（一六七九）二月與章有謨避兵檀林山中，著莊子通。還湘西草堂，定經詮，秩散稿，輯問吟。（據張譜）

王譜云先生六十一歲著莊子通。先生序云：「凡以通吾心也。」「一以予通之，尤合輸焉。」「凡莊生之說，皆可因以通君子之道類如此，故不問莊生之能及此與否，而可以成其一說。」此所以命名爲莊子通也。是書目次，徐無鬼寓言列禦寇，闕。無讓王以下四篇。是書之成，蓋晚于莊子解，莊子解三十三卷，雖以讓王以下四篇爲僞篇，不置說，而猶載原文，此則論已定矣，故目次更不列之也。

先生六十二歲

清康熙十九年庚申（一六八〇）輯己酉庚戌以來所作古近體詩爲六十自定稿。（見四部叢刊薑齋詩文集）

先生六十三歲

清康熙廿年辛酉（一六八一）爲先開上人訂相宗絡索。（據羅記）爲及門諸子說莊子。（據張譜）

相宗絡索三卷。是書釋「八識」「九緣」「四緣」「三境」「三量」「三性」等，劉譜謂爲釋氏之「小學紺珠」是也。

另有三藏法師八識規矩論贊。佚。無卷數。（據王譜）。

（五）思想轉變著述成就時期　一六八二——一六九二

六十四歲識說文廣義、識噩夢——六十五歲序經義——六十六歲作俟解題辭——所云負天地之至仁以自負其生——壁立萬仞止爭一線——對流俗繩律極嚴，對君子懸格極高——先生與東原絕異，與習齋歧趨——先生重修爲而深斥老莊自然反樸——先生論學不脫人文進化之觀點——習齋東原好言禮一汩於習行一溺於情恕均不如船山——心物人天欲治一爐與橫渠正蒙爲近——六十七歲楚辭通釋成自著九昭——作周易內傳——六十八歲錄憶得詩　兄介之卒——六十九歲著讀通鑑論　宋論——作正蒙注——學近橫渠長精思重力踐——正蒙不出人物生化之理、神氣感應之機——形成天人相繼之妙，與形器相資之用——七十歲撰南窗漫記、七十自定詩稿——七十一歲識小錄成　自題小像——七十二歲評選詩文　作夕堂永日緒論

先生六十四歲

清康熙廿一年壬戌（一八六二）九月識說文廣義。十月識噩夢。

王譜先生是年識說文廣義。據是書發例言也。發例共五條；其首一條云：「茲奉六書爲宗主，以廣說文之義，諸不見說文者不及之。許氏始制，始于一，終于亥。今舊本部次無所從考。一以集韻爲序。始于東，終于甲，

每部一從平上去入四聲次第爲序。」是書意在廣說文之義，如外傳廣傳之體例也。

噩夢自序。是書成于壬戌。序又云「教有本，治有宗，立國有綱，知人有道，運天下於一心而行其典禮，其極致不易言也。所可言者，因時之極敝而補之，非其至者也。」「天其欲蘇人之死，解人之狂，則旦而言之，夕而行之可也。嗚呼！吾老矣，惟此心在天壤間，誰爲授此者？故曰：噩夢」。

先生六十五歲

清康熙廿二年癸亥（一六八三）正月序經義。鄧錄著錄薑齋外集四卷。卷一船山制義，卷二船山經義，卷三夕堂永日緒論外編，卷四龍舟會雜劇。曾刻本不從鄧錄。

王譜于船山制義云：「佚。無卷數。」

先生六十六歲

清康熙廿三年甲子（一六八四）五月五日作俟解題詞。

題詞云：「然竊恐解之者希也，故命之俟解。……甲子重午船山病筆。」

俟解云：「人之所以異於禽獸者，君子存之，小人去之。……小人之爲禽獸，人得而誅。庶民之爲禽獸，不但不可勝誅，且無能知其爲惡者。不但不知其爲惡，且樂得而稱之，相與崇尚而不敢踰越。學者但取十姓百家之言行而勘之，其異於禽獸者，百不得一也。營營終日，生與死俱者何事。一人倡之，千百人和之，若將不及者何心。芳春晝永，燕飛鶯語，見爲佳麗。清秋之夕，猿啼蛩吟，見爲孤清。乃其所以然者，求食，求匹偶，求安居。不則相鬥已耳。不則畏死而震懾已耳。庶民之終日營營，有不如此者乎？二氣五行，摶合靈妙，使我爲人，而異於彼，抑不絕吾有生之情，而或同於彼，乃迷其所同，而失其所以異，負天地之至仁，以自負其生。此君子所以憂勤惕厲而不容已也。庶民者，流俗也。流俗者，禽獸也。明倫，察物，居仁，由義，四者禽獸之所不得與，壁立萬仞，止爭一線，可弗懼哉。」

錢穆氏曰「是其對流俗之繩律，可謂極嚴厲之至，對君子之懸格，可謂極高峻之至矣。曰壁立萬仞，止爭一線。此船山講學與東原之所以絕異，亦即船山講學，與習齋之所由歧趨也。習齋已不嚴此一線之爭，而東原則漫此一線，故皆與船山分路。船山所以必爭此一線者，並不如東原所譏離人之情欲而求理。亦並不如習齋所斥歸咎于氣質而責善。船山之意，苟有眞知灼見於斯人性情之眞者，自必嚴此一線之爭，而勿敢懈耳。嗚呼，此船山之學之所由閎深博大而不可幾及歟。船山既嚴此一線，故論學常重修爲，而深斥老莊自然反樸之說。」斯又錢氏於晚明學術思想所獨見處。錢氏復引俟解曰：「樸之爲說，始于老氏。後世習以爲美談。樸者，木之已伐而未裁者也。已伐則生理已絕，未裁則不成於用，終乎樸，則終乎無用矣。……人之生理在生氣之中，原自盎然充滿，條達榮茂。伐而絕之，使不得以暢茂，而又不施以琢磨之功，任其頑質，則天然之美既喪，而人事又廢。君子而野人，人而禽，胥此爲之。若以樸言，則惟飢可得而食，寒可得而衣者，爲切實有用。養不死之軀以待盡，天下豈少若而人耶。自鬻爲奴，穿窬爲盜，皆以全其樸，奚不可哉。養其生理自然之文，而修飾之以成乎用者，禮也。詩曰，人而無禮，胡不遄死。遄死者，木之伐而爲樸者也。」

錢氏以船山論學，始終不脫人文進化之觀點，遂以綜會乎性天修爲以爲說，其旨斷可見矣。曰養其生理自然之文，而修飾之以成乎用，可謂船山論學主旨。而曰養其生理自然之文而修飾之以成乎用者，禮也，推極於禮以爲教，則橫渠關學之遺意也。習齋東原亦好言禮；然習齋汨於習行，東原溺於情恕，所見似落邊際，亦不如船山之圓通。

錢氏又云：「船山之博大精深，其思路之邃密，論點之警策，則又掩諸家而上之。其用意之廣，不僅僅於社會人事，而廣推之於自然之大化，舉凡心物人天，種種現象，皆欲格通歸納，冶之一爐，良與橫渠正蒙之學風爲近。而流風餘韻，視夫顏李尤促，則信乎近三百年之學風，與甚深義理爲無緣也。」

與橫渠正蒙學風爲近，是錢氏創見。

先生六十七歲

清康熙廿四年乙丑（一六八五）八月楚辭通釋成。（據王譜）病中勉爲諸子作周易內傳。

楚辭通釋於船山先生著述中，思想發揮較少。惟爲表達其民族思想與志節，以注是書。喻明社既屋，而自比屈平。故其卷末，乃先生所作之九昭。亦志絜行廉之自况也。楚語楚聲，實以先生爲之殿。船山歿後王敔（虎止）首先獻出遺稿於清政府者，爲是書與莊子解。正蒙注。思問錄數種。

先生年六十七歲，病中爲從遊諸子作周易內傳（據王譜）

周易內傳發例跋云：「歲在乙丑，從遊諸子，求爲解說，形枯氣索，暢論爲難，於是乃於病中勉爲作傳。」又云：「此篇之作，間有與外傳不同者，外傳以推廣於象數之變通，極酬酢之大用。而此篇守彖爻立誠之辭，以體天人之理，固不容有毫釐之踰越。至於大象傳則有引申，而無判合；正可以互通之。」內傳爲依經立傳之體，雖不如外傳極酬酢之大用，然先生之學，植本于易。此實爲其重要之著作也。（據張譜）

先生六十八歲

清康熙廿五年丙寅（一六八六）兄介之卒。（據張譜）憶得一卷。乃於病中憶童年至丁亥（先生廿九歲）時之詩，十不得一而錄之，故名曰「憶得」。前有序曰：「述病枕憶得。」

先生六十九歲

清康熙廿六年丁卯（一六八七）撰讀通鑑論。正蒙注疑作於是年前後。

按：思問錄內外篇與張子正蒙注，互相發明。行述云：「正蒙一書，人莫能讀，因詳識其義，與思問錄內外篇，互相發明。」潘傳亦云：「與前思問錄內外篇互相發明」，張譜疑思問錄之作，當在正蒙注之前。先生長兄介之以是年前卒，終介之之世，昆季重要著述，恆有互相依託。而先生晚年捨程朱而宗張子，乃思想一大轉變，當爲介之所未及見。故正蒙注之作，理在介之去世之後。亦卽在著讀四書大全說與禮記章句二書之後。蓋二書尙尊程朱，而正蒙注則絕無一言。而是書序云：「張子言無非易」。「非張子其孰與歸」？者，爲舍朱宗張明顯之證。又先生物質不滅之說，亦始暢言於是書。與周易內傳更爲接近，內傳成書於六十七歲，則正蒙注之始稿；可能亦與內傳同時。其非短期蕆事亦顯。至正蒙注之言盡心知性，與四書箋解較合，箋解又晚於讀四書大全說，故張譜亦以正蒙注之成，爲更晚耳。

又按：同治四年曾氏所刻船山遺書張子正蒙注九卷本，先生自叙有：「甲寅以還，不期身遇之，（甲寅先生五十六歲，避吳三桂事遁湘鄉，泛宅數載。……誰知予情，予且不能自言，况望知者哉？此十年中，別有柳岸吟。」是序自署庚申上巳湘西草堂記云云。庚申爲先生六十二歲，上指「此十年中」者，當從甲寅乙卯以後推算至丙寅兄介之卒，爲時恰如十載有奇，其別有柳岸吟者，當是正蒙注之外別有云云。更足證明正蒙注之作，在上指「十年之中」；而成書於庚申（六十二歲）與丙寅（六十八歲）之間無疑。

四書箋解舊刻本曾刻本與排印本均未收入。僅王之春於光緒十九年（一八九三）癸巳刻于武昌。爲十一卷本。先生于四書始作稗疏，次四書考異，讀四書大全說，四書集成（未刻），四書詳解（佚），四書箋解等。劉人熙補刻訓義序云：「……至於訓義專以集注爲宗，稗疏讀大全說半不孱入……若心所獨契……亦不與集注苟同，惟其深知前賢是以不阿所好，功臣諍友蓋兼之矣。」張譜以訓義作於大全說之後，故有不與集注苟同之處；但於盡心知性，亦未顯斥朱子之謬。至箋解一書，則反駁朱子以物格言知性，而不取知性而能盡心之說，與張子正蒙注之意見相合。先生之思想，由其推崇朱子，轉而推崇張子之又一明證也。梁啟超氏謂夫之著書「不守一先生之言」，「欲獨剏一派哲學」也。（據梁論）又謂：讀鄧湘皋船山著述目錄越發可見船山學問規模之博大了。（據梁史）

讀通鑑論與宋論，王譜言先生六十九始作。讀通鑑論上起秦始皇，下終于五代；宋論則賡續而作也。二書皆「以上下古今興亡得失之故，制作輕重之原」。與春秋家說世論續春秋左氏傳博議黃書噩夢等合而觀之，可見先生之政治思想，非徒論史已也。讀通鑑論更有卷末一卷，有序論四篇，其一言：「論之不及正統，謂無所承，無所統，正不正存乎其人而已矣。」其二言：「編中於大美大惡昭然耳目前有定論者，皆略而不贅。而推其所以然之由，辨其不盡然之實。」「所由與胡致堂諸子之有以異也。」其三四兩篇更言全書所注重之點。實二書之基本觀點也。（據王譜、張譜）

梁啟超氏云：「船山遺書社會最歡迎的是讀通鑑通宋論二部，自然不是船山第一等著作，但在史評一類，可說是最有價值，他有一貫精神，借史事來發表，他有特別眼光，立論往往迥易流俗，所以此兩部書可以說是有主義有組織之書，以與呂東萊的東萊博議，張天如的歷代史論等量齊觀，便錯了，攘夷排滿，是其主義之一種，所以給晚清青年的刺激極大。」（據梁史）故章太炎氏謂：「當清之季卓然能興起頑懦以成光夏之績者，獨賴而農一家言而已。」是也。

至先生之言「有無」，言「動靜」，言「內外」，萃于思問錄，詩廣傳，讀通鑑論各篇者，錢穆氏摘引其精闢語作船山先生思想之總判，以與橫渠，習齋之言相較，為晚明哲學思想研究之主評。其一謂：船山言「有無」曰：「言無者，激於言有者而破除之也。就言有者之所謂有，而謂無其有也，天下果何者而可謂之無哉。言龜無毛，言犬也，非言龜也。言兔無角，言麋也，非言兔也。言者必有所立，而後其說成。今使言者立一無於前，博求之上下四維，古今存亡，而不可得窮矣。」（思問錄內篇）

其二謂：船山言「動靜」曰：「與其專言靜也，無寧言動。何也，動靜無端者也。故專言靜，未有能靜者也。性之體靜而效動。苟不足以效動，則靜無性矣。既無性，又奚所靜耶？性效於情，情效於才，情才之效皆效以動也。然而情之效喜留，才之效易倦，往往不能全效於性，而性亦多所缺陷以自疑。故天下之不能動者，未有能靜者也。」（詩廣傳卷一・鄭風）

其三謂：船山言「內外」曰：「內外相交相維，交相養者也。既飾其外，必求其內，所以求君子之盡其誠，欲動其內，必飾乎外，所以導天下而生其心。」（讀通鑑論卷十一）

錢氏謂：凡此言有無，言動靜，言內外，皆一本於其言心性、道體、所持之見解。其言雜而不越，廣而條貫，博大精微，體用兼賅。大體言之，可謂屬於顯眞明體之部，釋以近世哲學術語，卽船山對於本體論一邊之主張也。船山學風，本近橫渠。長精思，重力踐，儼然關學氣象，又旁治老莊佛理，皆能得其深趣。故於諸家得失利病，凡所辨詰，動中窾要。而能於心理入微處，推見癥結，尤爲獨到精處。故論船山學術之精神，所長不僅在於顯眞明體，而尤在其理惑與辨用焉。其推現至隱，闡微至顯，皆能切中流俗病痛，有豁蒙披昧之力。（據錢史）　先生著述精義，歷三百年得錢氏而發明之。錢氏之於船山，亦猶鄧湘皋，劉繼莊之於船山也。

按：正蒙注十八篇，乾稱爲殿，乃張子書示學者之辭，上篇原題訂頑，程子改曰西銘。下篇原題砭愚，程子改曰東銘。先生釋西銘之語有：「是故於父而知乾元之大；於母而知坤元之至。此其誠之必幾，禽獸且有覺焉，而況於人乎？」故曰「一陰一陽之謂道。」乾坤之謂也；又曰：「繼之者善，成之者性」，誰繼天而善吾生？誰成我而使有性？則父母之謂矣。「繼之成之，」卽一陰一陽之道。則父母之外，天地之高明博厚，非可躐等而與之親，而父之爲乾，母之爲坤，不能離此以求天地之德，亦昭然矣。且謂：「張子此篇，補天人相繼之理，以孝道盡窮神知化之致，使學者不舍闈庭之愛敬，而盡致中和以位天地，育萬物之大用，誠本理之至一者以立言……眞孟子以後所未有也。」是故盡先生之說，不離此「天人相繼」之理，且言「禽獸無道者也，草木無性者也。若汎言性，則犬之性，牛之性其不相類久矣。」以爲：「盡物之性者，盡物之理而已。」是故虎狼噬人以飼其子，而可謂其盡父子之道乎？所引中庸：「天命之謂性」者，乃爲人言而物在其中耳。「率性之謂道」者，則專謂人而不兼乎物也。先生更謂：「物不可謂無性，而不可謂有道；道者人物之辨，此人所以異於禽獸者也。」正蒙全書，不出「人物生化」之理；「神氣感應」之幾，而使宇宙間所以形成「天人相繼」之妙；與乎「形器相資」之用者，於此益明。故先生言：「張子言無非易，立天，立地，立人，反經研幾，精義存神；」進而「綱維三才，貞生安死；」至有：「往聖之傳，非張子其孰與歸？」之語。讀周易外傳，俟解，思問錄，正蒙注等篇；誠如錢穆氏所云：「先生用意之廣，舉凡心物人天，皆欲格通歸納，冶之一爐，良與橫渠正蒙之學爲近。」是也。

先生七十歲

清康熙廿七年戊辰（一六八八）南窗漫記成，編七十自定稿幷序。體羸多病。（據七十自定稿自注）張譜云：南窗漫記，南窗外記，詩譯，夕堂永日緖論外編，夕堂緖論內編各一卷，以上五種並先生批評文藝之作。詩譯原附詩經稗疏後。鄧錄著錄薑齋詩話三卷，卷一詩譯，卷二夕堂永日緖論內編，卷三南窗漫記。曾刻本于詩譯又題薑齋詩話卷一。于夕堂永日緖論又題薑齋詩話卷二。于南窗漫記下云：薑齋詩話卷三。從鄧錄也。王譜：南窗外記一卷未刻。七十自定稿病起連雨自注云：「病不得省墓。」

先生七十一歲

清康熙廿八年己巳（一六八九）識小錄成。自題小像。

據張譜引小引云：是書成于己巳。則先生七十一歲。是書多言服制，及官制，考試瑣節，故云識小錄。行述云：自題小像曰：「把鏡相看認不來，問人云此是薑齋，龜於朽後隨人卜，夢未圓時莫浪猜？誰筆仗，此形骸。閑愁輸汝兩眉開，鉛華未落君還在，我自從天乞活埋。」

按：船山而後，惟一眞傳其學者，一爲湘鄉羅澤南羅山，次爲瀏陽譚嗣同復生，譚氏六君子之一也。光緒戊戌殉難時，獄中題壁詩曰：「望門投止思張儉，忍死須臾待杜根，我自橫刀向天笑，去留肝膽兩崐崙。」不徒續船山民族精神之學也。譚著仁學，其論無、論動、論欲、論儉皆從先生之說。而羅氏一生所訓練人才，盡爲曾氏所用耳。梁啟超氏云：「船山學術，到咸同羅羅山像稍爲得着一點，我的畏友譚壯飛嗣同研究得很深，我讀船山書，是壯飛教我，但船山的復活，只怕還在今日以後哩。」（據梁史）

先生七十二歲

清康熙廿九年庚午（一六九〇）居湘西草堂評選詩文，序夕堂永日緒論。（據張譜）

先生七十三歲

清康熙卅年辛未（一六九一）行述云：「年七十三，久病喘嗽，而吟誦不輟。是年顧亭林卒後十年。黃梨洲八十三歲。劉繼莊卒前三年。顏習齋五十八歲。」

按：大興劉繼莊獻廷，清史文苑有傳，稱其生平講學之友，嚴事者衡陽王夫之。又廣陽雜記所記先生父兄師友淵源甚詳，有爲省縣志所未備者，雖於先生所著書，未舉其目，使非親得其書讀之，必不至推服若此。繼莊以康熙壬申（一六九二）春游衡山（據劉記）既至衡陽，而先生已於是年正月二日卒，繼莊不及相見也。先生卒時年七十四歲，廣陽雜記稱壬申歲已八十矣，蓋傳聞之誤。（據船山遺書排印本節錄廣陽雜記馬宗霍附記）近人馬宗霍教授衡陽人，究心鄉賢行誼，此其规見。

先生七十四歲

清康熙卅一年壬申（一六九二）是年元旦亥日卒。年七十四。（據行述及王譜）

行述云：「自潛修以來，啟甕牖，秉孤燈，讀十三經，廿一史，及朱張遺書，玩索研究，雖飢寒交迫，生死當前而不變，迄暮年體贏多病，腕不勝硯，指不勝筆，猶時置楮墨於臥榻之旁，力疾而纂註。顏於堂曰：六經責我開生面。七尺從天乞活埋。」

潘傳云：『葬于大樂山高節里自題其墓曰：「明遺臣王夫之之墓」。自銘曰：「抱劉越石之孤忠，而命無從致，希張橫渠之正學，而力不能企；幸全歸于兹邱，固銜恤以永世。」嗚呼先生之志可悲也。』

劉記云：「洞庭之南，天地元氣，聖賢學脈，僅此一線。」

鄧錄云：「當代經師，後先生而起者無慮百十家，所言皆有根柢，不尙空談，蓋經學至本朝爲極盛矣，然諸家所著，有據爲新義，輒爲先生所已言者，四庫總目，於春秋稗疏曾及之，以余所見，尤非一事，蓋未見其書也。」

余傳云：先生「篤信好學」。

潘傳云：「自明統絕祀，先生著書凡四十年而終，先生之未沒也，盛名為湖南之冠。」「發讜論，攻憸邪，終擯不用，隱而著書，其志有足悲者。」

唐識云：「先生理究天人，事通今古，探道德性命之源，明得喪興亡之故，流連顛沛而不違其仁，險阻艱難而不失其正。窮居四十餘年，身足以礪金石，著書三百餘卷，言足以名山川，遯迹自甘，立心恆苦，寄懷彌遠，見性愈眞。奸邪莫之能攖，渠逆莫之能懾，嶔崎莫之能躓，空乏莫之能窮，先生之道，可以奮百世矣。」

又云：「先生之著書也，大抵為人心之衰，世道之遞，學術之不明也，汪洋浩瀚，煙雨迷離，以綿邈曠遠之詞，寫沉菀隱幽之志，激而不盡其所欲言，婉而不失其所宜語，盡胸中之蘊蓄深，而腕下之樞機密也。斯其為有道君子乎？」

梁論：引先生俟解曰：「姚江之學橫拈聖言之近似者，摘一句一字以為要妙，竄入其禪宗，尤為無忌憚之至。」又引中庸補傳衍曰：「數傳之後，愈徇跡而忘其眞，或以鉤考文句，分支配擬為窮經之能，僅資場屋射覆之用，其偏者以臆測度，趨入荒杳，」並謂「遺書中此類之論甚多，皆感于明學之極敝而生反動，欲挽明以返諸宋，而於張載之正蒙，特推尙焉，其治學方法，已漸開科學研究的精神。」

鄧錄云：「當是時，海內儒碩，北有容城，西有盩厔，東南則崐山、餘姚 而亭林先生為之魁。先生刻苦似二曲，貞晦過夏峯，多聞博學，志節皎然，不媿黃顧兩先生。顧諸君子肥遯自甘，聲望益炳，羔幣充庭，干旌在野，雖隱逸之薦，鴻博之徵，皆以死拒，而公卿交口，天子動容，其書易行。先生竄身傜峒，絕蹟人間，席棘，茶飴聲影不出林莽，門人故舊，又無一有氣力者為之推挽，沒後十四年遺書散佚，其子敔始為之收輯推闡，上之督學宜興潘先生，因緣得上史館，立傳儒林，而其書仍湮滅不傳。」沒後十四年曾刻本誤為四十年茲據行述更正。

錢史云：「船山論治，論學，旨多相通，惟論學極斥老莊之自然，而論治則頗有取老莊在宥之意。此尤船山深博處。其取精用宏，以成一家之言者，至爲不苟。其論宋儒流敝，頗與東原意見相似，而與其所謂止爭一線者不類，此船山之所由成其博大而閎深也」。

上引諸詞，於先生行誼、學術，思想　在晚明諸儒洵爲獨特。而錢氏更揭櫫先生「論學」「論治」旨多相通一語，「論學不取老莊，論治反崇在宥。」則自劉繼莊以下各家所評，無是創見也。余作先生學術思想繫年竟。憶長沙船山祠門聯，深有所悟。未知出自何人手筆。祠在長沙小吳門正街曾祠之側。聯云：

當年慟哭西臺，航海君臣，知己猶餘瞿式耜。

晚歲羈棲南嶽，名山述作，同聲惟許顧亭林。

三、後篇

（一）先生所著書目

（二）後語

（三）本書參考文獻

一、先生所著書目（書目下所注數字指卷數）

一、經類廿五種　王譜著錄二十四種。張譜增四書箋解一種，共二十五種。太平洋排印本去佚，未刻，有目無書，及王之春所刻四種。

周易稗疏（4）舊刻本　曾刻本　續經解本　排印本
周易考異（1）舊刻本　曾刻本　排印本
周易外傳舊刻本　曾刻本　排印本　石印王船山經史論八種本（7）
周易大象解（1）初刻本　舊刻本　曾刻本　排印本
周易內傳、發例（6）舊刻本　曾刻本　排印本　發例（1）（排印本作二種）
書經稗疏（4）舊刻本　曾刻本　排印本
尙書考異鄧顯鶴船山著述目錄云有目未見書
尙書引義舊刻本　曾刻本　王船山經史論八種本　排印本（6）
詩經稗疏（4）舊刻本　曾刻本　排印本　續經解本
詩經考異（1）舊刻本　曾刻本　排印本
叶韻辨舊刻本　曾刻本　舊刻本附考異後　排印本（1）
詩廣傳（5）同上及王船山經史論八種本
禮記章句（49）舊刻本　曾刻本　排印本
春秋家說（3）同上　王船山經史論八種本

春秋稗疏（2）舊刻本　曾刻本　續經解本．排印本

春秋世論初刻本　舊刻本　曾刻本　王船山經史論八種本　排印本（5）

續春秋左氏傳博議舊刻本　曾刻本　王船山經史論八種本　排印本（2）

四書稗疏初刻本　舊刻本　曾刻本　續經解本　排印本（1）

四書考異（1）初刻本　舊刻本　曾刻本　排印本

讀四書大全說（10）曾刻本　排印本

四書訓義（38）舊刻本　劉氏補刻本　排印本

按：羅記所稱四書授義，卽指是書，鄧錄云：「授諸生講義」。曾氏未刻，瀏陽劉人熙更生補刻。

四書集成批解未刻、無卷數

四書詳解佚

四書箋解（11）王之春刻本

說文廣義（3）曾刻本　排印本

二、史類五種（排印本四種　去佚一種）

讀通鑑論曾刻本　排印本　商務印書館排印王船山經史論八種本（31）

宋論（15）同上

永曆實錄（26）曾刻本　排印本
蓮峯志（5）同上
大行錄佚
三、子類十八種 排印本十四種去佚及未刻四種
老子衍（1）初刻本　曾刻本　排印本
莊子解（33）同上
莊子通（1）曾刻本　排印本
呂覽釋佚
淮南子注未刻無卷數
張子正蒙注初刻本　曾刻本　排印本（9）
近思錄釋佚、無卷數
思問錄內篇初刻本　曾刻本　排印本　羣學社王船山集本（1）
思問錄外篇（1）同上
俟解曾刻本　羣學社王船山集本　泰東鉛印本　排印本（1）
噩夢曾刻本　羣學社王船山集本　排印本（1）

黃書（1）同上

識小錄（1）曾刻本　排印本

搔首問（1）劉氏補刻本　排印本

按：劉人熙序云：「搔首問者，卽屈子之天問。明社既屋，中原陸沉，志士仁人，肝腦塗地，無補天傾，抱孤心而訴蒼旻，天帝亦疑于醉矣。無默贊神化，以俟百年之遠復，則韋布之功，賢於台鼎。船山之搔首而問者，造物者不難一一條答。相視而笑，莫逆於心也。知此然後可以見船山之心學。船山之搔首問，吾師乎？吾師乎！」張西堂謂是書所云：如云：「劉念臺先生人譜用以破袁黃功過格之妖，……先生所集，猶有未愜處，人之爲人，原不可限，善學先生者，止一人字足矣。」及論孝經不與天性相關，呂留良之極詆陸王等處，其性質與俟解等書頗相近，比之識小錄，愚鼓詞實較重要。

龍源夜話（1）曾刻本　排印本

愚鼓詞（1）同上

相宗絡索（3）排印本

三藏法師八識規矩論贊佚

按：梁任公云：尤可注意者，遺書中有相宗絡索及三藏法師八識規矩論贊二書，在彼時以儒者而知治唯識宗，可不謂豪傑之士耶。（據梁論）

四、集類四十一種排印本三十種去佚及未刻十一種

楚辭通釋、卷末一卷，乃先生所爲之九昭　曾刻本　排印本　中華書局排印本（15）

夕堂永日八代文選評未刻無卷數

夕堂永日八代詩選評（6）劉氏補刻本　排印本

夕堂永日四唐詩選評瀏陽劉氏補刻本排印本改題「唐詩評選」。（7）

夕堂永日明詩選評（7）同上

李詩評未刻

杜詩評未刻

劉復愚集評未刻

詞選同上

薑齋文集曾刻本　四部叢刊薑齋詩文集本　排印本（10）

薑齋文集補遺（2）曾刻本　排印本

漧濤園初刻佚

買薇集佚

憶得（述病枕憶得）（1）曾刻本　排印本

嶽餘集（1）同上　四部叢刊薑齋詩文集本
悲憤詩（1）佚
桃花詩（1）佚
落花詩曾刻本　四部叢刊薑齋詩文集本　排印本（1）
遣興詩（1）同上
和梅花百韻詩（1）同上
洞庭秋詩（1）同上
雁字詩（1）同上
倣體詩（1）同上
薑齋詩編年稿（1）曾刻本　排印本
五十自定稿（1）同上　四部叢刊詩文集本
六十自定稿（1）同上
七十自定稿（1）同上
柳岸吟（1）同上
薑齋詩分體稿（4）曾刻本　排印本
薑齋詩賸稿（1）同上　四部叢刊薑齋詩文集本

瀟湘怨詞曾刻本　四部叢刊薑齋詩文集本　排印本（1）

鼓棹初集（1）同上

鼓棹二集（1）同上

龍舟會雜劇（2）曾刻本　排印本

詩譯同上　談藝珠叢本　四部叢刊薑齋詩文集本（1）

夕堂永日序論內編（1）同上

夕堂永日序論外編（1）同上

南窗漫記曾刻本　四部叢刊薑齋詩文集本　排印本（1）

南窗外記（1）未刻

船山經義（1）曾刻本　排印本

船山制義佚

按：羅正鈞於船山師友記所據薑齋逸文有：三湘從事紀序，惜餘鬒賦自跋，明紀野獲序，史貫序，曾太母申孺人壽序，唐鳳儀傳，遺響亭記，唐崀臣墓志，贈釋惟印詩序，寶寧寺志敘等作。蓋先生未刻之書仍多，證以民國廿九年湘省府所搜集之情形，三百年來從未發現之手稿，竟先後面世，曾于李澄宇處見新集之遺稿，即太平洋書店排印本與所校勘之資料也。

先生遺書始刻于其子敔，及門人姻友之有力者凡數種，與其所增刻者不過十餘種，即上所列初刻本是也。道光初，先生六世孫承佺廣搜遺稿，至道光庚子，先生七世孫世全始刻于湘潭，新化鄒漢勛叔績董校讐，二年之間，刋成十八種，上列舊刻本各書是也。亦卽湘潭王氏守遺經書屋本是也。是項刋版燬于咸豐初年兵燹，于是曾國藩國荃兄弟重刻前十七種于南京。（上十八種中，四書訓義一種未刻）。並增刻讀四書大全說，說文廣義等書。足爲五十八種。卽上列曾刻本各書是也。

光緒十年至十三年，曾國荃以家藏刻版，助船山書院，並加龍源夜話、憶得、薑齋文集補遺、薑齋詩分體稿、薑齋詩編年稿五種。惟湘潭守遺經書屋鄒氏校本，中有刪竄，而曾刻本則據文淵閣本及舊鈔本改正，則曾氏於船山遺書，又一大功臣也。章炳麟謂：「曾氏一生爲胡清效死，晚猶刻而農書以悔過」者，殆指此歟？曾刻本且多附校勘記以補先生記憶偶誤之失。此曾刻本之又一價値也。瀏陽劉人熙更生，醉心船山之學，故自光緒十九年迄民國六年之間搜獲先生遺稿，刻于長沙，並王之春（先生之裔）所刋四書箋解，則又較曾刻本各書，增多數種。

民國十九年（一九三〇）湘省府又於湘中南一帶，重獲先生手稿十多種。岳陽李澄宇等整理後，由湘省府資助上海太平洋書店排印共達七十種。卽上列排印本船山遺書是也。先生遁蹟荒郊，輾徙流離，隨寫隨棄，其遺稿或仍有流落人間者，證以民國六年劉氏，及民國十年至廿年間何氏之所搜集，則仍有待愛好學術文獻之君子，加意蒐求，珍重而護惜之也。

復按：上列書目經部排印本以周易內傳與周易內傳發例作兩種，去已佚、未刻、有目無書、及王之春所刻四書箋解四種爲二十二種，若以周易內傳與發例作一種，實亦二十一種，故包括所去之四種，正與張譜二十五之數相同。張譜所云二十五種者，爲內傳與發例只作一種，更包舉已佚、未刻、有目無書、及王之春所刻之四書箋解而言，實與排印本數目相符。

史部排印本去已佚之大行錄一種，亦與張譜五種之數相同。

子部排印本去已佚呂覽釋，近思錄釋，三藏法師八識規矩論贊，及未刻之淮南子注，共四種外，亦與張譜十八種全符。

集部排印本去已佚之漧濤園初刻，買薇集，悲憤詩，桃花詩，船山制義，及未刻之李詩評，杜詩評，劉復愚集，詞選，南窗外記，夕堂永日八代文選評共十一種。故排印本稱三十種，而張譜加此十一種，合爲四十一也。

先生所著書，自道光十九年己亥（一八三九）鄧湘臯氏初列目錄以來，實以太平洋書店民國二十二年（一九三三）十二月排印本，及張譜民國二十七年（一九三八）七月兩書目爲最晚出。張譜成書，當以排印本爲資料，故其言亦較精。

本書以先生學術思想之成熟與轉變爲基礎。在明辨此基礎之特徵及其影響之價値，故思想根據，務窮其淵源，人物師友必求其徵信。且蒐羅王劉張諸作以前所未注意之書，及以後所續出之名著，以確定其繫年，而標舉「薙髮」「正朔」「舍朱從張」諸特徵。歿後四期之刻書，矜式士林，堅定旨趣，使淸代帝王卿相凜然敬重，近三百年學術思想以此而榮，是其特徵與影響之功也。

二、後語

余著王夫之先生學術思想繫年竟，更尋檢已刻各書，及李略唐案粱論錢史各名著，謹爲後語如左：

一、王夫之學術思想，至其晚年（六十以後）始成爲一貫之學術體系，蓋從周易哲學透過漢學研究精神，（指其注周易五種、尙書三種、毛詩三種、禮記一種、春秋四種、四書七種、說文一種）精一經而旁及他經，既深入其堂奧，復受宋儒周濂溪太極圖說之啟發，張橫渠正蒙之舉微，豁然冶漢宋爲一爐，欲建立其不偏於心物之中庸哲學基礎，故其所著八十九種書目中，其最基本功夫，不出周易哲學之範圍。

二、程朱之思想體系，與漢人治學既未一貫，明清人研究方針，又未盡同程朱，致使自孔子以來二千五百年間之中國學術思想，既遭老佛之變，復嘗漢宋之殊，無能澄清，亦無法萃然成爲大一統之學術潮流而顯明其體系於世界，不有周濂溪之太極通書，則中國之周易哲學，仍在蓍筮迷亂之中，不有張橫渠之正蒙，則中國研究天人體用之實學，仍困頓於心性範圍之內。獨先生闡明「一物兩體」，「合於一氣」之旨，其研究精神，使上通漢宋之門戶，縱貫老佛之藩籬，明體達用，掀起近三百年有根有本之東方學術思潮，蓋濂溪啟之於先，橫渠衍之於中，先生大成於後也。

三、由於先生之言陰陽動靜，「陽伸盪陰，陰聚函陽」之原意，推而至宇宙萬變，科學演進之理，似與先民周易一書所隱示之「首乾坤」「終未濟」之義相印證，人類今日宇宙研究之發達，幾已胚胎於此義而實現，此證先生致力之學思者一，又「惟初太極，道立於一」，由不變至萬殊，不違易旨，蓋言變動，周易哲學之精神也，中國早在周代有此思想，是宇宙之演進，無一不函變動之義，而演變成此不可究詰之繁賾者，乃陽伸遏陰，陰聚函陽之功，孤陰不生，獨陽不長之義；誠以首乾坤則立於一，終未濟則變化而殊，殊則日新月異永無靜止而成此最後之奇，此證先生致力之學思者二。

四、先生物質不滅之說，始暢言於正蒙注一書，與其周易內傳更爲接近，已明顯開科學研究之端，張子一物兩體合於一氣之旨，先生演述爲陰陽因動靜而著，未動靜時，陰陽各爲其體，已動靜後，動則陽伸以遏陰，靜則陰聚以函陽，則又打開實用科學之大門，完備其剛柔相濟，義利相裁，道器相需之旨。此證先生致力之學思者三。

五、先生早歲尊程朱，其詞表示於其讀四書大全說，與禮記章句各書，既注正蒙後，謂「張子言無非易」，而於程朱則未涉一詞，則可證先生懷疑程朱及其思想轉變之一個確實時期，故六十九之正蒙注，乃開始建立其思想上之體系，自二十八歲之稗疏，三十歲之考異，三十七歲之外傳，五十八歲之大象解，六十七歲之內傳，而幷結其論於六十九之正蒙注矣。

六、錢穆氏於先生哲學思想之特質，及其與顏戴李三氏之同異，多所發明，（見錢氏中國近三百年學術史）已資爲本篇問題比較研究之重心，錢氏又謂中國古代思想重視道，中國後代思想重視理，並指東漢以爲界，（見中國思想講話）又曰船山以日生日成言性，喜言變動，不言損減。（見錢氏中國近三百年學術史）蓋言變動，卽周易之祖述，故以周易爲體系之王夫之思想，其作聖之功，有不偏心物之中庸精神也。梁啟超氏近三百年學術史附錄亦云：『夫之學問之博，和炎武不相上下，但他對於哲學有獨創的見解，向來哲學家，大抵都是專憑冥想，高談宇宙原理，夫之所注重之問題，是「我們爲什麼能知有宇宙」，「知識的來源在那裏」，「知識怎樣纔算正確」。他以爲這些問題不解決，別的話都是空的，這種講哲學的方法，歐洲自康德以後纔有的，夫之生在康德前一百年，卻在東方已倡此論了。』是故先生之學，糅漢宋之學風，以其卓越之周易哲學基礎，上踰二程晦庵而鋪平其晚明人實踐哲學之大路耳。

三、本書參考文獻

周子全書
二程全書
張子全書
近思錄集注
傳習錄
象山語錄
重修宋元學案
明儒學案
明夷待訪錄
亭林遺書

日知錄集釋
陸清獻公日記
南雷文定
潛書
通雅
船山遺書
廣陽雜記 簡稱劉記
國朝學案小識 簡稱唐識
潘宗洛船山先生傳 簡稱潘傳
王敔薑齋公行述 簡稱行述
湖南通志列傳
衡州府志列傳
清史稿儒林傳
余廷燦船山先生傳 簡稱余傳
鄧湘皋船山著述目錄 簡稱鄧錄
沅湘耆舊集

文獻徵存錄

國朝先正事略 簡稱李略

劉毓崧王船山先生年譜 簡稱劉譜　又船山叢書校勘記

王之春王船山公年譜 簡稱王譜

羅正鈞船山師友記 簡稱羅記

王永祥船山學譜

梁啟超清代學術概論 簡稱梁論

梁啟超中國近三百年學術史 簡稱梁史

錢穆中國近三百年學術史 簡稱錢史

林紓評選船山史論

嵇文甫船山哲學

李世瑛船山先生行迹圖

錢穆中國思想講話

易順鼎四魂集

船山學報

清初鄭成功殘部之移殖南圻(上)

陳荊和

小引

通觀越南近代史，可認出越南民族南進之風潮頗爲顯著之幾個時期。其一爲十三世紀末年，大越陳王朝爲抗拒元朝南侵計，向南鄰之占城頗施和親政策，結果獲得占城的烏、里兩州，改名爲順州及化州(卽今順化及其附近)，以此，大越之版圖擴至中圻海雲關一帶。其二爲黎朝前期，尤在十五世紀後葉，黎聖宗曾徹底的攻破占城，將其疆域之北半收爲直轄領，其南半分立土侯，命爲藩屬，因此，大越之國土再向南擴張而達到歸仁、潘郎附近。其三爲十七世紀初年以降之廣南阮主時代。在此階段，越族侵蝕之主要對象已不再是占婆人而爲高棉人。據 **A. Leclère** 著「高棉史」(Histoire du Cambodge, depuis 1 er siècle de notre ère, Paris, 1914, p. 339-340)所載，公元一六二〇年，棉王 **Chey Choettha II**(1618-1628)曾娶一位廣南王女爲妃，而此王妃才色兼備，爲廣南及高棉間之邦交頗有作爲。一六二三年，阮主福源(稱佛王，一六一三——三五)遣使棉都幽東(Oudong)，向棉王索一處基地於高棉南境，並要求於柴棍(Prey Kor，卽今堤岸、西貢)開一所關卡以便向出入境商客徵稅；棉王不敢拒絕，許之。此段史事雖未見於阮朝官方史書，但幾可認爲阮主對高棉東南部(卽今南圻)侵透之伊始。

顧自十四世紀中葉暹羅阿瑜陀耶王朝興起後，高棉漸受其壓迫，國土屢被暹羅軍隊蹂躪，致使高棉境內呈現長期不安之局面。歷代阮主乃乘高棉之內訌與外患，事事加以干涉，操縱傀儡王侯，以致力攫取棉國土地。第四代阮主福瀕(卽賢王，一六四八——八七)之戊戌十年(一六五八)九月，棉王匿螉禛(Neak Angk Chan)侵犯廣南邊界，賢王命鎭邊營副將尊室燕南征，擒匿螉禎以歸。賢王赦棉王之罪，遣軍獲送棉王返國，令爲藩臣，歲供職貢，從此高棉臣屬廣南及暹羅。鄭懷德嘉定通志（疆域志，藩安鎭條）亦載其事，並附曰：「其時嘉定之地頭每楸（Moi Xui，卽後之邊和省福正縣）、仝狔（Dong Nai，卽今邊和）二處已先有我國流民與高蠻（卽指高棉人）雜居，開墾田地，而高蠻畏服朝廷威德，竟讓以避之，不敢爭阻」，可見在十七世紀中葉，現西貢河之附近已爲越人所侵佔。

及至賢王甲寅二十六年（一六七四）高棉宗族匿烏苔（Neak Angk Chey）謀叛，襲取柴棍，棉王匿嫩（Angk Non）走依廣南之泰康營（卽今慶和），賢王命楊、林兩將（均失名）督兵克復柴棍，進攻南榮（卽今金邊），匿烏苔走亡，宗族匿秋（Angk Saur）出降；賢王以匿秋嫡派，便封爲正國王，令居龍澳（Oudong）；以匿嫩爲二國王，令駐柴棍城，同理國政，歲奉朝貢。如此，自從阮潢以廣南鎭守身份莅任順化後僅閱一百年，廣南居然成爲高棉之宗主國。

時值明清鼎革，明朝遺臣紛紛南奔，或者依靠北圻之鄭主，或者投寓阮主治下之廣南，或者遠投高棉、暹羅；尤以明鄭退據東寧，清廷施行遷界、展界等一連串封鎖政策後，鄭氏之商船紛至日本、東京（北圻）、廣南（中圻）、高棉及暹羅，搜購軍火，運輸糧食，一時稱霸於東南海上。就越南南圻而言，康熙十年(一六七一)前後，已有雷州人鄚玖南投高棉，墾殖河仙，着手經營一個華風蔚然之殖民地。及三藩之亂甫定，東寧鄭氏政權搖搖欲墜，則有大批明鄭之海上部隊歸投廣南阮主，並入殖於南圻東浦之地，卽今邊和與美湫。高棉二王匿嫩便與此批集團移民提携，聯合侵寇正王匿秋，廣南阮主又利棉國內訌，屢次動兵佔取土地，致使廣南領域日益擴大，而入殖之華人不避艱難，闢地開荒，構立舖市，時則自告奮勇，爲阮主前鋒，屢建奇功，致使東浦地方商業交通日漸發展，各國商舶湊集，稠人廣衆，至康熙三十七年（一六九八年），阮主明王（卽阮福淍，一六九一——一七二五）因而開置嘉定府。

按嘉定府爲阮主在南圻最初之行政機構，而該府之設乃爲明鄭部隊移殖之一個直接成果；易言之則南圻之墾殖須待此批中國移民抵達之後，才上軌道；靠他們刻苦耐勞、百折不撓之精神，一向消極的、散發的、無組織的南圻殖民始變成積極的、集中的、有組織的開發事業，尤以他們對阮主同心同德的合作已導致阮主領屬湄公河前江及後江全部沃土，並奠定了今日西貢堤岸及南圻各埠商業繁榮之基礎，於南越華僑史上實佔不朽地位。

所惜關於此批中國集團移民之入殖南圻，阮朝史書之所載尙乏確實，本文擬就該批集團移民之構成分子，入殖年代及其活動之概況，援用中、越、日及歐洲有關史料，試以論考，並提出若干管見，以仰同道之士指正。

一、南移明鄭船隊之陣容

閩粵沿海無數之島嶼自古爲中國海盜們良好之基地或匿迹之處。中國境內屢生之政變、戰亂及飢饉雖每次都驅使大批難民走險於南海，使他們與土著雜居，逐漸形成龐大的華僑社會；但另一方面，此等難民之一部却與沿海之海盜們混在一起，互相提携以横行於海上。自洪武四年（一三七一）明太祖頒行海禁後，海盜們便與日本八幡船及九州方面之「大名」們勾結，成爲武裝之走私集團，跋扈於沿岸，經明廷屢次之進勦，仍未能根絕其勢力。繼自十六世紀初葉歐人東來以後，海上之巨盜們再轉爲歐人與中國商賈間之中人，以從事海外貿易，因而貯積了鉅富與雄厚的武力。（１）

迨明末，此等商業性海盜們摇身一變，成爲明朝復興勢力有力的支撑。如所周知，鄭芝龍、鄭成功父子所領導之海上勢力曾爲維護明室，退據台灣，力拒滿清至三十餘年之久。（２）當時跟隨鄭氏，與之和衷共濟之人士大多爲閩南人，其船隊則包含雜多的海盜份子，而奉鄭氏號令之海上勢力中，我們可認出一個較有特色之人物：卽楊彥迪。楊彥迪俗稱楊二，當初爲東南沿海著名之海盜，後歸屬鄭氏，率衆出沒於東南沿海以參加抗清之戰鬥；及明鄭政權瓦解之前夕，楊氏便率部走奔廣南，並入殖南圻，爲明鄭遺民開闢了一個新天地。玆先摘錄若干有關史文，以便概觀楊氏部隊南投之動機及經過：

一、大南實錄前編卷五太宗己未三十一年正月條曰：

己未三十一年春正月，故明將龍門總兵楊彥迪、副將黃進、高雷廉總兵陳上川、副將陳安平率兵三千餘人、戰船五十餘艘投思容、沱瀼海口，自陳以明國逋臣義不事清，故來願為臣僕；時議以彼異俗殊音，猝難任使，而窮逼來歸，不忍拒絕，眞臘國東浦（原注：嘉定古別名）地方沃野千里，朝廷未暇經理，不如因彼之力使闢地以居，一舉而三得也；上從之，乃命宴勞嘉獎，仍各授以官職令往東浦居之；又告諭眞臘以示無外之意；彥迪等詣闕謝恩而行；彥迪、黃進兵船駛往雷巤（原注：今屬嘉定）海口，駐札于美湫（原注：今屬定祥），上川、安平兵船駛往芹蒢海口，駐札于盤轔（原注：今屬邊和）；闢閒地，構舖舍，清人及西洋、日本、闍婆諸國商船湊集，由是漢風漸漬于東浦矣。

二、鄭懷德嘉定通志卷四疆域志曰：

太宗己未三十二年夏四月，（3）大明國廣東省鎭守龍門水陸等處地方總兵官楊彥迪、副將黃進、鎭守高雷廉等處地方總兵官陳勝才、副將陳安平等率領兵弁門眷三千餘人、戰船五十餘艘，投來京地思容、沱瀼（原注：卽今瀚海門，隸屬廣南營）二海港，奏報稱大明國逋播臣為國失忠，力盡勢窮，明祚告終，不肯臣事大清，南來投誠，願為臣僕，時以北河屢熇，而彼兵遠來，情僞未明，況又異服殊音猝難任使，然他窮逼奔投，忠節款陳，義不可絕，且高蠻國東浦（原注：嘉定古之別名）地方沃野千里，朝廷未暇經理，不如因彼之力委之闢地以居，斯一舉而三得矣；爰命犒勞嘉獎，仍准依原帶職銜，封授官爵，令往農耐以居，拓土効力，並開諭高蠻國王知之，以示無外；楊、陳等詣闕謝恩，奉旨進行；龍門將楊等兵弁船艘駛進梂巤（原注：今名㶒巤）大小海門（原注：俱屬定祥鎭），駐札于美湫處（原注：今定祥鎭莅所）；高雷廉將陳等兵弁船艘駛進芹蒢海門，駐札于仝狔處盤轔地方（原注：在今邊和鎭莅所）。

嘉定通志卷六城池志又曰：

太宗己未三十二年春二月十八日龍門將楊彥迪等自大明詣京投誠，旨准舍差文貞、將臣吏文昭賫遞諭文勅高綿秋王分其地以處之；（4）五月文貞經引龍門兵弁船艘進營於美湫北方，起房舍，集華夷結成廛里；暨顯宗（筆者注：即明王阮福淍）時，於市北立爲府治，隸藩鎭營。

三、A. Leclère 著高棉史（p. 356）引高棉年代記云：

約在一六八〇年，明室殘黨之一將領楊彥迪（Duong Ngan Dich）爲清康熙帝之軍隊所擊敗，率殘餘之二百艘船隻奔投安南（即廣南）。其船隊於途中遭暴風蹂躪，僅剩下五十隻及三千兵員；楊氏以此勢力抵達沱瀼（Tourane），歸降安南王，並求地以居其所部。安南王不願留此三千外國人在身邊，便先告知棉王 Chey Chaettha，然後將他們派往其一部已爲安南移民侵佔，且被視爲安南領域之高棉婆地（Baria）及同狔（Dong Nai）地方。楊彥迪不滿所指配之地而選定美湫（My-tho），偕其部屬定居該地；其副將陳氏則接受所配之地，而入殖於婆地。（5）

有關此件史事之史文又見於其他越南史籍，如高朗歷朝襍記（H. M. 2163，卷一，30b-31b）及黎貴惇撫邊雜錄（H. M.2108，卷一，31a-31b）均有載錄；除撫邊雜錄之文爲極簡單之摘要外，其他越南史籍所載內容大約相同僅異於若干枝節而已。按嘉定通志之撰年最早，且可視爲阮朝官撰各種史書之藍本，故大南實錄前編及其他史書有關楊氏南投之記事均抄錄嘉定通志無疑。

關於楊氏船團來投廣南之日期，A Leclère 所引之高棉史記爲「約在一六八〇年」，大南實錄前編爲「太宗己未三十一年春正月」，嘉定通志疆域志爲「太宗己未三十二年夏四月」，（6）同志城池志爲「太宗己未三十二年春二月十八日」，而歷朝襍記及撫邊雜錄均作「己未年五月」，惟歷朝襍記附記曰：

……投來我國思容、沱灢二海門外，畏順廣兵銳，不敢入港，守禦員令人出問，迪等豎起白旗，報稱該等係是大明國逋播臣，爲國効忠，力盡勢窮，云云

關於楊氏一行之姓名與職稱，在嘉定通志、大南寔錄前編及歷朝襍記之間，亦稍有出入：（7）

	嘉定通志	大南寔錄前編	歷朝襍記
楊彥迪	大明國廣東省鎭守龍門水陸等處地方總兵官楊彥迪	故明將龍門總兵楊彥迪	明逋臣廣東省龍門總兵將軍楊彥廸
黃進	副將黃進	副將黃進	高雷廉副將黃進
陳上川	鎭守高雷廉等處地方總兵官陳勝才	高雷廉總兵陳上川	總兵陳勝才
陳安平	副將陳安平	副將陳安平	副將陳平安（Sic.）

關於楊氏之姓名，台灣外記作「楊彥敵」，華夷變態所收各華船之「申口」（卽報告）或稱爲「楊二」，或爲「楊禮武」，或爲「楊彥迪」。黃進之名，廉州府志（卷廿一）及欽州志（卷十）均誤作「王進」，華夷變態則作「黃震」。（陳）勝才爲陳上川之爵名，嘉定通志見有「勝才侯陳上川」之名，而華夷變態則作「陳尙川」。至於陳上川之副將，歷朝襍記作「陳平安」，其余諸書均作「陳安平」。

鑑於楊彥迪之名屢見於大清實錄及清代各地方志，在越南史籍中其名亦不時佔其他三位將領之首，可想見楊氏爲該船團名符其實之領導人物。至於南投船隊之陣容，嘉定通志爲「兵弁門眷三千餘人，戰船五十餘艘」；大南實錄前編，歷朝襍記，撫邊雜錄之所載相同，惟 Leclère 所引高棉年代記則云當初爲二百艘，後因遭風僅剩五十艘及三千兵員。

那麼楊彥迪之經歷如何？是否如越南史書之所載，爲明遺將鎭守龍門總兵？其南投之動機及年代如何？對於這些問題，我們在下文將逐序予以論考。

二、東南海上之雄——楊彥迪

據管見所及，當初楊彥迪似爲順治初年以來盤據中越境界附近龍門港之巨盜鄧耀之部屬乃至夥伴。盧坤等編廣東海防彙覽屢載有關鄧、楊兩盜跳梁之記事。例如，彙覽卷四輿地三云：

> 龍門海島東通高雷瓊，西隣交趾，內有港汊七十二逕，昔年鄧耀、楊彥迪等盤踞之地。

彙覽卷八營制一亦云：

> 我清定鼎以來，廉欽於順治十三年始入版圖，彼時地方初定，營籌廢弛，至康熙元年遷界，改廉州珠場寨爲乾體水師營，嗣康熙八年展界，雖乾體水師營增船增兵，但船泊內港既非扼要卽爲失計，且置欽州沿海西鹽、白皮等場於戶外，不能相顧，所以三十餘年間海寇鄧耀、楊二等攻城掠野，蹂躪四郡，荼毒不堪。

繼自順治十二年（永曆九年，一六五五）楊二與楊三聯合襲擊粵省沿海及海南島之消息屢見於各地方志。茲列舉其行踪之概要：

一、順治十二年（一六五五）二月，海盜楊二、楊三襲擊洞棲港。（8）

二、順治十五年（一六五八）三月，楊二、楊三跳梁於沿海。清軍進駐雷州及廉州後，楊二、楊三退據龍門，聚衆屢襲附近船舶；近出七隻船來攻龍棲灣，因此，崖州遊擊馬可任派兵駐防該港。（9）

三、順治十六年（一六五九）三月，楊二來寇番人塘及樂道村，焚燒民屋，搶掠家畜與糧食。（10）

據彙覽所引國朝汪琬堯峯文鈔，順治十七年（一六六〇）九月海北道方國棟督三千兵，分五路進勦鄧耀；國棟慮鄧耀逃逸，曾要求隣接州縣與安南國王接濟及陳兵邊界相應，終而擒獲巨盜鄧耀。（11）不過，方國棟之勦滅鄧耀，並未導致清軍恆久地立脚於龍門島及欽州。至少在一六六一年七月間龍門、欽州已爲「長髮之華人」（Chinois Chevelus）所控制。同年七月間有一艘荷印東印度公司帆船 Meliskerken 號經過東京（Tonkin，卽北圻）後駛至龍門島（Luban）以實地考察該地是否適合該公司之商業活動。七月廿三日 Meliskerken 號乘務員之代表抵欽州（Carntsiow）會見龍門之鎭守；另外，公司會計員 Abbas 則奉派至廉州府以會見韃靼人（卽清人）知府。該知府曾要求 Abbas 援助清軍奪回「長髮之華人」，卽明朝殘黨所佔據之龍門港，並謂如荷人相助，清朝皇帝將予以嘉獎。當荷船泊龍門期間，「長髮華人」攻佔欽州並拿捕荷人，然不久將之釋放。雖逢如此不測之事件，然荷印公司人員一致認爲龍門灣頗適於公司船舶之停靠與設立公司之商館。（12）

上述荷印公司之記錄可令人推想鄧耀被擒之後，楊彥迪已代之盤踞龍門港及其附近。欽州志（卷十，28b）及廉州府志（卷廿一，40b）均以楊氏之佔據龍門島爲順治十八年（一六六一），無不與荷印公司之記錄相合。一方面，廣東海防彙覽繼續援用各地方志述及楊彥迪之動靜：

順治十八年，賊楊二等寇海南，十一月，賊楊二、楊三等圍感恩城，泛舟至嶺頭，捨舟登陸，夜襲邊港、番人塘等村，三百餘人驅赴海岸，比曉寇船至，悉置舟中。（卷四十一，事記三，引崖州志）

兩年後，康熙二年（一六六三）楊彥迪及其同夥爲廣東平南王尚可喜所逐。（13）此後直至康熙十六年（一六七七），約十四年間，龍門爲清軍所保持。那麼，在此期間楊彥迪及其所部往何去？

茲有一事值得注意者，自永曆十五年（一六六一）鄭成功已從荷人手中奪回台灣，以爲反清扶明之基地；當其退據台灣，成功便設法招納南中國海之海上勢力，以增強其海軍。廣東海防彙覽（卷四十一）亦云：

初鄭成功遁入台灣，海上賊徒多奉其號令，

因此，我們相信楊彥迪在被逼撤離龍門不久，可能在康熙二年（一六六三）中，亦趕赴東寧，加入鄭氏之陣營。或者，在永曆十五年（一六六一）楊彥迪已奉鄭氏號令亦未可知，但目前尚無史文可徵。不管如何，嗣後楊彥迪爲鄭氏之禮武鎮總兵，率衆不時活躍於南海。

撤離龍門當時，楊彥迪及其部屬似乎與北圻之安南官憲維持密接的聯繫。據康熙四年（一六六五）三月戊戌廣東總督盧崇峻奏摺，楊二之部屬黃明標曾佔奪了黃占三（另一海盜）在西海之舊基地，並煽動遷民叛變；粵省當局曾派兵進勦，予黃明標所部九百多名之死傷。（14）其次，康熙五年（一六六六）五月乙未聖祖與安南國王黎維禧(Sic.)之上諭亦揭露楊二、楊三、黃明標等海賊頭目與冼彪之家眷正韜晦於北圻海牙州知州潘輔國處，曾獲糧食，船隻及其他物質之補給；兩廣總督盧興祖曾派屬官抵潘輔國處要求引渡，然輔國持敵對態度，不但關閉城門拒見粵省官員，甚至將大礮指向他們相嚇；聖祖聞訊，便下諭安南國王命以卽刻將楊二等交附兩廣當局。（15）我們知道此道上諭於同年五月中在鎭南關已由廷臣交付安南官員，（16）然越南史書，一如中國史料，均無下文交代。據管見，這批人員之一部份在翌年（一六六七）春間似已撤離北圻，由冼彪之嚮導出現於高棉，不久便襲擊該地之荷印公司商館。（17）雖是，大多人員似仍留在北圻及粵海，繼續出擊東南沿海及海南島。（18）

康熙十二年（一六七三）十一月，吳三桂殺雲撫朱國治，起事於雲南，華南隨之騷然；翌十三年（一六七四）三月，福建之耿精忠響應；五月，台灣鄭軍入浙江泉州，取同安；六月溫州、浙江等諸營均叛變；十四年（一六七五）正月，耿、吳聯軍犯廣東連州；高雷總兵祖澤清亦叛，導致平南王尙之信於十五年（一六七六）二月亦參加叛變，所謂三藩之亂由此演成。

當此時期，楊彥迪所部亦爲鄭氏海軍有力之一翼而馳驅於戰場。康熙十五年（一六七六）正月，楊彥敵(Sic)之船隊合邱輝、洪邦柱及李虎諸隊攻圍碣石港，迫使程鄉總兵苗之秀降於鄭氏。嗣在同年二月間，楊彥迪船隊再參加廣東沿海靖海及虎門之戰鬥。事實上此一連串戰鬥曾引起尙之信之叛變，對於鄭氏及吳三桂之反淸陣營貢獻不少。（19）再據延寶四年（一六七六）抵達日本長崎之廣東二十番船申口，在同年二月間，「楊氏總兵官」（卽指楊彥迪）曾奉東寧「錦舍」（卽鄭經）之命，正籌備攻取香山澳（卽澳門），然因平南王（卽尙可喜）及「安達王」（卽尙之信）已降服吳三桂，故該計劃暫時作罷。（20）

翌十六年（一六七七）五月，尙之信鑑於吳三桂勢力在廣東境內迅速的滋長，突然倒戈降於淸軍；同月十九日，祖澤清遵尙之信之囑，擄三桂之廣東水師提督謝厥扶，隨之降服。（21）顯然的，乘此次廣東局勢的突變，楊彥迪之船隊，重新佔領龍門島。廉州府志曰：

康熙十六年丁已夏五月，叛鎭祖澤清降，廉屬返正，海賊楊彥廸、冼彪復踞龍門刦掠，楊彥迪自康熙二年平藩擊敗後逃入閩中，至是自台灣駕賊船八十餘艘，率衆千餘人，航海復踞龍門島作亂。（廣東海防彙覽卷廿一，事紀國朝所引）

此時廣東之局勢極其混亂；祖澤清降清後，聖祖雖遇之尙厚，仍授高雷總兵，然翌十七年（一六七八）澤清在粵南再度叛變，聖祖才下令擒獲澤清。（22）我們認爲經過此事件後，楊彥迪之活動更加積極性及主動性，其部隊頻犯欽州及雷州。例如：

一、康熙十六年十二月（一七七八年一月），海賊楊彥迪突襲欽州。（23）

二、十七年（一六七八）三月，「祖黨土賊楊二」盤踞雷州府。（24）

三、十七年（一六七八）八月，海賊楊彥迪率部搶掠雷州府，爲守軍擊退，賊死傷千餘。（25）

四、十七年（一六七八）八月間，台灣鄭軍攻漳州、惠州，潮州告急，吳軍佔奪鬱林，急進梧州，賊黨擾掠高、雷、廉；加之，海盜楊二屢犯廣東沿海。（26）

上揭雷州府志文中既謂「祖黨土賊楊二」，當然可推想祖澤清與楊彥迪之間確存有密切之合作，而其關係似繼續至康熙十八年（一六七九）八月間祖澤清爲清軍擒拿時爲止。（27）據延寶六年（一六七八）由普陀山抵長崎之兩隻華船之「串口」，同年中，高州、雷州及廉州已陷於吳三桂軍；（28）翌年正月十九日離厦門赴日之延寶七年二番廈門船「申口」則稱瓊州府已由「錦舍」（鄭經）所屬之總兵楊彥迪所攻略。（29）這些消息清楚的揭露東寧之總兵楊彥迪仍盤踞龍門島；他爲配合吳三桂之軍事行動，屢次出擊廣東沿海及海南島，可見此時期楊彥迪之聲勢浩大，在華南大亂中演了一個特殊的角色。

各地方志繼續述及楊彥迪之遊擊戰。廣東海防彙覽（卷四十一）引澄邁縣志云：（30）

海寇楊二、楊三等駕船四十餘，衝入澄邁、石礐，由顏張港登岸，劫掠感恩，昌化海濱一帶，既而黎酋勾通土究，自森山市焚掠至打鐵市，子女金帛，搜括無遺，又以舟重難行，揚言被擄子女許父母親戚持金往贖，否則投之海。

瓊州府志（卷十九）云：

康熙十九年，海賊楊二、謝昌（原注：番禺武舉水師謝厥扶子）駕數百艘，突入舖前港，海東、邁犢、演順、英草等居民悉被蹂躪，守備賈國棟揮禦甚力，賊不敢西浸；其巢在石牌港，水師王珍募閩商謝謙攻之，奪回被擄男婦數十人；十二月賊復寇澄邁，東抵舖前，濱海各州縣盡遭掠。

澄邁縣志又云：

康熙二十年二月，楊二、謝昌破海口所，三月三日飛船百餘號，自東水港抵蛋場，城守孫雲鳳、邑令呂登瀛棄城遁，賊入據焉，及官兵進勦，賊始退。（彙覽卷四十一所引）

至康熙二十年（一六八一）三月間，突有順德鎮總兵蔡璋由廣州督兵至海口，大舉進勦，楊二、冼彪及謝昌之聯合船隊受挫慘重，死六百，被擄三百，清軍獲三十隻船並破壞一百隻賊船，救回三千餘被擄難民，將之遣回原籍，（31）於是盤踞海南島之反凊海上勢力被掃清。凊軍再追擊賊船至龍門島，毀海賊基地，並將楊彥迪及其聯合船隊驅走。廉州府志及雷州府志均曰：（32）

楊彥迪敗走海島後爲其黨王（Sic.）進所殺。

顯然，在海口及龍門雙重之敗衂已予楊彥迪之聯合船隊以莫大的打擊，並迫使楊彥迪率殘部離開龍門島。事實上「康熙二十年三月」爲各地方志有關楊彥迪出沒華南沿岸記事之最後日期，此後楊彥迪不再返回龍門島或海南島，當然各地方志不再述及楊氏與其船隊之行踪。

三、楊彥迪所部南投之年代

撤離龍門後，楊彥迪及其所部之命運如何？粵海既無插脚之處，台灣及閩海亦非逃生之地，爲他們安全計，祇有南奔之一途而已。那麼其年代爲何？果如越南史書所載，爲阮主「太宗己未三十二年（一六七九）」春季乃至夏季麼？爲解答此問題，筆者擬提出若干新史料以便論考。

首先，我們在英國東印度公司東京（北圻）商館一六八二年三月與四月之日誌中發現一段有關大批中國武裝戎克船團出現於東京河（紅河）河口之記載。茲將該日誌原文摘錄於下：（33）

1682 March 9. This day we had news of 200 China Junks or better..... (being) neare Batsha, (34) which did extreamly perplex the King and Court, there being a fresh plat at that instant discovered, to which he thout they were confederate: it proved however that their business was only to baske for helly tymber, they being bound to Siam; but the wind being contrary, they were forced to put into Batsha in the hope of procuring provisions; in which however they were disappointed and were obliged to go away without obtaining any except what they took by force; and had this Kingdome been well furnished there with, the King darest not have consented to furnish their wants, least, the Tartar should heere take a disgust at him, and by violence take this Kingdome from him being at the best but a Tyrbutory Prince under the Tartar, as formerly under the Chineeses.

April 24. The China Junks before mentioned were 206 in number. they were cruising about to go to a place where they may provide Rice, they having forsooke Batsha, and the Allchor, (35) called by the Tonqueeners the Shy Ding Providence, and intended in 5 or 6 days more to part out of these ports These 206 Junks or Vessells have but little in them but men with weapons and other provisions for war, with their wives and children which aboard with them, they being all forced to fly their country to save their lives, or other ways the Tartar have dispatched them off at once; for neither can or will that conquring tyrant endure any that withstand him, or that bere the name of long haired Chinamen, having brought all of them under his subjection and government, except Tywan, which we hear he hath sent a fllet of Junks (against) well manned this summer, and he intends to invade it.

中國武裝戎克船團在東京灣之逗留，另爲一六八二年三、四月間由北圻憲南（Hien-Nam 或稱 Hean）港渡海至暹羅之法國籍主教Mgr de Bourges所證實。一六八三年一月五號Bourges主教從暹羅寄給在法國胞弟之函云：（36）

Nous fûmes obligés nous-mêmes d'être les conducteurs de notre barque, et avec 9 pêcheurs tonkinois nous nous mîmes en mer vers le 15 de mars (1682)...... A peine étions-nous hors du port que le vent nous obligea de nous éloigner des bords du Tonkin et d'aller gagner l'île de Hainan, et par ce moyen nous évitâmes la rencontre de 80 barques et vaisseaux chinois qui étaient sur les côtes du Tonkin dans la route que nous voulions prendre. Nous avons su depuis que ces Chinois étaient des pirates; voyez je vous prie de quel danger la Providence nous a délivré. Tout le reste du voyage a été fort heureux. Du port du Tonkin jusqu'à celui de Siam, nous n'avons mis que 22 jours.....

中文譯：我們不得不自任爲所乘船舶之領港。約在（一六八二年）三月十五日，我們偕九個東京漁夫起行……一出港口，海風便將我船吹離東京海岸而駛往海南島；因此我們幸得免與盤旋在東京沿岸我們航路上之八十隻大小中國船團相遇；（及後）我們獲知該批中國人爲海賊，可見我主已從何等危險中搶救我們！其後之航海甚爲安適；從東京港口（卽憲南）至暹羅港口（卽大城）僅閱二十二天而已。

其次，我們不妨提出天和癸亥三年（一六八三）抵達長崎三艘中國商船之「申口」：

一、五番暹羅船六月一日（陽曆一六八三年六月廿五日）之申口稱：（37）

東寧秦舍手下之禮武鎭之官楊二卜申者數年已來秦舍之下知ニヨリ度々東海邊之島々ニ罷在少々廣東之海邊

之地知行可仕覺悟ニ御座候得共，折々廣東之内地ヨリ兵船ヲ出シ追拂申ニ付，廣東之海上ニ永ケ滯留モ罷成不申，廣南表又柬埔寨等江折々漂罷在候。然ニ去年十一月ニ兵船七十艘餘，人數三千程ニテ柬埔寨江船ヲ乘入，柬埔寨之地ヲ借リ，暫時可罷在ト之事ニ御座候。

中文譯：東寧秦舍（卽指鄭克塽）所屬禮武鎭之官楊二者，數年以來奉秦舍命常往東海沿邊各海島，原擬佔據廣東海邊若干土地，然爲廣東内地（清朝官憲）屢派兵船出擊，故未能長期滯留廣東海上，屢次駛至廣南或柬埔寨。去年（卽壬戌，一六八二）十一月間，（楊二）突以兵船七十餘艘，人數約三千，駕船抵柬埔寨，意在借地爲暫居之計云。

二、十九番暹羅船七月十七日（陽曆一六八三年九月四日）之申口稱：（38）

東寧秦舍之手下禮武之官楊二ト申者之儀モ定テ先船ヨリ可申上候。東寧ヨリ諸方江往來之商船共爲加護，兵船七十餘艘，軍兵三千程ニテ間々廣東表幷廣南、東京、柬埔寨之邊海ヲ致巡迴罷在候所，當夏之初ニ柬埔寨江船ヲ乘リ入，柬埔寨之地ヲ借リ，少々休息所ニ可仕ト存，兵船共ヲ致引率，不圖柬埔寨之内地江船ヲ乘リ入申候。

中文譯：關於東寧秦舍所部禮武之官楊二者，諒已由先到之船（指五番暹羅船）奉告。爲保護由東寧來往於各地之商船，（楊二）以兵船七十餘艘，兵員約三千，不時巡迴在廣東、廣南、東京及柬埔寨邊海，及本年夏初，（楊二）突率兵船駛入柬埔寨内地，意欲借地稍事休息云。

三、二十五番東寧船八月十一日（陽曆一六八三年十月一日）之申口稱：（39）

秦舍覺悟之儀モ髮ヲ剃リ，內地江入可申モ相知不申候，又內地江入申沙汰及申候ハバ行末ヲ考江，秦舍同心不仕，幸手下之武將禮武之官楊一（Sic.）ト申者東埔寨ニ罷在候，此者之樣子者定而先船モ可申上候，此者東埔寨江在陳仕罷在申候而，東埔寨ニ志シ，東寧ヲ立退可申儀モ可有之，總而此比ニ罷成東寧モ上下萬民共ニ氣モ憶シ，勢モ失申候。

中文譯：秦舍原擬（投降清朝後）剃髮遷往（中國）內地，然又以遷居內地事爲將來計恐未得妥當，趁所屬武將禮武之官楊一（顯爲楊二之筆誤）者正帶兵留在東埔寨——關於此人之動靜，先到之船諒已奉聞——所以秦舍可能撤離東寧而奔往東埔寨，總之，到此刻東寧上下萬民均甚喪氣，毫無振作云。

一六八四年十月廿八日荷蘭東印度公司長崎商館新舊館長 Constantin Ranst de Jonge 及 Aendrick van Buytenhem 兩人向長崎奉行（鎭守）之呈報稱：據由廣州抵爪哇之中國商客稱，高砂(Takasago，卽指台灣)之藩主（指鄭克塽）面臨清軍進佔澎湖（Hyo）後日益增大的威脅，將撤離台灣，而亡命於東埔寨云。（40）最後，我們提出更具有決定性之史料，卽康熙二十二年十月丙寅（一六八三年十二月十六日）清朝征台之負責人福建水師提督施琅向清廷之奏文。該文報告稱：（41）

據劉國軒云，僞禮武鎭總兵楊彥迪一隊船䑸在廣南、東埔寨，僞水師二鎭總兵周雲隆船䑸一隊在舟山、房錫鵬一隊船䑸在浙江烏洋，察楊彥□(迪)妻子□□台灣，臣已令保釋安插，當俟正月間，遣人往調。其周雲隆、房錫鵬亦當遣人諭令來歸，如不歸順，應行浙江總督提督發兵撲滅。鄭克塽等興販外國船艘，已遣外委守備曾福等往察，悉令返棹。上諭：施琅遣官往察諸處船兵，具見籌畫周詳可嘉，此等現在海洋船艘僞官兵丁，其嚴加詳察，俱令速歸，務盡根株，勿得仍留餘黨，致滋蔓延。

據記明台灣鄭氏亡事（卷四），施琅之船隊於康熙廿二年閏六月廿二日（一六八三年八月十四日）進佔澎湖島，旋八月十一日（一六八三年十月一日）駛進台灣，接受鄭克塽以下大小官員之投降。此篇奏文乃在佔領台灣兩月半後發出，而其所根據者爲鄭氏軍事負責人劉國軒所言，可知其內容確實可靠。文中雖有三處闕字，但細察其前後行文，其意謂施琅提出此篇報告時楊彥迪之妻子尙留在台灣甚明。

我們承認上揭各節史文關於楊彥迪所部抵達柬埔寨（南圻）之日期猶未充分透淸。雖是，關於楊部移殖之動機與其異動之槪況，也不難認出若干事實。玆列舉如下，以爲本篇之結論。

一、楊彥迪及其所屬船隊未如越南史籍之所載，於阮主太宗（賢王）之「己未三十二年」（一六七九）抵達廣南及柬埔寨，殆無庸置疑。事實上，我們可證實早自康熙五年（一六六六）楊彥迪或其所部盤旋於北圻（東京），其黨徒在湄公河口之出現，亦可能自康熙六年（一六六七）則有之。由此可相信，如上舉赴日華舶之申口，楊氏船艅乃承錦舍（鄭經）及秦舍（鄭克塽）之命，不時巡航南海以保護鄭氏商船，並時常在東京、廣南及高棉之港口出入。其另一目的顯爲確保廣東沿海之若干島嶼以爲鄭氏向大陸進攻時之跳板或擾亂閩粵沿海之基地。其佔據龍門實具有此種戰略意義。三藩之亂（一六七四——八三）期間，楊彥迪以明鄭禮武鎭總兵，率衆參加粵省沿海與海南島之戰鬥。値得注意者，常與楊彥迪結伴的謝昌爲吳三桂水師提督謝厥扶之子，足見楊氏與吳三桂之間直接或間接地曾有相當程度之聯繫，尤在康熙十六年至廿年（一六七七——一六八一）之四年間，楊彥迪在粵海之舉動很可能生起一個假設——一如 Ch. B. Maybon 之推想（42）——以楊氏船隊爲吳三桂水師之一部。然據上文所考，楊部雖在三藩亂中，頻與吳三桂軍合作，但仍爲東寧鄭氏水軍有力之一翼。

二、關於楊彥迪所部歸投廣南並入殖南圻之年代，目前我們猶缺直接史料予以論定。如上文所述，高棉年代記爲「約在一六八〇年」，而越南史書則一致爲「己未年」（一六七九）。以目前史料，雙方所說均未能證實。當然嘉定通志城池志所載：「太宗己未三十二年春二月十八日」，爲一個具體的、仔細的年代，値得我們注意，可惜，中日史料之所載均與之不合。例如：

甲、據中文史料，在康熙十八年（一六七九）前半，至晚到同年八月間（陽曆自一六七九年九月五日至十月四日）祖澤清爲清軍捕虜以前，楊彥迪仍然盤踞龍門島及其附近；而當時局勢並無任何理由迫使楊彥迪捨龍門而奔走廣南或高棉。

乙、越南史書一致以楊彥迪爲「龍門總兵」，但中日史料均未予證實。反之，華夷變態則以他爲鄭氏「禮武鎭總兵」。一方面，越南史書以陳上川爲「高雷廉總兵」，但中日史料同樣未予證實。因此可推想，越南史書上之職稱，非明廷或台灣鄭氏所授，可能爲他們之僭稱或吳三桂所予者。加之，我們必須指出，直至康熙二十年（一六八一）九月，「高雷總兵」事實上爲祖澤清，而照雷州府志（卷三），楊二（卽彥迪）爲「祖黨土賊楊二」，再細察這些人物間之利害關係，可知祖澤清在高州及雷州猶維持勢力時，陳上川殆無自稱「高雷廉總兵」之可能。

丙、假使楊彥迪及其船隊確在一六七九年前半年入殖南圻，那麽爲何同年六月廿六日（陽曆八月三日）及七月廿九日（陽曆九月三日）抵長崎之八番暹羅船及二十番東埔寨船之申口（43）均述及高棉正王與二王間之内戰而未言及在南圻（卽高棉東南部）之楊彥迪部隊？相反地，同年正月十九日（陽曆一六七九年三月一日）離廈門赴長崎之廈門船商客們却稱：他們在黨時風聞去年冬間高州府及欽州府已爲錦舍(鄭經)屬下之「總鎭官楊彥迪」所佔據；（44）可想見楊彥迪在一六七九年初仍未放棄龍門。總之，在康熙己未十八年（一六七九）春間或夏間楊彥迪、陳上川等人南投廣南，再承阮主賢王之命入殖南圻之說實屬可疑。據管見，卽使有，也可能如上揭天和三年（一六八三）五番及十九番暹羅船申口所述，係在楊氏船團巡洋途上暫時性之寄港而已，並非歸投阮主之行動。

三、雖然上揭英國東印度公司東京商館之日誌未載楊彥迪之名，亦未闡明該船團之來源，但已講明他們爲避免清軍之追擊而被迫離鄉逃命，且北圻當局亦因怕惹起清廷之麻煩，故不敢提供任何補給予他們，可知自一六八二年三月九日至四月廿四日之間停泊於紅河河口二〇六隻船團之一部乃至全部爲南奔途上之楊彥迪所部，實無庸置疑。如上文所述，康熙二十年（一六八一）三月間在海口及龍門雙重之敗衂已迫使楊氏與其所提携之海上勢力撤離粵省沿海。至其船艘之數目，東京商館日誌之數目（二〇六隻）一見頗爲龐大，但無不接近A. Leclère高棉史所舉之原數目（二百隻）。De Bourges 主敎所言之「八十艘大小船隻」當然指其船團之一部而已。那麼，何故二百隻之大船團抵達廣南與南圻時祇剩五十餘艘（越南史書）乃至七十餘艘（華夷變態）呢？刻下我們尙缺史料以揭開其謎，祇好暫照 Leclère 高棉史之所載，以其一部爲暴風所毀，或者可推想其船團之大部已離散，分批奔於東京、廣南及暹羅各地。蓋上述東京商館一六八二年三月九日之日誌亦稱該船團之目的地爲暹羅，所以如此推測並非無根之說。

四、我們充分瞭解楊彥迪船團大舉歸投廣南時賢王驚惶躊躇之心情。嘉定通志（疆域志）云：「時以北河（卽北圻鄭王）屢煽，而彼兵遠來，情僞不明，况又異服殊音，猝難任使，然他窮逼奔投，忠節款陳，義不可絕」，因而尋出最妥當的辦法：就是，不如因彼之力，令往柬浦寨地方，委之闢地以居，拓土効力。再根據上擧天和三年五番及十九番暹羅船之申口，我們想像楊氏之船團（搭載三千兵員及其家屬）分兩批而到達南圻。首批於天和壬戌二年（康熙廿一年）十一月間（陽曆一六八二年十二月間）；第二批於天和癸亥三年（康熙廿二年）夏初（陽曆一六八三年五月間）；而此兩批亦可能與越南史書上之兩批：卽入殖美湫之楊彥迪所部與入殖邊和之陳上川所部相合。（45）

五、鑑於東寧鄭氏降清之前夕，在台灣及廣州均有鄭克塽將亡命於柬埔寨（高棉）之風說，台灣歸清時楊彥迪之妻子尙留在台灣，加之，楊氏船綜在廣南及柬埔寨之事曾由鄭氏軍政負責人劉國軒報告給施琅等等之事實，我們可斷言楊彥迪所部之移殖南圻確在康熙二十二年（一六八三）八月鄭克塽降清之前，且其南移之計劃卽非奉鄭克塽之命，也獲東寧當局充分同意之下而予以實現者。

六、楊彥迪及陳上川一行向廣南阮主歸順並臣屬之事，祇見於越南史書，中日史文均未透露。惟鑑於他們移殖南圻後之動靜及阮主與他們間密切之關係（詳於下篇），我們似不便否認其事。

附註

註一　關於十六世紀當時這種歐人與中國海盜合作之若干例子見於 C. R. Boxer, South China in the Sixteenth Century, being the narratives of Galeote Pereira, Fr. Gasper de Cruz, O. P., Martin de Rada, O. E.S.A. (1550-75), London (Hakluyt Society). 1953 之序文中 (p. xvii-l).

註二　Victor Purcell 氏以中國移民進出東南亞各地之主因爲中國內部之動亂，特別是鄭成功之抗清運動所引起之不安局勢。參看 V. Purcell, The Chinese in Southeast Asia, Oxford University Press, 1952, p. 31.

註　三　關於睿宗以前廣南歷代阮主之紀年，大南實錄前編與嘉定通志之間有1年之差異，蓋因前者以繼立之次年爲元年，而後者則以新王繼立之年爲元年。

註　四　阮主之正營分爲三司：一、舍差司，長官爲都知及記錄，掌管阮主之令旨及各種文書；二、將臣吏司，長官爲該簿，掌管徵稅及分發糧食物料事務；三、令史司，長官爲衙尉，掌管祭祀及財務。參看 Tran Trong-Kim, Viet-Nam Su-luoc, Hanoi, 1954, p. 324.

註　五　陳上川所部之入殖地事實上爲邊和（Bien-hoa），並非婆地（Baria）。

註　六　Aubaret 之法譯本爲同年五月，未詳其根據。

註　七　撫邊雜錄祇載「明逋臣龍門將軍楊彥迪」之名，不見其他三名。

註　八　廣東海防彙覽卷四十一所引陵水縣志；瓊州府志卷十五，15a。

註　九　彙覽卷四十一所引崖州志；瓊州府志卷四十二，28a。

註一○　彙覽卷四十一，6a。

註一一　彙覽卷四十一；據廉州府志（卷廿一，40a），龍門敗退後，鄧耀走於廣西千隆山佛寺，於此被清軍擒獲並被處刑。然據尙可喜順治十七年九月丁卯之奏摺，鄧耀由海康逃亡交趾（世祖實錄卷一四○，9a）。

註一二　W. J. M. Buch, La Compagnie des Indes Néderlandaises et l'Indochine, BEFEO., t. 37, p. 144.

註一三　欽州志卷十；廉州府志卷廿一，40b。

註一四　聖祖實錄，卷十四，25b。

註十五　聖祖實錄，卷十九，4a-4b；「黎維禧」之名顯爲「黎維禑」（卽黎玄宗一六六三——七一）之訛。至於「海牙州」，亦可能是「海東州」之誤，蓋因北圻向無「海牙州」，而海東州與欽州極近，管内有濻寧、雲屯等重要港口，爲華船常販之處。參看盛慶紱，越南地輿圖說，海東府條。

註十六　大越史記全書，本紀續編附錄，8b。

註十七　自從鄭成功逐荷人，光復台灣後，東寧與荷印公司間常存着一種敵對關係；荷印公司船隻襲擊鄭氏商船之事件時常發生。迨一六六七年春間，突有一Piauwya者（彪爺？）爲鄭氏之黨徒，率領五十六名華人來至高棉，揚言於年中將有三千華人續至。Piauwya故意與荷印公司高棉商館爲難，屢向該公館勒索，後於一六六七年五月廿六日夜間率衆襲擊該商館，殺館長Ketting以下數名館員並搶奪巨額之金錢及財物；結果迫使荷印公司不敢再開設商館在高棉。參看W. J. M. Buch, loc. cit., t. 37, p. 234-235.

註十八　例如康熙十二年（一六七三）楊二襲擊海南島舖前港，擄數百男婦以歸。瓊州府志，卷十九15b；卷四十二，30a。

註十九　江日昇，台灣外紀，卷七。

註二十　華夷變態，卷四，47a-47b；據同年八月五日（陽曆一六七六年九月十二日）由廣南抵長崎之二十二番及二十三番廣南船之申口，有一海賊「楊八」者率數十隻船，數百部屬於同年抵達高棉，聯合二王進攻正王。正王懼手下軍勢單薄，便强迫徵發前年駛至高棉貿易五隻華船之商客們從軍，不久擊退楊八與二王之聯合軍於湄公河江口（參看華夷變態，卷四，50b-51b）。據管見，上文中之「楊八」必是「楊二」之筆誤，易言之則該事件爲楊彥迪船團巡行南海途中所發生之一事件；卽使楊八非爲楊二，也無疑地爲楊彥迪之同黨。關於華夷變態及所謂「唐船申口」或「唐船風說」之起源及內容，參看拙著「淸初華船之長崎貿易及日南航運」，南洋學報，第十三卷，第一輯。

註二一　平定三逆方略，卷卅一，3b。

註二二　平定三逆方略，卷卅一，12b；卷卅六，13b。

註二三　聖祖實錄，卷七十，12b。

註二四　雷州府志，卷三，25b。

註二五　聖祖實錄，卷七十六，5a-6b；廉州府志，卷廿一43a；瓊州府志，卷十，30b。

註二六　平定三逆方略，卷四十，5b-6a。

註二七　平定三逆方略，卷四十七，11a所收廣東總督金光祖之奏文。

註二八　華夷變態，卷五下，35b。

註二九　華夷變態，卷七上。

註三〇　同文又見於瓊州府志卷十九，16a；感恩縣志，卷十二，6。

註三一　聖祖實錄，卷九十六，6a-6b；廣東通志，卷二六一，8a-8b；瓊州府志卷三十一，29b-30a；卷四十二，31b。

註三二　廉州府志，卷二一，43b；雷州府志，卷三，26a-26b；楊彥迪為其副將黃進所殺之經緯待下篇再述。

註三三　Abstracts of the Tonquin Factory Journal Register from 1681 December 15 to 1682 July 28, Books Record from India, No. 240-241. 英國東印度公司之東京商館設在憲南（Hean），卽上山南省之首府，為現今興安（Hung-An）稍北之仁德鄉。

註三四　"Batsha"之名，W. Dampier叫作"Batcha"，一七七五年出版之一部東印度及中國航路誌則稱作"Basta"；顯為太平河（紅河支流）河口附近，先朗縣白沙村之譯音。參看 Ch. B. Maybon, Histoire moderne du Pays d'Annam, appendice, p. 407-408.

註三五　Prévost, Histoire générale des Voyages, IX, p. 95 所收之十七世紀東京河圖則作 "Alcron"，為太平河口附近之一小島。

註三六　Archives des Missions Etrangères, vol. 680, p. 18; Adrien Launay, Histoire de la Mission du Tonkin, Documents historiques, I, 1658-1717, Paris, 1927, p. 225.

註三七　華夷變態，卷八，中。

註三八　華夷變態，卷八，中。

註三九　華夷變態，卷八，中。

註四〇　板澤武雄，阿蘭陀風說書之研究，一九三七年，頁一一六——一一七。

註四一　記明台灣鄭氏亡事，卷四，5a-5b。

註四二　Ch. B. Maybon, op. cit., p. 119, Note 2.

註四三　華夷變態，卷七上。

註四四　華夷變態，卷七上。

註四五　茲有若干跡象令人相信早於辛酉年六月間（一六八二年七月五日至八月二日），已有楊彥迪船團之前鋒部隊抵達高棉。據貞享元年（一六八四）五番廣東船之申口，於辛酉年六月初五該船商客由高棉返航廣州途上，於高棉近海爲「賊船」襲擊，被擄取所有載貨及船隻，惟商客則被釋回。及後由「廣南王（卽指阮主賢王）出面周旋，經過近一年調停，海賊們始將該船交還，因之，翌年六月廿五日（陽曆一六八三年七月十九日）商客們搭其船離廣南會安航返廣東。（華夷變態，卷九）。此事件當可證實一六八二年六月間出現於高棉沿海之賊船爲歸屬阮主之船隻，由此可推知該批賊船爲楊彥迪船團之一部，如是則該部可能在同年，離停泊於東京灣不遠之時期，投歸廣南。

附記

本文之寫作先後承巴黎亞洲協會圖書館及台灣大學圖書館賴永祥、曹永和兩位先生貸與史料及賜敎，茲謹向該圖書館與兩位先生深謝。

筆者誌

一九六一年七月廿日　於越南大叻

史籀篇非周宣王時太史籀所作辨

潘重規

海寧王國維先生撰史籀篇疏證，其敘錄謂史籀一書，殆出宗周文勝之後，春秋戰國之間，秦人作之以教學僮之書，史籀既非人名，且亦非宣王時史官，於是斷言史篇之文字，秦之文字，即周秦間西土之文字；而說文所出古文，即孔子壁中書，乃周秦間東土之文字。自此說出，一反舊有古文籀文篆文相傳之系統。近世治文字學者，受其影響，往往歎為劃時代之發現。予嘗反覆研求，知其說遠違事實，而大亂吾國文字承傳之真象，是不得不辨。茲謹先揭舉史籀篇疏證敘錄原文於次：

一　史籀為人名之疑問也。自班志著錄，以史籀為周宣王大史（原注：殆本之劉向父子），許書从之。二千年來世無異論。顧獨有疑者，說文云「籀，讀也」。又云：「讀，籀書也」（原注：毛詩鄘風傳云「讀，抽也」）。古籀讀二字，同聲同義。又古者讀書皆史事。周禮春官大史職：「大祭祀，戒及宿之日，與羣執事讀書而協事；大喪，遣之日，讀誄」。小史職：「大祭祀，讀禮灋。史以書敘昭穆之俎簋。卿大夫之喪，賜謚讀誄」。內史職：「凡命諸侯及公卿大夫，則策命之（原注：謂讀策書）」。

凡四方之事，書，內史讀之」。聘禮：「夕幣，史讀書展幣」。士喪禮。「主人之史讀賵，公史讀遣」。是古之書皆史讀之。許逸周書世俘解：「乃俾史佚繇書于天號」。嘗麥解：「作筴許諾」，乃北向繇書于兩楹之間（原注：作筴，內史之異名，余有書作冊考）。繇即籀字。左傳之卜繇，說文解字引作卜籀、知左氏古文繇本作籀。逸周書之繇書，亦當作籀書矣。籀書為史之專職，昔人作字書者，其首句蓋云：「大史籀書」，以目下文，後人因取句中史籀二字以名其篇（原注：古字書皆以首二字名篇，存者有急就篇可證，推之倉頡篇，首句當云倉頡作書。爰歷博學諸篇，當無不然。觀詩書及周秦諸子，大抵以首二字名篇。此古代名書之通例也）。大史籀書猶言大史讀書。漢人不審，乃以史籀為著此書者之人，其官為大史，其生當宣王之世。是亦不足怪。李斯作倉頡篇，其時去漢甚近，學士大夫猶能言之。然俗儒猶以為古帝之所作，無惑乎以史籀篇為史籀所作矣。不知「大史籀書」，乃周世之成語，以首句名篇、又古書之通例。而猥云有大史名籀者作此書，此可疑者一也。

一、史籀篇時代之疑問　史籀之為人名既可疑，則其時

代亦愈可疑。史篇文字、就其見於許書者觀之，固有與殷
周間古文同者。然其作法大抵左右均一，稍涉繁複。象形
象事之意少，而規旋矩折之意多。推其體勢，實上承石鼓
文，下啟秦刻石，與篆文極近。至其文字出於說文者僅二
百二十餘，然班固謂倉頡爰歷博學三篇文字，多取諸史籀
篇。許慎亦謂其皆取史籀大篆，或頗省改。或之者，疑之
；頗之者，少之也。史籀十五篇，文成數千，而說文僅出
二百二十餘字，其不出者，必與篆文同者也。孜戰國時秦
之文字，如傳世秦大良造鞅銅量、乃孝公十六年作，其文
字全同篆文。詛楚文摹刻本文字、亦多同篆文。而殹参𠟭
意四字、則同籀文。篆文固取諸籀文、則李斯以前秦之文
字，謂之用篆文可也、謂之用籀文亦可也。則史篇之文字
，秦之文字、即周秦間西土之文字也。至許書所出古文，
即孔子壁中書，其體與籀文篆文頗不相近。六國遺器亦然
。壁中書者，周秦間東土之文字也。史籀一書殆出宗周文
勝之後，春秋戰國之間，秦人作之，以教學童，而不傳於
東方諸國。故齊魯間文字作法體勢與之殊異。諸儒著書口
說亦未有及之者。惟秦人作字書，乃獨取其文字，用其體

例。是史篇獨行於秦之一證。若謂其字頗同殷周古文、當為古書、則篆文之同於殷周古文者、亦甚多矣。且秦處宗周故地、其文字自當多仍周舊、未可因此遽定為宗周時之書、此可疑者二也。

以上王氏提出史籀人名時代之問題、尚畧存懷疑之態度。其後撰「戰國時秦用籀文六國用古文說」（觀堂集林卷七）、則由懷疑之態度、一轉為堅決之主張。其言曰：

余前作史籀篇疏證序、疑戰國時秦用籀文六國用古文、並以秦時古器遺文證之、後反覆漢人書、益知此說之不可易也。班孟堅言倉頡爰歷博學三篇文字多取諸史籀篇、而字體復頗異、所謂秦篆者也。許叔重言、秦始皇帝初兼天下、丞相李斯乃奏同文字、罷其不與秦文合者。斯作倉頡篇、中車府令趙高作爰歷篇、太史令胡毋敬作博學篇、皆取史籀大篆、或頗省改、所謂小篆也。是秦之小篆、本出大篆。而倉頡三篇未出、大篆未省改以前、所謂秦文、即籀文也。司馬子長曰：秦撥去古文。揚子雲曰：秦剗滅古文、許叔重曰：古文由秦絶。案秦滅古文、史無明文。有之、惟有一文字與焚詩書二事。六藝之書、行於齊魯、爰及趙魏，而罕流布於秦（原注：猶史籀篇之不行於東方諸國），其書皆以東方文字書之。漢人以其用以書六藝，謂之古文。而秦人所罷之文，與所焚之書，皆此種文字。是六國文字，即古文也。觀秦書八體中，有大篆，無古文，而孔子壁中書與春秋左氏傳，凡東方之書，用古文不用大篆，是可識矣。故古文籀文者，乃戰國時東西二土文字之異名，其源皆出於殷周古文。而秦居宗周故地，其文字猶有豐鎬之遺，故籀文與自籀文出之篆文，其去殷周古文，反較東方文字（原注：即漢世所謂古文）為近。自秦滅六國，席百戰之威，行嚴峻之法，以同一文字。凡六國文字之存於古籍者，已焚燒剗滅。而民間日用文字，又非秦文不得行用。觀傳世秦權量等，始皇廿六年詔後，多刻二世元年詔，雖亡國一二年中，而秦法之行如此，則當日同文字之效可知矣。故自秦滅六國，以至楚漢之際，十餘年間，六國文字，遂遏而不行。漢人以六藝之書，皆用此種文字，又其文字為當日所已廢，故謂之古文。此語承用既久，遂若六國之古文，即殷周古文，而籀篆皆在其後，如許叔重說文序所云者，蓋循名而失其實矣。

上來所說，其持論之堅，引據之博，似可正二千年來之謬誤，重定自古承傳之文字系統。學者聞所未聞，亦信足一新天下之耳目矣。然予反覆思辨，終覺王氏所說，多有未安，其滑亂文字之真者，尤非淺尠，用是貢其所見，以求事理至當之歸。茲特於中述異議之前，先列舉史籀篇見於載籍之資料如後：

漢書藝文志：「史籀十五篇。」自注：「周宣王大史，作大篆十五篇。建武時，亡六篇矣。」

又：「史籀篇者，周時史官教學童書也。與孔子壁中古文異體。蒼頡七章者，秦丞相李斯所作也。爰歷六章者，車府令趙高所作也。博學七章者，太史令胡毋敬所作也。文字多取諸史籀篇，而篆體復頗異，所謂秦篆者也。」

說文解字敘：「宣王大史籀，著大篆十五篇，與古文或異。」

又：「秦始皇帝初兼天下，丞相李斯乃奏同之，罷其不與秦文合者。斯作倉頡篇，中車府令趙高作爰歷篇，大史令胡毋敬作博學篇，皆取史籀大篆，或頗省改，所謂小篆者也」。

又：「自爾秦書有八體：一曰大篆。」

段玉裁說文注曰：「大史官名。籀，人名也。省言之曰史籀。其姓不詳，記傳中凡史官多言史某，而應劭、張懷瓘，顏師古及封演聞見記郭忠恕汗簡引說文皆作大史史籀，或疑大史而史姓，恐未足據。大篆十五篇，亦曰史籀篇，亦曰史篇。王莽傳：「徵天下史篇文字」。孟康云：「史籀所作十五篇古文書也」。此古文二字當易為大篆。大篆與倉頡古文或異，見於許書十四篇中者備矣。凡云籀文作某者是也。或之云者，不必盡異也。蓋多不改古文者矣。籀文字數不可知，尉律諷籀書九千字乃得為史，此籀字訓讀書，與宣王大史籀非可牽合，或因之謂籀文有九千字，誤矣。大篆之名，上別之古文，下別乎小篆而為言。曰史篇者，以官名之；曰籀篇，籀文者，以人名之」。

衛恒四體書勢：「昔周宣王時，史籀始著大篆十五篇，或與古同，或與古異，世謂之籀書者也」。

魏書江式傳：「及宣王太史史籀，著大篆十五篇，與古文或同或異，時人即謂之籀書」。

顏師古急就篇注敘：昔在周宣，粵有史籀，演暢古文，初著大篆」。

張懷瓘書斷：「按大篆者，周宣王太史史籀所作也。或曰柱下史，始變古文，或同或異，謂之為篆。篆者，傳也，傳其物理，施之無窮。甄豐定六書，三曰篆書。八體書法，一曰大篆，又漢書藝文志云：史籀十五篇，並此也。以史官製之，用以教授，謂之史書，凡九千字。秦焚書，惟易與史篇得全。案許慎說文十五卷九千餘字，適與此合，故先氏以為慎即取此而說其文義」。

侯康補後漢藝文志：「王育史書解說」。班固藝文志，建武時亡六篇。唐元度云：建武中，獲九篇。章帝時，王育為之解說，所不通者，十有二三。安帝年十歲，好學史書，和帝稱之，數見禁中。注：史書，周宣王太史籀所作之書，凡十五篇，可以教童幼。拾遺記：育字少君，家貧，美姿容，為人繕書，人愛說之，多與金錢衣服。後游太學，遂博通傳說，尤精蒼籀。章帝時，官至侍中」。

姚振宗後漢藝文志：「王育史籀篇解說九篇」。宋張文墨池編：唐元度論十體書曰：周宣王大史史籀，始變古文，著大篆十五篇，秦焚詩書，惟易與此篇得全。逮王莽之亂，此篇亡失。建武時，曾獲九篇。章帝時，王育為作解說，所不通者，十有二三。按王育始末無考。說文為禿女无醫字下、凡五引王育說，即是書」。由上引漢以來載籍、皆謂史籀篇為周宣王太史籀所作，故王氏亦以為「二千年來無異論」。惟王氏有見於「古者讀書皆史事」，又以「古籀讀二字同音同義」，遂假定史籀篇之首句為「大史籀書」，此乃王氏個人之臆想，並非客觀之事實。王氏據自己假設之前提」，更斷言「漢人不審，乃以史籀為著此書之人，其官為大史，其生當宣王之世」。且以漢世俗儒誤認倉頡篇為倉頡所作，因舉以為誤認史籀作書之例證。夫自設前提，自下結論，實有違科學考證之精神，其說本不能成立。即姑如王氏之言，以「大史籀書」為史籀篇之首句。亦斷難指為漢人誤認作者之確證。蓋王氏所謂「漢人」，即校讎著錄之劉班諸氏，王氏謂倉頡篇首句當為「倉頡作書」，而劉班諸氏既未誤認為倉頡所作，則亦不致誤認大史籀書為大史籀所作之書；更不致毫無根據，貿然指史籀為周宣王之大史」。夫向歆班固，皆漢代通儒，莫不殫見洽聞，而又富於實事求是之精神。試就漢書藝文志(漢志實本於劉向父子)著錄各家著作，少加抽繹，即可見劉班著錄羣書，其考覈之精詳，態度之審慎，迥非後儒所及，烏可儕於漢世俗儒鄙夫迷誤粗率之列。今案漢志著錄諸家著作，凡標明作者姓名時代者，皆確有所本，決非憑空嚮壁虛造。故漢志所錄羣

書．凡闕作者之名者．則闕疑而不敢質言．如

儒家．內業十五篇云：不知作書者．陳人君法度。
又，讕言十一篇云：不知作者．論功德事。
又，功議四篇云：不知作者。
又，儒家言十八篇．云：不知作者。
道家．道家言二篇，云：近世．不知作者．
陰陽家，衛侯官十二篇，云：近世．不知作者。
又，雜陰陽三十八篇，云：不知作者。
法家．燕十事十篇，云：不知作者。
又，法家言二篇，云：不知作者。
雜家，雜家言一篇，云：王伯，不知作者。

有著作時代不詳者，則亦疑事毋質．經言不知。如：

農家，宰氏十七篇，云：不知何世。
又，董安國十六篇，云：漢代內史，不知何帝時。
又，尹都尉十四篇，云：不知何世。
又，趙氏五篇，云：不知何世。
又，王氏六篇，云：不知何世。

他如：

尚書家，周書七十一篇，注云：周史記。
春秋家，世本十五篇，注云：古史官記黃帝以來訖春秋時諸侯大夫。
小說家，青史子五十七篇，注云：古史官記事也。

此皆向歆班固僅知為史官所記，而不知在周代何世，史官何名，故惟泛言「周史記」，古史官而已。其有作者傳說不同，而未能確定者，則亦兼存眾說」，不敢輕下斷語。如：

儒家，周史六弢六篇，云：惠襄之間。或曰：顯王時。或曰：孔子問焉，

乃至所根據之材料，如有可疑，則必以疑似之語出之，如：

儒家，景子三篇，云：說宓子語，似其弟子。
又，河閒周制十八篇，云：似河閒獻王所述也。
道家，太公二百三十七篇，云：呂望，為周師尚父，本有道者。或有近世。又以（規案：以疑似字之誤）為太公術者所增加也。
陰陽家，五曹官制五篇，云：漢制，似賈誼所條。
雜家，孔甲盤盂二十六篇，云：黃帝之史。或曰：夏帝孔甲，似皆非。

又，大命三十七篇，云：傳言禹所作，其文似後世語（師古
曰：命古禹字。）
小說家，伊尹說二十七篇，云：其語淺薄，似依託也。
又，師曠六篇，云：見春秋，其言淺薄，本與此同，似因
託之。

由上畧舉漢志著錄之情狀，已足覘向歆班固諸儒治學態度之謹嚴，不獨對前代著述之作者時代，言不知者不一而足。即當代之著作，亦不肯逞意必之談，輕下一語。如農家董安國十六篇，雖明知董安國為漢朝內史，然不詳其年世，故特注明「不知何帝時」。又如陰陽家五曹官制五篇，注云：「漢制，似賈誼所條」。劉班諸人見五篇皆言漢制，揣度時事，認為乃賈誼所條陳。惟所據篇籍、未著作者之名，終不敢以個人之鑑定、亂客觀之事實，故特加一猶豫不定之「似」字，以表明為其個人之意見。其實據漢書賈誼傳云：「誼以為漢興二十餘年，天下和洽，宜當改正朔，易服色，法制度、定官名，興禮樂，迺草具其儀法。色上黃，數用五，為官名，悉更奏之（王念孫曰：「悉更奏之，當依史記作悉更秦之法，秦奏相似而誤、又脫法字耳。色上黃以下三句，皆是更秦之法，故言此以總之。若謂奏之於上，則但當言奏、不當言更奏也。師古所見

本正作吏秦之法，故云：吏，改也』、亦謂改秦法，非謂改奏」。規業：王說是也。然予疑此文但脫秦之法三字耳，奏之二字當存，奏之即條陳其事制也」。則正與誼條五曹官制之說合。劉班所見、殆近事實，假令劉班經」云「五曹官制，賈誼所條，後世誰能非之。然劉班終不肯輕下一意必之語，亦可明其治學之謹嚴不苟矣。由此可知，漢志所著録，每一著作，每一注解、皆根據確鑿之事實，加以紀録，決無模糊影響，憑空揣測之談。即以小學類所著録觀之。蒼頡一篇，注云：「上七章，秦丞相李斯作，爰歷六章，車府令趙高作。博學七章，太史令胡毋敬作」。此由漢興，合倉頡爰歷博學為一篇，劉班據見本而析言之。又史籀十五篇，注云：「周宣王太史，作大篆十五篇，建武時亡六篇矣」。此則劉氏所見為足本十五篇。經王莽之亂，而班固所見僅九篇，是漢志所載史籀篇名作者皆本之劉氏也。大凡著作底本，必有作者姓名題識，故編藝文目録者得據之而標明作者為誰某，篇數為若干也。其注明「不知作者」、「不知何世」之著作，必底本脫落作者姓名及題識者也。由此觀之，假令史籀十五篇，其底本無作者姓名題識，而是篇首句縱如王氏所云之「大史籀書」，向歆諸人亦斷無憑此單文，即臆斷為大史籀所作之書，而又憑空捏造大史籀為周宣王之大史。衡之漢志著錄之例，如上來所舉，必當闕其作者之名氏時代，或則出以疑似之詞、豈有纔觀首句，即為意必孟浪之談・至於此極哉，況史籀一名、於古書未見徵引，迴非墨家尹佚二篇之比。蓋尹佚即史佚，屢見於左傳國語逸周書諸舊籍，故漢志注云：「周臣、在成康時」也。乃王氏拾舉漢世俗儒以倉頡篇為古帝所作一事、用為誤史籀篇乃史籀作之例證，猥以謹嚴淹洽之通儒，下儕「迷謬悖惑之俗子，擬人失倫、未見其可。況漢世俗儒見倉頡篇中「幼子承詔」、因曰古帝之所作、其辭有神僊之術焉。蓋由黃帝倉頡同時、又有黃帝乘龍上天之傳說，故為此謬說。若劉向諸人、校書天祿、竟橫指一不見載籍之人名，為周宣王太史，其荒謬無稽，不更甚於漢世之俗儒鄙夫耶？此王氏之說之萬萬不可通者也。或據漢書古今人表有史留、（周壽昌說，籀之為留、古字通省，故史留即為史籀。）在際讓之前、疑為六國時人。此亦未當，蓋此表屢經傳寫、豪脫尤多。原序有崇侯，張晏引有嫪毐，宋重修廣韻，公字注有齊大夫公幹。士字注有士思癸。通志氏族略四有司褐拘，而今俱無之。學林引表桀在九等，張謂田單魯仲連藺相如五等，寺人孟子三等。史通謂陽處父四等，士會高漸離五等・鄧三甥荊軻六等，鄧祁侯秦舞陽七等、俱與今異。其他標署譌複・時代乖違・

均由於此（本梁玉繩說）。是則縱認史留為史籀，而史籀之時代，必不可以人表名次為定。漢志一則云：「周宣王太史」，再則云：史籀篇者，周時史官教學童書」，此舊史明文，炳如日星，最可依據者也。

復次，王氏謂籀文體勢，上承石鼓文，下啟秦刻石，與篆文極近，乃戰國時秦人通用文字，與東方六國所用文字體製殊異，因舉秦大良造鞅銅量文字全同篆文，而詛楚文摹刻本亦多同篆文、惟殷參鼎憲四字則同籀文，證明籀文篆文為同一系統，而古文為另一系統。惟考其實，殊不如王氏所說。試即秦大良造鞅銅量觀之，銅量大字作大，大字即為古文，說文大字下云：「古文大也」。而籀文則作亣，說文亣字下云：「籀文，改古文」。是秦器用古文大而不用籀文亣也。再就詛楚文觀之，雖殷參鼎憲四字同籀文，而大字十餘見，皆作古文大字。其他求字作𠦜，亦同於古文。玉氏所舉大字作丕，利字作𥝢，皆與說文所載古文𥝢相近。除王氏所舉大良造鞅銅量及詛楚文之外，秦器中之秦公毀，事字作叀，秦公鐘之事字作叓，皆與說文古字叓字相近。若觀察六國之遺文，其所用文字，亦復多同籀文，如東方齊國之𨋐鎛，陳侯午錞，國差𦉜之四，皆作亖，晉國之晉公盦，𦉜子壺，四亦作亖，洛陽韓墓所出之韓壺銘文．四亦作三。據說文所載，三乃籀文。由此觀之，亦可知秦國文字常用古文，而東方諸國，亦復用籀文．是則王氏所謂秦不用古文之說，即其自舉之例；亦不能證成其說，而所謂籀文篆文與古文系統截然不同之說，自亦不能成立矣，

嘗試論之，中國文字，古籀小篆之名，雖隨時代異稱、而其系統源流，本為一貫。史籀李斯考正文字，皆重在整理舊文，而非創造新字。有史籀之整理文字，而後目史籀以前之文字為古文．有李斯之統一篆書，而後目史籀為大篆。其實古籀秦篆一脈相承，本難遽分彼此。非如三種不同之文字，行於邦域之內．可以此壇彼界，截然劃分也。許氏所云今敘籀文合以古籀者，蓋據秦所行用言之。蓋秦所行用，雖古籀亦名篆文；秦所不用，，始名古籀也。試即說文一書證之。說文之字、有已廢為古籀，而見於小篆偏旁者。有現為小篆、而見於古籀偏旁者。質實言之、此小篆即為組成此古籀以前之古字，故凡含有古籀之小篆、其小篆即古籀也。如：珇為古文瑁，𤥚為古文玕，蒯為古文毒，孩為古文咳．嚞為古文哲．𠸷為古文君，㑮為古文兵，啺為古文唐，周為古文周，𠰻為古文吝．嚴為古文嚴、起為古文起，足為古文正，匭為古文簋，𣥌為古文近，艁為古文造、拪為古文遷、㮚為古文徙

、尌為古文道，遏為古文遬、馭為古文御，孠為古文嗣，訨為古文詩、暮為古文謨、𧦮為古文訟，誚為古文譙，𦍶為古文僕、𢌱為古文與，辳為古文農．𩏣為古文靼、采為古文孚、簪為古文彗、𦘔為古文肅、徹為古文徹、𡇒為古文睦、𢽤為古文教、難、雔、皆為古文鷊、盦為古文殪、費為古文腆、𥝢為古文利，医為古文簠．韐為古文鼛、彤為古文丹、恭為古文阱，恁為古文飪，匭為古文簋，𩛎為古文飽．厌為古文庚、龠為古文全，宓為古文容、垕為古文厚、翌為古文舞、𣚚為古文麓、弃為古文棄、鎜為古文槃、垔為古文栖、賓為古文賓、峒為古文庵，穷為古文貧，明為古文朙，𡵨為古文邦，㭾為古文郑，佰為古文殂、囚為古文网、褾為古文表，垐為古文堲、謦為古文盬，舤為古文般、罿為古文器、𩚇為古文飲、㵘為古文次、𠣏為古文旬，羙為古文羑、𦅫為古文繇，敺為古文驅、𡨴為古文煙，炗為古文光、烾為古文赤、𢙎為古文悟，𢚌為古文悉、鑵為古文鑾，𢖶為古文恐、瀁為古文漾、甽為古文巜、㦿為古文戶、𨵦為古文閾，𢝊為古文閔，䎽為古文聞，𨘢為古文撻，弢豈皆為古文鄉，𢙈為古文姦、㡭為古文絕、賡為古文續，線為古文綫，𥝉為古文蠭、𦃃為古文蠡，𢦺為古文蠢，𥎐為古文蠢，𡋜為古文堇，囏為古文艱，勛為古文勳，𢐲為古文殤，毀為古文毀，𨔝為古文動，恿為古文勈，叶為古文協、銕為古文鐵，扭為古文鈕，鐼為古文隫，巤為古文禹、禽為古文咼，戚為古文成，蕭為古文醢，此諸古文所含之偏旁，有「人」為籀文，其餘玉、目、旱、葍、刀、子、亥、吉、奴、干、易、用、彣、敘、辵、巳、足、飢、止、舟、告、手、西、米、寸、易、馬、又、司、㞢、莫、谷、肖、臣、叢、与、林、辰、亶、爪、習、聿、离、共、囧、夅、佳、盦、典、禾、夫、合、彡、井、任、軌、匚、卯、食、矢、全、公、后、土、羽、黍、入、舛、几、般、完、山、分、月、田、枝、卣、廴、廌、壬、臥、器、今、酉、欠、沝、乃、亘、久、予、攴、區、坙、火、炎、心、既、鉻、耳、工、養、川、戶、門、思、眘、達、弓、弜、弗、丝、𠬝、貝、泉、夆、彖、戈、年、黃、堇、喜、力、員、𢓜、爻、臼、重、甬、曰、十、金、夷、丑、賣、冋、午、右、卣、皿皆為小篆，此諸籀篆既為構成古文之一份子，是諸籀篆即古文也。又如雩為籀文旁，鬷為籀文禱，鬷為籀文齎、鬷為籀文崇、蔽為籀文薇，蘼為籀文蕁、蔙為籀文媷，歗為籀文嘯，綝為籀文述，𢑚為籀文歸，愇為籀文遟，逋為籀文迺，遬為籀文速，割為籀文訇、這為籀文誕、𢍺為籀文兵，𢦶為籀文戴、墼為籀文臧、鷄爲籀文雞，鶵爲籀文雛，鵰爲籀文雕，鷹爲籀文䧹，鴟爲籀文䧱，鳸爲籀文雇，鶅爲籀文䧳，𢍁爲籀文棄，鼎刂爲籀文則，磬爲籀文殸，劎爲籀文劒，速爲籀文迹，䗌爲籀文融，盧爲籀文鬴，鬵爲籀文䰝，龠爲籀文侖，𤖯爲籀文牆，匳爲籀文栝，𪔂爲籀文員，𧹉爲籀文贛，𤺋爲籀文癃，𥝩爲籀文稷，𦋺爲籀文罝，俩爲籀文仿，𧟟爲籀文襲，𠩺爲籀文厓，貌爲籀文皃，𩕄爲籀文顏，額爲籀文頌，燗爲籀文煩，厈爲籀文厂，𠩏爲籀文仄，𩡧爲籀文驪，格爲籀文駕，稴爲籀文稉，災爲籀文烖，脈爲籀文衇，覓爲籀文覛，雺爲籀文霚，䲡爲籀文鱣，匶爲籀文柩，𧇿爲籀文盧，𦃃爲籀文系，𧊧爲籀文蚳，𩏂爲籀文堵，𩫨爲籀文城，𠛱爲籀文銳，𩏵爲籀文陴，乾爲籀文乾，𤔲爲籀文辭，𨣍爲籀文酸，爐爲籀文牆，此諸籀文所含之偏旁，有㒳、方、真、久、齋、示、柴、艸、敗、茻、辱、婦、夂、肅、走、林、帚、心、韋、捕、敕、勹、言、収、疒、戈、異、臧、鳥、奚、肖、周、雁、氏、戶、禽、華、刀、鼎、韧、各、僉、束、蟲、浦、食、虎、厶、來、亩、不、章、貝、年、兕、虘、丙、龖、屖、豸、皃、彥、頁、容、夾、厂、矢、旅、牛、泰、畐、巛、火、辰、見、矛、魚、舊、缶、絲、氏、覃、成、厠、卑、乙、蔑、酉、唆、皿皆爲小篆，此諸小篆既為構成籀文之一份子，是諸小篆即籀文也。由上所舉，有小篆同於古文者，有小篆同於籀文者，有小篆與古文籀文並同者，其脈絡貫通，枝幹連結，蓋難分割。是古籀小篆，淵源一貫之關係，至為密切而明顯，則所謂籀文為西土通行文字，古文為東土通行文字，二者中畫鴻溝，若不相通者，其說又不能成立矣。

且說文正文，據「今敍篆文合以古籀」之語，似正文皆小篆，然全書之重文，往往有注明為篆文者，如：

譱，吉也。从誩羊。善，篆文从言。

重文善為篆文，則正文譱非篆文。按譱下云：从誩，賁聲。春秋傳曰：民無怨讟。此所引春秋傳乃古文左氏傳，是讟从誩為古文，則譱从誩亦古文也。周禮有譱字，周禮亦古文也。又，

斆，覺悟也，从敎冂，臼聲。學，篆文斆省。段注：此為篆文，則斆古文也。亦丄部之例。

䠶，弓弩發於身而中於遠也。从矢，从身。射，篆文䠶从寸。段注曰：射者小篆，則䠶者古文，此亦丄部之例也。

亯，獻也。从高省，曰象孰物形。亯，篆文亯。段注曰：後篆者，丄部之例也。據元應書則亯者籀文。規案：古文

口中或注一．故篆文𦎫．古文作𦏧：篆文𦏧．古文作𦏧：
然則亯蓋古文。
𦏧．孰也。从亯羊。讀若純。𦏧．篆文𦏧。
市，韠也。韍，篆文市从韋从犮。段注：此為篆文，則知
市為古文也。
𣶒，水行也。从𣲘㐬。㳅．篆文从水。段注：流為小篆．
則𣲘為古文籀文可知。
𣵠徒行厲水也．从𣲘步。涉．篆文从水．
𤄷．捕魚也，从𩺰水。𤁸．篆文𤁸似魚．段注：後篆文者
、亦先二後上之例也。
𩙣、飛也．从飛，異聲。籀文翼。翼、篆文𩙣从羽．段注
：先籀後篆者，亦先二後上之例也。
𦣝．顄也。象形。𦣞．篆文𦣝。段注：此為篆文，則知𦣝
為古文也。𩠐，籀文从𩠐。
𨽸，陋也。从𨸏，𦍌聲。𦍌，籀文嗌字。隘，篆文𨽸，从
𨸏益。段注：篆各本作籀，今正。𨽸，籀文也。隘，小篆
也。先籀而後篆者，為其字之从𦉫𨸏也。
𨻐，塞上亭守𤇾火者也。从𨸏，从火，遂聲。燧，篆文𨻐

首。段注：此為小篆，則知上為籀文矣。

由此可知說文之正文不盡為小篆，而重文不盡為古文籀文。且有重文中標出古文，而正文仍可斷為古文者。錢大昕氏跋汗簡云：

說文所收九千餘字，古文居其大半。其引據經典，皆用古文說，間有標出古文籀文者，乃古籀之別體，非古文祇此數字也。且如書中重文往往云篆文或作某，而正文固已作篆體矣，豈篆文亦祇此數字邪？作字之始，先簡而後繁，必先有一二三，然後有从弋之弌弍弎，而叙重乃注古文於弌弍弎之下，吾以是知許所言古文者，古文之別字，非弌古於一也。

又王念孫書錢氏答問說地字音後（高郵王氏遺書王石臞先生遺文卷四）曰：

案說文全書之例，凡小篆與古文異者，則首列小篆而次列古文；其小篆與古文同者，則但列小篆而不列古文，以小篆即古文也。若此者凡十之八九，其與古文異者，不過一二而已。故說文天地二字皆無古文，非無古文也，以小篆即古文也。惟籀文作𡐦字，與古文不同（原注：說文敍云：宣王大史籀著大篆十五篇，與古文或異。）。其作地者，則小篆之同於古文者也。不然，豈孔壁古文，竟無天地一字乎？

如錢王二氏之說，不獨可證明說文所包含古籀之多，抑尤足證明古籀小篆為中國文字相承之正體。故就篆文多與籀文相同戓相近者而言，則如王氏所言「李斯以前，秦之文字謂之用篆文可也，謂之用籀文亦可也」。此其說可通者也。若就篆文多與古文相同或相近而言，如一為小篆，亦即古文；又說文子為正文，而重文有古文𢀇及籀文𢀈；證以口部咳云：小兒笑也。其古文作孩，注云古文咳从子，是孩既為古文，則其偏旁所从之子，亦為古文明矣。是正文子與重文𢀇皆古文，而秦世通行之小篆子字，乃承襲古文而来，與籀文𢀈字相去轉遠。而其他如四之古文作𠃢，而籀文作三；則之古文作𠟭，而籀文作𠟭从鼎，商之古文作𠷃，而籀文作𠷎。皆小篆近於古文，遠於籀文之證。且籀文中亦多有从古文偏旁者，如籀文是作昰、从古文正；速，籀文从欶从辵作遬，古文作𧬈，亦从欶，皆籀文同於古文之明證。是小篆既本於古文，而籀文又同於古文，則王氏所云，「至許氏所出古文，即孔子壁中書，其體與籀文篆文頗不相近者，其說又不可通矣。蓋古文籀文小篆本中國文字一脈相承之正體」，而王氏欲剖而二之，故極盡辯析之能事，而其說終難成立也。

至王氏謂史籀一書，諸儒著書口說未有及之者。此亦無可疑之處．蓋古書不見後儒稱．述者多矣、即以李斯作倉頡篇而論、雖在史記秦本紀及李斯傳中、亦並無一語及之，至於趙高作爰歷、胡毋敬作博學，更無論矣。此由史家立言，有詳有畧，初不足用以為疑。何獨致疑於遠在西周之史籀篇乎？向歆父子考校羣書，班孟堅綜錄藝文，根據舊聞、辯章源委、是以詳著史籀李斯諸人整理文字之業績於七畧漢志、立言有體、固其宜也。至謂籀篇不傳於東方諸國，蓋亦有故。章太炎先生小學畧說曰：

自倉頡至史籀作大篆時．歷年二千，其間字體．必甚複雜。史籀所以作大篆者、欲收整齊畫一之功也，故為之釐定結體，增益點畫、以期不致淆亂。今觀籀文、筆畫繁重．結體方正、本作山旁者，重之而作屾旁；本作水旁者、重之而作沝旁。較鐘鼎所著踦斜不整者．為有別矣。此史籀之苦心也．惜書成未盡頒行、即遇犬戎之禍。王畿之外，未收推行之效。故漢代發現之孔子壁中經、仍為古文．魏初邯鄲淳亦以相傳之古文書三體石經。至周代所遺之鐘鼎．無論屬於西周、或屬於東周．亦大抵古文多而籀文少。

此因周宣初元至幽王十一年，相去僅五十年。史籀成書，僅行關中，未曾推行關外故也。

章氏之言，可謂深得當時情實，蓋宣王承厲王之亂，其始也，修內攘外，成中興之烈。迨天下稍定，而王志又荒，於是不藉千畝，料民太原，敗績姜戎。喪師南國，立魯侯不以適，殺杜伯非其罪，周道於是復衰。繼以幽王荒亂，犬戎入寇，遂覆宗周，泯棼板蕩，蓋亦甚矣。史籀整理文字，未知在宣王何年，要之在此動盪之五十餘年中，其不能推行及遠，斷可識矣。其不為諸儒傳誦，曷足異乎？是故，就整理文字之歷程言，史籀實為一重要人物，然自教育政令言之，則遘周室傾覆播遷之際，自難望其澈底推行。秦起西陲，據周京舊地，一切制度、自當承襲前規。文字語言，約定俗成、尤必因仍舊貫。攷周孝王始封秦非子為附庸，傳至襄公，送平王東遷有功，始為諸侯、十二年伐戎至岐，卒。傳子文公。據史記秦本紀，文公十三年，初有史以紀事，民多化者。當春秋之世，秦與中國交通頻煩，與晉尤親，屢世姻婭，賑粟致醫，往還至密。當晉文出亡在秦，秦伯享之，公子賦河水，公賦六月。趙衰曰：重耳拜賜。公子降拜稽首，公降一級而辭焉。衰曰：君稱所以佐天子者命重耳，重耳敢不拜。（左傳僖二十三年）其後、楚滅吳，申包胥如秦乞師，秦伯使辭焉。曰：寡人聞命矣。子姑就館，將圖而告。對曰：寡君越在草莽，未獲所伏，下臣何敢即安。立依於庭牆而哭，日夜不絕聲。勺飲不入口，七日。秦哀公為之賦無衣，九頓首而坐。秦師乃出。其他盟會載書，施用至繁。秦楚交惡，有詛楚之文；晉秦不睦，有呂相絕秦之作。文告書移，從未聞東土西土，有文字不通之患。觀周穆作誓，載於周書。渭陽黃鳥，采於國風。故吳季札聘魯，請觀周樂，為之歌秦，曰：此之謂夏聲。夫能夏則大，大之至也，其周之舊乎？（見左傳襄公二十九年）。由此可知秦與東方諸國，同東宗周文物，其朝章國采，文辭同風，未聞有東土西土之異，所謂「六藝之書，行於齊魯，爰及趙魏，而罕流布於秦者」，亦無據之言耳。

說者或又謂鐘鼎甲骨，皆商周文字之真跡，校以說文所載、多參差不合。似足證明王氏鐘鼎甲骨乃商周以來之古文，而古文籀文乃戰國時東土西土習用文字之說。是亦未諦。蓋考求古文字、不獨宜辨其時代，亦須明其體製。說文敘云：自爾秦書有八體。八體之中，大篆小篆、乃教學之正體。經籍篇章、史籀文字，皆教者學者講授誦習之資。至若隸書，供胥吏之用、故其體多省畧以求便捷；而刻符蟲書摹印署書殳書、所以書幡信備題識，故其體或屈曲繁變以求美觀：皆非文字之正體。惟古籀小篆乃教學之文字，師師相傳，故可歷久而意義昭明。說文敘云：「周礼，八歲入小學，教國子以六書。」又云：「尉律，又以八體試之。」周礼大行人曰：「王之所以撫邦國諸侯者，七歲屬象胥，諭言語，協辭命。九歲屬瞽史，諭書名，聽聲音，正于王朝，達于諸侯之國」。曲禮云：「詩書不諱，臨文不諱」。鄭注云：「為其失事正」。孔疏曰：「詩書不諱，何胤云：『詩書，謂教學時也。臨文，謂禮執文行事時也」。論語述而篇云：「子所雅言，詩書執禮」，皆雅言也」。孔曰：「雅言，正言也」。鄭曰：「讀先王典法，必正言其音，然後義全　故不可有所諱。禮不誦，故言執」。蓋古者師儒傳授學術，而文字乃其根本，故許沖上書云：「自周禮漢律，皆當學六書，貫通其意」。據沖之言，不獨周禮保氏教國子以六書，即漢時試書，亦必須說解文字之意指。是則誦說經典，上自宦學事師，下至民間傳授，必鄭重丁寧，正其音讀，辨其點畫，通其義訓。孔氏立明，皆以古文書經傳，宣王太史以籀篇教童僮，其講習有成法，固無論矣。即秦燔詩書，稱同一文字，而大篆為八體首，雖古文亦未盡廢。故秦權量及石刻並有廿字，說文說秦石刻有乁（古文及）字，廿與乁皆古文也。繹山石刻戟作戎，亦以古文甲首為十，沿舊未改。隸書戎早卓等字，悉依古文而變。是知古文籒文之傳未嘗絶也。其在漢世篆刻，如開母廟石闕，正作疋，亦作役，視作眡，皆古文。則作鼎，為籒文，不盡依小篆。其隸石見存與墨本之流傳者，略得百種。合之婁氏字原所摹洪氏隸釋隸續所録，則二百六、七十種，其間古文不損三十字，籒文不損二十字。常見者且勿論，如楊震碑風作凬，孔謙碣冢作冡，鄭固碑孔眈神祠碑華山亭碑禮皆作礼，譙敏碑典作籅（楊統碑衛方碑作籅，變竹為艸）。高彪碑艸作中，朱龜碑播作毋，桐柏廟碑獸作獸，無極山碑曲作乚，袁良碑絶作𢇍，皆古文希見者。至如韓勑後碑、楊君石門頌，蒼頡廟碑，景北海碑陰，孟皆作盉（古文作柔）。樊敏碑殺作殺，孫叔敖碑陰作敓、武梁祠堂畫象殺皆作敍（古文作柔）．袁良碑張遷碑哲皆作喆（古文作囍）。此雖稍有增損，然非習識古文者曷能為是。曹全碑癃作痹，袁良碑勛作勳；劉修碑艱作囏，校官碑遷作匽，孔宙碑兵作兵，則作鼎，楊著碑秋作龝，楊統碑迹作速，皆籒文希見者。其餘如繁陽令楊君碑地作墜，無極山碑地作墜（籒文作墬），袁良碑華山亭碑寤皆作𥨊（籒文作𡩫）．非習識籒文者亦不能省作也。後漢書碑者多文俗吏，而能嫻習古籒文字者，蓋漢初以八體試吏，史籒未抉．大篆固易知，而太史掌集遺文古事，又主課八體，故古文則太史氏習之。太史公十歲誦古文，固傳其家學云爾。其在朝野，尚可博訪，則七略所謂問諸故老是已。自秦焚書以逮景武間河間王魯王得古文之時，財七八十年耳。故老者何，當高惠呂后朝，有婁敬叔孫通陸賈，固嘗識古文。其弟子雖不傳古文經，必有傳其字者，其餘郡國不過之士，以古文轉相傳授，令百家書可得習讀，如賈誼之倫者，蓋什伯于此。景武間孔安國說古文尚書．桓公說古文禮，逸書多二十四篇，逸禮多三十九篇，此不能以他本對校者。獻王于周官，安國于論語，亦然。今其存者，唯尚書數篇難讀，周官論語悉明白如家人言。是無他，則由先問故老，不決則問太史，非以臆穿鑿故然也。春秋古經及左氏傳十九萬言，張蒼以授賈生，遂為訓故。計賈生在漢廷得事張蒼，裁一歲所耳。是時公羊未著竹帛，雖經文猶無可對核，而況于傳。一年之中，張蒼為賈生說十九萬言，此豈字字講畫之哉？亦通其假借，辨其國邑世系云爾。所以傳授如此其速者，賈生生高帝中，計其父知文字，嘗在秦焚書以前。其所事奚公，少嘗師事李斯，知文字亦在秦焚書前。是以賈生之于古文，緣有所從受也。（畧本太炎文錄續編漢儒識古文攷）由是可知古籀文字，雖經暴秦，而終未廢絕。漢興以後，太史考試於上，故老傳習於下，猶能維繫不墜。

及後少衰，故漢書藝文志謂：「蒼頡多古字，俗師失其讀，宣帝時徵齊人能正讀者，張敞從受之。傳至外孫之子杜林，為作訓故。」說文序言：「孝宣皇帝時，召通倉頡讀者，張敞從受之。涼州刺史杜業，沛人爰禮，講學大夫秦近亦能言之。孝平皇帝時，徵禮等百餘人，令說文字未央廷中，以禮為小學元士。黃門侍郎揚雄采以作訓纂篇。凡倉頡已下十四篇，凡五千三百四十字，羣書所載略存之矣。」漢書王莽傳云：「元始四年，徵天下通一藝、教授十一人以上，及有逸禮古書毛詩周官爾雅天文圖讖鐘律月令兵法史篇文字通知其意者，詣公車令，記說廷中。許稱爰禮等百餘人說文字未央廷中，正其時也。此可見小學不修，尉律不課，而古籀文字仍緜世不絕。許慎作說文，自云博采通人，至於小大。而子沖上書云：「先帝詔侍中騎都尉賈逵修理舊文。」又云：「臣父本從逵受古學。」又云：「慎博問通人，攷之于逵，作說文解字。」攷後漢書賈逵傳：「逵字景伯，父徽，從劉歆受左氏春秋，兼習周官。受古文尚書于塗惲，學毛詩于謝曼卿。作左氏條例。逵悉傳父業，弱冠能誦左氏傳，為之解詁五十一篇。永平中，獻之。顯宗重其書、藏祕館，拜為郎。肅宗好古文尚書左氏傳，建初元年，詔逵入講北宮白虎觀南宮雲臺。帝使出左氏義長于二傳者，逵具條奏之。

數為帝言古文尚書與經傳爾雅詁訓相應、詔令譔歐陽大小夏侯尚書古文同異，逵集為三卷。帝復令譔齊魯韓詩與毛詩異同，並周官解故。八年，詔諸儒各選高才生受左氏春秋古文尚書毛詩，遂行于世。和帝永元八年為侍中領騎都尉，內備帷幄，兼領祕書近署，十三年卒」。此傳述逵修理舊文如此之詳。而中表言慎博問通人，考之於逵，作說文解字，六藝羣書之詁，皆訓其意」。由是可知，說文一書，以小篆為質，而益以古文及奇字大籀及其異體，諸實萃集倉頡造書以來迄於漢世教學文字之大成。其說解則引據諸說稱名者數十家，所引六藝羣書標名者亦數十種。蓋自先秦兩漢師儒解說文字之資料咸萃於斯。是許慎撰說文實集周秦兩漢史氏師儒所傳之文字及其解說，故一點一畫，厥意可得而說。古人誦習考試皆以是為準。此為中國文字之正體。蓋其可貴，不獨在保存自古相傳古籀篆書之字形，而亦在保存自古相傳解說此字形之歷史資料。良以文字無論為象形寓意，要不能脫離歷史根據而任意解釋。假使見一圓形之文字如「⊙」，衡以六書，自可目為象形，然圓形之物至夥，或為圓環，或為滿月，何施而不可？假使見一橫畫之文字如「一」，衡以六書，自可目為指事，然橫形之物亦夥，或為木簪，或為草薦，又何施而不可，此必在造此圓形一形之字之時，已經無數人公認，乃能確定「日體」一數」之意義。荀卿有云：名無固宜，約之以命，約定俗成謂之宜，異於約則謂之不宜。荀卿所謂名，即為文字，約定者，獲氏意之公認，俗成者，有歴史之根據。故捨歴史之根據而憑主觀解釋文字，未有不陷於穿鑿附會者也。此許君解説文字，必本舊書雅記通人之説、而不敢參然臺臆説於其間，其故在此。是説文所載之古籀篆文、皆三代以来有歴史根據解説之教學文字，斷不可與施於徒隸、書於旛信鏤於金石甲骨之變體文字等量齊觀。故甲骨彝器文字、雖殷周以来之古文字，然其應用之事物不同，各有體宜，或取美觀，或便鐫刻，其體自因之而異。試取商代之金文與商代之甲骨文字相校，即判然殊絶。此由文字因器而異體，吾人斷不可謂為商代之兩種不同文字也。孔氏壁中古文，其實物縱或在甲骨彝器之後，然其文字則自古初典籍相傳之正體。師儒解説皆視為依據。捨此則中國文字傳統之根據，將一切撥棄泯絶而無所是正。雖研究甲骨彝器亦蕩然失其所守，無所折衷。由是則日日誦説皇古之文字、亦將與人用已私之俗學同其歸極。王氏徒見所標明古文籀文二三百許字之異體，遂遽斷為古文與籀又全體之異。又以為「史籀十五篇文成數千，而説文僅出二百二十餘字，其不出者必與篆文同，不知漢世所傳古文經傳自左傳尚書等文辭累萬，去其複字，亦必數千，而說文亦僅出四百餘字（說文所載古文、多有或體，如盦字，古文从匚飢作匭，或从軌作匭，或从木作朹。去其複體，亦僅三百許字）．據王氏之推論，則說文所不出者，亦必古文與篆文同者也。實則據說文所載篆籀古文，互相推校，如上來所舉，知篆籀古文本同源共體，正當言九千餘文，泰半相同，其古文籀文異者皆僅各二三百字。王氏以先有古文籀文異體之成見，遂創為籀文非西周時書，而史籀亦非人名之異說。而不知其太史籀書之假定、全為無根之論，舉證雖多，適陷於臆說而不自覺。王氏又多見古器物文字，取以與說文所標舉古籀二三百字相比較，遂創為古文為戰國時東土文字籀文為戰國時西土文字之異說。而不知文字施用之對象不同，其體自因之有異、不當取以妄相比傅。即如商代甲骨，固為古文字，然以用之貞卜，契刻於甲骨之上，其干支名字、文多從省，如甲多作十、王多作工，豈得謂十工為甲王之正體。商周金文，亦屬古文字，然以用之器物，字多文飾，故王子匜之子字作[illegible]，越王矛之王作[illegible]、又焉可謂[illegible][illegible]為子王之正體耶，即以今日事實觀之、通俗登記戶籍文字、其省易至不可究詰，而典質彙據之文字，其繁變亦幾至不能辨識，又焉能取與刻書教本之文字相比較，而謂某為此區，某為彼區通行之異體文字耶？此則運用比較，似合於科學方法，而不知擬不於倫，比其所不當比者，又適陷於臆說而不自覺也。王氏名高學博，創為推倒二千年來文字系統之新說，世方靡然從風，然而違反事實，似彌近理而愈亂真，用是不辭僭越，草成斯篇，以求正於當代通人，方來君子云爾。

A Study on Whether or Not the *Shih-Chou-P'ien* Was the Work of the Grand Historiographer Chou at the Court of King Hsüan of the Western Chou Dynasty

（史籀篇非周宣王太史籀所作辨）

By P'an Chung-kwei（潘重規）

For the past two thousand years it has been firmly established that the *Shih-Chou-P'ien* was the work of the Grand Historiographer Chou at the court of King Hsüan of the Western Chou dynasty (827-782 B.C.)

However, the late Professor Wang Kuo-wei tried to refute the above statement and suggested more than once that the *Chou-P'ien,* one of the earliest primers for learning Chinese characters, was neither composed in King Hsüan's time nor the term *t'ai-shih-chou* the name of a person. He strived not without effort to suggest further that *chou-wên* or the style of writing after the *Shih-Chou-P'ien* was confined for use to the 'western people' in the period of the warring States, while the *ku-wên* or the archaic form of writing as quoted by Hsü Shên in his distinguished work *Shuo-Wên* was prevalent in the 'eastern states' only, thus shattering relentlessly the traditional belief that the lesser seal writing appeared after the *chou-wên* which, in turn, came into being when *ku-wên* was no more used.

Although Professor Wang's suggestions might have already been accepted by scholars for several decades, the author of this article has nevertheless probed into this problem with etymological proofs and basing his argument carefully on historical facts to prove that Professor Wang's suggestions may still be open to discussion.

established their colonies in Moi-Xui and Dong-Nai, the only two places in the whole of the infiltrated areas over which the Nguyên maintained firm control, since their strength was not great enough for further exercise of their influence.

In the 32nd year of Thái-Tôn (Hiên-Vuong, 1679) a great number of Chinese soldiers with their families, aboard a fleet of armed junks, led by "Yang Yen-Ti, former Ming general, and *Tsung-ping* (commandant) of Long-men", and "Chen Shang-Chuan, commandant of Cao-chêu, Lei-chêu and Lien-chêu", took refuge in Quang-Nam and surrendered themselves to Hiên-Vuong and then, following the directives of the latter, settled in My-Tho and Bien-Hoa. Owing to their efforts, commerce in this district began to flourish and the population grew rapidly. Thus Minh-Vuong had to establish Gia-Dinh-Phú in 1698 — the first formal administration set up by Nguyên in the district.

The author of this article, having referred to Chinese, Vietnamese, japanese and European historical sources, is able to make clear the career of Young-Yen-Ti, leader of the immigration group and the group's process of migration to South Viet-nam. In his opinion, Yang, originally called Yang Eul, a famous pirate chief in the South China Sea, belonged to the Chêng principality, after Koxinga (Chêng Ch'êng-Kung) had taken Taiwan as a base for anti-Ch'ing activities. He became commandant of Li-Wu-Chen and engaged in various combats with the Ch'ing off the South China coast and the island of Hai-nan. His activities were especially remarkable during the revolt of San Fan (Three principalities in South China, 1674-83). Finally, in the face of the Chêng surrender to the Ch'ing, Yang fled with his junks to the South to ask protection by the Nguyên Lords of Quáng-Nam. His fleet consisted of 50 to 70 junks with 3,000 combatants and their families aboard. After their arrival in Quáng- Nam, they probably divided into two parts: the one settled in My-Tho with Yang Yen-Ti in 1682; the other settled in Bien-Hoà under the leadership of Chen Shang-Chuan in 1683.

lating new theories based upon what he had learned from those predecessors in thoughts and deeds. He was brilliant that he would not confine himelf merely to the study of Neo-Confucianism but, having studied judiciously the texts of Laotze and also the essence of Buddhism, established his firm belief in the *chung-yung* or the 'doctrine of the mean'. The late Mr. Liang Ch'i-ch'ao compared him with Ku Yen-wu, one of his contemporaries, and said that although they were both erudite scholars, Wang was much advanced in philosophical understanding, and in spite of the fact Wang was earlier for one hundred years than Kant, his methods of study were no less in precision when compared with the works of this Western philosopher. Dr. Ch'ien Mu said on one occasion that Wang wished to weld his study of mind, matter, human beings and heaven all together, resembling somewhat the thought of Chang Tsai as expressed in his famous work *Chêng-Mêng*.

In the opinion of the pesent author, Wang was the one who was able to amalgamate the thoughts of both the Han and the Sung scholars. Basing his scepticism on the study of the *Book of Change* he developed his theories much maturely than what was done by Ch'êng Hao, Ch'êng I and Chu Hsi. This chronological study will no doubt help readers to find out how Wang forsook Chu Hsi and came to follow Chang Tsai and when he wrote his commentaries on the work *Chêng Mêng*. All these findings will shed new light on the origin of Wang's philosophical thought.

The Migration of the Chêng Partisans to South Vietnam
（清初鄭成功殘部之移殖南圻）

By Chen Ching-Ho (陳荆和)

The Nguyên Lords of Quang-Nam, who had been interfering in the incessant conflicts within the kingdom of Cambodia itself, began to follow the policy of infiltration into the Cambodian territories in Cochinchina (nowadays South Vietnam), with the purpose of eventually establishing political hegemony over Cambodia. In the middle of the 17th century, Vietnamese settlers

The Damages Caused by Wars to Chinese Civilization between the Western Tsin and the Sui Dynasty

（西晉迄隋戰亂之損害）

By Lo Ping-mien (羅炳綿)

This monograph is divided into three parts. Part 1 deals mainly with the destruction of such historically great cities as Loyang, Changan, Chien-k'ang and the three *Wus* (三吳) during the barbarous invasion as well as other civil wars which caused the economic deterioration to the North and consequently necessary development and comparative progress in the South; Part 2 is devoted to the investigation into the historical value by fires and plundering, the author also studies carefully the exact number of volumes of books destroyed and lost in those days of disaster and the utter paralysis of the civic institutions such as public examination, emulomert, personnel registration which had been firmly established and practised for several hundred years before the tumultuous times; and in Part 3, the author narrates the calamities suffered by the Chinese people through continuous destruction, drought, floods and massacres, yet how at last the tenacious Chinese race was still able to assimilate foreign blood and re-unite the country in the beginning of the seventh century, although wars and tribulations might have checked its progress to some extent.

A Chronological Study of the Philosophical Thought of Wang Fu-chih, A Late Ming Scholar

（王夫之先生學術思想繫年）

By Liu Mou-hua (劉茂華)

Wang Fu-chih has been recognized as one of the greatest Chinese philosophers for the last three hundred years. He followed the trends initiated by the Sung scholars Chou Tun-i and Chang Tsai, and became a reformist, formu-

7. To study the real nature of the *liu-i* or the *Six Explanations;*
8. To study the *Book of Odes* as literature, examine the origin of Chinese literature and its characteristics.

The Cultivation of *Ho-hsi* (regions west of the Yellow River) as from the Han Dynasty to the Epoch of Division between North and South and Its Relation to the propagation of both Confucianism and Buddhism in these Regions

（論兩漢迄南北朝河西之開發與儒學釋教之進展）

By Tso Sze-bong (曹仕邦)

During the 4th and the 5th century *Ho-hsi* or the regions west of the Yellow River were occupied by the five *liangs* (五涼), and when in these lands the Chinese scholars from *Chungchou* (中州), after the fall of Loyang to the barbarous Huns in 311, took refuge, the spreading of both Confucianism and Buddhism in these regions was at the zenith. In order to find out the reasons why such activities should have flourished in these frontier lands, we must look into the agricultural and educational development in the frontier-cities which had already started since the early Han and was further encouraged during the period of the Ts'ao-wei.

Scholars of the past days used to emphasize the fact that the activities of the Confucianist scholars in *Ho-hsi* helped greatly in the establishment of both the Sui and T'ang governing powers. However, the author of this article thinks that there was some relationship between the economic background and the Confucianist, Buddhist activities, hence he elaborates his points with substantial materials in this article.

English Summaries:

A Note on the Book of Odes

（讀 詩 經）

By Ch'ien Mu（錢穆）

The aim of this monograph may be summarized into eight points: —

1. To suggest that the collection of the *Odes* went through three periods, namely, the period of *Sacrificial Odes* and the *Odes of the Kingdom;* the period of pien-ya or the *Inferior Odes* and the period of the *Songs of the States;*

2. Discussing the role that the Duke of Chou played in the compilation of the earliest part of the *Odes* and in such discussions the problems of the *ssŭ-shih* or the 'four beginnings' and the argument that the *Odes of Pin* might be considered as *Inferior Songs* are also touched;

3. Discussing the differences as existed between the period of *Inferior Odes* and perhaps the earlier period, the period of *Sacrificial Odes* and the *Odes of the Kingdom,* and in such discussions the problem of praising and satirizing in the *Odes* as well as the different opinions as shown in the Preface to the *Odes* according to the Mao school and in the studies made by the three other schools is dealt with incidentally;

4. Discussing the differentces as existed between the *Songs of the States* and the odes of the two earlier periods; in conjunction with the above, the problem of the authorship, i. e. whether these odes were from nobles or commoners, is also discussed;

5. To study whether the poems from the different feudal states were collected by the grand-master of music;

6. To scrutinize whether the theory that the *Ch'un-Ch'iu* was made because the poems were no longer collected is sound; the significance as implied in the theory; how the history or the work of the historiographers was related to the poems; and the subsequent evolution as seen by the author;

Acknowledgement

The Research Institute of New Asia College, Hong Kong, wishes to acknowledge with gratitude the generous contribution of the Harvard-Yenching Institute towards the cost of publication of this Journal

一九六〇年八月一日初版

新亞學報 第五卷・第壹期

定價 港幣十元 美金二元

編輯者 新亞研究所 九龍新亞書院

發行者 新亞書院圖書館 九龍土瓜灣農圃道

承印者 鄧鏡波學校 九龍天光道十六號

THE NEW ASIA JOURNAL

Volume 5 *August 1960* *Number 1*

THE NEW ASIA RESEARCH INSTITUTE